Think Like a Rocket Scientist

ロケット科学者の思考法

オザン・ヴァロル
Ozan Varol
安藤貴子訳

サンマーク出版

僕の宇宙定数、キャシーに

ロケット科学者の思考法◆目次

2 第一原理から判断する

——画期的なイノベーションを生み出すもの………78

Stage 2

加速

5 質問を変えろ！

6 方針転換の力

――真実を見つけ、より賢明な判断をする方法……248

7 飛ぶようにテストし、テストした通りに飛ばせ

――新製品の投入や就職面接を成功させる方法……288

Stage 3 達成

8 失敗は成功のもと

9 成功は失敗のもと

エピローグ

装丁　重原隆
翻訳協力　株式会社リベル
編集協力　株式会社ぷれす
DTP　山中央

はじめに

1962年9月、ジョン・F・ケネディ大統領はライス大学のスタジアムを埋め尽くす人々の前に立ち、10年以内に月に人間を着陸させ、無事に地球に帰還させると宣言した。人類初の月面着陸――それは信じられないほど大胆な約束だった。

当時、月面着陸に必要なあまたの技術はまだ開発すらされていなかった。アメリカ人宇宙飛行士は船外活動をしたことがなかった[1]。2機の宇宙船が宇宙でドッキングしたこともなかった[2]。アメリカ航空宇宙局（NASA）は、月面にランダー（着陸船）の重量を支えられるだけの硬さがあるのかどうかも、通信機器が月で作動するかどうかもわからなかった[3]。NASAのある幹部によれば、「月面着陸プロジェクトの軌道はおろか、地球軌道の決定方法」だって誰も知らなかったのだ[4]。

月の周回軌道に入る――着陸はもちろんのこと――には圧倒的な正確さが要求される。それは、28フィート〔約8・5メートル〕先にある桃を目がけてダーツを投げ、実に触れることなくうぶ毛をはがせるくらいのレベル[5]。しかも、桃、いや月はものすごい高速で動いている。地球に帰還するときは、大気と激しく衝突して焼け焦げたり、水面を跳ねる石のように大気圏の表面でスリップしたりしないように、宇宙船は寸分の狂いもない角度で大気圏に突入しなければならない。そのためには、コインに刻まれた180もの溝から、特定の溝を見つけるも同然の精密さが必要になる[6]。

行く手に待ち構える困難について、ケネディは政治家にしては驚くほど正直だった。宇宙飛行士を月に連れていく巨大なロケットは、「これまでの何倍もの熱と力に耐えられる新しい合金で製造される。そのなかにはまだ発明されていないものもある。それを最上級の時計以上の精度で結合させ、史上初のミッションのために未知の天体へと」送る。大統領はそう説明した[7]。

その通り。ロケットを作るのに必要な金属さえ、まだこの世のものではなかったのだ。

まるで、いきなりボイド〔銀河がほとんど存在しない巨大な宇宙空間〕に飛び込んで、そのうち翼が生えてくるよう祈っていたようなものだ。

奇跡的に、翼は生えた。ケネディの約束から7年を待たず、1969年、ニール・アームストロングが人類にとって偉大な飛躍を成し遂げたのだ。1903年ライト兄弟が世界で初めて動力飛行機を飛ばすことに成功した――12秒間で120フィート〔約37メートル〕――日に6歳だった子どもが、72歳になって、人間を月に送り、安全に地球に戻せるほど頑丈な宇宙船をその目で見たかもしれない。

• ロケット科学者の思考法を身につける

この偉大な飛躍――人間の寿命ほどの期間で実現された――はしばしば、技術の勝利として賞賛される。だが実際はそうではない。それはむしろ、不可能を可能にするためにロケット科学者が用いた思考プロセスによる偉業なのだ。その思考プロセスによって、ロケット科学者は、超音速宇宙船を数百万マイル〔数百万キロメートル〕先の宇宙空間に送り込み、正確な場所に着陸させるという、「惑星間のホールインワン」を何度も成功させることができた。またそのプロセスにより、ほかの惑星に移住し、惑星間種族になることが人類にとってますます身近になっているし、将来手頃な価格の宇宙旅行が当たり前になる日が来るだろう。

ロケット科学者の思考とは、違うレンズを通して世界を見ることだ。ロケット科学者は想像できないことを想像し、解決できないことを解決する。彼らは失敗を成功に、制約を強みに変える。災難を乗り越えられない障害ではなく解決可能な難問ととらえる。彼らを動かすのはやみくもな確信ではなく、自分に対する疑念だ。ロケット科学者が目指すのは、短期的な結果ではなく長期的なブレイクスルーなのだ。彼らは、ルールは変更がきかないものではないし、初期設定は変えられるし、新しい道は作ればいいことを知っている。

本書でお伝えする知見のなかには、科学全般に共通するものがある。けれども、伴うリスクの大きさから考えて、ロケット科学におけるアイデアの重要性はより大きい。何しろ毎回のロケット打ち上げには、数億ドル〔数百億円〕の資金と、有人宇宙飛行ならば多数の人命がかかっているのだ。

ロケット発射は根本的に、小型の核爆弾の制御された爆発である――重要なのは、「制御された」という点。ロケットの燃焼はとてつもなく激しい。手順ひとつ、計算ひとつ間違えただけで、最悪の事態を招きかねない。「ロケット・エンジンに点火するとき、起こりうることは無数にあります」。そう話すのは、スペースX〔アメリカのロケット開発会社〕で推進力担当チーフを務めるトム・ミューラーだ。「そのなかで正しいことはたったひとつです」[8]

地球では当たり前のことが、宇宙では何から何までひっくり返る――文字通りの意味でも、比喩的な意味でも。数百万個の部品と数百マイル〔数百キロメートル〕の配線で精巧に作られた宇宙船を、宇宙という過酷な環境で飛ばすのだから、失敗の可能性は無限大だ[9]。何かが故障したら――どうしたって避けられない――、ロケット科学者はノイズのなかから信号を聞き分けて、数千もの可能性から問題の原因を突きとめなければならない。さらに悪いことに、そうした問題はたいてい宇宙船が人の手の届かない場所にあるときに起きる。その場でエンジンフードを開けてなかを見る、というわけにはいかないのだ。

今の時代に、ロケット科学者的思考は不可欠だ。世界は目も眩《くら》むほどのスピードで進化しているので、私たちも後れをとらないよう成長し続けなければならない。みんながみんな、燃焼率係数や軌道軌跡を計算できるようになりたいわけではないが、日々の生活では誰もが厄介で不慣れな問題にぶち当たる。明確な指針がなく、時間が刻々と過ぎていくなかで、そうした問題に対処できる人は、並はずれた強みをもっている。

・特別な思考法ではない

大きなメリットがあるにもかかわらず、私たちは、ロケット科学者のような思考は、特別な才能のないふつうの人間の能力を超えていると思いがちだ（だから、「そんなのたいしたことないよ、ロケット科学じゃあるまいし」なんて言ったりする）。エルトン・ジョンの楽曲「ロケット・マン」に出てくる、火星に送られながらも「こんな科学、僕にはさっぱりわからないよ」と嘆く宇宙飛行士に、人は親しみを覚える[10]。アルベルト・アインシュタインとともに大西洋を渡ったイスラエル初代大統領、ハイム（チャールズ）・ヴァイツマンに共感する。毎朝2時間、船のデッキに座って、アインシュタインはヴァイツマンに相対性理論がなんであるかを説いた。旅の終わりにヴァイツマンはこう言ったという。「アインシュタインが相対性とやらを理解していることだけはよくわかった」[11]

本書は相対性やロケット推進力の込み入った理屈、すなわちロケット科学の科学の部分を教えるわけではない。本書にグラフはない。大量の演算をこなす才能も必要ない。ロケット科学というとらえどころのないテーマの陰には、宇宙物理学の博士号がなくても誰もが身につけられる、創造性と批判的思考（クリティカル・シンキング）についての、人生を変えるような知見がある。科学とは、天文学者のカール・セーガンが言うように、「ひとつの知識体系である以上に、考え方そのもの」なのである[12]。

本書を読み終えてもロケット科学者になれるわけではない。けれど、ロケット科学者のような思考法を学ぶことはできるはずだ。

「ロケット科学」ということばは広く使われている業界用語だ。大学にロケット科学科はないし、「ロケット科学者」なる職業上の肩書もない。それは宇宙旅行関連の科学や工学に関して話をする際に使われることばだが、本書でもそうした幅広い定義に従うことにしよう。科学者――宇宙研究に携わる理想主義的探究者――とエンジニア――宇宙飛行を可能にするハードウェアの実用性を重視した設計者――、両方の仕事を掘り下げていくつもりだ。

私もかつてロケット科学者のひとりだった。2003年に2機の惑星探査車を赤い惑星に送った、マーズ・エクスプロレーション・ローバー・プロジェクトのオペレーション・チームの一員だったのだ。私の役割はオペレーション計画を策定し、着陸地点の選定に協力し、火星の写真を撮影するためのコードを作成することだった。ロケット科学に関わった時間は、今でも私の職業人生のなかで最高に充実した経験だ。講演に招かれると、私は決まってこんなふうに紹介される。「最も興味深いのは、ヴァロルさんが以前ロケット科学者だったことです」。すると、誰もがハッと息をのみ、私が何の話をしに来たのか、たちまちどうでもよくなってしまう。聴講者の多くが、「代わりにロケット科学の話をしてくれないかな」と思っているのが手に取るようにわかるのだ。

正直に認めよう――私たちはロケット科学者が大好きだ。政治家を毛嫌いし、弁護士をばかにしても、ロケットを設計し、完璧に調和のとれたシンフォニーを奏でるように宇宙の海に打ち上げる、実験着を身にまとった驚異的な頭脳の持ち主を、私たちは愛してやまない。『アポロ13』『オデッセイ』『インターステラー』『ドリーム』など、ロケット科学をテーマにした映画の興行成績は常にトップクラスで、数えきれないほど多くの賞を獲得している。

・どうしたらロケット科学者の思考ができるか？

そうは言っても、私たちがいくら憧れていようと、ロケット科学者とそれ以外の人たちとでは、知識にものすごいギャップがある。クリティカル・シンキングも創造性の発揮も、私たちには容易でない。大きな視野で考えろと言われても気後れするし、不確実なことに胸を高鳴らせるなんて抵抗があるし、失敗だって怖い。そうした特性は、旧石器時代なら毒のある食べものや肉食動物から身を守るために必要だった。けれども情報時代の今となっては、欠点でしかない。

企業が傾くのは、過去ばかり見て、年がら年中同じプレーブックの同じ戦略を指示しているからだ。失敗するリスクを冒さず、現状にしがみついている。日常生活では、私たちはクリティカル・シンキングの筋肉を鍛えるのを怠り、結論を出すことを他人任せにしている。その結果、そうした筋肉はやがて退化する。自信にあふれた主張に異論をはさむ意欲のある賢明な人々がいなければ、民主主義は腐敗し、誤った情報がはびこる。一度偽の情報が伝えられ、拡散されれば、いつしかそれが真実になる。疑似科学と真の科学の見分けがつかなくなるのだ。

・自分の人生を自分のものにするために

本書によって私は、ロケット科学者でない多くの人たちが、ロケット科学者と同じように日々起こる問題に対処できるようにしたい。あなたの人生はあなた自身のものになる。あなたは、思い込みやステレオタイプや既存の思考パターンに疑問を感じるようになるだろう。ほかの人にとっての障害が、あなたにとっては現実を自分の意志に従わせる機会に見えるようになる。問題に合理的に対処して、現状をとらえ直す革新的なソリューションを生み出せるようにもなる。そして、間違った情報や疑似科学を見つけ出せるツールキットを身につけられる。未来の問題を克服するための新たな道筋を拓《ひら》き、解決方法を考え出せるようにもなるはずだ。

ビジネス・リーダーとして、あなたは的確な質問をし、正しいツールを使って意思決定ができるようになる。決して流行を追ったり、最新のブームを取り入れたり、ライバル企業がやっているからというだけで何かを実行したりしない。強みを掘り下げて、ほかの人が不可能と思ったことを成し遂げる。あなたの会社は、ロケット科学の思考をビジネス・モデルに導入している一流組織への仲間入りを果たすだろう。今のウォール街は、投資を技術から科学に変えるために、いわゆる金融に精通したロケット科学者を採用しているのだ[13]。さらに、ロケット科学思考は不透明な市場に直面した主要な小売業者が次の人気商品を探すのにも役立っている[14]。

本書は徹底して実践を重視している。ロケット科学者のように考えるメリットを説くだけではない。発射台、役員室、リビング、どこにいようと、ロケット科学者的な思考を活用するための具体的かつ実行可能な戦略を教えるための本なのだ。そうした原則が幅広い分野に応用できることを示すために、ロケット科学の面白い逸話に、歴史、ビジネス、政治、法律といった分野の興味深いエピソードを織り交ぜながら、ロケット科学のマインドセットを説明している。

英文だがロケット科学的思考の原則を行動に移すのに役立つ無料のリソースを、本書を補足する私のウェブサイトにいくつか公開している。ozanvarol.com/rocket にアクセスして以下をチェックすることができる。

・各章の重要ポイントのまとめ
・本書で検討した戦略の実践に役立つワークシート、課題、その他のエクササイズ
・毎週発行されるニュースレターの申し込み。ニュースレターでは本書で紹介する原則を補足する、新たなヒントやリソースを共有している（読者は「毎週楽しみにしている」そうだ）
・私の個人的なメールアドレス。コメントや挨拶はこちらにどうぞ

――◆――

表紙には私の名前が書いてあるが、本書は多くの人々の偉業で成り立っている。マーズ・エクスプロレーション・ローバー・プロジェクトのオペレーション・チームに携わった自分の経験、ひじょうに数多くのロケット科学者へのインタビュー、科学やビジネスをはじめ多様な分野における数十年に及ぶリサーチが、本書を支えているのだ。私は、ロケット科学的思考をテーマに、多くの業界――法律、小売、製薬、金融サービスなどなど――の専門家向けに講演を行なって、ロケット科学の原則がほかの分野にどのように適用されるかについて、自分自身の考えを常にアップデートしている。

・ロケット科学者の原則とは？

本書で考察するのは、ロケット科学の主要な9原則だ。宇宙探査以外の分野に最も関連のある原

則にフォーカスし、それ以外は取り上げていない。科学者がこれらの理想の何を叶《かな》え、何を満たしていないのかを説明していこう。ロケット科学の成功と失敗――最高の晴れ舞台と大きな試練――のどちらからも、学ぶものはあるはずだ。

本書はロケットの打ち上げ同様にいくつかのステージに分かれている。

第1のステージ――「発射」――の目的は、あなたの思考に火をつけること。画期的な考えに不確実性はつきものなので、そこから始めることにしよう。

まず、**ロケット科学者が不確実性に心躍らせ、それを自分の強みに変えるために用いる戦略**を紹介する。

続いて**第一原理――革命を起こすあらゆる技術革新を支える要素――**から判断する重要性に目を向ける。みなさんは、アイデアの創出において企業が犯す最大の過ち、見えないルールがいかに思考を縛りつけているか、足し算ではなく引き算が独創性のカギを握っているのはなぜかを知る。

それから、**思考実験とムーンショット思考――現実世界で受動的な観察者から能動的な介入者に変わるために、ロケット科学者、革新的な企業、世界トップクラスのパフォーマーが活用している戦略――**を取り上げる。その過程で、太陽の近くを飛ぶほうが安全な理由や、創造力がぐんとアップすることば、そして大胆な目標の実現に向けて最初に何をすべきかを学んでいこう。

第2のステージ――「加速」――では、最初のステージで生まれたアイデアを前進させることに注力する。

まず、アイデアの枠組みをとらえ直し、磨きをかけるにはどうすればいいか、**適切な質問がなぜ**

正解を見つける第一歩になるのかを考えていこう。

そして、自分の正当性を他者に納得させることから、自分の誤りを証明することに初期設定を切り替えることによって、**アイデアの欠陥を突きとめる方法**について検討しよう。

また、**アイデアを確実に着地させられるようにするために、ロケット科学者が行なうテストと実験のやり方**を明らかにする。

そのなかで、あなたは次のプレゼンや製品の市場投入に活《い》かせる、**説得力のある宇宙飛行士訓練戦略に出会う。**アドルフ・ヒトラーが権力の座に就いたことが、1999年の火星探査機マーズ・ポーラー・ランダー消失の原因と同じ類の設計上の欠陥によって説明できるのはなぜか。数十万の早産児の命を救ったシンプルな戦略が、どのようにして一度中止となったマーズ・エクスプロレーション・ローバーのミッションを再開させたのか。

そして最後に、**人間の行動について教えてくれる、最も誤解されているある科学の概念を紹介しよう。**

第3のステージは「達成」だ。ここでは、あなたの**最大限の可能性を解き放つものは成功と失敗の両方である理由**を知ってほしい。

また、「早く失敗しろ、たくさん失敗しろ」のスローガンが惨事を招く恐れがあるのはなぜか。業界の巨人を崩壊に追い込んだほころびが、どのようにしてスペースシャトルの爆発を引き起こしたか。さらに、企業は口先では失敗から学ぶと言いながら、それを最後までやり通さないのはなぜかについて掘り下げていく。成功と失敗を同じように扱うことの意外なメリットと、業績好調な企業が途切れることのない成功を悪い前兆とみなす理由を突きとめよう。
ステージ3の終わりには、世界があなたの思考を形作るのではなく、**あなたの思考が世界を形作るようになる。**そしてただ既存の枠組みから離れて考えるだけではなく、**枠組みそのものをあなたの意志に合わせて変える**ことができるようになる。

―◆―

・なぜこの本を書いたのか?

ここからは、私が本書を執筆している理由について、個人的な話をしようと思う。こうした本の場合、子どもの頃に望遠鏡を手に入れ、星をこよなく愛し、ロケット科学のキャリアを生涯追求し、情熱をもち続け、それが一冊の本になった、という話ならばわかりやすいかもしれない――なんて筋の通ったすばらしいストーリー展開だろう。

けれど、私の物語はそんなふうではない。それに、どんなに立派だろうと、事実をねじ曲げて作り話をしようなんて断じて思わない。確かに私は子どもの頃、望遠鏡――というよりは安っぽい双眼鏡――をもっていたが、一度も使えなかった(今にして思えばそれは何かの暗示だったのかもしれない)。確かに私にはロケット科学のキャリアがあった――辞めてしまったが。私が今いる場所にたどり着いたのは、これから話すように、大きな幸運と優秀なメンターといくつかの正しい判断、そしておそらくはひとつかふたつの事務的なミスが偶然重なったからなのだ。

私がアメリカに来たのはありふれた理由からだった。イスタンブールで過ごした少年時代、アメリカは夢の国に思えた。そのイメージを作ったのは、トルコ語に翻訳されたいくつかのアメリカのテレビ番組だ。私にとってアメリカといえば、ホーム・コメディの『パーフェクト・ストレンジャーズ（Perfect Strangers）』に出てくるラリーだった。ラリーはシカゴの家で、東欧から来たいとこのバルキの面倒を見ていて、ふたりは「喜びのダンス」を踊って幸運をかみしめる。ほかにも、『アルフ（ＡＬＦ）』というコメディに登場する、猫を食べようとする毛むくじゃらの地球外生命体（アルフ）をかくまうタナー家が、私のアメリカだった。

アメリカにバルキやアルフが生きる場所があるのだとしたら、僕にもあるかもしれない。そう思っていた。

私は裕福でない家に生まれ、人生の大きなチャンスを求めていた。バス運転手と専業主婦の両親をもつ父は、家計を助けるために6歳で働き始めた。夜明け前に起きて、刷りたてアツアツの新聞を登校前に売った。母はトルコの田舎育ち。羊飼いを辞めて公立学校の教員になった祖父は、やはり教師だった祖母とふたり、レンガをひとつずつ積み上げるようにして学校を建て、そこで教鞭《きょうべん》をとった。

当時のトルコは電力の供給が不安定で、幼い少年には恐ろしいくらいひんぱんに停電が起きていた。息子の気を紛らわせようと、父は遊びを考えた。ロウソクに火をつけ、サッカー・ボールを持ってきて、地球（ボール）が太陽（ロウソク）の周りを回る様子を見せてくれた。

それが私にとって初めての天文学の授業だった。私は夢中になった。

夜になると、半分空気の抜けたサッカー・ボールを見ながら宇宙に思いをはせていた。けれども昼間の私は、徹底して体制順応的な教育システムで学ぶ生徒だ。小学校では、生徒は教師からオスマン君、ファトマさんなどと名前で呼ばれることはない。154とか359とか、まるで家畜を見分ける焼き印のように、それぞれに番号が割り当てられていた（ちなみに私の番号は絶対に内緒。なぜなら銀行の暗証番号をいつもその数字と決めているからだ――「暗証番号を定期的に変更してください」のメッセージはうっとうしい）。生徒はみんな同じ恰好《かっこう》――清潔な白い襟のついた鮮やかな青の制服――で学校に通い、男子は全員丸刈りだった。

学校では毎日国歌を暗唱し、お決まりの生徒の誓いのことばを述べ、自分の身をトルコ国家に捧《ささ》げることを宣言した。そこに込められたメッセージは明白だ――「自分を犠牲にし、個性を押し殺し、大義のために協調性を重んじよう」

協調性の徹底は、教育上のどんな優先事項よりも重視された。四年生のとき、散髪をサボるという大罪を犯した私は、すぐさま校長の激しい怒りを買った。刑務所の番人と言ったほうがしっくりきそうなブルドーザーのごとき体格の校長は、検査で標準よりも長い髪をした私を見つけ、息切れしたサイみたいにぜーぜーし始めた。女子生徒のヘアクリップを引っつかむと、それを私の頭に刺して見せしめにした――協調性を守らなかった報い、というわけだ。

協調性重視の教育制度によって、生徒は最悪の性質、すなわち大きな夢を抱き、複雑な問題に面白い解決策を考え出そうというくだらない個人の野望とは無縁になった。優秀な生徒とはコントラリアン〔反主流の立場に立つ人〕でも独創性の持ち主でも先駆者でもない。むしろ、権威者を喜ばせ、産業界の労働力を生み出すのに都合のよい、何でも言われた通りにする生徒が高く評価された。

規則を守り、年長者を敬い、決まった手順を覚えることだけをよしとする文化のもとでは、想像力も創造性も育たない。その二つの能力を自分で伸ばすのに、私は本に頼った。私にとって本は避難所だった。できる限り本を買い、読むときもだいじに扱い、ページを折ったり本の背に傷をつけたりしないようにした。レイ・ブラッドベリ、アイザック・アシモフ、アーサー・C・クラークが描き出すファンタジーの世界に夢中になり、架空のキャラクターに自分を重ね合わせたものだ。天文学の本を見つけてはどれもむさぼるように読んだし、部屋の壁にはアインシュタインなどの科学者のポスターを貼っていた。古いベータマックスのビデオテープに録画したオリジナルの『コスモス』シリーズでは、カール・セーガンがいつも私に語りかけてくれた。何を言っているのかはよくわからなかったが、とにかく聞いていたのだ。

・ロケット科学で脱出

私は独学でコードの書き方を学び、まるで天文学へのデジタル・ラブレターのようなウェブサイト、「スペース・ラボ」を作った。片言の初級英語で、宇宙について知っていることをありったけ書いたものだ。コーディングのスキルは、デートの相手を見つけるのには効果はなかったけれど、のちの人生で命運を左右することになる。

私にとってロケット科学は脱出と同義語になった。トルコでは、私の将来はもう決められていた。

一方、ロケット科学の最前線であるアメリカなら、可能性は無限なのだ。

脱出速度に到達したのは17歳のとき。子どもの頃のヒーロー、セーガンがかつて天文学教授を務めたコーネル大学への入学が認められたのだ。ヨーロッパ製のスキニー・ジーンズを穿《は》いた、訛《なま》りのきつい、恥ずかしいくらいボン・ジョヴィを愛する青年は、コーネル大学にやって来た。

到着する少し前に、天文学部に入るには何が必要かを調べた。すると、天文学教授のスティーブ・スクワイヤーズが火星に探査機を送るNASAの計画の責任者であることがわかった。しかも、教授は大学院生のときセーガンのもとで研究していたのだ。信じられないほどできすぎた話ではないか。

求人はなかったけれど、スクワイヤーズ教授にメールで履歴書を送り、彼のもとで働きたいという熱烈な希望を伝えた。よい結果を指折り数えて待っていたと思われるかもしれないが、露ほども期待していなかったというのがほんとうのところだ。ただ、昔、父からもらった最高のアドバイスに従っただけだ――「宝くじは買わなきゃ当たらない」

とにかく宝くじは買った。でもどうなるかは皆目見当がつかない。それが、とても驚いたことに、教授は返信をよこし、私は面接に呼ばれた。高校生の頃に身につけたコーディング・スキルのおかげもあって、私は夢のような仕事を手に入れた。「スピリット」と「オポチュニティ」、2機の探査車を火星に送るミッションのオペレーション・チームの一員に選ばれたのである。私は内定通知を3度もチェックして、事務手続きのとんでもないミスか何かでないことを確かめた。

ほんの何週間か前まで、私はトルコにいて、宇宙の空想にふけっていた。それが今では、宇宙探査の最前線に加わろうとしている。私は内なるバルキと交信し、喜びのダンスを踊った。希望の象徴だったアメリカの精神《スピリット》と機会《オポチュニティ》は、もうただのありふれたことばではなくなったのだ。

コーネル大学スペース・サイエンス・ビルディングの4階にある、通称マーズ・ルームに初めて足を踏み入れたときのことは記憶に残っている。壁を覆い尽くす、配線図や火星表面の写真。頭痛がしてきそうなわびしい蛍光灯に照らされた、窓のない散らかった部屋。それでも私はその場所が大好きだった。

・ロケットから法律へ

ロケット科学者的な考え方を、私は一刻も早く身につけなければならなかった。最初の数カ月を、人々の会話にじっと耳を傾け、山のような書類を読み、初めて見る頭字語の意味を解読するのに費やした。空いた時間に、土星とその周辺の調査のために探査機を送り込むカッシーニ・ミッションにも携わった。

時間がたつにつれ、宇宙物理学に対する私の熱意は薄れ始めた。教室で学ぶ理論と実世界で起きる現実的な問題には大きな溝がある、と感じるようになってきたのだ。私はずっと、理論を構成する概念よりも実践的な応用のほうに興味があった。楽しいのはロケット科学に通じる思考プロセスの学習で、数学や物理学の授業内容ではなかった。まるで、生地を伸ばすのは好きだけれど、クッキーは好きじゃない職人みたいだ。

私より勉強が遥かに得意なクラスメートは何人もいたし、私が経験から得たクリティカル・シンキングのスキルは、「E（エネルギー）＝m（質量）×c（光速度）の2乗」である理由を何度も証明する機械的な作業よりもずっと実益があるのではないかと考えた。

火星と土星の探査ミッションの仕事を続けながら、私はほかの選択肢についても真剣に考えるようになった。社会の物理学への興味が大きいことに気づいたので、ロースクールに進もうと決めた。とくに喜んだのは母だ。これでもう、星占い師の息子にホロスコープの意味を教わってきてと頼んでくる友人たちの誤解を正さなくて済む、と言って。

専攻を変えたあとも、私は宇宙物理学を学んだ4年間で習得したツールキットを活用した。クリティカル・シンキングのスキルを使って、学校史上最高の成績を取り、ロースクールを首席で卒業。その後はアメリカ合衆国第9巡回区控訴裁判所で憧れの司法修習生となり、2年間法律の仕事をしていた。

そして私は、教育の世界に入ることにした。ロケット科学から学んだクリティカル・シンキングと創造性に関する知見を教育に取り入れたいと考えたのだ。トルコの体制順応的教育制度への不満にかり立てられて、夢を大きくもち、思い込みを疑い、世界の急速な進化に積極的に関わる力を学生に与えたいと思うようになったわけだ。

しかし、私が影響を及ぼせるのは、私の授業を受講する学生に限られてしまう。そう気づいて、私は世界中の人たちと知見を共有するためのオンライン・プラットフォームを立ち上げた。社会通念を疑い、現状を見つめ直すことをテーマに記事を執筆し、毎週数百万人にニュースレターを届けている。

実を言うと、私は自分がどこに向かっているのか、まったく見当がついていなかった。だが振り返ってみると、初めからこうなることは決まっていたのだと思う。いろいろなことを追求してきたが、そこには一貫したテーマがずっとあった。ロケット科学から法律へ、それからさまざまな人々に向けた執筆・講演活動へ、曲がりくねった道を進んできたが、何よりも重要な目標は、ロケット科学者のように考えるためのツールを開発し、自分が学んだことをほかの人たちと共有することだった。わかりにくい概念を平易なことばに書き直すには、多くの場合外部の視点――ロケット科学者の考え方を理解し、彼らのプロセスを分析する能力をもちつつも、まったく違う世界にいる人――が必要になる。

私はインサイダーとアウトサイダーの境界線上にいる。はからずも、私は全人生を賭けてこの本を書く準備をしてきたわけだ。

―◆―

・われわれはどこから来てどこへ行くのか？

私がこの本を書いている現在、世界中が激しい興奮状態にある。世の中に争いごとはあるものの、ロケット科学の観点から言うと、人間には違いよりも共通点のほうが多い。宇宙から地球――漆黒の闇にぽっかり浮かぶ青と白の球体――を眺めると、地上の境界はひとつ残らず消えてしまう。地球上のすべての生き物にはビッグバンの跡が残っている。古代ローマの詩人ルクレティウスが記したように、「われわれはみな、天空の種子から生まれ出ている」のだ。地球に生きるすべての人は、「重力の作用によって、宇宙を突っ走る直径1万2742キロメートルの同じ水の星の上に立っている」と、ビル・ナイ〔アメリカの科学者、教育者、司会者、俳優〕は言う。「ひとりで生きるという選択肢はない。みんながともに同じ星に生きているのだ」[15]

広大な宇宙の視点があれば、現実の問題を正しい文脈でとらえることができる。宇宙の広さはすべての人に同じ気持ちを抱かせる。人間は数千年のあいだ同じ夜空を見上げ、数兆マイル〔数兆キロメートル〕先の星に目をやり、数千年の歴史を思い起こし、同じ質問を何度も口にしているのだ――「私たちは何者なのだろう。どこから来て、どこに向かっていくのだろう」

1977年に打ち上げられた探査機「ボイジャー1号」は、太陽系外縁部、木星、土星などの近接撮影に初めて成功した。「ボイジャー」が太陽系周辺でのミッションを完了したとき、セーガンはそのカメラを地球に向けて、最後の1枚を撮影することを思いついた。「ペイル・ブルー・ドット(淡く青い点)」と呼ばれる今なお象徴的なその写真には、極小ピクセル(画素)の地球が写っている。セーガンの印象的なことばを借りれば、地球はかろうじて確認できる、「太陽の光のなかの、ちっぽけな点」でしかない[16]。

私たちは自分自身がすべての中心だと考えがちだ。けれども宇宙から見たら、地球は「果てしない宇宙の闇のなかの、孤独な点でしかない」。

ペイル・ブルー・ドットの奥深い意味に思いをはせながら、セーガンはこんなふうに述べている。

「考えてみてほしい。あまたの将軍や皇帝たちが、勝利と栄光を求めて、このちっぽけな点のその また一部でほんの束の間の支配者となるために流された血の川を。また、この点の一角の居住者が、そこととんど見分けのつかない別の一角の居住者のところに攻め入っては繰り返した、際限のない残虐行為を」〔『惑星へ』（朝日新聞社）より〕

ロケット科学は、人間の宇宙での役割は限られていることを教え、互いに対してもっと優しく、親切でなければならないことを思い出させてくれる。私たちがこの世にいる時間はほんの一瞬。生きている時間は短い。だったらその短い時間を有意義なものにしようじゃないか。

ロケット科学者の思考方法を学んだら、世界の見方が変わるだけではない。世界を変える力だって身についているはずだ。

Stage 1
発射

本書のステージ1では、

①不確実性の力を活用する方法、
②第一原理から判断する方法、
③思考実験で飛躍的進歩に火をつける方法、
④ムーンショット思考を取り入れて人生とビジネスを変える方法、

を学ぼう。

1 不確実でも飛び立て
——不確かさがもつ強い力

天才はためらう。——カルロ・ロヴェッリ（イタリア人理論物理学者）

今からおよそ1600万年前、巨大な小惑星が火星に衝突したと言われている。衝撃で火星の岩石が飛び散り、破片のひとつが地球までの漂流の旅に出た。そして1300万年前に南極大陸のアラン・ヒルズに落下。1984年にスノーモービルの運転中に発見される。1984年にアラン・ヒルズで見つかった最初の隕石《いんせき》ということで、「ALH84001」と命名された。石は分類され、調査され、すぐに忘れ去られる、はずだった——驚きの秘密が隠れている形跡がなかったなら[1]。

1000年以上も人類は同じ疑問について考えている。「宇宙にいるのは私たちだけなのだろうか？」私たちの祖先は空を見上げ、自分たちは宇宙の一般市民か、それともはみ出し者なのだろうか、と思案した。技術の進歩を利用して、別の文明からのメッセージをとらえようと、人間は宇宙から発せられるシグナルに耳を澄ました。生命の痕跡を探すために太陽系に宇宙船を送った。だがどれも、期待したほどの成果は挙げられなかった。

1996年8月7日までは。

その日、科学者はALH84001の内部に生物起源による有機微粒子を発見したと発表した。するとたちまち、それは地球外生命体が存在する証拠だ、とメディアがこぞって伝えた。

例えばCBSは、科学者が「隕石に単一細胞性の構造体を発見した。それはおそらく極小の化石で、過去の生物活動を示す科学的証拠だ。つまり、火星には生命体がいた可能性がある」と報じた[2]。CNNは当初、NASAのある関係者の発言を引用し、その構造体は「小さな虫」のような形をしていて、複雑な生命体の残骸と考えられると報道した[3]。メディアが大々的に取り上げたことから、地球外生命体の存在を巡って世界中の人々が大興奮し、ビル・クリントン大統領も演説のなかでこの件に言及した[4]。

しかし、ちょっとした問題があった。証拠が決め手に欠けていたのだ。報道の根拠となった科学論文は、その証拠が内在する不確実性を率直に指摘していた。論文のタイトルも、「火星の隕石ALH84001に生命活動の痕跡の可能性」だ[5]。

その概要には、隕石に確認された特徴は、「過去の火星生物相の化石の可能性がある」と明記されてはいるものの、「無機物の構造体とも考えられる」ことが強調されていた。つまり、見つかった微粒子は火星の細菌ではなく、非生物活動（例えば浸食などの地質活動）の産物かもしれないのである。論文は、単に証拠が生命体の存在と「矛盾しない」だけだと結論づけた。

けれどもメディアの解釈を通して市民に伝えられるニュースの多くでは、そうした細かい意味合いは軽視された。この件は悪い意味で広く知られることとなり、作家のダン・ブラウンは小説『デセプション・ポイント』に、火星の隕石から発見された地球外生命体を巡る陰謀を描いている。

結局のところ、万事うまくいった——少なくとも、一冊の本に不確実性に関する章を書けるくらいには。20年以上がたった今も、不確実性は消えていない。隕石で見つかった微粒子が火星の細菌なのか非生命体活動の産物なのか、研究者の議論は続いている[6]。

ついついメディアの勘違いのせいにしたくなるが、それでは隕石にまつわる当時の報道を支配していた大げさなもの言いと変わらない。より正しくは、こう言うべきだろう——人々は古典的なミスを犯した。実際はそうでないものを確実であるかのように見せかけようとしたのだ。

この章では、不確実性に抗《あらが》うのをやめて、その力をうまく使うにはどうすればいいかを検討する。確かさへの執着がいかに私たちを惑わすか、なぜあらゆる進歩が不確実な状況で起きるのかを学んでいこう。

また、不確実性に関するアインシュタイン最大の間違いを明確にし、数世紀前の数学の謎の解明から得られる教訓を明らかにする。

ロケット科学はなぜ命がけの「いないいないばあ」なのか。

冥王星が惑星から降格されたことから何を学ぶことができるだろう。

NASAのエンジニアはなぜ重大イベントのときに決まってピーナッツを食べるのだろうか。

章の最後に、ロケット科学者と宇宙飛行士が不確かさに対処するために活用している戦略を紹介し、それらをあなた自身の人生にどう応用できるかを説明したい。

確実性フェチの弱さ

カリフォルニア州パサデナにあるジェット推進研究所（Jet Propulsion Laboratory＝ＪＰＬ）は、科学者とエンジニアが集まる小さな街のようだ。ハリウッドのすぐ東に位置し、長年、惑星間宇宙船の研究開発と運用を担ってきた。火星着陸の映像を見たことがある人は、ＪＰＬのミッション・サポート・エリアの内部も目にしたことがあるはずだ。

火星着陸ミッションの際は決まって、サポート・エリアはピーナッツを食べながらコンソールに次々と送られてくるデータの山を見つめる、カフェイン過多の科学者やエンジニアであふれている。彼らが主導権を握っているような印象を受けるが、実はそうではない。彼らはスポーツ中継のアナウンサーのように出来事をただレポートしているだけなのだ——「クルーズ・ステージ分離」だの「熱シールド配備」だのといった、しゃれたことばを使ってはいるけれど。彼らが見ているのは、火星で12分前に終了した試合だ。結果はまだわかっていない。

火星からの信号が光の速度で地球まで届くのに、平均でおよそ12分かかる[7]。何か不具合があって、地球にいる科学者が瞬時にそれを見つけて対応したとしても、指示が火星に伝わるまでにさらに12分待たなければならない。合計24分。そのうえ宇宙船が火星大気圏の頂上から地表に降りてくるのに約6分かかる。科学者にできるのは、打ち上げ前に各種の取扱説明書を宇宙船に積み込んで、アイザック・ニュートン卿《きょう》よどうかお守りくださいと祈ることくらいだ。

そこでピーナッツの出番となる。1960年代初頭、JPLは無人探査機「レインジャー」のミッションを任されていた。「レインジャー」はアポロ計画の準備のために月の調査を行なう目的で開発された。打ち上げられた「レインジャー」は、月表面の近接写真を撮影して画像を地球に送信し、月に落下するはずだった[8]。ところが、最初の6回のミッションは失敗続き。批判的な人々は「打ち上げたら、あとは運を天に任せる」いいかげんなやり方だとJPL幹部を責め立てた[9]。それがその後、あるエンジニアがたまたまコントロール・ルームにピーナッツを持ち込むと、ミッションは成功。以来、JPLではピーナッツは探査機着陸には毎回欠かせないものになった。

危機が起きると、未知の探求に人生を捧《ささ》げてきた、ふだんは冷静でまじめなロケット科学者たちが、確実性を求めてプランターズ〔アメリカのナッツ・ブランド〕のピーナッツの袋を空にする。しかも、それでは足りないと言わんばかりに、多くの科学者が縁起を担ぎ、すり切れたジーンズを穿《は》いたり、前回の着陸に成功したときのお守りを持ってきたりする――絶対大丈夫、自分は冷静だと思い込むために、熱心なスポーツファンがやりそうなあらゆることをやっていたのだ[10]。

首尾よく着陸できれば、コントロール・ルームはお祭り騒ぎだ。冷静も平静もあったものではない。不確実性の野獣を征服したエンジニアたちは飛んだり跳ねたり、ハイタッチしたり、ガッツポーズをしたり、ギュッと抱き合ったり、こっそりとうれし泣きしたりする。

私たちは誰もが、不確実なものを恐れるようプログラムされている。未知のものを怖がらなかった祖先は、鋭い牙をもったトラの餌食になった。一方で、不確かなものは命を脅かすと考えた祖先は生き延びて、その遺伝子を私たちに伝えたのだ。

現代社会で、私たちは不確実な場所に確実性を求める。カオスのなかに秩序を、あいまいさのなかに明白な答えを、複雑なもののなかに確かなものを見つけようとするのだ。「人間は世界を理解するためではなく、コントロールするために遥かに多くの時間と労力を費やす」と、ユヴァル・ノア・ハラリ〔イスラエルの歴史学者、哲学者、『サピエンス全史』（河出書房新社）著者〕は書いている[11]。私たちは、とかく前にうまくいったやり方や近道や小技――袋入りピーナッツ――に頼りたがる。そうしているうちに、未知の出来事に対応する能力を失ってしまうのだ。

そこで思い出されるのが、夜に街灯の下でカギを探す酔っ払いの古い話。男はどこか暗い場所でカギをなくしたことはわかっているのに、灯《あか》りの下でそれを探す。なぜならそこが明るいからだ。

・不確実性のみがブレイクスルーを生む

確実性を求めると、私たちは表面的に安全に思える解決策を追求するようになる――街灯の下でカギを探すみたいに。思い切って暗い道に行こうとせず、今いる場所にとどまる。それがどれだけよくない状況であろうと。販売担当者は相も変わらず決まった策を何度も繰り返し、それでいて違う結果を期待する。起業の野心に燃えながら、将来性のない仕事を辞めない。見せかけの安定をくれる給料という確実性を手にできるからだ。製薬会社は、アルツハイマー病の治療につながる画期的な薬の開発には手を出さず、競合他社の製品にほんのわずか改良を加えただけの似たり寄ったりの薬を作る。

しかし、確かな答えを求めるのをやめ、補助輪を外し、あえて街灯の下から離れて歩き出さない限り、ブレイクスルーは起こらない。おなじみのものに固執していては、思いがけないものには出会えない。21世紀に成功するのは、偉大なる未知に心躍らせ、現状に心地よさよりも危険を感じる人なのだ。

偉大なる未知を追いかける

17世紀に数学者ピエール・ド・フェルマーが本の余白に書いたメモが、その後3世紀以上にわたって数学者たちを困惑させることになった[12]。

フェルマーはある定理を思いついた――方程式「an+bn=cn」は、nが2より大きい場合には整数解をもたない。「私はこの定理について真に驚くべき証明を発見したが、それを記すには余白が狭すぎる」。彼が書き残したのはそれだけだった。

フェルマーは証明を残さずにこの世を去ったため、この定理は「フェルマーの最終定理」として知られるようになった。その難解さは数世紀ものあいだ数学者を苦しめ続けた（彼らは「フェルマーがもっと広い余白のある本を読んでくれていたら」、と願ったことだろう）。さまざまな時代の数学者が証明に挑んでは玉砕していた。

ただひとり、アンドリュー・ワイルズを除いて。

・数学界世紀の出来事

たいていの10歳の子どもにとって、算数の本を読むのは楽しい時間とは言えない。けれどもワイルズはふつうの10歳ではなかった。イギリス、ケンブリッジの図書館に入りびたり、算数の本を片っ端から読んでいった。

ある日、一冊まるごとフェルマーの最終定理を扱った本を見つけた。提示するだけならごく簡単なのに、証明するのがきわめて難しい定理の謎に、ワイルズは魅了された。まだ十分な数学の能力を身につけていなかった彼は、20年以上その証明に手を出さなかった。

のちに数学教授となったワイルズは、再び問題に取りかかり、7年の歳月を謎解きに費やした。1993年、内容の想像がつかない演題がついたケンブリッジ大学での講演のなかで、彼は数世紀前から謎のままだったフェルマーの最終定理を解いたと宣言した。その発表に、数学者たちは大混乱。「おそらくそれまで数学界に起きた、いやはやまったく、一番エキサイティングな出来事だったよ」。そう話すのは、南カリフォルニア大学計算機科学教授で、チューリング賞〔計算機科学の分野で多大な功績を残した人物に贈られる、世界最高の権威をもつ賞〕受賞者のレオナルド・エーデルマンだ。『ニューヨーク・タイムズ』紙までが、「ついに解けた！　長年にわたる数学の謎」と一面で大々的に報じた[13]。

しかし、うかれるにはまだ早かった。ワイルズの証明には肝心な部分に誤りがあったのだ。それは、提出された論文を査読する段階で明らかになった。ほかの数学者の力を借り、修正にはさらに1年の年月を要した。

ようやくたどり着いた定理の証明までの道のりを振り返って、ワイルズは発見のプロセスを灯りのついていない家のなかを歩くことになぞらえた。彼によれば、最初の部屋では、そろそろと手を伸ばし、何かに指で触れたり、ぶつかったりして数カ月間を過ごす。幾度となく方向感覚を失い混乱に陥りながらも、何とかライトのスイッチを見つける。そうしたら、となりにある暗い部屋に移動し、そのプロセスを最初から繰り返す。ブレイクスルーは、「それよりも前の暗闇のなかで悪戦苦闘した歳月の集大成であり、それなしでは実現しなかっただろう」とワイルズは語っている。

アインシュタインも自身の発見プロセスを同じようなことばで表現している。「われわれが最後に導き出した結果は、ほとんど自明のことのように見える。しかし、突破口を突き抜けてやがてはっきり理解できるまで、感じているだけで表現できない真実を暗闇のなかで探し求める年月、強い欲望、代わる代わる訪れる確信と疑念は、自ら経験した人でなければわかるまい」[14]

ことによると、科学者はずっと暗い部屋で手探りを続け、真実の探求が死ぬまで叶《かな》わないケースだってある。たとえ灯りのスイッチを見つけたとしても、それが部屋のほんの一部を照らすだけで、それ以外の場所が思っていた以上に広く、暗いことがわかるかもしれない。それでも科学者にとっては、明るく照らされた廊下に座っているよりも、暗い部屋であっちによろよろこっちによろよろしているほうがずっと楽しいのだ。

学校では、科学者が難なく照明のスイッチを見つけ出したかのような、誤った印象を与えられる。科学を勉強するカリキュラムはひとつ、正しい方法はひとつ、標準化された試験の正解につながる正しい公式はひとつ。『物理学の原理』などという高尚な名前の教科書が、300ページのなかで魔法のように「理論」を紐解《ひもと》いている。権威者が演台に上り、私たちに「真実」を教える。理論物理学者デイビッド・グロスはノーベル賞受賞記念講演で、「教科書というものは得てして、人々がさまよい歩いた数多くの別の道や、信じた見当違いのたくさんの手がかりや、あまたの思い違いを見過ごしがちだ」と述べている[15]。私たちはニュートンの「法則」を、まるで神から授かった荘厳な祝福か天才のひらめきか何かのように教わるけれど、ニュートンが法則を精査し、修正し、調整するのに費やした年月のことは何も知らない。ニュートンが確立し損ねた法則――ことに錬金術の実験では、鉛から金を作ろうとして華々しく失敗した――は、物理の授業で語られる表面的なストーリーにはそぐわない。私たちの教育システムはむしろ、そうした科学者の人生の物語を鉛から金に変えているようなものなのだ。

大人である私たちは、こうした条件づけから逃れることはできない。私たちは、ひとつの問題には正しい答えが必ずひとつある、と信じている（あるいは、信じているふりをしている）。その正解は自分よりも遥かに賢い誰かがすでに見つけたものだと知っている。だから、答えはグーグル検索で見つかる、「もっとハッピーになるための3つのコツ」という最新記事を読めばわかる、あるいは自称ライフ・コーチから教えてもらえると思っている。

・答えは始まり

ただし問題がある。今では答えはもはや不足している日用品ではないし、知識はこれまでになく安価で手に入る。私たちが事実をのみ込めたとき――グーグルやＡｌｅｘａやＳｉｒｉが正解を吐き出せるようになったとき――には、世界はもう次の段階に進んでいるのだ。

もちろん、答えは無意味ではない。適切な質問ができるようになるためには、いくつか答えを知っていなければならない。とはいえ、**答えは発見のための発射台の役割を果たすだけ。始まりであって、終わりではないのだ。**

いつも灯りのスイッチに直行して正解を見つけようとしているのだとしたら、要注意。もしあなたが開発中の薬が効くに決まっているなら、あなたのクライアントが無罪判決を受けることがはっきりしているなら、あなたの探査機が絶対に火星に着陸できるなら、あなたの仕事は存在しないだろう。

最大の潜在的価値を生み出すのは、不確実さを最大限に利用する力だ。私たちは、モヤモヤをすぐにすっきりさせたい衝動ではなく、好奇心を原動力にしなければならない。確かさを手放したとき、進歩が始まるのだ。

確実性への執着にはもうひとつの副作用がある。ビックリハウスの鏡のような「未知の既知」が、私たちの視野を歪《ゆが》めてしまうのだ。

未知の既知の恐怖

２００２年２月12日、アメリカとイラクのあいだの緊張が高まるなか、当時のドナルド・ラムズフェルド国防長官が記者会見に臨んだ。ある記者が、侵攻の根拠とされた、イラクによる大量殺りく兵器保有の証拠はあるのかと質問した。どこかで聞いた政治家のお決まりのフレーズ、例えば「調査は継続中」とか「国家機密」といった答えを返すのかと思いきや、意外にも長官は、彼のことばのお楽しみ袋からロケット科学の比喩を引っぱり出してきた。「世の中には、まず自分が知っていると知っている『既知の既知』がある。そして次に、知らないと知っている『既知の未知』がある。これは、自分が知らないと自覚している物事である。そして、知らないことを自覚していない『未知の未知』というものもある」[16]

この発言は広く揶揄《やゆ》された——情報の出所に問題が多いせいもある——が、政治的発言としてみる限り、驚くほど正確だ。自伝『真珠湾からバグダッドへ』のなかでラムズフェルドは、このことばを最初に口にしたのはNASA元長官代理ウィリアム・グラハムだったと述べている[17]。しかし、話のなかでラムズフェルドが明らかに触れなかったカテゴリーがある——「未知の既知」だ。

「病態失認」とは、患者が自分の病状を正しく認識できない状態を意味する、覚えにくいことばだ。例えば、麻痺《まひ》のある病態失認者の前に鉛筆を置き、それを手に取るよう頼んでも、彼らは決してやろうとしない。理由を聞けば、彼らはこう答えるだろう。「いや、疲れているから」。「鉛筆は必要ないから」。心理学者のデイビッド・ダニングは「彼らは文字通り、自分自身の麻痺に気がついていない」と説明している[18]。

「未知の既知」は病態失認のようなもの。いわば自己欺瞞《じこぎまん》だ。この場合、私たちは自分が知っているということを認識しているつもりで、実は認識できていない。自分は真実の上にしっかり立っている——足元の大地は安定している——と思い込んでいるけれど、現実には突風が吹けばひっくり返る恐れのある脆弱《ぜいじゃく》な土台の上に立っているのだ。

　私たちは実感するよりも、脆弱な土台の上にいることのほうがずっと多い。確実性ばかりを重視する公の議論では、微妙な意味合いの違いは考慮されない。そのため、公的な議論には裏づけのある事実と最も有力な推測を区別する厳格なシステムがない。知っていることの多くが正しいわけではないし、ほんとうの証拠に欠けるのがどの部分かを認識するのも生易しいことではない。そこで私たちは意見があるふりをする技を身につけた――微笑《ほほえ》み、うなずき、その場しのぎの答えでごまかす。「できるようになるまでは、できるふりをしなさい」と教えられてきて、「ふりをする」ことだけが上達したわけだ。私たちは、確信のある明快な答えを自信たっぷりに述べることを高く評価する。たとえある問題に関して、2分でまとめられるウィキペディアの知識くらいしかもち合わせていなくても。私たちは前進を続ける。知っていると思っていることを知っているふりをしながら、鉄壁の信念に矛盾する明白な事実には目もくれずに。

「発見にとって大きな障害となったのは、無知ではなく、知識にまつわる幻想だった」。歴史家のダニエル・J・ブアスティンはそう記している[19]。知識があるふりをしていると、耳はふさがれ、外の世界から入ってくる知見に富んだ信号はシャットダウンされる。確実性ばかりを重視した結果、自分自身の麻痺に気づけなくなるのだ。自分が信じる真実を情熱を込めて大げさな身振りで話すほどに、慢心が高層ビルほどの高さにまで膨らんで、その下にあるものを覆い隠してしまう。

　慢心や思い上がりは問題の一部にすぎない。人間が不確かさに抱く嫌悪も問題を引き起こしている。

古代ギリシャの哲学者アリストテレスは、「自然は真空を嫌う」と唱えた。ある場所が真空状態になっても、すぐに高密度物質で満たされるという意味だ。この説は、物理学以外の幅広い分野にも当てはまる。理解に真空状態が生じる——知らないこと、不確かなことがあるなかで、何かに取り組む——とき、その隙間に瞬時に収まるのが神話や物語だ。「私たちは永遠の疑念を抱いた状態で生きることはできない」。そう語るのは、ノーベル賞受賞者で心理学者のダニエル・カーネマンだ。「だから、考えうる最善の物語を作り上げ、その物語が真実であるかのように生きるのだ」[20]

・物語が生む安心

物語は不確実さの恐怖にもってこいの治療薬だ。物語は理解のギャップを埋めてくれる。カオスに秩序をもたらし、複雑さから明確さを引き出し、単なる偶然を因果関係に変える。

子どもに自閉症の徴候が見られる？　それは2週間前に接種したワクチンが原因だ。

火星に人の顔が見えた？　それは偶然にも、エジプト人によるギザのピラミッド建設を助けた古代文明の精巧な作品に違いない。

人が集団で病気にかかって亡くなり、死体がけいれんしたり妙な音を発したりしている？　吸血鬼のしわざだ。ウイルスや死後硬直の存在が明らかになるまで、私たちの祖先はそう結論づけていた[21]。

不確かなことだらけの厄介な現実よりも、一見確かに思える物語を信じるのなら、事実はいらなくなり、デマがはびこる。フェイクニュースは何も現代に限った現象ではない。よくできたひとつの物語と山のようなデータなら、広く伝わるのはいつも前者のほうだ。頭に生き生きと描かれるイメージは、深く長く人の心に訴えかける。これは、間違った物語信仰〔narrative fallacy　事実よりも物語を優先するあまり、客観的な判断ができなくなること〕として知られている。私たちは、日光を浴びすぎたせいで男性型脱毛症になった、という誰かの話をいつまでも覚えている。物語にまんまと引っかかり、論理も懐疑的思考もどこかに捨ててしまうのだ。

すると、権力者たちは物語を神聖な真実にすり替える。本来不確実なはずの世界に彼らが偽物の安心感を吹き込める限り、世界のどんな事実も、ヘイト組織が民主的選挙で政権の座に就くことを防ぐことなどできない。得意顔でクリティカル・シンキングを否定する、声の大きなデマゴーグ〔扇動的な民衆指導者〕が自信たっぷりに言い放つ結論が、国を動かす議論を牛耳るようになるのだ。

知識に欠ける分、デマゴーグは声のボリュームを上げて自分の考えを主張する。事実を正確に理解しようとする人々が混乱してぐったりする頃、熱血漢が安心をくれる。連中は不確実なことで私たちを煩わせたりしないし、バンパー・ステッカー〔車に貼る、ポリシーや政治信条などの短いメッセージが書かれたシール〕に書くキャッチフレーズには微妙なニュアンスを盛り込まない。私たちは彼らの表面的には明確な意見を鵜呑《うの》みにして、クリティカル・シンキングの重荷を喜んで肩から下ろすというわけだ。

バートランド・ラッセル〔イギリスの論理学者、哲学者〕が言ったように、**現代社会の問題は、「愚か者は自信満々なのに、賢い人たちは疑念だらけだということだ」**。物理学者リチャード・ファインマンは、ノーベル賞を受賞したあとでさえ、自分は「困惑するサル」だと言い、どんなことにも好奇心旺盛に取り組んだ。そのおかげでファインマンは、ほかの人が見逃した微妙な違いに気づくことができたのだ。「間違っているかもしれない答えを知るより、知らないままで生きるほうがよっぽど面白い」と彼は語っている。

ファインマンのようなマインドセットをもつには、無知を自覚し、相当謙虚でなければならない。「わかりません」――この恐ろしいことばを発するとき、私たちの慢心はしぼみ、心は開かれ、周りの声に耳を傾けるようになる。無知を認めるとは、わざといつまでも事実に目を向けないでいることではない。学び、成長するためには、むしろ不確かなことを自覚する、つまり自分が知らないことをきちんと認識する必要があるのだ。

もちろん、そうなると見たくない事実が照らし出されるかもしれない。けれど、安心して過ちを犯すくらいなら不確かなことに不安を感じているほうがずっとよい。つまるところ、世界を変えるのは困惑するサル――不確実性愛好家――なのだから。

不確実性愛好家が成功する

「未知の何かがわれわれの知らないことを実行している――われわれの理論が目指すのはそこである」[22]

1929年、天体物理学者アーサー・エディントンは、量子論の状況をこんなふうに表現した。まるで、世界全体についての私たちの理解のことを指摘しているかのようなことばだ。

天文学者は、5パーセントの灯りしかつかない暗い場所で生活し研究を行なっている。宇宙のおよそ95パーセントは、暗黒物質や暗黒エネルギーという不吉な名前のものでできているのだ[23]。どちらも光と相互作用しないため、見ることも検出することもできない。それらの性質については何もわかっていない。ただ、それらが存在しているのは、ほかの物質に対して引力を働かせているからだということだけは判明している[24]。

物理学者のジェームズ・マクスウェルは、**「無知をしっかりと自覚することが、知識のほんとうの進歩の序章だ」**と語った[25]。天文学者たちは知識の境を越え、未知なることの大海原に飛び込んでいく。彼らは、宇宙はまるで巨大なタマネギのように、謎をひとつ解いてもその下にまた別の謎が現れることを知っている。劇作家のジョージ・バーナード・ショーに言わせれば、科学は「ひとつの問題も解明しきれないうちに、さらに10個の問題を発生させる」[26]。いくつかの知識のギャップが満たされても、またほかのギャップが出現するというわけだ。

こうした謎解きの喜びを、アインシュタインは「最も美しい経験」と表現した[27]。物理学者のアラン・ライトマンは、科学者は「未知と既知の境界の先」に立ち、「そこから巨大な洞窟をのぞき込み、おびえたりせず、むしろワクワクする」と記した[28]。無知を怖がらず、それを糧に成長するのが科学者だ。彼らにとっては、不確かなことが行動のきっかけになる。

スティーブ・スクワイヤーズは不確実性の愛好家だ。彼は、私がオペレーション・チームに参加したマーズ・エクスプロレーション・ローバー・プロジェクトの主任研究者だった。スクワイヤーズが未知のことに抱く強い情熱には伝染力がある。彼のオフィスはコーネル大学スペース・サイエンス・ビルディング4階にあるのだが、彼がいるとき、そこはいつもエネルギーに満ち溢《あふ》れてにぎやかだった。火星の話になると（たいていその話をしていたのだが）、スクワイヤーズの目は情熱でキラキラと輝いていた。彼は生まれながらのリーダーだ。彼が動けば、誰もが従う。そして有能なリーダーがみんなそうであるように、スクワイヤーズは責任を取るのも、成果を分け合うのも早い。かつてあるミッションへの功績によって賞を受賞したとき、そこに書かれた自分の名前を消し、最も重要な仕事をしたスタッフたちの名前を書いて彼らを讃《たた》えたことがある。

・見たこともないことにワクワクする

スクワイヤーズはニュージャージー州南部に生まれ、科学者の両親から探求への熱意を受け継いだ[29]。未知のことほど彼の想像力をかき立てるものはない。当時を思い出して彼はこんなふうに語った。「子どもの頃に家にあった地図帳は15〜20年前の古いもので、描かれていないところがたくさんあったんだ。これから埋まっていく空白の場所がある地図は、とんでもなく魅力的だったよ」。それからの人生を、彼はそうした空白の場所を見つけて埋めることに捧げた。

コーネル大学の学生だったとき、スクワイヤーズは大学院の天文学コースを受講していた。指導するのは、2機の探査機を火星に送ったバイキング計画で科学チームに参加していた教授だ。その授業でオリジナルの期末レポートが課題に出された。インスピレーションを求め、彼はキャンパスのとある部屋に入った。そこには、「バイキング」のオービター（軌道周回機）によって撮影された火星の写真がほこりまみれになっていた。15～20分くらい写真を見てみるつもりだったスクワイヤーズは、「1時間後に部屋を出るときには、それからの人生で何をやりたいかがはっきりわかった」という。

彼は探していたまっさらなキャンバスを見つけた。建物を出てからしばらくのあいだ、頭のなかでは火星表面のイメージがブンブン音を立てていた。「何が写っていたのかは理解できなかったけれど、その美しさを誰もわかっていなかった。そこにグッときたんだよ」とスクワイヤーズは振り返る。

知らないことの魅力に導かれ、スクワイヤーズはコーネル大学天文学教授になった。未知なることを追求して30年以上が過ぎてもなお、「あのときの気持ちの高まりを忘れてはいない」と彼は言う。「誰も見たことのないものを見ることから生まれる、あのワクワク感を」

しかし、知らないことの楽しみを享受しているのは天文学者だけではない。ここで、もうひとりのスティーブの話をしよう。映画のシーンを撮影し始めるとき、スティーブン・スピルバーグはものすごい不安に取り囲まれているように感じるという。「新しいシーンを始めるときは毎回ナーバスになる。セリフを聞いて自分がどう思うかわからないし、俳優に何を言うかわからないし、どこにカメラを置くかもわからないんだからね」[30]。そんな状態になったら、ほかの人ならばパニックを起こしかねない。ところが、スピルバーグはその感じを「世界一心地よい」と表現する。**自分の**

創造力を最大限に発揮できるのは、きわめて不確かな状況にあるときだけだと、彼は知っているのだ。

あらゆる進歩――ロケット科学だろうと映画だろうとどんなビジネスだろうと――は暗い部屋のなかで生まれる。それなのに、たいていの人は暗闇を怖がる。光がくれる安心を捨てた瞬間にパニックが襲いかかる。暗い部屋を最悪の恐怖と備蓄品で満たして、この世の終わりが来るのを待つのだ。

・未知への旅は後戻りができる

とはいえ、不確実さがキノコ雲を発生させることはまずない。不確実さは喜び、発見、そしてあなたの最大の可能性の実現につながる。つまり、不確かなことがあれば、今まで誰もしたことがないことを実行し、少なくともほんの束の間、ほかの誰も見たことがないものを発見できる、ということだ。不確実さと敵でなく友人としてつき合えば、人生そのものがもっと多くのものを与えてくれる。

しかも、暗い部屋のほとんどには、両方向――一方向ではない――に開くドアがついている。未知への旅はたいてい、後戻りがきくのだ。

大物起業家のリチャード・ブランソンは次のように書いている。「歩いて様子を見て、うまくいっていないと思ったら、踵《きびす》を返して戻ればいい」[31]。ただし、ドアにカギをかけてはいけない。これはブランソンがヴァージン・アトランティック航空を立ち上げたときのアプローチだ。ボーイング社との取引に、ブランソンは新会社が軌道に乗らなければ購入した最初の飛行機を返却できるという条件をつけることができた。ブランソンは一方向に見えたドアを両方向のドアに変えた――思った通りにならなければ引き返せる、というわけだ。

だが、「歩く」という表現は正しくない。不確実性の愛好家はただ歩いて暗い部屋に入っていくだけではない。そのなかで踊るのだ。しかも、中学校で踊らされるような、片思いの相手とおしゃべりしたいのに、歩幅一歩分の距離を保つために「両手を広げた」ぎこちないダンスではない。いやいや、それどころか彼らのダンスはタンゴだ――しなやかで、なまめかしく、優雅に身体《からだ》を密着させて、見ているほうをドギマギさせる。彼らは知っているのだ。灯りを見つける最良の方法は不確実性を追い払うことではなく、その懐にまっすぐ飛び込んでいくことだ、と。

不確実性の愛好家は、結果がわかっている実験は実験とは似ても似つかず、同じ答えを何度も見直すことは進歩ではない、と実感している。たくさんの人たちに踏みならされた道だけを通っていては、やり方のわからないゲームを避けていては、停滞から抜け出せない。進歩が始まるのは、暗闇で踊っているときだけ。照明のスイッチの場所――あるいは照明のスイッチとは何か――がわからないときだけだ。カオスのちブレイクスルー。踊るのをやめれば、進歩も止まる。

万物の理論はまだ誰もわからない

アインシュタインは人生のほとんどの時間、不確実性とタンゴを踊っていた[32]。創意に富んだ思考実験を行ない、誰も思いつかなかった疑問を抱き、最も不可思議な宇宙の謎を解き明かした。

ところが、キャリアの後半では、アインシュタインはしだいに確実性を求めるようになる。彼は宇宙のしくみを説明するのに二つの法則――大きな物体の相対性理論と小さな物体の量子論――があるのはおかしいと考えた。そこで、この不一致を解消し、すべてを統べる単一で一貫性のある、完全な方程式、いわゆる万物の理論の探求に乗り出した。

とりわけアインシュタインを悩ませたのは、量子力学の不確実性だった。サイエンス・ライターのジム・バゴットは、「量子以前の物理学は常に、〝これ〟をやったら〝あれ〟が結果として表れるものだった。ところが新しい量子論では、〝これ〟をすれば結果としてあくまでも一定の確率で〝あれ〟が表れる、と考える」(しかも状況によっては、「異なる」結果が出る可能性がある)[33]と説明している。アインシュタインは自らを「熱狂的信者」と称し、統一された理論が不確実性を解決し、彼が「邪悪な量子」と呼ぶものを受け入れなくてもよくしてくれると信じ続けた[34]。

しかし、統一理論を求めれば求めるほど、答えは彼から逃げていった。確実性を追い求めるなかで、アインシュタインは好奇心と、初期の成果の多くを生み出した自由な思考実験を失っていった[35]。

人間は不確実な世界で確実性を探求する。絶対不変なこと、行動と反応、Aが必ずBをもたらすという明白な因果関係を誰もが望んでいる。私たちが作る概算やパワーポイントの資料では、ひとつの変数から直接ひとつの結果が生まれる。問題を複雑にする曲線も端数もない。

けれども現実には――現実の常として――遥かに多くの微妙な差異がある。

若い頃のアインシュタインは、光が光子でできていると提案するのに、「私にはそう思える」というフレーズを使った[36]。

チャールズ・ダーウィン〔イギリスの自然科学者〕は進化論を「私が思うに（I think）」と言って紹介した[37]。

マイケル・ファラデー〔イギリスの化学者、物理学者〕は磁場の研究を発表する際、自分が経験した「ためらい」について語った[38]。

人間を月に送ると宣言したとき、ケネディは未知の世界に飛び込もうとしていることを知っていた。彼は国民にこう説明した。「この計画には多少なりとも信念とビジョンが必要です。というのも、どんな利益が私たちを待っているか、まだわからないからです」

こうした発言が取り上げられることはめったにない。だが、真実に近いというところに価値がある。

ファインマンは言う。「科学的知識というものは、非常に疑問のあるものから、ほとんど確実なものまで、さまざまな度合いの確実性をもった理論の集まりなのですが、絶対的な確実性をもつものはいっさい存在しません」[39]。科学者が発言するとき、「問題はそれが正しいか間違っているかではなく、正しい、あるいは間違っている可能性がどれくらいあるか」なのだ。**科学では、変動範囲が優先されて絶対不変の概念は否定され、不確実性はあって当然と考えられている。**科学では答えは謎と複雑さにまみれた近似値やモデルの形で現れる。答えには誤差の許容範囲と信頼区間がある。事実として報告されること——火星の隕石のケースのように——は、ほとんどの場合ただの可能性でしかないのだ。

提示されたすべての問いに対する確定的な答えである万物の理論は存在しない。このことは安心材料だと思う。理論と道筋はいくつかあるものだ。火星に着陸するための適切な方法はひとつではないし、本書をまとめる正しいやり方はひとつではない（といつも自分に言い聞かせている）し、あなたのビジネスを拡大するための有効な戦略はひとつではない。

確実性を求めたがゆえに、アインシュタインは自らの足を引っ張ることになった。というか、万物の理論の探求は彼の時代には早すぎたのかもしれない。今日、多くの科学者がそのバトンを受け取って、物理のあらゆる法則の理解を統一するという重要なアイデアの探求を続けている。有力な研究はいくつかあるものの、まだ実を結んでいない。この先起きるどんなブレイクスルーも、科学者が不確実性を受け入れ、進歩の主たる原動力のひとつ――変則性――に注意を払ってこそ生まれるのだ。

「それは面白い」と言える人

ウィリアム・ハーシェルは18～19世紀の作曲家で、ドイツに生まれ、のちにイギリスに移り住んだ[40]。まもなくピアノ、チェロ、バイオリンが弾ける万能音楽家としての地位を確立し、24の交響曲を作曲した。だが彼には、音楽家としてのキャリアがかすんでしまうようなもうひとつの作品――音楽以外の――があった。

ハーシェルは数学に魅了されていた。大学に進まなかった彼は、書籍に答えを求めた。三角法、光学、機械学の本を何冊もむさぼり読んだが、なかでも私が好きなのは、18世紀版『サルでもわかる天文学（Astronomy for Dummies）』とも言えるジェームズ・ファーガソンの『アイザック・ニュートンの原理に基づいて説明できる、数学を勉強しなかった人たちにも易しい天文学（Astronomy Explained Upon Sir Isaac Newton's Principles, and Made Easy to Those Who Have Not Studied Mathematics）』だ。

望遠鏡の作り方の本を読んだハーシェルは、地元の鏡業者に作り方を教えてほしいと頼んだ。彼彼は望遠鏡製作にいそしみ、一日に16時間も鏡を磨き、肥料とわらで型を作った。

1781年3月13日、ハーシェルは裏庭で手製の望遠鏡をのぞき込み、空に二重星を探していた。二重星とは、ひじょうに近接して見える二つの星のこと。そのとき、おうし座のなか、ふたご座との境界近くに、場違いに見えるおかしな天体を発見した。その特異さに興味を引かれたハーシェルは、それからの数日間、毎晩望遠鏡を向け続け、その天体がおうし座のほかの星とは反対方向に進んでいたことに気がついた。「移動していたので、あれは彗星《すいせい》だ」と彼は記している[41]。

しかし、最初の直感は間違っていた。その天体は彗星ではなかったと考えられる。尾がなかったし、典型的な彗星の楕円《だえん》軌道を移動してもいなかった。

当時、太陽系惑星の外側の境界と考えられていたのは土星だ。土星の向こうに惑星は存在しないと、科学者は信じていたのだ。しかしハーシェルの発見が、その定説が誤りであることを証明した。彼はおなじみの太陽系の端にある新しい灯りのスイッチをオンにして、太陽系の大きさを2倍にしたのだ。ハーシェルの「彗星」は、新しい惑星だったことが判明し、のちに空の神にちなんで天王星（Uranus）と名づけられた。

天王星は一筋縄ではいかない惑星だった。不規則にスピードを上げたり、緩めたりするのだ。まるで、地球上から宇宙の惑星の軌道に至るまで、あらゆる場所での物体の動きを正確に予測する、ニュートンの万有引力の法則に従うのを拒否するかのように[42]。

この変則性をきっかけに、フランスの数学者ユルバン・ルヴェリエは土星の先にある別の惑星の存在を真剣に考えるようになる。その惑星は、天王星を引っ張り、それぞれの位置に応じて、天王星を前方に牽引《けんいん》して加速させたり、後方に押し戻して減速させたりするのではないか、と彼は推測した。数学だけを使って——ほぼ同時代に生きたフランソワ・アラゴ〔フランスの数学者〕に言わせれば、「ペンの先〔「計算」の意味〕」だけで——、ルヴェリエは新しい惑星を発見したのだ。その新しい星、海王星はのちにルヴェリエが予測した位置から1度以内の場所で観察された[43]。驚くほど正確な計算は、そのおよそ160年前にニュートンが導き出した法則に基づいていた。

・例外をどうするか

海王星の発見によって、ニュートンの法則は太陽系の外縁をも支配したかのように思える。ところが、地球により近い惑星、水星に問題があったようだ。この惑星もまた予測に従うことを拒むかのように、ニュートンの法則によってはじき出された軌道を外れていた。こうした欠陥は、逸脱——それがあることによって規則の存在を証明する例外——として片づければ手っ取り早かっただろう。何しろ、水星はニュートンの法則の力が及ばないただひとつの惑星のようだったし、及ばないといってもほんのわずかのことだったのだから。

だが、このささいな変則性にはニュートンの法則の大きな欠陥が隠されていた。アインシュタインは水星の軌道を正確に予測する新しい理論を考え出そうと、この問題に飛びついた。引力を説明するのに、ニュートンは「物体には互いに引きつけあう力がある」というざっくりした仮説を立てた[44]。対してアインシュタインの仮説はより複雑だった――「物体は時空を歪める」[45]。アインシュタイン仮説の意味することを理解するために、ボウリングの球をひとつとビリヤードの球をいくつか、トランポリンの上で転がすことをイメージしてみよう。重いボウリングの球がトランポリンの布地をたわませると、軽いビリヤードの球はその布地のたるみに沿ってボウリングの球のほうへ向かって動き出すだろう[46]。アインシュタインによれば、重力にも同じような働きがある。時空の生地を歪めるのだ。重量のあるボウリングの球のほうが、すなわち太陽に近ければ近い惑星ほど――水星は太陽に最も近い惑星――、時空の歪みも、万有引力の法則から逸脱する幅も大きい。

こうした例が示すように、**灯りのスイッチにたどり着くには、まず変則性に気がついたときに頭のなかのアラームを鳴らさないといけない。**ところが、私たちは変則性に気づくようにできていない。子どもの頃、私たちは物事を二つのバケツ――善と悪――に区別するよう教えられる。歯磨き、手洗いは善。怪しい白いバンに乗らないかと誘ってくる見知らぬ人は悪だ。地質学者で教育者のトーマス・C・チェンバレンはこんなふうに述べている。「子どもにとって善は善であってそれ以上ではなく、悪は悪以外の何ものでもない。悪からよい行ないを、善から悪い行ないを期待することは、子どもが無意識に抱いている考えと著しく矛盾する」[47]。アシモフが言うように、私たちは「まったく正しくないものは完全に誤りである」と信じているのだ[48]。

・おかしなことが発見を生む

そんなふうに物事を単純に考えるのは、子どものときなら世の中を理解するのに役立つ。でも私たちは、大人になってもこの間違った考えから抜け出すことができない。しゃかりきになって、自分に合わない仕事や状況に無理やり合わせようとし、物事——それから人——をきちんとしたカテゴリーに分類し、秩序のない世界に秩序を取り戻そうとする。達成感は味わえるだろうが、事実と異なる幻想を作り出しているだけなのだ。

変則性は善と悪、正しいことと間違っていることの明確な図式を歪ませる。不確実性を抜きにしても、ただでさえ人生には苦労がつきもの。だから私たちは変則性を無視して不確実性を排除する。変則性は極端な外れ値、あるいは測定のミスに違いないと自分を納得させて、そんなものなど存在しないふりをしているのだ。

こうした姿勢は多大な代償を伴う。科学者で哲学者のトーマス・クーンの著書のなかに、**「科学的発見というものが生まれるのは、何かがうまくいったときではない。むしろ、何かおかしいこと、予想に反した変則性に気づいたときに生まれるのである」**ということが書かれている[49]。アシモフが、科学において最も心が躍るフレーズは「わかった！」ではないと否定したのは有名な話だ。彼は、科学の発展はしばしば誰かが変則性に気がついて、「これは面白い……」と言ったときに始まるのだと語った[50]。量子力学、レントゲン、ＤＮＡ、酸素、ペニシリン、などなどの発見はどれもみな、科学者が変則性を無視せずに、受け入れたときに生まれている[51]。

かつてアインシュタインの下の息子、エドゥアルトはなぜパパはそんなに有名なのかとたずねた。

その答えのなかで、アインシュタインはほかの人々が見逃す変則性を発見する自分の能力について触れている。それとなく相対性理論に言及しながら、彼はこんなふうに説明した。「目の見えないカブトムシが曲がった枝の上を這《は》っているとする。そのカブトムシは自分が這っている道筋が実際には曲がっているのに、そのことがわからない。パパはカブトムシがわからなかったことが幸運にもわかったのさ」[52]

とはいえ、フランスの化学者ルイ・パスツールのことばを言いかえると、幸運は準備ができた者だけに微笑むのである。かすかな手がかり——データと一致しないことがある、説明が通りいっぺん、あるいは表面的である、観察記録が理論と完全に一致しない——に目を向けなければ、古い理論の枠組みから新しい理論は誕生しない。

次のセクションで取り上げるが、不確実性を受け入れることが進歩につながるのとまったく同じで、進歩そのものからも不確実性が生まれる。ひとつの発見によってまた別の疑問が新たに生じるように。

こうして降格させられた

惑星の発見に関しては、アマチュア天文学者が専門家のお株を奪うことがよくある。

1920年代、カンザス州の20歳の農民クライド・トンボーは、100年以上前のハーシェル同様、空き時間に望遠鏡を作り、レンズや鏡を磨くのに忙しかった[53]。手製の望遠鏡を火星や木星に向けては、それらの絵を描いたものだ。トンボーはアリゾナ州にあるローウェル天文台が惑星天文学を研究していることを知り、ふと思いついて自分の絵を送ってみた。ローウェル天文台はその絵に感銘を受け、彼を雇うことにした。

1930年2月18日、さまざまな空の写真を見比べていたとき、トンボーはぼんやりした点が移動していることに気づいた。その後、それは海王星の向こうにある惑星だと判明する。太陽から離れていたので、星はローマ神話の冥界を司《つかさど》る神にちなんで冥王星と名づけられた。

だが、何かがおかしい。新たに惑星の栄誉を授かった冥王星の大きさが、どんどん小さくなるのだ。1955年、天文学者たちは冥王星の質量は地球とほぼ同じと考えていた。それが13年後の1968年に改めて観測したところ、冥王星は地球の約20パーセントの質量しかないことが明らかになる。それからもこの星は縮み続け、1978年の計算では明らかにフェザー級の軽さだった。質量は地球のわずか0・2パーセント。もともと太陽系のほかの惑星よりもずいぶん小さかったとはいえ、冥王星を惑星と宣言するのは時期尚早だったのだ。

それ以外にも、冥王星が惑星であることが疑問視される現象が現れ始めた。海王星を越えたところで、冥王星とほぼ同じ大きさの丸い天体が天文学者によって次々と発見されていた。それでも、たまたま冥王星のほうが若干大きいというだけの理由で、それらの天体は惑星とは呼ばれなかった。

根拠のないその基準は、2003年10月のとある発見まで適用され続けた。その年、冥王星よりも大きいとみられる惑星が発見された。太陽系外縁部に存在する10番目の惑星は、不和と対立の神の名からエリスと命名された[54]。

・エリスが生み出した大論争

その名にふさわしく、エリスはたちまち激しい論争を巻き起こした。それまで天文学者はわざわざ「惑星」の定義を定めようとしなかったが、エリスの発見によって重い腰を上げざるをえなくなったわけだ。いよいよもって、エリスが惑星かどうか決めなければならない。その役目を任されたのが、天体の認定・分類活動を行なう国際天文学連合。２００６年の総会で、天文学者は惑星の定義について採決を実施し、その結果冥王星もエリスも惑星の基準を満たさないとされた。一度の投票だけで、冥王星は栄光の座から引きずり降ろされた――文化、歴史、教科書、ミッキーマウスのペットの犬の名前――そして、太陽系にある惑星の順番を覚えるために作られたいくつもの記憶法が、忘れ去られる運命となった（「水金地火木土天冥海」の語呂合わせも用なしになった）。

このニュースは、まるで意地の悪い天文学者たちが、誰もが愛する一番小さな惑星にレーザー光線を当て、空から撃ち落としたかのように報じられた[55]。しかし、冥王星から惑星の地位をはく奪した首謀者とされたカリフォルニア工科大学マイク・ブラウン教授は、それに動じなかった。「冥王星は死んだ」。教授は記者たちの前でそう宣言した。オサマ・ビンラディンの暗殺を発表したときのバラク・オバマ大統領のように厳粛に[56]。

惑星降格の知らせを聞いて初めて冥王星ファンになった数千の人たちのあいだに、怒りの渦が巻き起こった。オンラインの請願書にはたくさんの署名が集まった[57]。アメリカ方言学会は「plutoed（「冥王星のように降格された」という意味）」を２００６年のワード・オブ・ザ・イヤーに選出[58]。

惑星の単語の頭文字を並べた新しい覚え方（「Mean Very Evil Men Just Shortened Up Nature（意地悪でとても悪い奴らが自然を縮める）」）は、世の人々の感情をみごとに言い表している[59]。

一部の州では政治家が、冥王星の降格に対して緊急に法的措置を講じる必要があると考えた。憤りを感じたイリノイ州上院議員は、冥王星が「不当に降格された」と主張する決議案を可決した[60]。ニューメキシコ州の下院はもっと優雅な調子で、「ニューメキシコ州の美しい夜空を通るとき、冥王星は惑星と宣言されるだろう」と発表した[61]。

冥王星は私たちがよく知る太陽系の天体の順番にとって重要だった。不確かなことだらけの広大な宇宙にあって、惑星の数という有限で不変の数字は、いくばくかの安心感を与えてくれたのだ。学校で教えられ、教師が試験問題に出せる具体的な知識だった。それなのに、一夜にして宇宙は私たちの足元を揺るがせた。冥王星が惑星でないなんて――70年以上も当然のことと信じてきたのに――、ほかのことを議論している場合じゃない。

そんなふうに宇宙の不当な仕打ちを嘆く人は、重大な事実をないがしろにしている。太陽系の天体で降格されたのは冥王星が初めてではないし、それに対する反発が起きたのも初めてではないのだ。

そう、その栄誉は私たちの惑星のものだった。人々が地球を宇宙の中心と考えていた時代、ポーランドの天文学者ニコラウス・コペルニクスが登場し地球はただのひとつの惑星にすぎないと説いた。コペルニクスは、「太陽に特有であるかに思える動きは、太陽ではなく地球とその軌道によって生じており、地球はほかの惑星と同じように太陽の周りを回っている」と書いている。

「ほかの惑星と同じ」。私たちは特別ではなかった。何ものの中心でもない、平凡な存在。コペルニクスの発見は、冥王星の降格同様、人々の安心感と宇宙における地位をぐらつかせた。だからコペルニクスの地動説は、およそ1世紀ものあいだ顧みられることがなかったのである。

ダグラス・アダムス〔イギリスの脚本家、SF作家〕の傑作『銀河ヒッチハイク・ガイド』（河出書房新社）では、スーパーコンピューターの「ディープ・ソート」が「生命、宇宙、そして万物についての究極の疑問の答え」を問われる。750万年の熟考の末に、ディープ・ソートは明解だがまったく意味のない答え――「42」――を吐き出す。作品のファンはこの数字に何らかの象徴的な意味を見出《みいだ》そうとしたが、私はそこに意味などないと思う。アダムスはただ、人間がいかに確実性をほしがり、こだわるかを揶揄したかったのだろう。

惑星の数――9――も42という数字と同じくらい意味がない。惑星の数がいくつになろうと、天文学者の日常に変わりはないのだ。科学には、感情も感性も惑星に対するやみくもな執着も関係がない。天文学の世界には、確かに反対者はいたが、ほとんどの人が先へと進んだ。論理が感情に勝ち、新しい基準が決まり、9が8になった。それだけだ。

冥王星を殺したマイク・ブラウンは、その降格を憤りの原因ではなく教育の機会ととらえていた。ブラウンは、冥王星の物語を使って、教師は人生同様に科学ではなぜ正解にまっすぐたどり着くことができないのかを説明できると考えていたのだ。

「惑星」ということばの語源がそれを明らかにする。「惑星」は「さまよう者」を意味するギリシャ語に由来する。古代ギリシャ人は空を見上げ、どちらかというと決まった位置にある星とは対照的に動く天体を見つけた。それを彼らは「さまよう者」と呼んだのだ[62]。

惑星のように、科学もさまよう。進歩に先んじて大変動が起こり、進歩がさらなる大変動を引き起こす。ラルフ・ウォルドー・エマソン〔アメリカの思想家、哲学者、作家、詩人〕は、「人々は安定を願う」と書いた。だが同時に、「ただし、不安定である限り、彼らには希望がある」[63]と述べている。過去にこだわる人は前進する世界から置いていかれるのだ。

冥王星の降格の話からわかるように、私たちはそれがいくら無害であろうと、不確実性を脅威とみなして反応する傾向にある。けれど、不確実性を心地よく感じられるようになるためのカギは、ほんとうに警戒すべきことは何で、しなくてもいいことは何かを見きわめることだ。そのために、「いないいないばあ」で遊んでみることにしよう。

ロケット科学は命がけのいないいないばあ

想像してみてほしい。小さな核爆弾ほどの爆発力をもつロケットのてっぺんに、ミッションが成功するかどうかもわからずに座っているところを。

宇宙飛行士にとって、それは「日常」だ。

マーキュリー計画で宇宙飛行士を宇宙に送ったアトラスロケットは、そのあまりの脆弱性が懸念されていた。「アトラスブースターは当時、ケープ・カナベラルでの打ち上げ実験でいつも爆発していた」。そう振り返るのは、元宇宙飛行士で、のちに事故を起こしたアポロ13号の船長を務めたジム・ラヴェルだ。「『アレに乗ったら死ぬ』と思ったよ」[64]。アトラスロケットといえば、ヴェルナー・フォン・ブラウン――元ナチス党員で、その後アメリカの宇宙計画の設計責任者となった――がこんなふうに語っている。「ジョン・グレンがあの奇妙な機械装置に乗るんだって？　離陸どころか、一番上に座るだけだって勲章ものさ」[65]。私たちは宇宙飛行が人間に及ぼす影響をほとんど知らないが、グレンは無重力が視野を歪める恐怖を克服するために20分おきに視力検査表を読むように指示されていた。地球を周回しているとき、彼はどんな気分だったろう。ジャーナリストのメアリー・ローチは「眼科に行った気分だ」と冗談を言っている[66]。

娯楽映画や大衆小説のなかでは、ラヴェルやグレンのような宇宙飛行士は、リスクを恐れず危険なロケットの頂上に座る、陽気で肝の据わった、偉そうにいばりくさった男として描かれている。ドラマとしては面白いが、それは誤解だ。宇宙飛行士が平静を保っているのは、彼らが超人的な神経の持ち主だからではない。不安を軽くするための知識を活かす術《すべ》をマスターしたからなのだ。宇宙飛行士のクリス・ハドフィールドが言ったように、「ストレスやリスクの高い状況で冷静さを保つのに必要なのは、知識だけだ。（中略）トラブルの可能性と真っ向から向き合い、問題を調査・分析し、その構成要素や影響をひとつ残らず分解して調べていくのは、ほんとうにタメになる」[67]のだ。

脆弱なロケットのてっぺんに乗るときでさえ、黎明期《れいめいき》の宇宙飛行士の多くは自分をコントロールできた。なぜなら彼らは宇宙船の設計に直接関わったからだ。それと同時に彼らは自分が何を知らないのかも知っていた――何を憂慮すべきで、何を無視すべきかを。そうした不確実な要素を認識することが、解決の第一歩だった。例えば科学者は、微小重力が視覚障害をもたらすかどうか不明だと判断したので、グレンに宇宙に視力検査表を持っていくよう指示したのだ。

このアプローチには、利点がもうひとつある。何がわかっていて何がわかっていないかを突きとめれば、私たちは不安を抑え、それにつきものの恐怖心を和らげることができる。作家のキャロライン・ウェッブは、**「不確実さに限界を設ければ、脳にとってあとに残った不明瞭な部分を扱うのがより簡単になる」**と書いている[68]。

・不確実性といないいないばあ

いないいないばあの遊びを考えてみよう。この遊びの人気は万国共通で、ほとんどすべての文化に共通のバージョンがあるようだ[69]。ことばは違っても、「リズム、動き、みんなで楽しめること」は同じだ[70]。手の後ろで見慣れた顔が現れたり消えたりする。赤ちゃんはちょっと驚いてきょとんと座っている。いったいどうなっているんだろう。すると目の前の両手が離れて相手の顔が見え、世界には秩序が戻る。続いて笑いが起きる。

ところが、不確実性が大きいと、笑いは起きない――少なくとも同じように笑ってくれるというわけにはいかない[71]。違う人が現れたり、同じ人でもまったく異なる場所から顔を出したりすると、赤ちゃんはあまり笑わないという研究結果が出ている。6カ月の赤ちゃんでさえ、相手が誰で、どこにいるかに対してある程度の確実性を期待している、というわけだ。これらの変数が予期せず変われば、赤ちゃんの喜びの度合いも変わるのだ。

知識は不確実な状況を命がけのいないいないばあの遊びに変える。もちろん、宇宙飛行はお遊びではない――多くの人の命がかかっている――けれど、宇宙飛行士は赤ちゃんと同じやり方――手が開いたとき、目の前に誰が現れるのかを探ること――で、不安を抑えているのだ。

赤ちゃんだろうと宇宙飛行士だろうと、私たちが楽しめる不確実さは安全な類のものだ。動物を離れた場所から眺めているからサファリを楽しめる。心地よいソファーに座り、スティーヴン・キングの最新作を読んだりするのが大好きだ。謎は解決し、殺人者の仮面ははがされる。だが、犯人が誰かわからないと、ストーリーの結末がどうなるか見当がつかないと、暗号が解読されずクライマックスが訪れないと――腹のなかが煮えくり返ってくる。

要するに、不確実さに線引きをしないと、不安が募るわけだ。不透明な未来に対する得体の知れない恐怖で頭をいっぱいにしておくと、恐怖のボルテージは最高潮に達する。「恐怖とは、何が待ち受けているのかわからないという状況、これから起こることに対して何の手も加えられないという感覚から生まれるものだ」。ハドフィールドはそう語る。「無力感を抱いているときのほうが、事実を把握しているときよりも、遥かに怖い。何に警戒すればいいのかわからないと、何もかもが危険に見えるんだ」〔『宇宙飛行士が教える地球の歩き方』（早川書房）より〕

・怖いものには名前をつける

何に警戒すべきか見きわめるために、時代を超えたヨーダ〔映画『スター・ウォーズ』に登場する架空のキャラクター」の名言にならおう——**「恐怖を払いのけるには、まずそれに名前をつけることだ」**[72]。一言つけ加えるなら、その名前を紙と鉛筆（テクノロジーに詳しいなら、ペン）で書き留めるといい。そして、最悪のシナリオはなんだろう？　自分の知っている限り、そのシナリオ通りになる可能性はどれくらいあるのだろう？　と自問しよう。

書き出すことで、心配や不安——自分が何を知っていて、何を知らないか——が明らかになる。カーテンを開けて、未知の未知を既知の未知に変えてしまえば、その牙を抜くことができる。恐怖の正体を知ったら、自分が恐れていることよりも不安の感情のほうが遥かに厄介なことがわかるはずだ。そして、おそらく自分にとって最も重要な問題は、いくら不安になったからといって消えてなくなるわけではないということにも気づくだろう。

ただし、よい面も忘れてはいけない。最悪のシナリオを考えるだけでなく、「起こりうる最高のことはなんだろう？」と自分に問いかけてみよう。ネガティブな考えはポジティブな考えよりも遥かに響きやすい。心理学者リック・ハンソンのことばを言いかえると、脳はネガティブな考えはマジックテープのようにくっつけるのに、ポジティブな思考はテフロンのように跳ね返してしまう。最悪のシナリオと同時に最高のシナリオを考えておかないと、脳は一見、最も安全な道——何もしないこと——のほうに舵《かじ》を切るだろう。だが中国のことわざにもあるように、「多くの間違いはその場にとどまることで生まれる」のだ。**未知のことに向かって最初の一歩を踏み出せば、その先に待つ夢のような幸運が手に入る可能性は高い。**

ほんとうに心配すべきことが何かがわかったら、ロケット科学のプレーブックから戦略を二つ――冗長性と安全マージン――引き出して、リスクを減らす策を講じることができる。では、その二つの戦略に目を向けることにしよう。

冗長性が余分なものでない理由

一般的に使われる「冗長性」ということばには、非難の意味が込められている[73]。だがロケット科学の分野では、冗長性が成功と失敗、すなわち生死を分ける可能性がある。航空宇宙産業では、冗長性はミッション全体を台なしにしかねない単一障害点を避けるために設けられる、バックアップのことを指す。宇宙船は、万が一どこかに不具合が発生しても稼働するよう設計されている――ひとつの失敗ですべてを終わりにしないように。車のトランクにスペアタイヤ、運転席に非常ブレーキがついているのも同じ理由だ。タイヤのパンクやブレーキの故障が起こっても、予備があれば何とでもなるというわけだ。

例えば、スペースXのファルコン9ロケットは（名前からわかるように）9つのエンジンを搭載している。それらのエンジンは十分な距離をとって配置されているので、ひとつのエンジンが故障しても宇宙船はミッションを完了することができる[74]。重要なのは、エンジンがほかの部品を損なわず、ミッションを危険にさらすこともなく、単独の失敗で済むよう設計されていることだ。2012年の打ち上げの際、ファルコン9のエンジンのひとつが飛行中に機能不全となり、ほかの8

つのエンジンからも轟音《ごうおん》が止まらなくなった。フライト・コンピューターが障害のあるエンジンを停止させ、その不具合を考慮に入れてロケットの軌道を修正。ロケットはそのまま上昇を続け、無事に貨物を軌道に送り届けた[75]。

冗長性は宇宙船のコンピューターにも使われている。地球でも、コンピューターはしょっちゅうクラッシュしたりフリーズしたりするが、振動、衝撃、電流と気温の変化など、ストレスだらけの宇宙環境では失敗の確率はぐんと高まる[76]。そのため、スペースシャトルのコンピューターには四重の冗長性があった――同じソフトウェアを動かすコンピューターが4台搭載されていたのだ。4台のコンピューターそれぞれが、何をすべきかを多数決のやり方に従って「投票で決定」する[77]。もし1台が故障して無意味なデータを吐き出し始めたら、多数決でほかの3台に負ける、というしくみだ（そう、ロケット科学はみなさんが思うよりもうんと民主的というわけ）。

冗長性をきちんと働かせるには、それぞれが独立して機能できなければならない。スペースシャトルには4台のコンピューターが搭載されている、といえば聞こえはいいが、全部同じソフトウェアを実行しているのだから、たったひとつでもソフトウエアにバグが生じれば、4台すべてが同時に機能しなくなる恐れがある。そのため、スペースシャトルは5番目のバックアップ・フライトシステムも装備している。それにはほかの4台とは別の委託業者が作成した異なるソフトウェアが組み込まれている。共通のエラーひとつで同一のソフトウェアを搭載した4台の主要コンピューターが故障しても、バックアップ・システムが作動して宇宙船を地球に帰還させることができるわけだ。

冗長性は保険としては有効なものの、収穫逓減の法則に従う。つまりある点を超えると、新たに冗長性をつけても複雑さ、重量、そしてコストが必要以上に増えるだけになるのだ。ボーイング747に4機でなく24機のエンジンを組み込んだってもちろんいいのだが、ロサンゼルスからサンフランシスコに飛ぶ狭苦しいエコノミー席に、1万ドル（約100万円）払わなければならなくなるかもしれない。

また、過剰な冗長性が裏目に出て、信頼性を向上させるどころか損なう可能性もある。冗長性が障害点を増やすのだ。エンジンが複数あっても、適切な距離をとって設置するのでなければ、1機の爆発によってほかのエンジンまで故障しかねない――エンジンを1機増やすたびにこのリスクは高くなる。この点を考慮し、数は少ないほうが事故発生のリスクを下げられるという判断のもと、ボーイングは777に搭載するエンジンを4機ではなく2機のみにした[78]。一方で、あとで見ていくが、冗長性を確保して安全性が高まったかのように思うと、人はいいかげんな判断をするようになる。フェイル・セーフ・システム（故障やエラーが発生しても安全性が確保できるようにするためのしくみや工夫のこと）が整備されていると、「何か不具合が起こっても安全だ」と――間違って――思い込む恐れがあるのだ。結局のところ、冗長性は優れた設計の代わりにはなれない。

考えてみよう。あなたの人生の冗長性はどこにあるだろう。あなたの会社の非常ブレーキやスペアタイヤはどこにあるだろう。かけがえのないチーム・メンバー、重要な販売業者、あるいはだいじなクライアントをなくしたら、あなたはどう対処するつもりだろう。世帯の収入源を失ったらどうするだろうか。システムは、部品がひとつ壊れても作動し続けるよう設計しなければならないのだ。

安全マージンとなるもの

冗長性に加えて、ロケット科学者は安全マージンを確立することによって不確実性に対処する。例えば、彼らは宇宙船を要求されるよりもさらに頑丈に作る。あるいは断熱材を要求以上に厚くする。こうした安全マージンが、不確実な宇宙環境が予想以上に過酷なことが判明しても、宇宙船を守ってくれる。

危険度が高まるのに伴い、安全マージンも増やすべきだ。失敗の確率は高いか？　もし失敗したら、コストは高くつくだろうか？　前の話に戻るが、ドアは一方向か、それとも両方向だろうか？　後戻りできない一方向の判断をするなら、より大きな安全マージンが必要だ。

宇宙船に関わる決断は、ほとんどの場合後戻りできない。打ち上げられてしまったら、ハードウェアが故障したからといって回収するチャンスはないのだ。そのため、宇宙船に積み込むツールは用途が広いものでなければならない――両方向ドアのように。

さて、ここでしばし、2003年に「スピリット」と「オポチュニティ」、2機の探査車を火星に送ったマーズ・エクスプロレーション・ローバー・プロジェクトに話を戻そう。探査車の着陸後に火星で何が見つかるかはまったく不透明だった。そこで私たちが取り入れたのは、スイス製アーミー・ナイフ的アプローチだ。

火星でのオペレーションを計画するとき、私たちはさまざまなツールを探査車に載せ、できる限り高い柔軟性と機能性を発揮できるようにした。探査車には火星表面を見渡せるカメラ、土壌や岩の成分分析をする分光計、近接撮影ができる顕微鏡画像記録装置、岩の内部をむき出しにするためにハンマーのような役割をする研磨ツールが搭載された[79]。探査車を動かして――一日およそ2メートルと、進みはひどくゆっくりだったけれど――、さまざまな場所を調査することができた。

2機の探査車の着陸場所について、私たちは火星軌道船によって撮影された写真を見ながら、どんな場所なのかをある程度予測していた。

ところが、スティーブ・スクワイヤーズが言うように、どちらの探査車の場合も着陸場所に関する予測は「まったく、完全に、明らかに間違って」いた[80]。そのため、問題を予測するのではなく、火星に到着してから発生した問題を探査車のツールを使って解決するほうが有効なことがわかった。宇宙船に万能ツールを積み込めば、意図した使用目的に限らず数多くの機能をこなすことができる。2006年3月に「スピリット」の右前輪が動かなくなったとき、ナビゲーターは探査車をバックさせてそれ以外の部分を守った[81]。

機械的な問題で火星探査車「キュリオシティ」のドリルが使えなくなったときは、エンジニアがまだ動く部分を使って穴を開ける新しい方法を考えついた[82]。地球で双子の探査機を用いた新しい掘削テクニックのテストに成功したのち、彼らは火星でそれを試すよう「キュリオシティ」に指示を送った。その方法はみごと奏功した。

アポロ13号月面着陸ミッションで宇宙飛行士を救ったのも、それと同じアプローチだ。月付近で発生した酸素タンクの爆発によって、指令室の電力と酸素の供給がどんどん減っていった。3人の宇宙飛行士は指令室を出て月着陸船に移り、それを救命ボートにして地球への帰還を目指した。ところが、クモのような形をした宇宙船である月着陸船は、宇宙飛行士2人を軌道を周回する宇宙船から月面に運ぶために設計されたものだったので、3人が呼吸をしていると二酸化炭素レベルがたちまち危険な領域に入ってしまった。指令室には二酸化炭素を吸収する四角い機械があったが、それは月着陸船の丸いろ過装置の形状にはフィットしない。地上管制官の力を借りながら、宇宙飛行士たちは手近にある筒形の靴下と粘着テープなどを使って、四角い杭《くい》を丸い穴に入れる方法を考え出した[83]。

・問題予測より現場での問題解決

この話はすべての人に重要なことを教えてくれる。不確実性に直面したとき、私たちは得てして物事に取りかからない言い訳をでっちあげるものだ。僕はそんな器じゃない。まだ準備ができていない。頼れるコネがない。時間が足りない。そう言って、私たちは、うまくいく（仕事の満足感と6桁のサラリーがあればなおよい）ことが保障されたアプローチが見つかるまで、歩き出さない。

かといって、完全な確実性など幻だ。生きていれば、不完全な情報を根拠にして意見を言い、おおよそのデータに基づいて選択せざるを得ないことがある。**火星に「着陸して何をすればいいかな**

んて、わからなかった」とスクワイヤーズは告白する。「それまで誰もやったことがないのに、何をすればいいかどうやってわかるというんだ？」

もし私たちのチームが、完璧に明確な選択肢が提示されるまで——着陸場所についての非の打ちどころがない情報がそろい、うってつけのツールを設計できるまで——計画を延期していたら、火星には絶対にたどり着けなかっただろう。不確実性とタンゴを踊ろうという人がほかにいたら、私たちよりも先にゴールテープを切っていたに違いない。

神秘主義の詩人ルーミーも書いているように、歩き始めるまで道は決して見えてこないもの。

ウィリアム・ハーシェルは、天王星を発見できるなんて夢にも思っていなかったけれど、歩き出し、鏡を磨き、超初心者向けの天文学の本を読み始めた。

アンドリュー・ワイルズは10代の頃、フェルマーの最終定理に関する本を見つけ、自分の好奇心がどこに向かっていくのかまったくわからないままに歩き出した。

スティーブ・スクワイヤーズはまっさらなキャンバスを探し求めて歩き出した。それがいつの日か自分を火星に導くとは想像もしていなかったけれど。

秘訣《ひけつ》は、はっきりした道が見える前に歩き始めること。

歩き出そう。たとえこの先、車輪が動かなくなって、ドリルが壊れ、酸素タンクが爆発するかもしれなくても。

歩き出そう。万が一車輪が止まったら引き返せばいいのだし、粘着テープを使って大惨事を防ぐことだってできるのだから。

歩き出そう。そして歩くのに慣れるにつれて、暗闇の恐怖が消えていくのを実感しよう。

歩き出そう。ニュートンの第1法則によれば、動いている物体は運動を続ける。あなたもいったん歩き出せば、歩き続けられるだろう。

歩き出そう。その小さな歩みが最後には大きな飛躍になるはずだ。

歩き出そう。もし役に立つなら、ピーナッツの袋をお守りに。

歩き出そう。なぜならそれが簡単だからではなく、困難だからだ。

歩き出そう。前進するにはそれしかないのだから。

2 第一原理から判断する
――画期的なイノベーションを生み出すもの

独創性とは起源に戻ることである。――アントニ・ガウディ（スペインの建築家）

たいていのシリコンバレーの起業家の辞書に、「値札ショック」ということばはない。

だが、火星に宇宙船を送るロケットを購入したときのイーロン・マスクの場合は違った。アメリカ市場では、２機のロケットに１億３０００万ドル（約１３６億円）と途方もない値がついていたのだ[1]。しかもそれは打ち上げロケットのみの価格。宇宙船やそれに積み込む観測機器を含めれば、総コストは確実に増えていっただろう。

そこでマスクは、ロシア市場をのぞいてみることにした。何度か現地に足を運び、（頂上に核弾頭が搭載されていない）退役した大陸間弾道ミサイルを探した。ロシア側担当者とのウォッカ片手のミーティングは、乾杯（「宇宙に！」「アメリカに！」「宇宙のアメリカに！」）のために２分おきに中断された。しかし、陽気なその声はやがて嘲笑に変わった。ロシア側はなんとミサイル１機２

000万ドル（約21億円）という法外な価格を提示してきたのだ。マスクほどの富豪にとっても、宇宙開発企業を立ち上げるにはロケットのコストはあまりにも高すぎた。何か別の手を打たなければならないと、彼は痛感した。

・イーロン・マスクのスペースX

南アフリカに生まれ、子どもの頃から変化を好むところがあったマスクは、さまざまな業界を次々と意のままにしてきた。初めてビデオゲームをプログラミングし販売したのは12歳のとき。17歳でカナダ、のちにアメリカに移住し、ペンシルベニア大学で物理学と経営学を専攻。卒業後スタンフォード大学大学院に進むも中退し、弟のキンバルと共同で会社を設立した。初期のオンライン街案内サービスを提供したジップ2だ。アパートを借りる余裕さえなく、事務所に布団を敷いて眠り、地域のYMCAでシャワーを浴びていた。

1999年、28歳のときにジップ2をコンパックに売却し、マスクはたちまち億万長者の仲間入りを果たす。そして、再びポーカーのチップを手に取ると、新しいテーブルに置いた。ジップ2の売却益をもとに、オンライン決済サービスのエックス・ドットコム（のちにペイパルに社名変更）を立ち上げたのだ。その後ペイパルをイーベイに売却し、1億6500万ドル（約172億円）を手に会社を去った。

取引成立の数カ月前には、マスクはすでにリオデジャネイロのビーチにいた。けれど、リタイア計画を練っていたわけでも、ダン・ブラウンの最新作をパラパラめくっていたわけでもない。彼が読んでいたのは『ロケット推進力の基礎（Fundamentals of Rocket Propulsion）』だ。かつてペイパルを立ち上げた男が新たに目指したのは、宇宙だった。

全盛期、宇宙産業はイノベーションの最前線だった。しかし、マスクが参入を考えるようになった頃には、宇宙開発企業は救いようがないほど過去に縛られていた。宇宙産業はムーアの法則に従わない、テクノロジー関連としてはきわめて珍しい業界だ。インテル創業者のゴードン・ムーアが唱えたこの法則の原則によれば、コンピューターの処理能力は18カ月ごとに倍増し、指数関数的に性能が向上していくという。１９７０年代には1台でひとつの部屋全体を埋め尽くすほどの大きさがあったコンピューターは、今やポケットに収まり、計算処理のみならず数多くの機能を兼ね備えている。一方で、これに抗うのがロケット技術だ。「来年は今よりもっと性能のよいソフトウェアが出るとわかっているから、安心できる。でもロケットのコストは、逆に毎年だんだん高くなっていったんだ」と、マスクは言う[2]。

その傾向に気づいたのはマスクが初めてではない。けれどもそれに対して行動を起こしたのは、彼が初めてだった。

マスクはスペース・エクスプロレーション・テクノロジーズ、通称スペースXを立ち上げた――火星への移住と人類を惑星間種族にすることという大胆な目標を掲げて。だがマスクの財力をもってしても、アメリカやロシアでロケットを購入することはできなかった。ベンチャー・キャピタリストに売り込みを図ったものの、彼らを説得するのは至難の業。「宇宙は、地球上のほぼすべてのベンチャー・キャピタリストのコンフォート・ゾーンの遥か外側にあった」とマスクは語る。それでも、彼は友人たちに投資をもちかけることはしなかった。スペースXの成功の可能性をわずか10パーセントと見込んでいたからだ。

自分のアプローチが大きく間違っていたことを思い知らされたマスクは、あきらめかけていた。しかし彼はやめるのではなく、第一原理に立ち戻ろう――この章のテーマ――と決めた。

第一原理思考がなぜ効果的なのかを説明する前に、まずそれを妨げる二つの障害物について見ていこう。知識はなぜ善でなく悪になりうるのか。

そして、ローマ帝国の道路建設技師がNASAのスペースシャトルの幅を決めることになったのはどういうわけなのか。あなたは自分を尻込みさせる見えないルールに気づき、そこから抜け出す方法を学ぶことになる。

また、製薬大手とアメリカ軍が同じ戦略をどう活用して脅威をかわしたか、なぜ会社をつぶすことが会社を救う最良の方法なのかについても説明していく。

さらに、足し算でなく引き算がイノベーションのカギとなる理由や、メンタルモデル（「これをすればああなる」といったような、個人の思考の前提となるイメージ）が人生を単純化するのにどう役立つかを掘り下げていこう。

この章を読み終えたら、第一原理思考を自分の人生で機能させる実践的な戦略を身につけられるはずだ。

「これがいつものやり方だから」が生む思考停止

私のお気に入り映画のひとつ、『アニマル・ハウス』の冒頭では、物語の舞台となるフェイバー大学創立者エミル・フェイバーの銅像が映し出される。銅像には、架空の人物フェイバーのとてつもなく陳腐なことばが刻まれている――「知識は尊い」。感動的な座右の銘で自分の名前に箔《はく》をつけたがる、実在の大学創設者たちへの風刺が込められたことばだ。映画のねらいはともかくとして、フェイバーのことばは確かに正しい。少なくとも知識労働者として生計を立てている私にとっては、釈迦《しゃか》に説法ではあるけれど。

しかし、知識は尊いと同時に、悪にもなりかねない。知識は思考を形作る。知識は情報を与える。知識を通して私たちは、枠組み、ラベル、カテゴリー、そして世界を見るためのレンズを手に入れる。知識はカメラのUVカットフィルター、インスタグラムのフィルター、詩の構造のように、人生のよりどころとしての役割を果たす。それらが不可欠なものであるのには、もっともな理由がある。役に立つのだ。それらは、世界を理解するための認知の近道となる。私たちを効率的かつ生産的にしてくれるのだ。

だが気をつけなければ、視野が歪められる恐れがある。例えば、ロケットの市場価格がべらぼうに高いことを知っていると、私たちは多額の資金を調達できる独自のルートをもつ大国や大企業でなければロケットを保有できない、と思い込む。気づかぬうちに、**知識によって私たちは慣習の奴隷と化す。型にはまった思考はありきたりの結果しかもたらさない。**

ロースクールで教え始めた頃、刑事訴訟法が初年度の必修科目であると知って、私はおかしいと感じた。ほかの科目の豊富な基礎的知識が求められる難しいクラスだからだ。昼食をとりながら、年上の同僚に説明を求めると、彼は読んでいた新聞を下ろして素っ気なくこう答えた。「ずっとそうしてきたからさ」。何十年も前に誰かが決めたカリキュラムに、何の疑いもなく従い続けている。それきり、疑問を感じて理由をたずねる人がひとりもいなかったとは。

現状は超強力な磁石だ。人々は物事はこんなふうだろうという先入観をもち、現状に安心材料を見つけ出そうとするものだ。現状に取りつかれてなどいないと思う人は、私たちがいかに変化を避けようとしてきたかがわかる慣用句の数々を見てほしい。「If it ain't broke, don't fix it.（壊れていないものを直すな）」。「Don't rock the boat.（波風を立てるな）」。「Don't change horses in the middle of the stream.（川を渡っている最中に馬を変えてはいけない）」。「Go with the devil you know.（知っている悪魔のほうがまし）」〔「正体がわかっているもののほうが、たとえ悪くてもまだよい」「不満があってもわかっていることを続けなさい」という意味〕

・経路依存

「すでに決まったこと」がもつ力は計り知れない。ロケット科学のような先進的な業界でもそれは同じ。過去の決断や行動が将来の行動を形作る、こうした現象は「経路依存」と呼ばれている。

例を挙げよう。スペースシャトル――人間が作った最も複雑な機械のひとつ――を動かすエンジンの幅は、２０００年以上前にローマのひとりの道路建設技師によって決められた[3]。そう、あなたの読み間違えではない。エンジンの幅は、ユタ州からフロリダ州までそれらを運ぶ鉄道のレール幅に合わせて決められた。そのレール幅はイギリスの路面電車の幅をもとにしている。そしてその路面電車の幅は、ローマ人によって建設された道路の幅――４フィート８・５インチ（約１４４センチメートル）――を基準にしていたのだ。

たいていの人が使っているキーボードの作りは非効率的だ。現在の配列になる前、文字をあまり速く打つと、タイプライターはすぐに壊れてしまっていた。そこで、入力速度を遅くしてキー同士の機械的な干渉を避ける目的で、「ＱＷＥＲＴＹ配列」（キーボードの左上の6文字から名づけられた）が作られた。しかも、販売を促すため販売員が機械の動作をデモンストレーションする際、ブランド名をすばやくタイプできるよう、“typewriter”の単語の文字が一番上の列に配置されている（確かめてみよう！）。

もちろん、今ではキーの機械的干渉は問題ではない。“typewriter”の文字をできるだけ速く打つ必要もない。にもかかわらず、効率的かつ人間工学的に遥かに優れた配列があっても、今なお圧倒的に普及しているのはＱＷＥＲＴＹ配列なのだ。

変化は代償を伴う可能性がある。例えば、ＱＷＥＲＴＹ配列をやめるとしたら、私たちは新しい配列の入力方法を最初から覚えなければならない（すでに切り替えを済ませ、やるだけの価値があると主張する人たちもいるけれど）。それに、ときに悪いほうに変わる場合もある。だが、たとえ変化によってコストを大幅に超えるメリットが得られるとしても、人はたいてい最初に選んだものにこだわるのだ。

既得権益もまた現状維持に加担する。フォーチュン500企業の幹部たちがイノベーションを嫌うのは、彼らの報酬が四半期という短期の業績をもとに決められるので、新たな道を走ることで一時的に減らされる恐れがあるからだ。アプトン・シンクレア〔アメリカの小説家〕は「何かを理解しないことで給料をもらっているような人間に、何かを理解させるのは難しい」と述べている。

もしもあなたが1900年代初頭のデトロイトの馬のブリーダーなら、競争相手はより強く速い馬を育てるほかのブリーダーだと思っていただろう。もしも10年前にタクシー会社を経営していたら、競合相手はほかのタクシー会社だと思っていただろう。空港警備の仕事をしていたら、最大の脅威は靴のなかに爆弾を隠す輩《やから》だと思い、全員に靴を脱がせることでテロを「解決」しようとしただろう。

いずれのケースも、過去が未来を決めている。そのまま進め——氷山にぶつかるまでは。

研究の結果、私たちは大人になるにつれてだんだんルールに縛られるようになることがわかっている[4]。出来事は韻を踏むようになる。日々はただの繰り返しになる。使い古されたひとつのキャッチフレーズを受け売りし、同じ仕事にしがみつき、同じ人たちに話しかけ、同じ番組を見て、同じ製品ラインを維持する。まるでいつも同じ結末になる『きみならどうする？（Choose Your Own Adventure)』シリーズ（学研プラス）の本のように。

雪の轍《わだち》が深ければ深いほど、そこから抜け出すのは難しい。決まったやり方で物事をこなしていると出口が見えなくなる。「道が作られると、そこに車が集まるようになり、それが毎年続いていき、その上を歩く人がどんどん増え、修理や保持のために人が集められて、その道は生き続ける。不思議なことだ」と、ロバート・ルイス・スティーブンソン〔イギリスの小説家〕は記した[5]。

私たちはプロセスやルーティンを、車を集める道路のように扱っている。アメリカとヨーロッパの企業100社以上を対象に行なわれた2011年の調査によれば、「それらの企業で必要とされる、手順、垂直階層、意思疎通のしくみ、調整機関、意思決定のための承認の数は、過去15年間に50パーセントから350パーセント増えた」という[6]。

ここに問題がある。プロセスとは、本質的に後ろを振り返ることだ。それは、過去に生じた問題に対処する過程で生まれたものなのだ。侵すべからざる盟約のように扱えば——疑問に思わなければ——、プロセスは前進を妨げかねない。時間がたつと、組織の動脈は時代遅れの手順のせいで目詰まりを起こす。

そのうちに、手順を順守することが、成功の基準になる。アマゾンのジェフ・ベゾスによると、「若手のリーダーが、結果の悪さを『いやあ、プロセス通りにやったんですが』と正当化することはよくある」。「用心しないと、プロセスが問題になりかねない」と彼は忠告する。だからといって、標準業務手順書をシュレッダーにかけて、何でもありの企業を作れというのではない。それより、ベゾスのように、「私たちがプロセスを管理しているのか、それともプロセスが私たちを管理しているのか」と問いかける習慣を身につけるべきなのだ[7]。

必要とあれば、私たちは知識を手放して最初からやり直さなければならない。アンドリュー・ワイルズ――数世紀のあいだ謎のままだったフェルマーの最終定理を証明した数学者――は、こんなふうに述べた。「数学者になりたいのなら、記憶力がよすぎるのはマイナスだ。前回の問題に対するアプローチは忘れなければならないからだ」[8]

結局のところ、エミル・フェイバーは正しかった。知識は確かに尊い。ただし、知識は人を束縛するのではなく、人に情報を与えるものでなければならない。知識は人の視界をさえぎるのではなく、人を教え導くものでなければならない。今ある知識を進化させてこそ、未来がはっきり見えるようになるのだ。

知識による支配は問題の一部にすぎない。私たちは、自分が過去にしたことのみならず、他者が過去にしたことにも縛られている。

「彼らがそうしているから」ではだめ！

人間は多数派に従うよう遺伝子にプログラミングされている。数千年前は、生き残るには部族への服従が求められた。そうしないと、村八分にされ、拒絶され、悪ければ見殺しにされた。

一方で現代社会では、その他大勢から抜きん出たいと思う人がほとんどだ。私たちは自分がふつうの人たちとは好みがはっきり異なり、違った世界観をもっていると信じている。ほかの人たちの選択に関心があることは認めるが、自分の判断は自分で下していると主張するのが常だ。

ところが、研究からは異なる結果が明らかになっている。ある代表的な実験で、参加者にドキュメンタリー映画を見せ、上映後それにまつわる質問をした。「女性が逮捕されたとき、警察官は何人いたか、そのとき女性が着ていた服は何色だったか」などなど[9]。

参加者はそれぞれひとりでテストを受けたので、ほかの人の答えは知らない。数日後、彼らは再び研究室に集まって同じ質問に答える。ただしそのときは、答える前にほかの参加者の答えが表示された。そこに研究者はある策をしかけた。いくつかの答えに手を加え、故意に間違った答えを挿入したのだ。

参加者のおよそ7割が、ほかの参加者の誤回答に合わせて正しい答えを直した。偽の社会的証明〔他人の行為や伝えられた情報などによって、その後の行動や判断が影響を受けてしまう人間の心理的原理〕があまりに強力だったために、一部の答えが誤りだったことを明かしたあとでさえ、参加者の4割ほどが再テスト中ずっと間違った答えに固執していた。

刷り込まれたこうした服従心に抵抗すると、私たちの心は苦痛を感じる――実際の痛みを。神経学的研究によれば、大勢に同調しないことは扁桃体《へんとうたい》を活性化させ、論文の著者が「独立の痛み」と呼ぶものを生じさせるのだ[10]。

この痛みを避けるために、私たちは口先では独創性を賞賛しながら、現実には他人の行動に追従する。まるで中国のことわざのように――古代中国の書物に、「付和雷同」ということばがある。しっかりとした考えをもっておらず、たやすく他人の意見に同調する、という意味だ。誰かひとりが憶測でものを言うと、世間の人々は真偽を確かめもせずにそれを真実として広めてしまう。

企業は以前に落雷があった場所に避雷針をつけて、再び雷が落ちるのを待つ。「この方法は前に効果があったから、またやろう」。そう言って繰り返す。次も。その次も。同じマーケティング・キャンペーンを立ち上げよう、大ヒットした大衆恋愛小説と同じネタを使おう、17冊目のタイトルを『ワイルド・スピード』にしよう。不確実な状況ではなおさら、私たちは同僚や競合他社なら自分の知らない何かを知っていると思い込み、彼らがすることをそっくり真似《まね》たがる。

短期間ならばその戦略も奏功するが、長期にわたって実行すれば取り返しのつかないことになる。流行は束の間で、トレンドは移ろいやすい。時間がたてば、模造品が出てきてオリジナルは時代遅れになる。同じ道をたどっても、ある人には輝かしい栄光が、別の人には完全なる失敗が待ち受けていることもある。両者の立場が逆転する可能性もある。フレンドスター〔2002年にカリフォルニアで開始されたSNS〕とマイスペース〔音楽やエンターテインメントを中心としたSNS〕はどちらも好スタートを切ったものの、その後勢いを失った。対するフェイスブックの時価総額は、2019年半ばに5000億ドル〔約52兆円〕を超えた。

確かに、ほかの人がきわめた何かを学ぶことには大きな価値がある。何といっても、学びの第一歩は真似ることなのだから。人に合わせることで、私たちはあらゆることを学んできた――歩き方、靴紐の結び方、ほかにもたくさん。20ドル〔約2100円〕以下で、本は誰かが一生かけて考え出したことを教えてくれる。ただし、学習とやみくもな真似には決定的な違いがある。

ほかの誰かの成功までの道筋をまるごと真似することはできない。リード大学を中退し、カリグラフィーの授業を受け、LSDに手を出し、禅や仏教の教えに傾倒し、実家のガレージに店を出せば、次のアップルを立ち上げられるわけではないのだ。投資家のウォーレン・バフェットが言うように、**「ビジネスにおいて最も危険なことばは、『ほかの誰もがやっている』だ」**。そうした〝猿真似〟をしてみんな我先にと競争の真っ只中《ただなか》に入っていき、押し合いへし合いしている――端にいたら、競争はうんと楽なのに。「既存のテクニックを改良しようとすれば、自分よりも前にいたすべての人を相手にした賢さコンテストに巻き込まれてしまう。勝算はない」。そう話すのは、グーグルの〝ムーンショット工場〟、Xを率いるアストロ・テラーだ[11]。

ロケットを購入しようと思ったとき、マスクは初めて自分がそうした競争のなかにいることに気づいた。彼の思考はほかの人が過去にしたことに悪い意味で影響を受けていた。だからマスクは物理学の勉強に立ち戻り、第一原理を判断のよりどころにしようと決めたのだ。

話を進める前に、マスクについて話すことにしよう。彼ほど好き嫌いがはっきり分かれる人物はまれだ。彼を実在のアイアンマン、世界で最も興味深い男、人類を前進させるため誰よりも多くのことを実行する気概のある起業家、とみなす人がいるかと思えば、世界を救うと言って会社を立ち上げては、わざわざ不運に身をさらしてばかりいるシリコンバレーの道楽者、あるいはツイッター・アカウントで未来に関する好き勝手な話をダラダラ続ける興行師（そこそこ厄介な目に遭いながら）と呼ぶ人もいる。

私はどちらにも共感しない。彼を非難しても、やみくもに心酔しても、いずれにせよマスクには迷惑な話だ。しかし、私たちがもし、彼が第一原理思考をどう活用していくつもの業界をひっくり返し、憧れた夢を実現させてきたかを学べないなら、私たちは自分の足を引っ張ることになる。

第一原理に戻ろう

第一原理思考の重要性を説いたのはアリストテレスだ。彼はそれを「物事が知られる最初の基礎」と定義した[12]。フランス人哲学者で科学者のルネ・デカルトは、「疑わしいと思うことすべてを疑い、自分のなかにまったく疑いようのない何かが残るかどうかを見きわめること」と説明した[13]。現在の状況を絶対不変なものとみなすのをやめて、なたをふるおう。自分なりのビジョン——またはほかの人のビジョン——をもとに将来の道を決めるのをやめて、それらに対する忠誠心を捨てよう。ジャングルを切り開いて進むように、今抱いている思い込みを切り捨てるのだ。あなたの手元に基本の要素だけが残るまで。

それ以外のすべてのことには変更の余地がある。

第一原理思考によって、近すぎるがゆえに自分には見えなくなっているけれど、はたから見れば明らかな知見に気づくことができるようになる。ドイツの哲学者アルトゥール・ショーペンハウアーは、「才能のある者は誰も仕留められない標的を仕留めるが、天才は誰にも見えない標的を仕留める」と述べた。第一原理思考を実践するときは、ほかの人の曲を演奏するカバーバンドから、苦心の末にオリジナルの新曲を生み出すアーティストに生まれ変わらなければならない。境界線の内側でプレーする、作家ジェームズ・カースが言うところの有限プレーヤー（a finite player）から脱却し、境界線をものともしない無限プレーヤー（an infinite player）を目指すのだ。

ロシアから手ぶらで帰国の途についたマスクの頭に、突然ある思いがひらめいた。ほかの人が作ったロケットを買おうとして、マスクは自分がカバーバンド——有限プレーヤー——になっていたことに気づいたのだ。帰りの飛行機で、マスクは同行していた宇宙コンサルタントのジム・カントレルにこんなふうにもちかけた。「僕たちでロケットを作るのはどうかな」[14]。そして大急ぎで作成した数字入りのスプレッドシートを見せた。「それを見て言ったんだ、これは驚いた、とね——僕のロケットの本を片っ端から借りていったのは、そういうわけだったんだな」と、カントレルは当時を振り返る。

「僕は物理学の枠組みから物事にアプローチする傾向がある」と、のちのインタビューでマスクは語った。また、**「物理学は、類似性を根拠にする（つまり、ほかの人のやり方をそっくり真似る、あるいは類推する）のではなく、第一原理から判断することを教えてくれる」**とも述べている。

・ロケットを買うのではなく作る

マスクにとって、第一原理を使うとは、物理学の法則から始めて、宇宙にロケットを飛ばすのに何が必要かを自問することだった。彼はロケットを最も小さい従属部品や基本的な原材料に解体し、「ロケットは何でできているか」を考えた。「材料は航空宇宙グレードのアルミニウム合金、それからチタン、銅、カーボン・ファイバー。次に、これらの市場価格がいくらなのかを知りたくなった。すると、材料費が一般的なロケットの価格に占める割合は2パーセントほどしかないということがわかった。驚きの数字だ」

価格にそうした開きが生じた原因のひとつが、宇宙産業における外部委託の慣例だ。宇宙開発企業では部品の製造を下請け企業に外注し、それらの企業がさらに孫請け企業に外注するのが一般的である。「金属の切断や、原子の生成など、実際に重要な作業を担っている人を見つけるには、その下に4つ、5つと重なった企業の層をたどっていくしかない」

そこでマスクは、自社が調達した金属を切断し、自社の手でゼロから次世代ロケットを作ろうと決意した。スペースXの工場を歩いてみれば、チタンの溶接から機内コンピューターの組み立てに至るまで、作業員があらゆる作業をしているのを見ることができる。スペースXのロケットに使用される部品のおよそ8割は社内で製造されている。そのため、コストも品質も生産ペースも効率的に管理できる。外部のベンダーにほとんど委託しないので、アイデアから実行までを記録的なスピードで実現できるのだ。

自社製造のメリットがわかるこんなエピソードがある。スペースXの推進力担当チーフ、ティム・ミューラーはかつてあるベンダーにエンジン・バルブの製造を依頼した。「業者は、コストは25万ドル〔約2600万円〕、期間は1年かかると言うんです」とミューラーは振り返る。彼が「それでは困ります。夏までに必要だし、コストももっと、もっと下げてもらえませんか」と食い下がったが、ベンダー側は「うまくいくといいですね　がんばってください」と言って去っていったという。だから、ミューラーのチームは自力でバルブを作った――ほんのわずかのコストで。夏になって例のベンダーが電話をかけてきて、まだバルブが必要かどうかたずねたとき、ミューラーはこう答えた。「すでに作り終え、仕上げも品質確認も完了し、これからロケットを飛ばすところです」[15]。スペースXを担当するNASAの調整役マイク・ホルカチャックは、ミューラーのアプローチが会社全体に浸透している様子を目の当たりにして驚いた。「ユニークでした。NASAのエンジニアが設計についての話し合いや意思決定の際に、ひとつの部品のコストの話をするなんて、それまではほとんど聞いたことがありませんでしたから」[16]

スペースXは原材料の調達方法もユニークだ。最新モデルの価格が高すぎると知ったある社員は、ロケット追跡用装置のセオドライトをイーベイで2万5000ドル〔約260万円〕で購入した。別の社員は、フェアリング――ロケットを保護するノーズコーン――を作るための巨大な金属片を中古品市場で調達した。安価な中古部品でも、テストと品質確認を正しく実行すれば、高価な新品同様の機能を果たすことが可能なのだ。

スペースXは他業種の部品も使った。ハッチのハンドルを作るのに、コストの高い機材の代わりに、トイレのドアのラッチ（留め金）に使われている部品を利用したのだ。宇宙飛行士用の高価な特注ハーネスを設計する代わりに、より快適かつ低コストのレースカー用安全ベルトを利用した。最高で100万ドル〔約1億400万円〕もかかる特殊な内蔵コンピューターの代わりに、スペースXの最初のロケットにはATMに使用されているのと同じ種類の、価格が5000ドル〔約52万円〕

のコンピューターが組み込まれた。宇宙船の製造にかかるコスト全体からすれば、これらのコスト削減策にたいした効果はなさそうにも思えるが、「積み重なれば、大きな違いになる」とマスクは言う。

こうした低コストの部品の多くには、信頼性が高いというメリットがある。例えば、スペースXのロケットに使用されている燃料インジェクター。大半のロケット・エンジンはシャワーヘッドの設計を採用し、複数のインジェクターがロケットの燃焼チャンバーに燃料を噴霧する。それに対し、スペースXが使っているのはいわゆるピントル型エンジンで、これには庭に水をまくホースのノズルに似た形状のインジェクターがひとつしかついていない。ピントルは低価格なうえ、ロケット科学者が「予想外のスピード解体」と呼ぶもの――一般の人は「爆破」と呼んでいるが――を招きかねない燃焼不安定性を発生させる可能性が低い。

・再利用でコストダウン

第一原理思考によってスペースXは、ロケット科学の領域に深く浸透しているもうひとつの前提に疑問を感じるようになった[17]。数十年間、宇宙船を大気圏外に打ち上げるロケットのほとんどは、再利用することができなかった。貨物を軌道に届けたのち、ロケットは海に落下するか、大気中で燃焼するので、打ち上げのたびに新たに一から作らなければならなかったのだ。まるで民間航空機をフライトのたびに燃やすようなものだ。現代のロケットの価格はボーイング737とほぼ同じだが、飛行にかかるコストは737のほうが遥かに低い。ジェット機はロケットとは異なり、何度も繰り返し飛ばせるからだ。

解決策は明白――ロケットでも同じようにすればよい。NASAのスペースシャトルの一部が再利用可能だったのもそういう理由からだ。シャトルを軌道に運ぶ固体ロケット・ブースターは、宇宙船から分離して大西洋に着水する。それをあとで回収し、修復するのだ。同様に、宇宙飛行士を運んだオービターもミッションを終えると滑空して地球に戻り、再利用される。

ロケットの再利用に経済的な意味をもたせるには、可能な限り迅速かつ完全な再利用でなければならない。この場合の迅速とは、再利用される部品のミッション後の点検と改修を最小限にする必要がある、という意味だ。ロケットは、点検と燃料補給を手早く終えて、テイクオフできなければならない――フライト後に点検と燃料補給を行なってすぐに飛び立つ航空機と同じように。完全な再利用が可能になれば、宇宙船のすべての部品を再利用できるので、ハードウェアを捨てなくてもよくなる。

ところが、スペースシャトルの再利用は、迅速でも完全でもなかった。とりわけ飛行頻度を考慮すると、点検と改修にかかるコストはとんでもない額になる。ターンアラウンド中に行なうべき手順は120万を超え、数カ月の期間と新しいスペースシャトルを作る以上の費用を要した[18]。

類推によって判断するなら、スペースシャトルの再利用はよくないという結論になるだろう。NASAでうまくいかなかったのだから、私たちも無理に違いない、と。だがその考え方は間違っている。再利用反対の根拠はたったひとつ、スペースシャトルのケーススタディ。しかしながら、問題があるのはスペースシャトルだけであって、再利用可能なすべての宇宙船ではない。

・1段目をどう回収するか？

ロケットは、いくつかのロケットを重ねる多段式だ。スペースXのファルコン9は2段式。最初の段は14階建てビルに相当する高さがあり、9機のエンジンが搭載されている。重力と闘って宇宙船を発射台から宇宙に打ち上げると、1段目は分離して落下し、2段目があとを引き受ける。エンジン1機が搭載された2段目が点火され、宇宙船を押し上げ続ける。1段目が最も高額で、ミッションの総コストの約7割を占める。たとえ効率よく回収し再利用できるのが1段目だけだとしても、多額の資金を節約できるはずだ。

しかし、回収も再利用も生易しいことではない。1段目は宇宙船から分離したのち、くるりと回転し、内蔵エンジンのうちの3機に再点火して減速。地球の着陸場までの経路を見つけ、その巨体をまっすぐ立てたまま着地しなければならないのだ。スペースXのプレスリリースでは、この離業を「嵐のなかでゴム製のほうきの柄を持って」バランスをとるようなものと表現していた[19]。

２０１５年12月、貨物を軌道に送ったファルコン9ロケットの1段目が、首尾よく地上に垂直着陸した。アマゾンのジェフ・ベゾスが設立した宇宙開発企業ブルー・オリジンもまた、ロケット「ニュー・シェパード」を宇宙に送った再利用可能なブースターを地球に着陸させた。以来、両社は回収した数多くのロケットを改修して再利用し、保証つきの中古自動車のように再び宇宙に打ち上げてきた。かつて無謀な実験と言われたことが、今では当たり前になりつつあるのだ。

第一原理思考によって生まれるイノベーションによって、ブルー・オリジンとスペースXは宇宙飛行にかかるコストを劇的に削減することができた。例えば、スペースXはＮＡＳＡの宇宙飛行士の国際宇宙センターへの輸送を開始するが、一度の打ち上げにかかる税金の見積もりは1億3300万ドル〔約138億円〕――かつてのスペースシャトルに要した4億5000万ドル〔約470億円〕の3分の1にも満たない。

スペースXとブルー・オリジンには有利な点がひとつあった――どちらも業界の新規参入者だったことだ。**両社にはまっさらな状態で始められるというメリットがあったのだ。社内には固定観念もなければ、大昔に確立された慣例も時代遅れの部品もなかった。**自らの過去に足を引っ張られることなく、第一原理に従ってロケットの設計を推し進めることができた。

ほとんどの人にとって、それは無理な話だ。どうしたって私たちは、自分のもつ知識や、先駆者たちが踏み固めた道の影響を受けるもの。思い込みから抜け出すのは骨が折れる。それが目に見えないものであるなら、なおさらだ。

目に見えないルールがいかにブレーキになるか

作家のエリザベス・ギルバートが、瞑想《めいそう》によって信者を導く偉大な聖人の寓話《ぐうわ》を紹介している[20]。無の境地に入ろうかというその瞬間、信者たちはよく一匹の猫にじゃまされていた。猫は「ミャーミャーと鳴き、喉を鳴らして甘え、弟子たちの修行のじゃまをした」。聖人はシンプルな解決策を思いついた。瞑想をするあいだだけ猫を柱につないでおくようにしたのだ。ほどなくして猫を柱につなぎ、それから瞑想することが習わしになり、やがて儀式に変わった。

ある日猫が（自然死で）死ぬと、宗教クライシスが起きた。信者たちはどうすればいいかとまどった。柱につながれた猫なくして、どうやって瞑想ができるというのだ。

この話は、私が「見えないルール」と呼んでいるものをわかりやすく教えてくれる。それはことさら厳格にルール化された習慣や行動だ。そうしたルールは、明文化された、つまり目に見えるルールとは異なる。明文化されたルールは、例えば標準業務手順書などにきちんと書いてあって、修正したり削除したりできる。

これまで見てきたように、明文化されたルールは変化に抵抗する可能性があるが、見えないルールはもっと手ごわい。気づかぬうちに私たちの思考を縛りつけるサイレント・キラーなのだ。私たちはスキナー箱〔ネズミを使ったオペラント条件づけの実験に使用する装置。箱のなかにはレバーがあり、これを押すと餌が出てくる仕掛けになっている〕に入れられて、何度も何度もレバーを押し続けるネズミだ。とはいえ、その箱を作ったのは私たち自身で、いつだって自由にそこから出ることができる。猫がいなくても何の問題もなく瞑想できるのに、それに気がついていない、というわけだ。

しかも、私たちは自分で自分に制限をかけて、ことを悪化させる。別のやり方でできるのに、サプライチェーンが、ソフトウェアが、予算が、スキルセットが、教育が、その他諸々《もろもろ》がそれを許さない、などと言い訳をする。よく言われるように、自分の限界を認めてしまったら、その先に行くことはできないのだ。

「思い込みは外の世界を知るための窓のようなものだ」。しばしばアシモフのものだと間違われているが、これは実はアラン・アルダ〔アメリカの俳優、脚本家、映画監督〕のことばだ。「たまに磨かないと、光が差し込まなくなってしまう」[21]。あなたの世界のなかにある、瞑想の話に出てくる猫はなんだろうか。思考を曇らせ、進歩を阻む、不必要な過去の遺物はなんだろう。周りがみんなやっているからという理由だけで、やるべきだと思い込んでいることはなんだろう。その思い込みに疑問をもち、もっとよい方法に代えられないだろうか。

かつて私たちは、レストランにはテーブルや固定されたキッチンや実店舗が必要だと思い込んでいた。そうした思い込みに疑問をもったからこそ、キッチンカーが登場した。かつて私たちは、レンタルビデオには延滞料と実店舗が必要だと思い込んでいた。そうした思い込みを疑ったからこそ、ネットフリックスが誕生した。かつて私たちは、新製品を市場に投入するには、銀行から融資を受けるかベンチャーキャピタルから資金を調達しなければ、と思い込んでいた。そうした思い込みを疑ったからこそ、キックスターターやインディゴーゴーなどクラウドファンディングが生まれたのだ。

・見えないルールを破る

確かに、やることなすことにいちいち疑問を感じていたのでは、生活は成り立たない。いつものパターンのおかげで、私たちはごまんとあるうんざりするような日々の判断から解放される。例えば、私は毎日ランチに同じものを食べ、同じルートで職場に行く。ファッションや音楽、インテリア・デザインに関しては、いつだって類似性を根拠にし、ほかの人のチョイスを真似る（私のリビングルームは、『クレイト&バレル（Crate & Barrel）』のカタログのあるページにそっくりだ）。

要するに、第一原理思考はここぞというときに取り入れるべきものなのだ。頭のなかのフロントガラスの曇りをふき取って、人生を支配している見えないルールを露《あら》わにするためには、思い込みを疑って一日を過ごしてみることだ。何かを約束するたびに、推測するたびに、予算項目を決めるたびに、自分に問いかけよう。「これが正しくなかったらどうする？」「なぜこのやり方をしているのだろう？」「これをやめて、代わりにもっといいものを使えないだろうか？」

注意してほしい。何かをやり続けるためにあれこれと理由を考えていないだろうか。「二つ以上の理由を見つけるということは、そうするべきだと自分に無理やり言い聞かせているのだ」と、作家で大学教授および研究者のナシーム・ニコラス・タレブは指摘する[22]。

必要なのは今の——過去のではない——裏づけとなる根拠だ。見えないルールの多くが作られた目的である問題は、もはや存在しない（瞑想中の猫の話のように）。けれども免疫反応は病原菌が消えたあとも長く残る。

見えないルールを明らかにする最も有効な方法は、それを破ることだ。達成できそうにない、ムーンショットに思えることを目指そう。自分がそれにふさわしいと思わない昇給を要求しよう。採用されると思わない求人に応募してみよう。

いずれにせよ、猫がいなくても瞑想はできる、ということがわかるだろう。

第一原理思考の目的は、単に製品または実践——ロケットだろうと瞑想の儀式だろうと——の基本要素を見つけ、新しいものを作るためだけではない。この思考を活かして、自分のなかに原材料を見つけ、新しい自分を作ることもできるのだ。そうしたら次に、これまでの実績を危険にさらさなければならない。

これまでの実績を危険にさらすべき理由

スティーブ・マーティンがスタンドアップ・コメディを始めた頃、ジョークには決まりごとがあった[23]――どんなジョークにもしょうもない落ちをつけること。例えばロケット科学をネタにするとこうなる。

質問　ＮＡＳＡは職場のパーティーをどうやって企画する？
答え　計画を立てるのさ（They planet.［惑星と plan it をかけている］）

しかし、マーティンはふつうのやり方では満足しなかった。落ちに続いて惰性で起こる笑いに、うんざりしていたのだ。ベルが鳴るとよだれを垂らすパブロフの犬みたいに、落ちを聞くと観客は反射的に笑う。しかも、笑いが起こらなければ、コメディアンは自分のジョークが滑ったことに気づいて、気まずい思いでステージに立ち尽くすよりほかない。落ちは人を笑わせる方法としてはお粗末だ。コメディアンにとっても、観客にとっても。マーティンはそう感じていた。

そこでマーティンは、第一原理に戻ることにした。落ちがなかったらどうなる？　張り詰めた空気を作って、それを解き放たなかったらどうなる？　そう自分に問いかけた。そして、観客の期待通りに動くのではなく、それに抗おうと決めた。彼には、落ちがないほうが、もっと強烈な笑いが起きるという確信があった。きっかけがなくたって、観客は面白いと思えば笑うだろう。

マーティンは、優れたロケット科学者なら誰もがすることを実行した――アイデアをテストしたのだ。ある晩ステージに立った彼は、観客に向かって十八番の「ノーズ・オン・マイクロフォン（Nose on Microphone）」〔「マイクを鼻につける」という意味〕をやります」と言った。いつも通りにマイクに鼻を押し当て、あとずさりし、「ありがとうございました」で締めくくった。

落ちはなかった。マーティンのありきたりのコメディとの決別にあっけにとられた観客は、ことばを失った。けれど、マーティンが何をしたかを観客が理解できたとき、笑いがやって来た。目指したのは、観客を「なぜだかわからないけど笑ってしまった」状態にすることだった、と彼は言う。「つまり、笑いのツボが同じ親友同士が話していて、どうしようもなく、笑わないではいられなくなるような感じにしたかったんだ」

当初、マーティンの第一原理アプローチに対する評価はさんざんだった。スタンドアップ・コメディの教則本にこだわるある批評家は、「この自称〝コメディアン〟に、ジョークには落ちが必要だと教えてやるべきだ」と嘲笑した。別の批評家はマーティンを「ロサンゼルス史上最悪の人選ミス」とこき下ろした。

最悪の人選ミスはたちまち一番の売れっ子になった。観客も批評家も最後にはマーティンの意図を理解し、彼はスタンドアップ・コメディのレジェンドになったのだ。

ところが、その後、彼は想像もできない行動に出た。辞めたのである。

マーティンは、スタンドアップ・コメディアンとしてできることはすべてやり尽くした、と実感した。あのまま続けていても、現状からわずかに逸脱する程度のイノベーションしか起こせなかっただろう。自分の芸を守るため、彼はその世界を離れたのだ。

・捨てると生まれる

レッド・ホット・チリ・ペッパーズの「カリフォルニケイション（Californication）」という曲にあるように、破壊は創造も生み出す。落ちぶれるどころか、マーティンのキャリアは花開いた。コメディアン引退後、数々の映画に出演し、アルバムをレコーディングし、本や映画の脚本を書いた。エミー賞、グラミー賞、アメリカン・コメディ賞を獲得した。いずれのステージにおいても、彼は学び、学んだことを手放し、そして再び学んだ。

マーティンのように行動することがいかに難しいか、私は身をもって知っている。法律分野の学術論文を書いていた私がブログとポッドキャストを始めたとき、親友で同僚の法学教授が連絡をよこして忠告をくれた。「学者としてのキャリアに傷をつけることになるぞ」、と。

そのことばで思い出したのは、ドゥナ・マルコワの詩の一節だ。

「私はあえて自分を捨てよう
そうすることで私のなかに種子が生まれ
やがて花を咲かせるはずだ」[24]

鏡を見て、私たちは自分に物語を語って聞かせる。自分が何者であり、何者でないのか、自分が何をすべきで、何をすべきでないかについての物語を。

私たちは自らに語りかける。「自分はまじめな学者だ。まじめな学者はブログやポッドキャストで発信したりしないものだ」と。「自分はまじめなコメディアンだ。まじめなコメディアンは人気スタンドアップ・コメディアンの地位を捨てたりしない」と。「自分はまじめな起業家だ、まじめな起業家は、成功の見込みが乏しいリスキーな宇宙開発ベンチャーに自己資本を投資したりしない」と。

物語には確実性がある。物語によって私たちは自分の存在意義を実感し、安心する。自分が過去のまじめな学者やコメディアンや起業家の仲間入りを果たしたかのような気になれるのだ。

しかし、それでは私たちが物語の主役なのではなく、物語に動かされていることになる。そのうちに物語は私たちのアイデンティティになる。私たちは物語を変えない。なぜなら、話を変えれば自分が何者であるかも変わるからだ。私たちは、一生懸命努力して築いたあらゆるものを失うことを恐れ、人に笑われはしないかと恐れ、みっともない真似はできないと恐れる。

ほかのすべての人たちと同様に、あなたの過去の実績の物語は、単なる物語にすぎない。ストーリー。お話。だから、気に入らなければ、変えることができる。いっそのこと、全部捨てて新しい物語を書き始めたっていい。作家のアナイス・ニンは、「肌を変えたいと思ったら、新しい自分に生まれ変わりなさい。人は捨てることを覚えるべきよ」[25]と書いている。

スティーブ・ジョブズの場合は、我を忘れ、思わず捨てるという行動に出た。1985年、自ら共同設立したアップルを追われたときのことだ。解雇には気分を害したが、ジョブズは当時を振り返り、それは「私の人生で最高の出来事」だったと述べた。クビになったことで過去の足かせが外れ、第一原理に立ち戻らざるをえなくなった。「成功者としての重圧が消え、もう一度初心者となって気持ちが軽くなりました。自由の身になって、人生で最高に創造的な時期に入ることができたのです」[26]。彼自身が認識していた過去の実績が、ブレーキになることはもうなかった。創造の旅に出たジョブズは、コンピューター会社ネクストを立ち上げ、その後ピクサーを買収して数十億ドル〔数千億円〕規模の企業へと成長させた。1997年のアップルへの復帰後は、iPod、iPhoneといった革新的な製品を次々と世に送り出した。

一般の人に向けた執筆活動を始めようとしている私に、友人が善意でしてくれたアドバイスを無視するのは心苦しかった。途中で、自分は間違った選択をしたのかもしれない、それまでと同じ道を歩き続けるべきだったかもしれないと悩む瞬間は何度となく訪れた。けれど、もしそうしていたら、あなたは今この本を読んでいないだろう。

行動を起こさない――過去の実績の幻にとらわれている――ほうが、リスクは遥かに大きくなる。今いる場所から飛び立たない限り、行きたい場所にたどり着くことはできないのだ。小説家のヘンリー・ミラーは、「今の面白みのない自分から脱却し、もっと上に行くためには、炭になり石にならなければいけない」と書いている[27]。

過去の実績を台なしにする危険があったとしても、あなたが何者であるかが変わるわけではない。あなたはこれからそれを突きとめるのだ。焼け跡の混乱が収まれば、美しい何かが空を駆け回るだろう。それをまさに実現させた、あるレストランの話を紹介しよう。

破壊志向で行こう！

２００５年、シェフのグラント・アハッツとビジネス・パートナーのニック・ココナスは、世界最高の料理体験の創出を目指し、シカゴにレストラン、アリニアを開いた。「食で何ができるかを世界に証明しようと必死でした」とアハッツは言う[28]。ほどなくしてアリニアは美食の世界の星となった。30種類のコースを通じて、食事が終わっても心と味蕾《みらい》にずっと響き続ける、「食のマジック・ショー」と呼ばれる経験を提供し、食事をする人々を楽しませた。

アリニアは世界でも高く評価され、レストランに与えられるほとんどの賞を総なめにした。２０１１年には、誰もがほしがるミシュランの三つ星を獲得した、シカゴ初の2軒――アメリカでわずか9軒――のレストランのひとつとなる。10年後の２０１５年も好調な業績を維持していた。

祝って当然だった。けれどアリニアほどのレストランに、ありきたりのパーティーはふさわしくない。ココナスの頭にあったのは、違うタイプのパーティー――大型のハンマーを使った解体ショー――だった。

インタビューのなかでココナスは、有名レストランですばらしい料理を堪能し、数年後再びその店を訪れてひどくがっかりした経験に触れた。「同じ場所、同じ椅子、ほとんど同じ料理。なのに、なぜこれほど悪くなったのだろう。私のせいだろうか。私が変わったのか、それとも世界が変わっているのだろうか？」答えはもちろん、「その両方」だ。

「ビジネスがうまくいっているときに、それを変えるのは正直なところとても難しいです」。そうココナスは続けた。勝負に勝ち続けているときはなおのこと、方向性を変えようというエネルギーがまったくわいてこなくなるからだ。「少しずつ変えていくのはたいへんです。定期的に破壊して、もっとよいものに作り直さなければなりません」

このことばを肝に銘じて、ココナスとパートナーであるシェフのアハッツは、破壊志向を育てていった。創造性の断崖から飛び降りることに決め、彼らはアリニアを隅々まで徹底的に破壊した。アリニアは5カ月間休業し、その間に7桁の資金をかけて建物とメニューを大改造した。そうした変化によって、批評家のことばを借りれば、「かつてアリニアを世界で最も心地よい手術室のようにしていた、過度な管理のもとで創造性に欠ける雰囲気」は和らいでいった[29]。生まれ変わったレストランは、以前と変わらぬこのうえなくおいしい料理に、楽しみと遊び心をよい塩梅《あんばい》でプラスしている。

美食家たちは新しいレストランをアリニア2・0と名づけた。しかし、ココナスとアハッツは今もアリニアと呼ぶ。破壊され、作り直されたかもしれないが、そのコア・アイデンティティ――それして創業者たちの根底にある第一原理思考に対する責任感――は変わっていないからだ。

ここが重要なところ。正しい思考プロセスへの責任が伴わない限り、破壊だけを実行しても十分でないのだ。「もし工場が取り壊されたとしても、それを作った合理性がそのまま残されているなら、その合理性を根拠に別の工場が建つだけだ」と、ロバート・パーシグは著書『禅とオートバイ修理技術』に記している。「もし革命が規律重視の政府を倒しても、その政府を作り出した規律を重んじる思考パターンが手つかずのままなら、そのパターンは自動的に繰り返されていくだろう」[30]。

根本的な思考パターンを変えなければ、ほとんど同じことが続くだけ――何度解体ショーを開こうとも。

根本的な思考パターンを変えるには、それにうってつけの人材を雇う必要がある。有望なチーム・メンバー候補の面接をする際、ココナスが望むのは「レストラン業界で20年も働いてきたような人」ではない。第一原理思考の妨げになるものを多く抱えている可能性があるからだ。年季が入った従業員は、「レストランのテーブルには白いクロスがかかっているもの」と思い込むのではないか、とココナスは案じているのだ。

業界を変革しようとするなら、業界の外に人材を求めるのが有効だ。そこでなら、思考を縛りつける見えないルール――白いテーブルクロス――で周りが見えなくなっていない人々を見つけられるだろう。初期のスペースXは、自動車業界や携帯電話業界の人材を多く採用した。どちらの業界もテクノロジーの変化が急速で、迅速な学習と適応――第一原理思考ができる人の証《あかし》――が必要とされるからだ。

――◆――

スティーブ・マーティンとアリニアの注目すべき点は、双方とも絶頂期に自分自身にハンマーをふり下ろしたことだ。けれどほとんどの人は、そんな勇気はもてない。うまくいっているとき、私たちは現状の心地よさに慣れきってしまい、環境を一変させようなんて思わないものだ。

しかし、第一原理に戻ることは、あなたが思っているよりも簡単だ。建物を解体する本物の鉄球がなければ、架空の球を使えばいいのだから。

私は鉄の球のように突き進んだ

ケネス・フレイザーの物語はまさにアメリカ的だ。彼は用務員の息子として生まれ、フィラデルフィアの労働者が多く暮らす地域で育ちながらも、ペンシルベニア州立大学とハーバード・ロースクールを卒業してトップに上り詰めた。企業内弁護士として製薬大手メルク〔ドイツの世界的医薬品・化学品企業〕に入社し、ついにCEOの座に就いたのだ[31]。

大半のエグゼクティブと同じで、フレイザーはメルクでイノベーションを推進しようと考えた。だが、ただ社員に号令をかけるだけのエグゼクティブとは異なり、フレイザーは社員にそれまでしたことがないことを実行するよう指示した――メルクを破壊せよ、と。エグゼクティブにはメルクにとって手ごわい競合他社役となり、メルクを廃業に追い込むようなアイデアを出すよう求めた。その後、立場を入れ替えて、彼らは今度はメルクの社員の視点から、自分たちが考え出した脅威を避けるための戦略を練った[32]。

これは「会社をつぶせエクササイズ」と呼ばれる方法だ。その生みの親である経営コンサルタントのリサ・ボデルは、「将来性のある企業を生み出すには、今ある悪い習慣、離れ小島、阻害要因をまず断ち切らなくてはならない」と指摘する[33]。悪い習慣を分析するのは難しい。というのも、社内の人間はたいていが同じ視点に立っているからだ。「自分の目で自分を分析」するようなものだと、ボデルは言う。自分の問題や弱みとの距離が近すぎて、私たちはそれらを客観的に評価できないのである。

会社をつぶせエクササイズでは、あなたは視点を変えて、ルールも習慣もプロセスも無視する反抗者の役を演じなければならない。第一原理思考を取り入れ、新たな神経回路を使い、既存のものとは対極にある独創的なアイデアを考え出さなければならない。「既成概念にとらわれない考え方をしよう」と口で言うのは簡単だが、実際に既存の枠からはみ出して、自分の会社や製品を、それを破壊しようともくろむ競合他社の視点から検討するとなれば話は別だ。自社の弱みを社外の人間として見ることで、私たちは火がついた台の上に立っていることに気づく。変化が差し迫っていることを実感できるのだ。

アメリカ軍は、会社をつぶせエクササイズの軍事シミュレーション版を活用している。これは、東西冷戦時代の名残で、「レッドチーム演習」と呼ばれている。この演習では、レッドチームは敵国役となり、ブルーチームのミッションを妨害する策を考える。ミッション開始前に問題を修正できるよう、レッドチームは攻撃の立案や実行における欠点を明らかにする。レッドチーム演習のセミナーを指導するパトリック・リエニウェグ少佐は、このプロセスには、階級社会そのものである軍において集団思考を防ぐ重要な効果がある、と説明した。「集団に染みついた考えに異を唱え、思い込みを試し、生死に関わる問いかけをすることで、思考の質を高めることができます」

ベゾスもアマゾンで同様のアプローチに従っている[34]。電子書籍がアマゾンのフィジカル・ブック（紙の本）事業を脅かし始めたとき、ベゾスはその問題から目を背けるのではなく、受け入れることにした。アマゾンを含め、「本を売るすべての人を失業者にしてやるくらいの勢いで、電子書籍事業を進めてほしい」。彼は幹部のひとりにそう指示を出した。このエクササイズから生まれたビジネス・モデルが、アマゾンをまたたく間に電子書籍市場のトップの座に押し上げたわけだ。

・ロースクールでの「会社をつぶせエクササイズ」

私は、ロースクールの授業にも会社をつぶせエクササイズを取り入れた。権威主義体制についての授業で、私は現代の独裁者がどのようにして過去の独裁者たちが定めた明らかに抑圧的な政策を放棄してきたかを学生に話す。今日の権威主義者は多くの場合民主的選挙で選ばれ、一見合法的な手段によって民主主義をむしばんでいく。彼らは権威主義の企《たくら》みを民主主義の虚飾のなかにそっと隠しているのだ。

そうした見えない権威主義の脅威と無縁な国など存在せず、アメリカとて例外ではない。いくら授業で学生にそう警告しても、私のことばは彼らの心にまるで響いていない。彼らは、権威主義の支配などというものは、昔々、どこか遠いところの、腐敗して機能不全に陥った国で起きたこと、あるいは〝××××スタン〟と名のつく国でなければ起こらないことだ、と思い込んでいる。

そこで私は、ひと騒動起こすことにした。

授業用のノートを投げ捨てて、私は学生にある思考実験を行なうよう指示した――野望に満ちた独裁者になったつもりで、アメリカの民主主義を破壊する方法を考えてみよう、と。その後、視点を変え、最も深刻な脅威から身を守るための策を考えさせた。

重要なのはこの点だ。アメリカの民主主義の保護などという抽象的な話をしても、その緊急性ははっきりしない。何といったって、アメリカの民主主義はこれまできわめて強い回復力を証明してきたのだから。しかし、独裁者の立場に立ち、アメリカの民主主義を根本からひっくり返す戦略を実際に考えてみれば、制度の弱点が明らかになる。制度の脆弱性を理解しなければ、それを守る必要性を実感することはできない。

会社をつぶせエクササイズは、大企業やロースクールの教室のためだけのものではない。以下の質問をすることで、あなた自身の生活に取り入れることができる。

- なぜ競合企業の製品を購入することが、顧客にとって正しい判断なのか？
- なぜこの企業は私を採用しないほうがいいのか？
- なぜ私の上司は私の昇格を見送ったのか？

面接であの恐ろしい誘いのことば――「あなたの欠点について話してください」――を言われたときのような答えを出すのはやめよう（つい「働きすぎるところです」なんて、控えめに自慢したくなる）。それよりも、あなたの昇格に反対した、あなたを不採用にした、競合企業の製品を買った人たちの立場に立ってみよう。「彼らはなぜ、その選択をしたのだろう？」と、自問してみるのだ。

それは彼らが愚かだからではない。彼らが間違っていてあなたが正しいからでもない。あなたが見逃しているものが彼らに見えているからだ。あなたが信じていないことを彼らが信じているからだ。いつまでも代わり映えしない時代遅れのプレーブックを頼りにしても、彼らの世界観や信念を変えることなどできない。こうした問いの答えを見つけたら、視点を変えて、考えられる脅威から身を守る策を見つけ出そう。

しかし、第一原理に立ち戻るのに、いつも本物の、あるいは想像上の鉄球が必要とは限らない。ときには剃刀《かみそり》が役に立つこともある。

「オッカムの剃刀」とは何か？

こんな伝説がある。無重力環境下や極端な温度差があっても書けるボールペンの開発に、NASAは10年の月日と数百万ドルの金額を費やした。一方で、ソ連は鉛筆を使った。

これはあくまでも伝説である[35]。鉛筆の芯は折れて、あちらこちらに飛び散るのが常だ——地球ならそれでもいいかもしれないが、宇宙船では使えない。折れた芯が必要不可欠な装置目がけて飛んでいくか、空中を漂って宇宙飛行士の目玉に刺さる可能性があるからだ。

ただし、伝説に込められた教訓は今も変わらない。アインシュタインが述べたように、あらゆる物事は「できるだけシンプル」にすべきだ[36]。この原則は「オッカムの剃刀」として知られている。正直に言って、残念な名前がつけられたものだ。深夜の安っぽいホラー映画みたいな響きだが、実際は14世紀の哲学者ウィリアムが、オッカム出身であることにちなんで名づけられたメンタルモデルのことをいう。そしてそれは、「最も単純な解決法がたいていは正しい」という意味の規則と説明されることが多い。

よく耳にするこの説明は、実は間違いである。オッカムの剃刀は指針となる原則であって、絶対に守らなければならない規則ではない。しかも、何がなんでも単純なものを優先しろと言っているのでもない。むしろ、**ほかの条件がすべて同じなら、単純なものが望ましいという意味**なのだ。この点をカール・セーガンが端的に指摘している。「データを同じぐらいうまく説明する仮説が二つあるなら、より単純なほうの仮説を選べ」[37]。要するに、「ひづめの音が聞こえたら、ユニコーンではなく、馬だと思え」ということだ[38]。

オッカムの剃刀は、しばしば第一原理思考の妨げになる余計なものをそぎ落としてくれる。最もすばらしい理論とは、基盤となる仮説が最も少ないものだ。ロケット科学者デイビッド・マレイが記したように、**「最もすばらしい解決策とは、最小限の要素を使って最大限の問題を解くもの」**なのだ[39]。

つまり単純とは洗練されているということだ。例えばニュートンの運動の法則は、まるで詩のようにシンプルだ。第3法則を見てみよう。「力を加えられた物体は、その作用と大きさが同じで方向が反対の力である反作用を生み出す」。有人飛行が始まる何世紀も前に、この単純な法則はロケットを宇宙に飛ばす原理を説明していた。燃料の質量が減り、ロケットが上昇するのだ。

ピーター・アッティアに話を聞いたとき、彼はこんなふうに言っていた。「何かがわかるようになるほど、それは複雑でなくなっていく。これがかの有名なリチャード・ファインマンの教えだ」。機械のエンジニアから医師に転身したアッティアは、人間の（健康）寿命を延ばす専門家としてその名を知られている。彼は、医学論文を読んでいて、「現在判明している事実が、〝多面的〟〝多因子〟〝複雑な〟ということばで説明されているとしたら」、著者が言いたいのは要するに「それについてはまだ何もわかっていない」ということだ、と述べている。ある病気や感染症を引き起こす原因がほんとうに解明されているのなら、「それはひとつであって、たくさんではない」[40]。

また、単純なものには障害点が少ない。複雑なもののほうが故障しやすいのだ。この原則は、ビジネス、コンピューター・プログラミング、人間関係と同様にロケット科学にも当てはまる。システムを複雑化するたびに、故障する可能性のある要素をひとつ増やすことになる。アポロ8号の安全管理責任者の話では、宇宙船には560万個の部品が使用されていて、「仮に信頼度が九九・九パーセントだとしても、五千六百の部品に欠陥がある計算になる」という[41]。

単純化によってコストも削減できる。アトラスVロケット――軍事衛星や火星探査機をはじめ数多くの設備を宇宙に送り届けてきた――は、飛行の各段階で最大3種類のエンジンを使用する[42]。それだけ複雑になればかかる費用も跳ね上がる。「最初の試算で、製造費とすべての運用費のちょうど3倍くらいかかる計算になった」とマスクは話す。

対照的に、スペースXのファルコン9は、同じ直径で、同じエンジンを搭載し、同じアルミニウムーリチウム合金で作られた2段式ロケットだ。それだけ単純だと、信頼性を高めつつ、コストを抑えた大量生産が可能になる。さらに、ロケットの打ち上げ方法同様に垂直方式で生産するほかの宇宙開発企業とは異なり、スペースXは水平方式でロケットを組み立てる[43]。それにより一般的な倉庫を使用できるため、作業員が高さ60フィート〔約18メートル〕の作業場を歩き回りながらロケットを作るという安全上の問題は言うまでもなく、超高層の建物を建設する必要性も排除できる。

「すべてにおいて、単純性を考慮に入れた意思決定を行なってきた（中略）。必要な部品の数を減らせれば、不具合が発生する部品の数も、購入すべき部品の数も減る」とマスクは言う[44]。

ロシアは、乗員と貨物を国際宇宙ステーションに運ぶために使用したソユーズの発射装置に、同じようなアプローチを導入した。ソユーズの信頼性が高いと考えられているのは、NASAのスペースシャトルよりも「ずっと操作しやすい」乗り物だからだ、と宇宙飛行士のクリス・ハドフィールドは記している[45]。同じく宇宙飛行士のパオロ・ネスポリは、こんなふうに述べた。「ロシア人からは学ぶことが多いだろう。やることが少ないほうがよい場合があるのだ」[46]

●やることは少ないほうがいい

ロケットだろうとビジネスだろうと履歴書だろうと、いかなるシステムにおいても、ノイズはその価値を下げる。つい何かをつけ足したくなるけれど、おもちゃのジェンガのタワーは高くなればなるほど、倒れやすくなる。経済学者のエルンスト・F・シューマッハーが、アインシュタインの名言と誤解されているこんなことばを残している。「頭のいいバカは物事を必要以上に大きくし、複雑にする。逆の方向に転換するには少しの才能とたくさんの勇気さえあればいい」[47]

ロケット科学業界でこの逆方向の動きの最前線にいるのが、ナタリア・ベイリーだ。彼女は宇宙開発スタートアップ、アクシオン・システムズの30代の設立者であり、CEOである。ベイリーは子どもの頃、オレゴン州ニューバーグの実家の外にあるトランポリンに寝転んで、よく星を見ていた。あるとき、いつものキラキラ輝く星のなかに、しょっちゅう空を横切るはっきりとした光を見つけた。あとで知ったのだが、それらは使用ずみロケットの残骸だった。「あの光は刺激的でした」とベイリーは語った。

トランポリンで星を眺めていた少女は、宇宙工学の学位と、宇宙空間推進力の博士号を取得しようと決意した。学生時代、ベイリーは電気エネルギーで前進するロケットに興味をもつ。「ロケットを飛ばす原理はひとつです。ものを前方に投げ出すと、投げた人は後ろに下がります。ロケットはガス噴射の反作用の力を推進力として利用するのです」。ニュートンの運動の第3法則に触れながら、彼女はそう説明した。従来型の化学燃料ロケットでは、噴射させるのは高温のガスだ。対して電気推進エンジンの場合はイオン――電荷を帯びた原子や分子――である。

化学燃料ロケットは強い推進力を瞬時に生み出せるため、宇宙船を軌道に送るのに都合がいい。それに対して電気推進エンジンは、推進力はうんと低いものの、燃料効率は10～100倍高い。さらに電気は毒性のある推進剤も圧力タンクも不要なので、安全に使用できる[48]。博士学位請求論文作成の一環として、ベイリーは小型の電気推進エンジンの設計に着手した。その研究が、『ハリー・ポッター』に出てくる呪文のことばに名前の由来をもつ、共同設立した宇宙開発企業、アクシオン・システムズの基盤となった。

アクシオンのエンジンは、衛星を軌道に乗せたあとに点火される。トランプのカード大のエンジンは、冷蔵庫ほどの大きさの衛星を推進させ、軌道に浮かびながら周回させる。電気推進エンジン搭載の衛星は軌道上により長くい続けられるし、惑星の周りを回り続けているおよそ1800の人間が生んだスペースデブリやゴミの破片との衝突も避けられる[49]。そのテクノロジーは、宇宙船をほかの惑星に送るのに役立つ可能性もある。アクシオンのテクノロジーがあれば、巨大な燃料タンクでなく、靴箱サイズのエンジンと燃料システムを使って、一度地球軌道に乗せさえすれば宇宙船を火星まで運ぶことができるのだ[50]。

●単純は簡単ではない

ベイリーは彼女が開発したエンジンのような人だ。謙虚で控えめながら、とんでもない力をもっている。スペースXやブルー・オリジンがロケットのためにしているのと同じことを、ベイリーとアクシオン・チームはロケットが宇宙に運ぶ衛星のためにしているのだ。

こうした例が示すように、シンプルなことは力強くもある。だが、単純と簡単を混同してはいけない。優れた成果を挙げた多くの人たちが言ったとされる、こんなことばがある。「もっと時間があれば、もっと短い手紙を書いていたのに」〔実際には考える時間が足りなくて、ムダに長いだけの文になってしまった、という意味〕。私たちはニュートンの法則やアクシオンのエンジンのシンプルさを高く評価するが、科学者たちが途方もない努力を重ねてふるいにかけなければならなかった、厄介で複雑な前兆は見えていない[51]。

物理学の点からすると、ロケット科学者はオッカムの剃刀を使わざるをえない。宇宙船の設計では、重量とスペースが重視される。重量があるほど、設計や打ち上げにかかる費用は高くなる。ロケット科学者は絶えず自分にこう問いかけなければならない。「どうすればこれをあれに合うよう作れるだろうか？」不要なものをそぎ落とし、これ以上減らせない最小限のシステムにして、ミッションに支障をきたさない範囲であらゆるものをできる限りシンプルにすることで、ぴったり合うものができる。

空高く舞いたければ、あなたにのしかかる重しを軽くしなければならない。ここでもやはり、アリニアからヒントをもらえるだろう。アハッツは、ココナスとレストランを開いたとき、「クリエイティブな料理を生み出すために、雑誌や本のなかの、あるいは目の前に置かれた料理を見ては、『もっとないか？』『ほかに何ができる？』『ほかに何をプラスできる？』『何をプラスすればもっとよくできる？』と考えていました」と語った[52]。けれどもその後、彼らはやり方を一変させる。「今では、常にこんなふうに考えるようになりました。『何を省くことができるだろう？』」。ミケランジェロは彫刻に同じようなアプローチで臨んだ。そのことば通り、「余分なものをそぎ落とすことで、彫像は完成していく」のだ[53]。

皿の上から余分なものを取り去った、鮮やかな未来の姿を自分の手で描いてみよう。それはどんな姿をしているだろう。ある革新的なCEOのように、「もしもこの人を雇っていなければ、この装置を備えつけていなかったら、このプロセスを実行していなかったら、この会社を買収していなかったら、この戦略を追求していなかったら、どうなっていただろうか。今と同じことをしていただろうか？」と自らに問うてみよう[54]。

鋭い刃をもつものが多くの場合そうであるように、オッカムの剃刀も諸刃《もろは》の剣だ。場合によっては、複雑な解決策のほうがよりよい結果につながることがある。繊細さと複雑さを持て余すと単純さを求めるという人間の生来の性質を、オッカムの剃刀で正当化してはいけない。ヘンリー・ルイス・メンケン〔アメリカのジャーナリスト、批評家〕が指摘したように、シンプルな解決策と「簡明で実行できそうだけれど間違っている」解決策を混同してはいけないのだ[55]。たとえ単純化したいと思っても、問題を複雑にする新たな事実は常に受け入れていかなければならない。イギリスの数学者で哲学者のアルフレッド・ノース・ホワイトヘッドはこう言っていた。「単純さを求めよ。そしてそれを疑え」[56]

そぎ落とすことは全体を作ることだ。足し算は引き算だ。制約は解放だ。そぎ落とす——起源に戻ってオリジナルを見つけ出す——ことがすばらしいのは「あなたにとって必要なことは、ライバルのプレーブックやロールモデルの体験談のなかで発見されるのを待っているわけではない」と思い出させてくれることだ。それはもうここにあるのだ。

第一原理に戻ったら——思考を無意味なものであふれさせる思い込みやプロセスを捨てたら——、あなたが自由に使うことのできる、最もややこしくて革新的な道具——頭——を解き放つときが来た。

3 思考実験で解決する
――頭を柔らかくしてブレイクスルーに火をつける方法

自分自身とその思考方法を振り返ってみると、
もって生まれた空想の才は、
正しい知識を吸収する能力以上に
私にとって大きな意味があった。
――アルベルト・アインシュタイン

光の速度で光を追いかけたら、どうなるのだろう？[1] 創造的な思考をないがしろにして丸暗記ばかりを押しつける、つまらないドイツの学校から逃げ出した16歳のアルベルト・アインシュタインは、この疑問についてあれこれ考えていた。彼はその後、視覚化教育を提唱したヨハン・ハインリッヒ・ペスタロッチの理念をもとに創設された、スイスの改革主義の学校に編入する。

そこでアインシュタインはペスタロッチの理論を実践し、一筋の光を追いかける自分の姿を視覚化した。光に追いつくことができれば、光が止まって見えるのではないか、と考えたのだ。しかし、その仮説と電磁場の振動を説明するマクスウェルの方程式との矛盾を解明できず、アインシュタインは彼の言う「精神的緊張」状態に陥った。その解消には、10年の歳月を要した。そしてとうとう、彼は特殊相対性理論を発見するに至ったのである。

あとで一般相対性理論を導き出すきっかけとなったのは、もうひとつの疑問だった——閉鎖された空間で自由落下する人間は、自分の体重を感じるのだろうか？

アインシュタインがのちに「最も幸福な考え」と呼んだこの疑問が浮かんだのは、スイスの特許庁のデスクで空想にふけっていたときだった。特許庁職員としての仕事のおかげで、彼は脳内でアイデアを視覚化する術を身につけることができた。特許申請書類を審査するには、ひとつひとつの発明が実際にどう機能するかをイメージできなければならなかったのだ。新たな思考実験の結果、アインシュタインは自由落下する人間は自分の重さを感じず、無重力のなかを浮遊するような感覚をもつとの結論に達した。これがやがて、もうひとつの偉大な発見——重力と加速は等価である——につながった。

•思考実験の力

数々のブレイクスルーをなしえたのは、実はこのような思考実験（アインシュタイン式に言うなら「Gedankenexperimente（思考経験）」）の成果だと、アインシュタインは述べている。彼が生涯で視覚化したものは、「稲妻と動いている列車、加速するエレベーターと落ちていく画家、曲がった枝の上を這う二次元の目の見えないカブトムシ」など、さまざまだ[2]。思いのままに空想することで、彼は凝り固まった物理学の仮説をひっくり返し、人々の想像力をかき立てる最も名高い科学者のひとりとしての地位を不動のものにした。

この章では、思考実験の力について考えていく。

まったく何もしないことが、創造力向上のカギを握るのはなぜだろう。

大半の職場環境が、潜在的な創造力を高めるどころか損なっているのはどういうわけなのか。

また、リンゴとオレンジを比較するべき理由や、ニュートンがキャンパスで一番人気のない教授と言われるようになった理由についても見ていこう。

さらに、8歳の子どもの率直な感想が10億ドル作家を生み出したいきさつや、革命的なランニング・シューズと歴史に残るロックの名曲の共通点を明らかにするつもりだ。

そのなかで、「組み合わせ遊び（combinatory play）」と呼ばれるテクニックを活用して大躍進を成し遂げた科学者やミュージシャン、起業家と出会い、あなたの人生にそれを適用する方法を学んでほしい。

「頭のなかの実験室」を使う

思考実験といえばアインシュタインが連想されるが、その始まりは少なくとも古代ギリシャにまでさかのぼる。以降、さまざまな分野に広まり、哲学、物理学、生物学、経済学などを飛躍的に進歩させた。思考実験はロケットを飛ばし、政府を倒し、宇宙の謎を解き、進化生物学を発展させ、革新的なビジネスを生み出してきたのだ。

思考実験とは、物事が異なるしくみで動くパラレルワールドを構築することだ。哲学者のケンダル・ウォルトンの説明によれば、思考実験では、「それらを動かす、機能させる、あるいは単に思い描いたときに特定の結果がもたらされる、一種の状況設定として、特定のフィクションの世界を想像」しなければならない[3]。思考実験を通して、私たちはいつもの思考方法を変え、現実世界で受動的観察者から能動的介入者に進化を遂げる[4]。

もしも脳にシッポがついていたら、思考実験をすれば脳は喜んでそれを振るだろう。

思考実験には正確な呪文も、真似できる秘密のレシピもない。公式やルールは第一原理思考と対極にあるので、巧みに練り上げられた思考実験にはどれも独自のやり方があってユニークだ。この章では、思考実験に適した環境を整える手伝いをしたいと思うが、私の目的はみなさんを導くことであって、束縛することではない。

科学者と聞いて想像しがちなのは、蛍光灯に照らされた実験室で最新型の顕微鏡を見つめる、白衣をまとった頭脳明晰《めいせき》な人。けれども多くの科学者にとっては、現実世界の実験室よりも頭のなかの実験室のほうが遥かに重要だ。宇宙船のエンジンに点火するロケットのように、思考実験は神経細胞に火をつける。

著名なセルビア系アメリカ人発明家、ニコラ・テスラの例を見てみよう。思考実験が彼の想像力をかき立て、現代の私たちの生活を支える交流電動機を生み出した[5]。テスラは図面も実験も、頭のなかですべて思い描くことができた。「慌てて実験したりはしない。考えが浮かんだら、ただちに頭のなかで装置を組み立てる。構造を変更したり改良したり動かしたりするのも頭のなかだ。頭のなかでタービンを動かそうが、作業場でタービンの試験をしようが、私にとってそんなことはまったくどうでもよい」[6]と彼は述べた。

レオナルド・ダ・ヴィンチも同じ。彼がノートを使って思考実験をしていたことはよく知られている。頭のなかで練り上げた飛行機や教会など各種の工学設計を、ダ・ヴィンチは実際に作るのではなく、スケッチしていたのだ[7]。

ここでちょっと立ち止まってみよう。**信じられないかもしれないが、私たちはただ考えるだけでブレイクスルーを生み出すことができる。**グーグルは使わない。自己啓発本もいらない。フォーカス・グループも調査も不要だ。自称ライフ・コーチや高額な料金を請求するコンサルタントのアドバイスも必要ない。ライバルの真似も無用。そうした手段を頼って外に答えを求めると、私たちは物事が「どんなふうになるだろうか」ではなく、今「どんな状態にあるか」ばかりに意識を向けるようになり、第一原理思考が妨げられる。

思考実験は、探究心の向かう先を外から内――あなたとあなたの想像力――へと変える。アインシュタインは、「純粋な思考によって現実を把握できる」と述べた[8]。考えることによって主張が正しくないことを証明できるし、何かが機能する、あるいは機能しない理由を明らかにできるし、先の道を照らし出すことができる――物理的実験はいっさいやらずにだ。

次の例を考えてみよう。空気抵抗のない世界で、重いボウリングの球と軽いバスケットボールを同じ高さから同時に落とした場合、どちらが先に地面に落ちるだろうか？　アリストテレスは重い物体のほうが軽い物体よりも速く落ちると信じていた。この説は２００年ものあいだ信じられていたが、そこにイタリア人科学者ガリレオ・ガリレイが登場する。体制順応主義の世界で、ガリレオは根っからのはみ出し者だった。彼は幅広い分野の独断的な教えに異議を唱えたが、なかでも一番よく知られているのは、太陽系の中心にあるのは地球ではなく太陽であるとする、太陽中心説（地動説）を擁護したことだ。

・頭のなかだけで証明できる

ガリレオはアリストテレスの説にも挑んだ。彼は「加速度は物体の質量に比例する」とは信じていなかったのだ。そこでガリレオはピサの斜塔のてっぺんに上り、重さの異なる二つの球を落とす実験を行なった。両方の球が同時に地面に落ちたとき、アリストテレスをののしりながら、ガリレオは喜びでほくそ笑んだという。

もっとも、そんなことは実際にはしていないのだが。

この逸話は、ガリレオの初期の伝記作家による創作だったことがわかっている。現代の歴史学者の大半は、ガリレオは物理的実験ではなく思考実験を行なったと考えている。彼は重たい砲弾と、軽いマスケット弾をいくつか鎖でつないでひとまとめにしたものを、同時に落とすところを頭に思い描いた[9]。アリストテレスの説に従えば、つながれた銃弾のほうが砲弾よりも重量があるので、速く落下するはずだ。しかし同時に、銃弾ひとつひとつは砲弾よりも軽いので、遅く落下するとも考えられる。要するに、アリストテレスの説が正しければ、個々の銃弾はひとつにまとめた銃弾に対する抗力として作用するため、重い砲弾よりも遅く落下することになる。

どちらの考え方も間違っている。つながれた銃弾の落下速度は、ほかの力が働かない限り、重い砲弾より速くも遅くもないのである。思考実験はアリストテレスの理論の矛盾を明らかにし、打ち破った。思考実験だけで、一銭も使わずに、それまで崇拝されてきた説が否定され、新たな理論の可能性が生まれたわけだ。

数世紀のち、ガリレオの思考実験は月で実際に試されることとなった。1971年、アポロ15号のミッションで、宇宙飛行士デイビッド・スコットが月面に立ち、同じ高さから金づちと鳥の羽を落とす実験を行なったのだ。両方の物体は同じ速度で落下していき、同時に月面に落ちた。NASAの公式報告書には、「多くの人々がその目で見ていたこと、そして地球への帰還を支えるさまざまな技術の基盤が、まさに実験された理論の正当性にあるという事実を考えると」、実験の結果に「安堵《あんど》している」と記されている[10]。

好奇心は、どんな思考実験にも不可欠だ。ガリレオを思考実験に、スコットを月面での妥当性テストにかり立てたのも好奇心だ。ところが多くの社会では、好奇心は大きな強みではなく、致命的な弱点になる。

好奇心はシュレーディンガーの猫を殺す

猫は生きながら死ぬことはできるのだろうか？　オーストリア人物理学者エルヴィン・シュレーディンガーはこんな疑問を抱いて、有名な思考実験を行なった[11]。彼の目的は、量子力学のコペンハーゲン解釈として知られていることの範囲を拡張することだった。解釈によれば、量子粒子（原子など）は異なる状態の組み合わせ――重ね合わせ――で存在している。言いかえるなら、量子粒子は同時に二つの状態で、あるいは二つの場所に存在することができる、ということだ。可能性のある多くの状態の重ね合わせが崩れてひとつになるのは、人がその粒子を観測するときだけである。

シュレーディンガーはコペンハーゲン解釈を猫に当てはめてみることにした。思考実験で、一匹の猫を、箱のなかの放射性物質が崩壊するとランダムに毒物を放出する装置とともに密閉した箱に入れる。コペンハーゲン解釈を信じれば、箱を開ける前の猫は重ね合わせの状態にある。つまり、生きながら死んでいるわけだ。箱を開けて初めて、猫はそのどちらかひとつの状態になる。

言うまでもなく、常識ではとても理解しがたい結果だ。だが、シュレーディンガーの思考実験の目的は、まさにコペンハーゲン解釈を論理的極限にすえることで、それを否定し、問題を提起し、誤りを証明することにほかならなかった。

しかし、この思考実験にはもうひとつ注目すべき点がある。猫を殺したのは毒ではなかったのである。好奇心にかられてじっと観察する、何にでも首を突っ込む、クリスマスの前の晩にこっそりプレゼントを開ける子どもみたいに箱のなかを見ようとする、そうした行為が猫を殺したのだ。

このことをみごとに言い表したイギリスのことわざがある――「好奇心は猫を殺す」。ロシアの場合はもっと強烈だ――「せんさく好きなバーバラは、市場で鼻をもがれた」[12]。

絶大な信頼を誇るウィキペディアによると、これらのことわざは「『過剰な好奇心は身を滅ぼす』と他人を戒めるために使われる」。猫、そしてロシアの市場に行く人の好奇心は、ただ不快とか迷惑というだけではない。疑問を呈したり、思考実験をしたりする人は、現状に満足できないただのわずらわしいトラブルメーカーではない。彼らはまぎれもなく危険だ。ハリウッドの有名プロデューサー、ブライアン・グレイザーと共著者のチャールズ・フィッシュマンは、「なぜ空は青いのと無邪気にたずねる子どもが成長し、世の中をひっくり返す問いかけをする大人になる——私が奴隷で、あなたが王なのはなぜか？　太陽はほんとうに地球の周りを回っているのか？　肌の色が黒い人々が奴隷で、肌の色が白い人々がその所有者なのはなぜか？」と書いている[13]。

・好奇心にふたをするもの

私たちが好奇心にふたをするのは、無知を認めざるをえなくなるからでもある。質問したり思考実験をしたりするのは、答えを知らないからなのだし、それはとりもなおさず誰もが認めたくない事実を認めることにつながる。愚かだと思われることを恐れるあまり、簡単すぎて聞くのもはばかられると思い込んで、疑問を胸にしまい込んだままにするのだ。

それに、この「すばやく動き、破壊せよ」の時代、好奇心は無用のぜいたく品なのかもしれない。インボックスゼロ方式〔メールなどの受信箱を空にするように、今やるべきタスクをゼロにすることを目指す方法〕に従って、急いでタスクを片づけることに断固としてこだわるなら、答えは効率的に思える。答えはこれから進む道を照らし、ＴＯ－ＤＯリストの次のタスクに移るためのライフハックを教えてくれる。それに対して質問は、実に非効率的だ。その場で答えが出ないと、カレンダーには予定がぎっしり詰まっているため、あとで答えを聞く時間を確保するのは無理だろう。

私たちはせいぜい口先で好奇心をもてはやすだけで、いざその実践となると二の足を踏む。イノベーションを促進するために、企業は「クリエイティブ・デー」なるものを設け、パワーポイントを使ってプレゼンをし、コストをかけて外部から講演者を招くものの、それ以外の364日間はいつもの代わり映えのしないやり方を繰り返す。会社の方針に疑いを抱かず、黙って従う社員が高く評価される。16業種の労働者を対象にした調査によれば、「65パーセントの人が好奇心は新しいアイデアの発見に不可欠だと回答したが、仕事についての質問はできないと感じている人の割合も同じだった」という[14]。同じ調査で、雇用主が好奇心をもてと発破をかけると答えた人は84パーセントだが、60パーセントの人が好奇心に従って行動を起こそうとして何らかの障壁に遭遇した、と答えている。

日頃は好奇心をぞんざいに扱っておきながら、危機が起こってようやくその大切さに気づく。レイオフされて初めて、別のキャリアパスを考え始める。若くて肝の据わった、意欲満々のライバル企業に会社を破壊されて初めて、社員を集めて「既成の枠組みにとらわれず考えろ」と命令し、無益な時間を過ごす。

答えを求めて、私たちはいつまでも同じ手法、同じブレインストーミング・アプローチ、古い神経回路に頼る。それではイノベーションとは似ても似つかないものしか生まれないのも当然というわけだ。それはしょせん、現状にどうでもいい変更を加えたものでしかない。自らの重みで崩壊していった悪徳企業や慢心した官僚主義の例を見れば、以前から好奇心が欠如していたことがわかるだろう。

結果に対する恐怖も、私たちが好奇心を遠ざけるもうひとつの理由だ。どんな答えが出るかを恐れるとき、私たちは難しい質問をしない（診断結果を聞くのが嫌で医者に診てもらいたがらないのと同じ）。さらに悪いことに、私たちは答えが何ひとつ見つからない、つまり質問に何の意味もなくて、思考実験が壮大な時間のムダになりはしないかと恐れている。

加えて私たちは、思考実験には複雑な脳の鍛錬や天賦の創造力が必要だと思い込んでいる。それが価値のある問いなら、もっと賢い誰かがとっくに考えているはずだと、自分に言い聞かせているのだ。

けれど、**思考実験は天才だけのものではない。選ばれた少数の者などいない。**思考実験をするのに、アインシュタインのように感電して髪を逆立てる必要はないのだ。自覚はないかもしれないが、私たちの誰もが心の底では実験者だ——突然のひらめきを意識の下にそっと隠しもって歩いている。

一見無用に思える研究や実験こそが、そうしたひらめきを明らかにするのに必要だ。ジョージ・バーナード・ショーはかつて、「1年に2、3回以上ものを考える人はほとんどいない。私が世界的な名声を確立したのは、1週間に1、2回ものを考えたからだ」と言った[15]。ショーもわかっていたように、「急いで次々にタスクを片づけること」と「創造性」は対極にある。インボックスを空にしようと躍起になっていては、ブレイクスルーを生み出すことはできない。井戸を掘り始めるなら、喉が渇く前に。今すぐ、好奇心を働かせよう。避けようのない危機が目の前に現れてからではなく。

　好奇心はシュレーディンガーの猫を殺したかもしれない。でも、あなたを守る武器になるだろう。

生涯幼稚園生であれ！

「どうしてすぐに見られないの？」[16]　１９４３年、エドウィン・ランドがニューメキシコ州サンタフェで家族と休暇を過ごしていたときのことだ。ポラロイド社を共同設立したカメラ愛好家は、３歳になる娘ジェニファーの写真を撮っていた。当時、インスタント・カメラはこの世に存在しない。フィルムを暗室で現像処理しなければ写真は日の目を見ず、その作業には数日を要した。正確な事実についての情報は錯綜《さくそう》しているが、定評ある記事によれば、おしゃまな女の子が父親に言った一言が、すべてを変えたのだという。

「どうしてすぐに見られないの？」娘の質問をランドは真剣に受け止めた。しかし、そこには大きな制約が立ちはだかっていた。大きな暗室を小さいカメラに収めることは不可能なのだ。ランドは長い散歩に出かけ、この問題にあれこれ思いを巡らせて、ひとつの思考実験を思いついた。暗室で現像に使っている化学薬品を小さな容器に入れ、それをカメラに内蔵させるのはどうだろう？　薬品が流れ出してネガティブ・フィルム全体に広がり、ポジティブ印画紙に像が転写されて、写真が完成するのではないだろうか？

　技術の完成には数年かかったものの、思考実験は最終的にインスタント・カメラの発明となって実を結んだ。その技術があれば、シャッターを切ってから、数日ではなく、ほんの何十秒かで写真を手にすることができる。

たいていの大人にとって思考実験は容易ではないが、子どものときは誰もがその道の達人だった。世の中に出て、事実やメモや正しい答えで頭がいっぱいになる前、私たちを動かしていたのは正真正銘本物の好奇心だった。畏敬の念に包まれながら世界をじっと見つめ、何ひとつ当たり前だと思わなかった。幸福なことに社会のルールなど何も知らず、世界をまさに自分の思考実験であるかのように眺めていた。答えを知っている（知っていなければならない）という思い込みをもたず、学び、試し、吸収したいという欲求に従って生きていたのだ。

私のお気に入りの話を紹介しよう。幼稚園の先生が部屋を歩き回って、お絵かきをする子どもたちの様子をチェックしていた。「何を描いているの？」とある生徒にたずねると、女の子は「神様を描いているの」と答えた。彼は標準的なカリキュラムにない絵を描く子どもに驚いた。「でも、神様がどんな姿をしているかは、誰も知らないよ」と言うと、女の子は「もうじきわかるわ」と返した。

子どもは、大半の大人が知りえないある宇宙の真実を本能で理解している――それはすべてただのゲーム、驚くべき壮大なゲームなのだ。子どもに人気の本『はろるどとむらさきのくれよん』の4歳の主人公は、絵に描いたものを本物にできる力をもっている。歩く道がなければ、道の絵を描く。その道を照らす月が出ていなければ、月を描く。登れる木がないなら、リンゴの木を描く。物語を通して、主人公の想像力がものを生み出していくのだ[17]。

思考実験はまさしくあなた自身の現実歪曲《わいきょく》フィールド、『きみならどうする?』シリーズの本、つまり紫のクレヨンなのだ。

アインシュタインも紫のクレヨンという科学ツールを好み、大人になってからももち続けた[18]。彼は友人に宛てた手紙に、「あなたも私も好奇心旺盛な子供のように、われわれの生まれ落ちた偉大なる神秘の世界と向き合うことをやめてはならない」と記している[19]。その数世紀前には、アイザック・ニュートンが同じようなことばで自分のことを説明したと言われている。「私は海辺で遊ぶ少年のようである。(中略)真理の大海が、何ひとつ手つかずのまま、目の前に広がっているというのに」[20]

・知識と遊びは両立する

アインシュタインもニュートンも子ども時代の好奇心をなくさなかったが、多くの人は失ってしまう。工場労働者を量産するために作られた体制順応的な教育システムが、その一因だ(「神様がどんな姿をしているかは、誰も知らない」)。私たちが生まれもった好奇心は、重要な問題はすべて解決ずみだと信じている、多忙でお人よしの親たちによっても抑え込まれている。エドウィン・ランドがもし、娘の質問をばかばかしいと言って片づける、イライラした父親だったらと想像してほしい(「我慢しなさい、ジェニファー!　できるまで待つことを覚えなさい」)。あるいは、「光に乗ったらどうなるか」という思考実験に秘められた16歳のアインシュタインの才能を見逃す、忙しい母親を思い浮かべてほしい(「ばかな話ばかりしていないで、部屋に戻りなさい、アルベルト」)。

大人になって時がたち、奨学金や住宅ローンの返済が肩にのしかかり出すと、好奇心は現状への満足に置きかわる。私たちは知識欲を美徳、遊び欲を悪とみなすようになるのだ。

しかし、知識と遊びは対立するのではなく、互いに補い合うものでなければならない。社会学者のジェームズ・マーチは独創的な論文「愚かさのテクノロジー（The Technology of Foolishness）」に、「遊び心とは、別の規則の可能性を掘り下げるために、規則を意図的かつ一時的に緩和することである」と記している[21]。マーチは、個人と組織には「とくに立派な理由もなく物事を行なう方法が必要だ。常にでなくていい。ひんぱんでなくていい。ただ、ときどきは必要なのだ」と主張する。自分の信念を楽しむくらいの心構えがないと、それを疑ったり変えたりすることはできない。

「思考実験」ということばの力点は、「実験」のほうに置かれている。そう考えればハードルが下がるはずだ。思考実験は頭のなかの管理された環境に砂場を作るようなもの。たとえうまくいかなくても、悪いことは何も起こらない。巻き添え被害もなければ波及効果もない。初期の段階で目指すのは計画の遂行ではない――ましてや、完璧さでもない――ので、思い込みや偏見や恐怖心で挫折する可能性は低い。

子どものような好奇心を取り戻せば、独創性を高めることができる――このことを裏づける研究は数多くある[22]。だが、子どものように考えろなんて、まるで風雨にさらされても身体を濡《ぬ》らすなと命令されているみたいな気がしてしまう。

よいことを教えよう。子どもの身体に戻れなくても、ピーターパン症候群〔大人の年齢になっても、いつまでも大人社会に適応できない男性の心的病理現象）にかからなくても、子どものような好奇心をもつことはできる。インナーチャイルド（内なる子ども）とのつながりを取り戻すことは、７歳のふりをするのと同じくらいたやすいだろう。妙なアドバイスと思うかもしれないが、有効なのだ。ある研究では、**自由時間に７歳の自分をイメージするよう指示された人は、クリエイティブ思考を測る客観テストの成績が向上したという**[23]。そのため、「一見まったく異なる研究領域を、常識にとらわれずうまく組み合わせる」を旨とするＭＩＴメディアラボは、「生涯幼稚園」と呼ばれる部門を設けている[24]。

私たちの頭は思っているより遥かに従順だ。私たちが、「幼稚園時代が一生続いている」と思えば、頭はただそれに従うだろう。

――◆――

ここまで読んできて、こんなふうに感じている人がいるかもしれない。思考実験が常識にとらわれなくていいなら、子どもの遊びと言ったほうがいいなら、それを行なう意味などあるのか。思考実験が実現不可能でいいなら、無意味な空想とどこが違うのだろうか――もし違いがあるというのなら。

思考実験の目的は、「正解」を見つけることではない。少なくとも最初のうちは。それは、実験の結果があらかじめ決まっていて、好奇心や意外な発見の余地がどこにもない学校の化学の授業ではないのだ。学校では、しかるべき結果が得られないと、いつまでも実験室で試験官とビーカーをいじくりまわしていなければならない。クラスメートたちは映画に出かけたというのに。アインシュタインの思考実験の目的は、実際に光に乗る方法を見つけることではなかった。むしろ、思いがけない重大な知見につながる可能性のある――実際そうなることが多かった――自由な探求プロセスに火をつけることにあった。

思考実験は、たとえ何も生み出さなくても、ブレイクスルーのきっかけになる可能性がある。作家ウォルター・アイザックソンが書いているように、**空想は「新たな現実の糸口」かもしれないのだ**[25]。それはニューヨークからハワイまでのドライブにも少し似ている。そんなことできるのかって？　できる。太平洋という現実世界の巨大な制約にぶつかる前に、核心をつく新たな知見を発見できるかって？　もちろんだ。思考実験の目的は、あなたを揺さぶって自動運転モードを解除させ、常にどんな可能性も受け入れられるようにすることにある。

いいだろうか、思考実験は始まりであって終わりでない。そのプロセスはとっ散らかっていて、すんなりとはいかない。それに、次のセクションで見ていくように、答えは得てして、まったく思わぬときにやって来るのだ。

もっとひんぱんに退屈する

最後に退屈したのはいつのことだったろう。

目を覚ますとすぐにスマートフォンに手を伸ばし、通知を確認するのが私の毎朝の日課だった。各種のフィードをスクロールしようとしたとき、ある思いが頭をよぎった。

最後に退屈したのはいつのことだったろう。

VHSプレーヤーとボン・ジョヴィのカセットがあれば、退屈など過去の遺物と化した。朝目を覚まし、ベッドに横たわったまま心の底から退屈を感じ、現実に身を浸そうと決意するまでしばし物思いにふける日々は過ぎ去ったのだ。手持ちぶさたで床屋で順番を待つことも、コーヒーショップの列で見知らぬ人と会話を始めることももうないだろう。

そのときの私は、退屈を避けるべきものとみなしていた――今ではこれを、何にも心を乱されず、何の予定もないまとまった時間ととらえている。退屈は、授業中にぼんやりと考え事をして教師にひどく叱られた記憶をよみがえらせた。私にとって退屈は、まるで焦り、いら立ち、そして絶望の混じった苦いカクテルのようだった。退屈するのはつまらない人間だけだと思い込んでいたので、一日のすべての時間を何かの活動で埋めていた――詰め込んだというほどではないけれど。

そんな人はほかにもいるはずだ。私たちは毎日、SNSを次から次へと開き、メールをチェックし、最新ニュースを追いかける――20分ごとに。退屈（「何をしたらいいかわからないけれど、あえてそれを見つけようとしない状態」）がもたらす不確実性よりも、気を紛らわしてくれるものがくれる確実性を、私たちは好む。2017年の調査では、およそ80パーセントのアメリカ人が、「リラックスしたり、何かを考えたりする」ためにいっさい時間を使わないと答えている[26]。

珍しく静かな時間が訪れると、私たちは罪悪感に似た感情を抱く。けたたましい通知音が鳴り響くと、見逃してはならぬとデバイスをこそこそ見ずにはいられない。私たちは日々の――人生の――ほとんどを、先手を打つのでなく、防戦一方で過ごしている。いつも同じ手段で気を紛らわせては自分をなだめ、結局はますます嫌な気持ちになるのだ。

・退屈こそ宝

何か行動を起こしても、それで火は消えるどころか、逆に火がついてしまう。メールを送ればそれがより多くのメールを生み出す。フェイスブックのメッセージやツイートは、返信する理由になる。まるで巨大な岩を山の上まで運ぶと、その岩が転がり落ちてしまい、永遠にそれを繰り返さなくてはいけない、ギリシャ神話の「シーシュポスの岩」のように。

それでも、退屈よりもそうした苦行のほうを私たちは好むのだ。2014年に実施されたある研究では、参加者である学生を、持ち物をすべて預かってからひとつの部屋に集めた[27]。参加者は15分間自由に考え事をするよう指示された。そう、15分間も――たいへんだ！――。けれど、研究者がインターネット世代の参加者にある選択肢を与えた理由がそこにある。参加者は物思いにふける代わりに、ボタンを押して電気ショックを自分に与えてもいいことになっていた。この研究では、男性の67パーセント、女性の25パーセントが静かに考え事をするよりも電気ショックのほうを選んだ（そのうちひとりの男性は、15分に何と190回もの電気ショックを自分に与えていた）。

衝撃的な数字ではないか。

要するに、今の世の中で退屈は絶滅寸前なのだ。これはどうでもいい話ではない。退屈することがないと、創造性の筋肉は使われる機会を失って萎縮し始める。「私たちは情報に溺れ、その一方で知恵を渇望している」と語ったのは、生物学者のエドワード・オズボーン・ウィルソンだ[28]。考える時間を作らないと――立ち止まって、理解し、熟考しないと――、分別を身につけることも新しい考えを思いつくこともできない。結局は、問題をじっくり考えることをせず、最初に頭に浮かんだ解決法や思考にいつまでもしがみつく羽目になる。だが、解決する価値のある問題に、すぐさま答えが見つかるものではない。作家のウィリアム・デレズウィッツが言うように、「最初の思考が最高の思考ではない。最初の思考は必ずほかの誰かのものだからだ。どれもみな、そのテーマについてすでに耳にしていたことであり、世間一般の通念なのだ」[29]

退屈すると人生を先延ばしにしているような気になるが、実はまるで正反対だ。ある論文のなかでふたりのイギリス人研究者が、数十年間の研究を根拠に、「退屈は学習と創造性の要となりうる、無理からぬ人間の感情とみなすべきだ」と結論づけている[30]。退屈になると、脳は外部の世界をシャットダウンするので、自分と向き合うことができる。この状態では、集中思考から拡散思考へとモードが切り替わり、私たちの最も複雑な道具である脳が解放されるのだ。ぼんやり物思いにふけり始めると、脳内のデフォルト・モード・ネットワーク〔意識的な思考を行なっていないときに働く脳内ネットワークの活動〕が明るくなる[31]。

よく言われるように、音楽は音符と音符のあいだの沈黙にあるのだ。アイザック・ニュートンは大学で「一番人気のない教授」だったが、それは「彼が講義の途中で話をやめ、数分にわたる『創造のための小休止』をしていたからだ。その間、学生たちは「彼が頭の暗がりから戻ってくるのを待たなければならなかった」[32]。そのあいだは何も起こっていないようだったが、見かけにだまされてはいけない。アイドリング中であろうと、脳は活動しているのだ[33]。「空間をぼんやり見つめている時でさえ、脳が消費するエネルギーの量は、難しい方程式を解いているときよりほんのわずか少ないだけだ」と、アレックス・スジョン-キム・パンは記している[34]。

では、そのエネルギーはいったいどこへ行くのだろう？　頭は無意味なトピックのあいだをあてもなくさまよっているようでいて、あなたの無意識（潜在意識）は一生懸命仕事をしている。記憶を整理し、関連づけ、古い記憶と新しい記憶を結びつけて、新しいつながりを作っているのだ[35]。見えないところでこれほどがんばって働いている脳の一部を「無意識」と呼ぶのは、いささか失礼なのである。

・アイデアは一休みしているときに湧き出る

黙って座っているとき、私たちはアイデアを引きつける磁性ロッドと化す。だから「発見の瞬間」は、よく「ひらめき」「閃光《せんこう》」「天才の一撃」といったことばで表現される。アイデアは懸命に取り組んでいるときでなく、ひと休みしている時間に湧き出るらしい。アインシュタインが、一般相対性理論につながる啓示――自由落下する人は自分の体重を感じていない――を受けたのは、空想にふけっているときだった。デンマーク人物理学者のニールス・ボーアが原子の構造を思いついたのは、自分が「太陽に腰かけ、その周りを太陽と細い糸で結ばれた惑星がシューシュー音を立てながら回っている」のを夢に見たときだった[36]。古代ギリシャの数学者アルキメデスの有名な発見の瞬間は、彼が風呂でくつろいでいたときに訪れたと言われている[37]。

企業の幹部たちが職場のシャワー室にぎゅうぎゅう詰めになっているテレビCMがある。ある人が「どうしてシャワー室で会議をしなければならないんですか」とたずねると、上司はこう答える。「家でシャワーを浴びていると、いつもいいアイデアが浮かぶからだ」[38]

「シャワー中のひらめき」の話はよく耳にするが、それは効果があるからだ。実際、ハッブル宇宙望遠鏡の鏡の不具合の解決策は、シャワー中に思いついたものだった。宇宙の高解像度画像の撮影を目的に1990年に打ち上げられた宇宙望遠鏡は、鏡の欠陥のせいで不鮮明な画像しか撮ることができなかった。修理するには宇宙飛行士が望遠鏡内部の奥まで入り込まなければならないが、地上約数百マイル〔数百キロメートル〕上空の軌道上を高速で周回する衛星上では、それは至難の業だ。ドイツのホテルに滞在していた宇宙望遠鏡科学研究所のエンジニア、ジェームズ・クロッカーは、人の身長に合わせて調整可能な、伸縮自在のシャワーヘッドをたまたま見つけた。この発見がクロッカーの「アハ体験」だったわけだ。それをヒントに、彼は拡張可能な自動アームを使った解決法を考案し、届かないと思われていた望遠鏡内部へのアクセスを可能にした[39]。

こうしたひらめきは何の苦もなく生まれたようでいて、実は長く、ゆっくりとした燃焼の産物だ。ブレイクスルーは的確な問いかけに始まり、答えを真剣に考え、何の成果も出せないままに何日、何週間、ときに何年も過ごした結果生まれる。**ある研究からは、ふ化期間――行き詰まりを感じている期間――が問題解決能力を高めることがわかっている**[40]。

前に話したように、アンドリュー・ワイルズはフェルマーの最終定理を証明して数学界で名をはせた。彼によると、行き詰まりは「プロセスの一部」だという[41]。しかし「人々はそれに慣れていない。行き詰まると人は強いストレスを感じる」。にっちもさっちもいかなくなると――しょっちゅうだった――、ワイルズは考えるのをやめ、頭を休ませて、湖に散歩に出かけた。**「歩くことには、リラックスできるだけでなく、潜在意識を働かせるという意味でも、実によい効果がある」**と彼は言う[42]。ワイルズが実感したように、「待つ身は長い」。答えがやって来るまでには、問題にあえて背を向けたほうがいい場合が少なからずある――文字通りの意味でも、比喩的な意味でも[43]。

・散歩や音楽の効能

散歩は多くの科学者が使う手段のひとつだ。テスラはブダペストのヴァーロシュリゲット（市民公園）を散歩中に、交流電動機を発案した[44]。難しい問題を考えるとき、ダーウィンはイギリスのケント州の自宅近くにある「サンドウォーク」という名の小道を、小石を蹴りながら歩いていた[45]。物理学者のヴェルナー・ハイゼンベルクが不確定性原理を思いついたのは、夜中にコペンハーゲンの公園を散歩していたときだ[46]。2年ものあいだ、彼は自分の関係式が量子粒子の運動量は予測できるのに、位置を予測できないことに不満を感じていた。ある晩、彼はひらめいた。式に何の問題もないとしたらどうだろう？　量子粒子に不確定性が内在するとしたら？　問題を考えながら長いこと歩いた末に、ハイゼンベルクは答えのなかに足を踏み入れたのだ。

潜在意識をうまく使うのに、音楽に頼る科学者もいる。例えばアインシュタインは、バイオリンを弾きながら宇宙の音楽を紐解いた。友人のひとりが当時を振り返ってこんなふうに話している。「彼はよく、夜遅くに複雑な問題を考えながら、バイオリンで即興のメロディを弾いていた。そして演奏中に突然、興奮して『わかったぞ』と大声を出した。まるで霊感のように、曲の途中で問題の答えが彼に舞い降りてくるらしい」[47]

クリエイティブな人の多くも、何もせずぼんやりする時間をだいじにして、独創的なアイデアを生み出している。**アイデアは「空想にふけることから生まれる」。**そう話すのは、作家のニール・ゲイマンだ。アイデアは「ただ座って、心をさまよわせているときに」浮かんでくるという。作家になるにはどうすればいいかと聞かれたときの、彼のアドバイスはシンプルだ――「退屈すること さ」[48]。スティーヴン・キングもこんなふうに語っている。「スランプに陥った作家にとって、倦《けん》怠《たい》はまんざら捨てたものでもない」[49]

退屈はジョアンという名の女性に最初の出版契約をもたらした。1990年、乗っていたマンチエスターからロンドンに向かう列車が4時間遅れた。そのあいだに彼女の頭には、ある物語が「すっかりできあがった形で」浮かんできた――魔法学校に通う少年の物語だ[50]。4時間の電車の遅れはJ・K（本名ジョアン）・ローリングにとって天の恵みとなり、『ハリー・ポッター』シリーズは世界中で数百万人の読者をとりこにした。

ある意味、ローリングは幸運だった。スマートフォンのない時代は、列車に乗っているあいださまざまな通知音から身を守る必要がなかったのだから。けれども私たちは、積極的な手段を講じて退屈を生活に組み込まなければならない。例えばビル・ゲイツは、人里離れたパシフィック・ノースウェスト社の山小屋に行き、1週間引きこもる。彼が「考える週（Think Week）」と呼ぶ――お察しの通り――、何にもじゃまされずに考え事をする時間を作るためだ[51]。ナイキの共同設立者フィル・ナイトは、空想にふけるための専用の椅子をリビングルームに置いていた[52]。

● 退屈は最も生産的

彼らにならい、私は携帯電話との共依存関係を解消し、ずっと前になくしていた退屈との関係をもう一度積極的に温め直すことにした。リクライニング・チェアに座り、考えることに集中する――一種の機内モード――時間を意図的に作るようにしたのだ。週に4日、一日20分間、ペンと紙だけを持ってサウナで過ごす。そんなところで書き物をするのかって？　その通り。最近の記憶では、最高のアイデアのなかにはそうした静かで暑い場所で思いついたものがいくつかある。

どの方法もとても簡単そうだ。公園の散歩。シャワー。サウナや椅子で空想にふける。ただし、そうした行動自体に魔法の力があるわけではない――少なくともホグワーツ〔『ハリー・ポッター』に登場する魔法魔術学校〕で教わるような類の魔法は。魔法の力は、立ち止まって考えるために決まった時間――現代のカオスの対極にある心静かな時間――をもとうという意志にあるのだ。

ほしいと思ったものがすぐ手に入る時代に、この習慣はそれほど魅力的ではないかもしれない。けれども創造性は得てして大きな爆発音ではなく、かすかなささやきの形でやって来る。そのささやきがどこから聞こえてくるかを突きとめるには、辛抱強くなければならないし、それをしっかり聞き取るには敏感でなければならない。詩人ライナー・マリア・リルケの詩の一節にあるように、長いあいだ何らかの疑問を抱いてきた人は、「そうすればおそらくあなたは次第に、それと気づくことなく、ある遥かな日に、答えの中へ生きて行かれることになりましょう」[53]

次に退屈を感じたときは、メールやSNSをチェックしたい、何か「生産的な」ことをしたいという欲求に抗おう。もしかしたら退屈は、あなたができる最も生産的なことかもしれないのだから。

退屈にはもうひとつメリットがある。頭が、まったく異なるもの——例えばリンゴとオレンジ——を自由に関連づけ、つながりを見つけることができるようになるのだ。

リンゴとオレンジを比較する?

中学校で英語を勉強し始めてからこのかた、私は多くの慣用句に手を焼いてきた。その最たるものがこれだ——「comparing apples and oranges」(「リンゴとオレンジを比較する」。単純に比べられないものを比べるという意味)。大学時代に初めて耳にしたときは、その場で固まってしまった。リンゴとオレンジには相違点より共通点のほうが多いのに、と思ったのだ(読者のみなさんは、背を向けて、見なかったことにしたいと思っているだろう。これから私はリンゴとオレンジを比べてみることにする)。どちらも果物。どちらも丸い形をしている(丸みがある)。どちらも少し風味が強い。どちらもほぼ同じ大きさで、どちらも木に実る。

NASAエイムズ研究センターのスコット・サンフォードは、さらに進んだ方法で比較を行なった。赤外分光法を使ってグラニースミス(リンゴ)とネーブル・オレンジを比較し、二つの果物のスペクトルが驚くほど類似していることを明らかにしたのだ。「リンゴとオレンジ、ある比較（Apples and Oranges: A Comparison）」と冗談のようなタイトルがついた論文が、風刺を好む科学雑誌『インプロバブル・リサーチ（Improbable Research）』で発表された[54]。

リンゴとオレンジにこれほど共通点があるにもかかわらず、この慣用句がよく使われるのは、私たちはぱっと見が似ていない、あるいは関連のなさそうな物事につながりを見つけるのがひどく苦手だからだ。仕事でもプライベートでも、私たちはリンゴとリンゴ、オレンジとオレンジといった、同じ種類のものばかりを比較している。

・専門化の功罪

この頃では専門化が大はやりである。英語圏では、ゼネラリストは器用貧乏と同意語だ。ギリシャ人は「多くの技術を知る人は空っぽの家に住んでいる」と警告し[55]、韓国人は「12の才能をもつ人は夕食にあぶれる」と言う[56]。

こうした考え方には代償が伴う。異なる分野のアイデアを知ることができなくなるのだ。私たちは人文科学や自然科学の世界にいつまでもとどまり、道の向かい側にあるアイデアを受け入れまいとする。英語を専攻する人に、量子論は何の役に立つのか。エンジニアが、なぜわざわざホメロスの『オデュッセイア』を読まなければならないのか。医学生が、ビジュアル・アートを勉強しなければならない理由は何か。

最後の質問はある研究のテーマになっている[57]。その研究では、医学部の1年生36名をランダムに二つのグループに分けた。最初のグループはフィラデルフィア美術館で、芸術作品を鑑賞し、説明し、解釈する6時間の授業を受講。この学生たちを美術の授業を受けない対照群と比較した。最初と最後に実施された試験の結果、対照群とは異なり、美術の授業を受けたグループの学生の観察力——網膜疾患画像の解釈など——が大幅に向上していたことが明らかになった。「美術の授業を行なうだけで、医学生の客観的観察力の向上に寄与することができる」と研究結果は示唆している[58]。

結局のところ、人生は区分けされたサイロのなかで起きているわけではない。似たようなものを見比べても学べることはほとんどないのだ。分子生物学者のフランソワ・ジャコブは、**「創造とは再結合することである」**と述べた[59]。数十年後、スティーブ・ジョブズも同じことを話している。「創造性とは物事をつなぐことにすぎない。クリエイティブな人たちにどのようにして創造したかをたずねると、彼らはちょっと後ろめたい気持ちになる。なぜなら、彼らはほんとうに何かを創造したのではなく、ただ何かを見つけたにすぎないからだ。（中略）それができるのは、彼らがほかの人たちよりも多くの経験をしたか、その経験について多くのことを考えたからである」[60]

• 組み合わせ遊び

別の言い方をすれば、ふだんからいろいろな視点をもっていれば、「まったく違う視点で考える」ことは容易なのだ。

アインシュタインはこのアイデアを「組み合わせ遊び」と呼び、「生産的思考の本質的特徴」とみなしていた[61]。組み合わせ遊びでは、種々雑多なアイデアに触れ、異なるもののなかに共通点を見つけ、リンゴとオレンジを関連づけ、そして再び結びつけて、まったく新しい果実を生み出さなければならない。物理学者でノーベル賞受賞者のフィリップ・アンダーソンのことばを借りると、このアプローチでは、「全体は単なる部分の合計ではない。それとはまったく異なるものだ」と考える[62]。

異なる分野のアイデアを取り入れるために、著名な科学者たちの多くはさまざまなことに興味をもつ。例えばガリレオは、月面のデコボコを発見することができたが、それは高性能の望遠鏡をもっていたからではなく、絵の素養があったので、月表面の明るい場所と暗い場所を見分けられたからだ[63]。芸術と科学技術に対するレオナルド・ダ・ヴィンチのインスピレーションの源も、やはり外の世界――自然――にあった。ダ・ヴィンチは「牛の胎盤、ワニの顎、キツツキの舌、顔の筋肉、月の光、影の縁」など、幅広いテーマを自ら学んでいった[64]。アインシュタインの一般相対性理論のひらめきは、スコットランド出身の18世紀の哲学者で、空間と時間の絶対的性質に初めて異議を唱えたイギリスの哲学者、デイビッド・ヒュームによってもたらされた。1915年12月の手紙のなかでアインシュタインは、「これらの哲学研究がなければ、私は相対性の概念を思いついていなかったに違いない」と書いている[65]。アインシュタインがヒュームの研究を知ったきっかけは、スイスのベルンで会っては物理学や哲学を論じていた、組み合わせ遊びに熱心な友人たちの集まりである「オリンピア・アカデミー」だった。

進化論を組み立てていく過程で、ダーウィンはまるで異なる二つの分野――地質学と経済学――の影響を受けた。１８３０年代、チャールズ・ライエルは『地質学原理（Principles of Geology）』のなかで、山や川や渓谷は、いくつもの累代にわたる浸食、風、雨が地球を少しずつ削り取っていく、ゆっくりとした進化の過程で形成されたものだ、と主張した。ライエルのこの理論は、地質学的特徴はノアの洪水のような破滅的事象や超自然的事象によって引き起こされるという通説に反するものだった[66]。ダーウィンはビーグル号での航海中にライエルの著書を読み、地質学の考え方を生物学に応用した。ロケット科学者デイビッド・マレイによると、ダーウィンは、有機物は「無機物と同じように進化する。子孫がそれぞれ微細に変化し、それが積み重なって、やがて目、手、翼といった新しい生物学的付属肢が形成される」と主張した[67]。ダーウィンは、18世紀後半に経済学者トマス・マルサスからも着想を得ている。マルサスは、人口の増加に食料などの資源が追いつかず、そのために生存競争が起きると訴えた。この競争原理に共感したダーウィンは、種が環境にみごとに適応し生き残る進化の過程を導き出した[68]。

組み合わせ遊びには、偉大なミュージシャンも太鼓判を押す。その名を知られた音楽プロデューサーのリック・ルービンは、自分のバンドのメンバーにアルバム制作中は流行の音楽を聞かないように言う。「ビルボードの最新ヒットチャートよりも、世界最高の美術館に行ってひらめきをもらうほうがいい」とルービンは話す[69]。イギリス出身のバンド、アイアン・メイデンは、シェイクスピア、歴史、そしてヘビーメタルなど、まさかと思うような要素を組み合わせて音楽を作る。史上最高のロックの名曲、クイーンの「ボヘミアン・ラプソディ」は、オープニングとエンディングのバラードのあいだに、ハードロックとオペラをはさみ込んだ、音楽のサンドイッチのような楽曲だ。

デヴィッド・ボウイも組み合わせの達人のひとり。彼は特別に開発された「バーバサイザー（Verbasizer）」というコンピューター・プログラムを使って、歌詞を作った[70]。新聞記事、雑誌など、各種の資料から文章を入力すると、バーバサイザーが単語に分解し、それらを組み合わせる。「できあがるのは、意味もテーマも名詞も動詞も、あらゆるものがぶつかり合ってひとつになった、とびきりの万華鏡みたいなものだ」と、ボウイは言う。ことばの組み合わせが、歌詞のインスピレーションの源だったわけだ。

組み合わせ遊びは、革新的なテクノロジーも数多く生み出している。ラリー・ペイジとセルゲイ・ブリンは、学術研究の世界からある考え――学術論文がどれくらいひんぱんに引用されたかで、その論文の重要度がわかる――を取り入れ、検索エンジンに応用してグーグルを作った。スティーブ・ジョブズがカリグラフィーに影響を受けて、各種のタイプフェースと文字間隔が美しく調整されたマッキントッシュのフォントを生み出したことはよく知られている。ネットフリックスの共同設立者リード・ヘイスティングスは、通っていたジムのサブスクリプション・モデル――「月額料金（30ドル〔約3100円〕か40ドル〔約4200円〕）の範囲内で、好きなだけワークアウトできる」――がアイデアのきっかけになった[71]。返却し忘れた『アポロ13』の高額な延滞料に腹を立てたヘイスティングスは、そのビジネス・モデルをレンタルビデオ業に適用しようと決めたのである。

ナイキ初のランニング・シューズは、ある一般的な家庭用品をヒントに生まれた[72]。１９７０年代初頭、オレゴン大学のランニング・コーチだったビル・バウワーマンは、どんな路面を走ってもスピードが出るランニング・シューズを求めていた。当時、バウワーマンが指導していた選手たちが履いていたのは、十分な牽引力のない、路面を傷める金属スパイクつきシューズだった。

ある日曜日の朝、バウワーマンは朝食をとりながら、キッチンにある古いワッフルメーカーをぼんやり眺めていた。その格子模様に目をつけた彼は、模様を裏返しにすれば、スパイクなしのシューズを作れるのではないか、と思った。そして、ワッフルメーカーをつかんでガレージに行き、型作りに取りかかった。この実験によって誕生したのが、グリップ力に優れ、どんな路面にも対応できる、滑りにくいゴム製ソールがついた革新的シューズ、ナイキ・ワッフル・トレーナーだ。彼のキッチンにあったワッフルメーカーの実物は、今もナイキ本社に飾られている。

これらの例が示すように、ある世界の革命は別の世界のアイデアをきっかけに始まっている。ほとんどの場合、ジャストフィットというわけにはいかない。けれども、比べて組み合わせるという単純な行為が、新しいアイデアの引き金になることは間違いないだろう。

共通点を見つけ出せなければ、アイデアを組み合わせることはできない。生物学者トマス・H・ハクスリーは、『種の起源』を読み、「それを思いつかなかったとは、私は何と大バカ者であろうか！」と言ったという[73]。リンゴとオレンジには明らかに共通点があるように思える――だがそれはあくまでも後知恵にすぎない。ダーウィンの時代、種の研究に取り組む人は多かった。ダーウィンにひらめきを与えた経済学者マルサスや地質学者ライエルの論文を読む人も多かった。しかし、種を研究し、マルサスを読み、ライエルも読み、なおかつそれら3つの領域を関連づけることができる人は稀有《けう》だったのである。

・知らないものを集める

さまざまな例からわかるように、リンゴとオレンジを関連づけるには、まずそれらを集めなければならない。多様なものを集めれば、得られる結果は興味深いものになる。自分が知らないテーマについて書かれた雑誌や書籍を読んでみよう。異業種の集まりに顔を出そう。職業、背景、関心がさまざまな人たちと接しよう。天気がどうだとか、決まりきった世間話を繰り返すのではなく、こんなふうにたずねよう——「今取り組んでいることで一番面白いことはなんですか？」今度創作に行き詰まったら、**「過去に同じような問題に直面した業界はどこだろう？」と考えてみるといい。**例えば、ヨハネス・グーテンベルクの印刷機には不具合があった。そこで目を向けたのが、スクリュープレスを使って果汁や油を抽出する別の業種——ワインやオリーブオイルの製造業者——だった。のちに、グーテンベルクはそのアイデアを使って、ヨーロッパにおける大量生産時代の幕を開けたのである。

組織は、『トイ・ストーリー』や『ファインディング・ニモ』など、おびただしい数のヒット映画を世に生み出したクリエイティブ・スタジオ、ピクサーからヒントを得ることができる。ピクサーは、能力開発プログラムであるピクサー・ユニバーシティを毎週最長4時間受講するよう社員に促している。プログラムには、絵画、彫刻、ジャグリング、演技、ベリーダンスなど、さまざまなクラスがある[74]。それが映画制作に直接影響を与えるわけではないにせよ、ピクサーは、**クリエイティブなアイデアはまるで縁がなさそうなところから生まれる**ことを知っているのだ。リンゴとオレンジを集め、それについて考え続けていれば、新しい果実のアイデアの形がやがて見えてくるだろう。

組み合わせ遊びの原則はアイデアばかりでなく、人々にも当てはまる。次のセクションで見ていくように、異なる分野の人々がひとつになれば、結果は個人の結果を合わせたものより大きくなるのだ。

孤独な天才の神話は終わった

「探査車は複雑すぎて、誰も理解できない」

これが、2003年マーズ・エクスプロレーション・ローバー・プロジェクトの主任研究者、スティーブ・スクワイヤーズから出たことばだと聞いたら、おかしな感じがするだろう。スクワイヤーズは探査車を発案し、搭載する装置を工夫し、火星表面で操作するチームを率いていた。しかし、スクワイヤーズにとってでさえ、探査車は「ひとりの人間で徹底的に理解するには複雑すぎる」のだ。それぞれが個人としてではなく、チームの脳の一部として取り組まなければ理解できない。

私たちはしばしば、ガレージで黙々と仕事をする孤独な天才に憧れる。自宅のガレージでワッフルメーカーにあれこれ手を加えたバウワーマン。実家のガレージで最初のアップル・コンピューターを開発したジョブズ。それらは物語としては魅力的だが、たいていの物語と同じように、事実が正確に伝わるか、といえばそうではない。

　最高の創造性は完全な孤独のなかでは生まれない。**ブレイクスルーにはほとんどと言っていいほど、何らかの形の協調が伴うものなのだ。**「私が彼方《かなた》を見渡せたのだとしたら、それは巨人の肩の上に乗っていたからだ」。ニュートンのこのことばはよく知られている。幅広い視点をもった巨人たちが、その手にリンゴとオレンジを抱えてやって来たら、みんなでそれらを比較し、関連づけなければならない。

　起業家でライターのフランス・ヨハンソンは、こうした現象を「メディチ・エフェクト」と呼んでいる。これはもともと、15世紀にフィレンツェで起きた「創造性の爆発的な開花」を意味することばだ。当時富豪メディチ家のもとには、幅広い分野の才能豊かな人々——科学者、詩人、彫刻家、哲学者など——がたくさん集まっていた。そうした人たちがつながり、新しいアイデアが花開き、ルネサンス（「再生」を意味するフランス語）への道が拓《ひら》かれたのである[75]。

　火星ミッションは、科学者とエンジニアが協力して任務にあたることで、独自のメディチ・エフェクトを生み出す。科学者とエンジニアは宇宙探索という一般的なカテゴリーでひとくくりにされがちだが、本来まるで異なる集団に属している[76]。科学者は、宇宙のしくみを理解するために真実を追い求める理想主義者。対するエンジニアは実用主義者だ。彼らは科学者のビジョンを実行に移すためのハードウェアを設計すると同時に、限りのある予算やスケジュールといった現実にも立ち向かわなければならない。

両極にある者同士が必ず引きつけ合うとは限らない。ミッションでは毎回、「理想主義で非現実的な科学者」と「頑固で現実的なエンジニア」、両者の関係には緊張状態が生じる、とスクワイヤーズは記している。順調なミッションの場合、その緊張は創造のダンスに形を変えて、両者に最高の成果をもたらす。反対に、うまくいっていないミッションでは、「緊張はまるで酸のように協調をむしばみ、やがて腐らせる」[77]

両者の関係をうまく機能させるカギを握るのが、組み合わせ遊びだ。科学者がエンジニアリングを学び、エンジニアが科学を学ぶのだ。スクワイヤーズが最も重視した活動である。「科学者とエンジニアそれぞれ数十人ずつのチームがひとつの部屋に集まって、毎日戦略策定セッションをしている。あなたがそこに参加したら、1時間たっても誰が科学者で誰がエンジニアかをきちんと見分けることはできないかもしれない」。チームはそれほどみごとに溶け合っているので――科学者とエンジニアが互いのことばや目的を知り抜いている――、両者の区別はほとんどつかないだろう。

・共同作業を断続的に止める

人材の融合にとって、今日の職場環境はうってつけだと思う人もいるかもしれない。オープン・オフィスの区切られた作業スペースに座って、常時接続型のメールやビジネス・チャットのスラックなどを通じて連絡をとる現代の労働者は、常に協力し合っている。きっと今は、現代版ルネサンスの土壌を作る、のちの世で「スラック・エフェクト」と呼ばれることになる時代なのだ。

いや、そう結論を急いではいけない。ある研究結果について考えてみよう。その研究では、研究者を3つのグループに分け、複雑な問題の解決を指示した[78]。第1グループは完全にひとりで取り組んだ。第2グループは常にメンバーと話し合いながら作業し、第3グループは単独作業と共同作業を交互に行なった。

最もよい結果を出したのは第3グループだった。研究者は、**「共同作業を断続的に止めると、グループ全体の問題解決能力が向上する」**と見ている[79]。ひとりの作業と話し合いながらの作業を交互に行なうことによって、グループの平均スコアが上がると同時に、グループが最良の解決策を見つけられる頻度が高くなった。重要なのは、能力の高い人にも低い人にも断続的な共同作業によるメリットがあったという点だ。これらの結果から、ひとりが導き出した結論が別の人にとっての情報となり、両者に学びがあったことがわかる[80]。

現代の職場環境の大半は、常に誰かとやりとりを行なう第2グループに近い。創造性にとっては二番目によい環境というわけだ。研究結果からわかるように、人とのつながりは重要だけれど、ひとりで考える時間も同じくらい大切だ。創造のプロセスは、決まりの悪いものである。アシモフは、「優れた新しいアイデアの前には、当然のことながら人には見せたくない、100、いや1万ものばかげたアイデアがあるものだ」と言う[81]。人々はひとりで洞察をまとめ、グループで集まって意見交換したら、再びひとりの作業に戻り、単独作業と共同作業を繰り返すことができなければならない。前に述べた、集中と退屈のサイクルに似たパターンだ。

創造性を高めるという意味において、認知の多様性——あなた版科学者とエンジニアの一体化——はただの流行語ではない。不可欠なものだ。そして、得てして見過ごされがちな認知の多様性には、もうひとつ別のレベルがある。

いつまでも初心を持ち続ける

１８６０年代、フランスの絹織物業は蚕の病気によって危機に瀕《ひん》した。化学者のジャン＝バティスト・デュマはかつての教え子であるルイ・パスツールに、問題の解決に取り組むよう強く勧めた。パスツールはためらい、「しかし、蚕の研究はしたことがありませんから」と断ると、デュマはこう返した。「それはかえって好都合だ」[82]

ほとんどの人は、デュマのようには言えない。私たちはパスツールのような素人の意見を本能的にはねつける。「彼ら素人は何を言っているのかわかっていない」。「関連の会議に出席したことがない」。「必要な経歴がない」。「得意分野ではない」

けれど、そうだからこそ、外部の人の意見には価値があるのだ。

デュマのことばが示唆するように、**第一原理思考は多くの場合専門知識とは逆相関の関係〔一方が増加すると他方が減少する関係〕にある。**アイデンティティや給与が現在の状況で決まる内部の人間とは異なり、外部の人は現状に何の利害関係もない。その世界にどっぷりつかっていないので、従来からの見識を気楽に無視できる。

例として地質学の大陸移動説を考えてみよう。現在の大陸は、かつての巨大なひとつの大陸が分離し、移動してできたと主張するこの説は、地質学が門外漢の気象学者アルフレート・ヴェーゲナーの発案だ[83]。

大陸移動説は当初、大陸は安定していて動いたりしないと思い込んでいた地質学者たちから、ばかげていると一蹴された。関係者を満たす空気を、地質学者トーマス・チェンバレンのことばが伝えている。「ヴェーゲナーの仮説を信じるなら、それまでの70年間に研究してきた何もかもを忘れ、最初からやり直さなければならない」[84]。大陸移動説は、地質学者の評判を根本からひっくり返す恐れがあったため、彼らは自分の立場を守ろうとしたわけだ。

ヨハネス・ケプラーが、惑星が円軌道ではなく楕円軌道を描くことを発見したとき、ガリレオが信じようとしなかったのも同じような理由からだ。天体物理学者マリオ・リヴィオのことばを借りるなら、「ガリレオはなお、軌道は完璧に対称でなければならないとする古くからの美の理想にとらわれていたのだ」[85]

アインシュタインの成功の秘密は、ほかの物理学者たちをがんじがらめにしていた知的牢獄《ろうごく》から脱出できたことだった。特殊相対性理論の論文を発表したとき、彼はスイス特許庁の無名な職員だった。物理学の世界のよそ者だったからこそ、アインシュタインはその世界を支配していた常識——ニュートン物理学の基礎である、時間と空間の絶対性——を越えることができた。革新的な相対性理論の論文「運動物体の電気力学について」は、典型的な物理学の論文とは似ても似つかない。論文のなかで言及された科学者の数はほんの一握りで、既存の研究からの引用もほとんどない——学会の標準からすればきわめて異例なのだ[86]。アインシュタインにとって、革命を起こすとは、過去の研究の引用に縛られない、段階的な進歩にとどまらない真理の追究を意味していた。

こうした例はほかにもたくさんある。マスクはロケット科学では新参者だったので、教科書を読むことから始めた。ベゾスは金融業界から小売業界に転身したし、ネットフリックスを立ち上げる前のヘイスティングスはソフトウェア開発者だった。組織の外側にいた彼ら招かれざる客は、いわば組織の欠点を見つけ、時代遅れのやり方に気づくのに恰好《かっこう》のポジションにいたというわけだ。

・素人考えもだいじ

禅宗の教えに、「初心」ということばがある[87]。禅宗の僧侶である鈴木俊隆老師は、「初心者の心には多くの可能性があります。しかし専門家と言われる人の心には、それはほとんどありません」と記している[88]。大当たりしたナイキの広告キャンペーンを数々展開してきた広告会社、ワイデン・アンド・ケネディでは、いつも社員に「毎朝ばかになって出社しろ（walk in stupid）」と言い、初心者の視点で問題にアプローチするよう勧めるのが当たり前になっている。

10億ドル作家を生み出したのも初心者だった。J・K・ローリングが『ハリー・ポッター』の第一作の原稿をいくつかの出版社に持ち込んだとき、彼らは口をそろえてこう言った——出版する価値はない、と。ことごとく断られ、最後に訪れたのがブルームズベリー・パブリッシング会長、ナイジェル・ニュートンのデスクだった[89]。ニュートンは、他社が見逃したその本の可能性に気がついた。

どうやって？　秘密のカギを握るのは本の虫である8歳の娘、アリスだ〔90〕。サンプル原稿を渡すと、彼女はそれを夢中になって読み、どうしても続きが読みたいとせがんだ。「パパ、このお話は最高に面白いわ」。アリスのことばで確信したニュートンは、ローリングに2500ポンド〔約35万円〕の小切手を切った。本の版権をほんのわずかの前金で手に入れたわけだ。その続きは言うまでもない。

ニュートンの会社を数百万ポンド企業にしたのは、娘――出版業の関係者ではないが、その本の対象読者のひとり――の意見を聞いてみようという彼の意志だ。

ただし、独創的なアイデアの何もかもが初心者から生まれる、と言っているわけではない。それどころか、専門知識はアイデアの創出にとって貴重なものだ。でも、専門家はずっとひとりで作業すべきではない。孤独な天才の体験知などたかが知れている。合間に人との共同作業をはさむことは、専門家にもメリットがある。素人がそのなかに含まれていればなおのことだ。

思考実験をするのに天才的な知識は不要だ。必要なのは、リンゴとオレンジを集める意欲と、潜在意識がそれらを比べ、関連づけるあいだじっと退屈に耐えるだけの忍耐力と、新しく見つけた果実をほかの人――エンジニアリング・チームの科学者だろうと、8歳の娘だろうと――に披露する勇気だけだ。

思考実験に慣れてきたところで、創造力をフル回転させて、いざ月に向かって出発することにしよう。

4　ムーンショット思考
――達成が難しそうな壮大な目標を立てる

アリス「試したってムダよ。人は不可能なことは信じることができないのだもの」
白の女王「どうやらあなたには練習が足りないようね。私があなたの年の頃には、一日30分は必ず練習したものよ。そうね、朝食の前に6つも不可能を信じたことだってあるわ」
――ルイス・キャロル『鏡の国のアリス』

チャールズ・ニンモがテスト・プロジェクトの参加者に選ばれる可能性は低かった[1]。ニュージーランドの小さな田舎町、リーストンで羊飼いをしているニンモは、秘密の物体を飛ばす秘密のプロジェクトへの参加を申し込んだ。カリフォルニアとケンタッキーで行なわれた初期のテスト飛行では、多くの人がその物体をUFOと見間違えた。そのニュースはCNNに取り上げられ、地方紙の見出しも飾った。「空に浮かぶ謎の物体、住民をとりこに」と『アパラチアン・ニュース・エクスプレス』紙は報じた[2]。

ニンモは、私たちの多くにとっては当たり前のテクノロジー、高速インターネットのアクセスをもたない、世界40億人以上のうちのひとりだ。インターネットは送電網と同じくらい革新的なテクノロジーである。コンセントを入れれば、人生をパワーアップできる。デロイトの調査によれば、アフリカ、南アメリカ、およびアジアに質の高いインターネット接続を提供すれば、「GDPがさらに2兆ドル〔約210兆円〕増える」可能性がある[3]。インターネット・アクセスは人々を貧困から救い、生命を助け、そしてニンモの場合は、羊飼いにとってきわめて重要な天気予報へのアクセスを提供することができる。ニンモは、羊のクラッチング——羊の尻の周りの毛を刈るという意味の専門用語——ができるくらいに空気が乾燥するのがいつ頃かを知る必要があるのだ。

世界に安価で確実なインターネット・アクセスを整備するのは容易ではない。衛星経由のインターネットは高コストなうえに発生する信号は弱く、地球軌道上にある衛星までの距離が遠いことから、大幅な伝送遅延が発生する。地上の携帯電話基地局は、サービス提供範囲が限られる場合が多く、ニュージーランドのような先進国といえども、田舎の過疎地の多くでは採算がとれない。山やジャングルといった難しい地形が妨げとなり、基地局からの信号が届かない可能性もある。

ニンモは、世界のいたるところにある、インターネットがない地域をなくそうという大胆なプロジェクトの最初の参加者だった。プロジェクトの発案者はX（かつてのグーグルX）。秘密主義として知られるこの会社は、革新的テクノロジーの研究開発を専門とする。Xはグーグルのために革新するのではない。次のグーグルを作るのだ。

インターネット・アクセスの問題を解決するために、エクサーズ（Xers）（Xのメンバーはそう呼ばれている）はとっぴな思考実験を思いついた——気球を使ってみたらどうだろう？

彼らがイメージしたのは、テニスコートの大きさで、巨大なクラゲのような形をした気球が、航空機や気象衛星よりも上、約6万フィート〔約18キロメートル〕上空の成層圏を飛んでいる姿だ。気球はポリスチレン製の箱に入った小型のコンピューターを搭載し、太陽エネルギーを動力源にインターネット信号を地球に送る。

・気球はロケットより難しい

どうして気球のような原始的な技術の話が本書に出てくるのか、不思議に思うかもしれない。第一、気球を飛ばすのにロケット科学は関係ないじゃないか。ところが、かつてのエクサーによれば、気球を飛ばすのは「ロケット科学よりも遥かに難しい」という。気球は風の影響を受けやすく、正しい気流に乗るにはヨットと同じようなかじ取りが必要になるからだ。気球が動き続けているあいだは、安定した接続性を実現するのも困難だ。

この問題を解決するために、Xはデイジー・チェーン〔3つ以上の機器をケーブルで数珠つなぎに連結する接続形態のひとつ〕のようなしくみで安定した接続性を確保する気球ネットワークを構築した。気球が1機いなくなっても、次の気球があとを引き継げばいい。数カ月にわたって滞空したのち、気球は地球に戻り、再利用される。

この風変わりなプロジェクトには、それにふさわしい変わった名前がつけられた――「プロジェクト・ルーン」。羊飼いのニンモにインターネット・アクセスを提供し、その他のテスト・ミッションを遂行したあと、気球は3000万マイル〔約4800万キロメートル〕以上飛び続けた。201

7年初めに大洪水がペルーを襲ったとき、気球は救助活動を行なった。洪水の被災者は数十万人にのぼり、国全体の通信網が破壊された。プロジェクト・ルーンの気球は72時間以内に現場上空に到着し、数万のペルー人に基本的なインターネット接続の提供を開始した[4]。同じ年、ハリケーン「マリア」がプエルトリコを直撃したときも、ルーンは最大の被害を受けた地域に気球を動力源としたインターネット接続を提供した[5]。ルーンはムーンショット——きわめて深刻な問題に斬新な解決策をもたらす、画期的なテクノロジー——だった。

この章では、ルーンのような大胆なプロジェクトを支える「ムーンショット思考」の力について考えていく。歴史上偉大な功績のいくつかが、ムーンショット思考に根差しているのはなぜか、なぜハチではなくハエのような行動をとるべきなのか、暮らしを楽にするにはなぜネズミではなくアンテロープ〔主にアフリカの平原に生息するウシ科の哺乳類の総称〕を仕留めたほうがいいかに関して掘り下げていこう。たったひとつのことばをどんなふうに使えば創造力を高めることができるか、無謀に思える目標を叶えるにはまず何をしなければならないか、そして未来への経路を描くには、そこから逆戻りしたほうがいいのはどうしてかについても見ていこう。

ムーンショット思考の力とは？

月は太古の昔から身近な存在だ。月は地球が生まれたときからずっとそこにある。ロバート・カーソンが書いているように、月は「潮の満ち引きを起こし、迷える者を導き、実った作物を照らし、詩人や恋人たちをときめかせ、子どもたちに話しかけてきた」[6]。そして私たちの祖先が初めて空を見上げたときから、月は私たちをじらすかのように、地球の向こう側を知りたいという原始的な本能に訴えかけてくる。けれども人類が誕生してこのかた、それはとうてい手の届かないムーンショットだった。ムーンショット思考の力とは達成が難しそうな壮大な目標を掲げ、それを実現させるために、既存の価値観を打ち破る、独創的な方法で課題に取り組もうとする考え方だ。

本書の冒頭でも紹介したが、ケネディ大統領が未来を見すえ、月を人類の新たなフロンティアに選んだとスピーチしたとき、彼は奇跡を望んでいるかのようだった。アポロ宇宙飛行士のジーン・サーナンは当時を振り返り、ケネディは国家をあげて、「私を含めて誰もが不可能だと思った」ことをやるよう求めたと話す[7]。10年以内に人間を月に上陸させるなんて途方もない約束だった。観客のひとりとしてその場にいたライス大学教授のロバート・カールは記憶をよみがえらせる。「本気でそんなこと言っているんだろうかと、啞然《あぜん》としてその場を去りました」[8]

有名なNASAのフライト・ディレクター、ジーン・クランツ――映画『アポロ13』でエド・ハリスが演じた――も、ケネディの思い切った宣言に呆然《ぼうぜん》としたひとりだ[9]。「ロケットが倒れ、制御不能になって回転し、爆発するのをその目で見たことのある」クランツとNASAの同僚たちにしてみれば、「月に人間を上陸させるなんて、息が止まるほど無謀に思えた」[10]。しかし、ケネディはその先に困難が待っていることは十分承知のうえだった。そして、「1960年代のうちに、われわれは月に行くと決めた。簡単だからじゃない、難しいから挑戦するのだ」と述べた。大統領は、当時の現実に国の未来を決めさせることを拒んだのである。

月面着陸は人類が初めて実行したムーンショットだった。けれども比喩的な意味のムーンショットなら、私たちはニール・アームストロングとバズ・オルドリンが月面を歩くずっと前からやっている。見知らぬ地の果てのどこかを切り開いた私たちの祖先は、ムーンショットを実践した。火を発見した人も車輪を発明した人も、ピラミッドを建てた人も自動車を作った人も、みなムーンショットに打って出たのだ。奴隷が解放されたのも、女性に選挙権が認められたのも、難民がよりよい生活を求めて異国の砂浜に流れ着いたのも、ムーンショットの結果だ。

私たちはムーンショットをする生き物なのだ――そんなことはほとんど忘れているけれど。

ムーンショットを実行するためには、第一原理思考が不可欠だ。あなたが1パーセントの改善を目指しているなら、現状の範囲内で何とかできる。しかし、10倍の改善を目標にしているなら、現状は忘れなければならない。ムーンショットを追い求めるとき、あなたは別の世界で、ライバルとはまったく異なる闘い方を強いられる。定評あるプレーやルーティンはほぼ通用しなくなるのだ。

例を挙げよう[11]。自動車の安全性を向上させることが目標なら、事故が発生しても人命を守れるように自動車の設計を少しずつ改善していけばいい。それに対して、すべての事故をなくすというムーンショットを目指すなら、あなたは白紙の状態から始め、車を動かすのが人間であるということを含めて、あらゆる前提を疑わなければならない。こうした第一原理思考が、自動運転車の可能性の道を拓《ひら》くのだ。

・ライオンはアンテロープを狙う

スペースXの計画的なムーンショットの例も見ていこう。スペースXがただ衛星を地球軌道に乗せることだけを目指していたのなら、従来と異なる方法をとる理由はなかったはずだ。NASAが1960年代から用いているテクノロジーをそのまま使えばそれでよかった。ロケット打ち上げのコストを10分の1に減らさなければならない理由はほとんどない――ムーンショットを目指しているのでない限り。火星を植民地にするという大胆な野望を実現するため、スペースXは第一原理思考を取り入れ、現状を変えた。

政策ストラテジストのジェームズ・カービルとポール・ベガラは、ライオンの選択を例に挙げる。ライオンはネズミを狩るべきか、アンテロープを狩るべきか。「ライオンが野ネズミを捕まえて殺し、食べるのは朝飯前だ。しかし、そのために必要なエネルギーは、ネズミのカロリー量を上回ることがわかっている」。一方アンテロープは身体が大きいので、「捕まえるにはスピードと力がもっと必要になる」。だが捕まえてしまえば、数日間の食料を確保することができるのだ[12]。

お察しの通り、この話は人生の小宇宙だ。私たちの大半がアンテロープではなくネズミを追いかける。ネズミを必ず手に入るもの、アンテロープをムーンショットだと思っているからだ。ネズミはどこにでもいる。アンテロープにはめったにお目にかかれない。しかも周りはみなネズミを狩るのに忙しい。私たちは、もしアンテロープを捕まえると決めたら、失敗してひもじい思いをするかもしれないと思い込んでいる。

そう、私たちが新しいビジネスを立ち上げないのは、必要な条件がそろっていないと思っているからだ。昇進を志願するのをためらうのは、それを受けるのはもっとずっと有能な人だと思い込んでいるからだ。誰かをデートに誘わないのは、その人が高嶺《たかね》の花のような気がするからだ。これではまるで、勝つためではなく負けないようにプレーしているようなものである。心理学者のアブラハム・マズローは1933年に、「人類の物語は、自分を過小評価する男と女の物語である」と書いている[13]。

もしもケネディがこうした考え方をしていたら、彼のスピーチはまったく別のものに（そしてうんとつまらないものに）なっていただろう。きっと、「われわれは地球軌道に人間を乗せ、グルグル周回させることに決めた。やりがいがあるからではない。今あるものでできそうだからだ」とでも言ったのではないだろうか（ちなみに1980年代のNASAがまさにそうだった。詳細は後述する）。

・イカロスの真実

目標を低く設定するといって思い出されるのが、イカロスの翼の神話だ。イカロスの父、工匠ダイダロスは幽閉されていたクレタ島から脱出を図るために、自分と息子に蠟《ろう》で固めた翼を作る。ダイダロスは、自分のあとについて飛び、決して太陽に近づいてはならないと息子に警告した。そこから先はご存知の通り。イカロスは父の助言を無視し、高く飛んで太陽に近づいてしまった。翼は溶け、イカロスは海に落ちて死んでしまう。

この神話の教訓は明らかだ――高く飛べば翼が溶けて死に至る。あらかじめ決まった道筋を行き、指示に従う人は島を脱出して生き残る。

しかし、作家のセス・ゴーディンが著書『イカロスの策略（The Icarus Deception）』のなかに記しているように、この神話には続きがある――きっとあなたが聞いたことのない続きが。ダイダロスは息子に、あまり高く飛ばないようにと言うだけでなく、あまり低く飛んではいけないとも言っていたのだ。海の水で翼がダメになるからだ[14]。

パイロットなら誰もが言うように、高度は味方だ。高いところを飛んでいてエンジンが止まったら、機体を滑空させて安全に着陸するという選択肢がある。けれども高度が低いと、飛行中にとれる策は限定される――人生も同じなのだ。

高所を飛行する企業の業績は概ね好調だ。『時間をかけずに成功する人　コツコツやっても伸びない人 SMARTCUTS』（講談社）のなかで、ジャーナリストのシェーン・スノウは次のように述べている。「2001年から2011年までの期間に、最も理想的な銘柄とされる50社の株式は、S&Pインデックスファンドの銘柄よりも400パーセント以上大きな投資利益を生み出していた。この理想的な銘柄は、いわば『低いところの果実』としての利益のみならず、『高いところの果実』を目指す目的も持っていたことになる」[15]。なぜだろう？　ムーンショットは人間の本質に訴え、より多くの投資家を引きつけるのだ。著名なベンチャーキャピタル、ファウンダーズファンドのマニフェストには、安全策ばかりとる多くのシリコンバレー企業を揶揄するかのように、こう書かれている――「僕たちがほしかったのは飛ぶ自動車だ。140文字のつぶやきじゃない」[16]。この会社は外部投資家としてスペースXのムーンショットを支えている。

ムーンショットは優秀な人材も引きつける。だからスペースXやブルー・オリジンは、従来型の宇宙開発企業から最も有能なロケット科学者を入念に選んで採用し、大胆なエンジニアリング・プロジェクトをスケジュール通りに進めることができているのだ。マスクがエンジニアに強調したのは、「長ったらしい会議に出席し、部品購入のリクエストが非効率なプロセスを通過するのに何カ月も待ち、社内政治の駆け引きから身を守る必要がなく、自分の仕事――ロケット製作――を自由に行なうことができる」ことだった[17]。

あなたはこんなふうに思っているだろうか。宇宙開発企業を立ち上げるなんて、インターネット富豪にはわけないことだろう。ソ連より先に月に行くために、議会が数十億ドル〔数千億円〕もの資金を用意するのだから、ケネディがムーンショットを追いかけるのは簡単だったはずだ。グーグルの財力という後ろ盾があるXが、プロジェクト・ルーンという奇抜なアイデアを実現させるのはたやすい。さらに、会社を何とか維持しなくてはならない、住宅ローンを払わなければならない、幹部たちを満足させなければならない自分が、ムーンショットを追い求めるなんてできるわけがない、とさえ思っているかもしれない。

こうした反論を、Xのムーンショット・キャプテン（そう、これが彼の実際の肩書）、アストロ・テラーはしょっちゅう耳にする。「どういうわけか、大きな目標を叶えるのには巨額の資金がなければならないというイメージが世の中に広がっている」と彼は言う。だがそれは真実ではない。「5人のチームだろうと5万人企業だろうと、適切で賢明なリスクをとることは誰だってできる」[18]。ベゾスも同じ考えだ。２０１５年のアマゾンの株主への手紙で、彼は「１００倍のペイオフが得られる確率が10パーセントあるなら、毎回それに賭けるべきです」と述べている。けれども私たちのほとんどは、見返りの可能性があろうとなかろうと、たとえ成功の確率が50パーセントあったとしても、それに賭けようとしない。

・山を動かすことを考える

確かに、なかにはあまりにも非現実的で、可能性はゼロではないにせよ、近い将来にはまず実現できそうにないムーンショットもある。だが、何もすべてのムーンショットを実行に移す必要はない。アイデアのポートフォリオのバランスがとれていれば、そして自分の将来をたったひとつのムーンショットに賭けるのでない限り、大きな成功をひとつ挙げられれば、それ以外のアイデアが夢物語で終わっても十二分に埋め合わせできるはずだ。「十分な賭け金を使って、十分早い時期から賭けをしておけば、社運を賭けることにはなりません」[19]とベゾスは言う。**ムーンショットのハードルは、経済的なものでも現実的なものでもない。精神的なものだ。**

大学教授でコンサルタントのダビッド・J・シュワルツは『大きく考えることの魔術　あなたには無限の可能性がある』のなかでこのようなことを述べている。「自分が山を動かすことができると信じている人はそうたくさんはいない。だから、その結果、そうする人はたくさんはいないのだ」[20]。ムーンショットを阻む大きな障害物はあなたの頭のなかにあって、数十年ものあいだ社会的条件づけによって大きく膨らんできた。高く飛ぶより低く飛ぶほうが安全で、空高く舞うよりも海面すれすれを飛ぶほうが確実で、ムーンショットよりも小さい夢のほうが賢いと信じるように刷り込まれているのだ。

予想は現実をねじ曲げ、やがて自己満足な予言になる。何を求めるかで、あなたの限界は決まる。月並みを望むなら、月並みなものを手に入れるのが関の山。ローリング・ストーンズの歌にもあるように、いつもほしいものが手に入るとは限らない。けれども、地上ではなく月に向かうよう軌道修正できれば、思った以上に高く飛ぶことができるだろう。「ばかばかしいほど高い目標を設定して失敗しても、それはほかの誰の成功よりも偉大な失敗になるだろう」と、『ターミネーター』シリーズや『タイタニック』などのヒット作をもつ映画監督、ジェームズ・キャメロンは述べている[21]。

私たちの多くがムーンショットに二の足を踏むのは、自分にそんな能力はないと思い込んでいるからだ。高く飛べる人は熱で溶けない立派な翼をもっていると信じているのだ。元大統領夫人ミシェル・オバマは２０１８年のインタビューでこうした考え方を否定した。「おそらく私は、みなさんが思いつく、影響力の大きなあらゆる組織に関わってきました。さまざまな非営利団体の仕事をしましたし、財団でも働きました。企業に勤め、取締役としての経験もあります。Gサミットにも、国連総会にも出席しました。彼らはそれほど賢いわけではありません」[22]

彼らはそれほど賢いわけではない。彼らはただ、私たちのほとんどが知らないこと——アンテロープを捕まえようとすることのほうが遥かに競争が少ない——を知っているにすぎないのだ。みるみる狭くなっていくひとつの領域のなかで、押し合いへし合いしながら、誰もがせわしなくネズミを追いかけ回している。だからこそ、ムーンショットに打って出ないわけにはいかない。これ以上待っていたら――コストを増やし続けながらどんどんしぼんでいく利益を追いかけていたら――、ほかの誰かがムーンショットに成功し、あなたの仕事が奪われるか、会社が時代に取り残されてしまうだろう。

私たちの能力についても同じことが言える。重要なのは選択だ。そしてほかのどんな選択もそうであるように、それは変えることができる。自らの認識の限界を超えて進み、自分が実現可能な範囲を広げない限り、私たちを尻込みさせる見えない規則を見つけることはできない。たとえ、いやとりわけ、思い描いた通りの現実でないときでも、ムーンショットにはとてつもないメリットがあるのだ。

ダイダロスの物理学の知識がまったく間違っていたことを知って、安心してほしい。高度が上昇するほど気温は低下するので、翼が溶けるはずがないのだ。非凡な目標を追いかければ、ありきたりの思考を支配する古い神経回路を抜け出せるだろう。**辛抱強く飛び続けて、途中で遭遇する避けられない失敗から学べば、やがて高く上るのに必要な翼が生えてくる。**

翼を大きく育てるには、次のセクションで掘り下げる、発散思考と呼ばれる戦略が必要だ。

ありそうもないことを受け入れる

ガラス瓶の底に光を当てたところを想像してみよう。なかにハチとハエを5、6匹入れたら、どちらが先に出口を見つけられるだろうか？

ほとんどの人がハチと答える。何といっても、ハチは高度な知能をもつことで知られている。ハチは、例えばふたを持ち上げたりずらしたりして砂糖水を飲むといった、きわめて複雑なタスクを学習し、学んだことを仲間に教えることができる[23]。

ところが、瓶のなかで出口を見つけるとなると、その知能がじゃまをするのだ。ハチは光を好む習性がある。光の方向にある瓶の底に何度も身体をぶつけ、疲労か空腹でやがて息絶える。

これに対し、モーリス・メーテルリンクが『蜜蜂の生活』に記しているように、ハエは「光の呼ぶ声」に気がつかない。瓶のもう一方の先が開いて自由を取り戻すまで、「行きあたりばったりに飛び回る」[24]。

ハエとハチはそれぞれ、発散思考と収束思考として知られることを体現している。出口を見つけるまで自由に飛ぶハエは発散思考の持ち主。一見最も確実な出口に全神経を集中させて、結局は破滅の道をたどるハチは収束思考の持ち主だ。

発散思考は、柔らかい頭と自由な発想でさまざまなアイデアを生み出すための方法である——ガラス瓶のなかで飛び回るハエのように。発散思考では、制約や可能性や予算のことは考えない。とにかくアイデアを出して、それがどんな内容であろうと受け入れる。つまり、物理学者デイヴィッド・ドイッチュが言う「楽観主義——物理法則で認められたことは何でも実行可能だと信じる——」に基づいているのだ[25]。目指すのは、よい悪いにかかわらず、選択肢を数多く生み出すこと。時期尚早に評価したり、制限したり、選択したりすることではない。

・発散思考がクリエイティブの入り口

物理学者のマックス・プランクが言うように、**アイデア形成の初期段階では、「純粋な合理主義者が出る幕はない」。**アインシュタインのことばを借りるなら、発見とは「論理的思考の結果ではない。たとえ最終的な産物が論理形式に縛られていたとしても」[26]。発散思考をオンにするには、ふだんは安全で有益な大人のふるまいをする、自分のなかにいる理性的思考者を封印しなければならない。スプレッドシートは脇へやり、脳を自由気ままに働かせよう。ばかげたことを調べてみよう。届く範囲のその先に手を伸ばそう。空想と現実の境界をあいまいにしよう。

研究の結果、**発散思考は創造性の入り口である**ことが明らかになっている。発散思考によって、革新的な解決策を見つけ出す能力や、新たなつながりを結ぶ能力が高まる。リンゴとオレンジを比較し、結びつけることができるようになるわけだ[27]。

ここで、ハーバード・ビジネス・スクールの3名の教授が行なったある研究を紹介しよう。研究者は参加者に難しい倫理的課題を与えた[28]。倫理的選択が明確でないというシナリオを設定し、参加者をいくつかのグループに分けた。ひとつのグループには、「あなたは何を〝すべき〟ですか?」とたずね、別のグループには「あなたは何が〝できる〟と思いますか?」とたずねた。その結果、前者は最もわかりきった解決策——最善の解決策でないことが多い——にこだわったのに対し、後者は頭を柔軟に働かせ、可能性のある幅広いアプローチを考え出した。研究者が説明するように、「可能性のある解決策をより広範囲に掘り下げてから結論を導き出す、〝もしかしたらできるかもしれない〟マインドセットのほうが、得られるものが大きいと考えられる」のだ。別の研究でも同じ結論が出ている。「物体Aは犬が噛《か》むおもちゃ〝である〟」と言われた参加者と、「物体Aは犬が噛むおもちゃ〝かもしれない〟」と言われた参加者では、後者のほうが遥かに幅広いおもちゃの用途を考え出した[29]。

とかく私たちは、発散思考を避けて、収束思考に頼り、簡単なこと、可能性の高いこと、実行できることを品定めしようとする。収束思考は複数の選択肢から選ぶ試験問題のようだ。自分で考えて答えを書く力がなくても、限られた所定のオプション・メニューのなかから選べばいい。あなたは、出口はたったひとつと思い込んで、光に向かって飛んでいくハチと同じだ。スタンフォード大学ビジネス大学院経営大学助教授ジャスティン・バーグが言うように、「収束思考だけに頼るのは危険だ。それは過去だけに依存するようなもの。未来の成功は、過去の成功と同じではないかもしれない」のだ[30]。

この考えをテストするため、バーグはシルク・ドゥ・ソレイユの演者を対象にある調査を実施した[31]。彼は、サーカスの新しい演技のアイデアを生み出すクリエイターと、どの演技をショーの演目に含めるかを決めるマネージャーの役割を分析した。その結果、新しい演技が成功するかどうかの予測に関し、マネージャーはものすごくお粗末だった。彼らは収束思考ばかりに頼って、新しい演技より従来の演技を好んだ。それに対し、クリエイターは自分のアイデアの将来性を過大評価する傾向はあったものの、独創性の観点から仲間の新しい演技がどれだけ有望かを判断することにかけては、マネージャーよりもうんと正確だった。アイデアを生み出した本人でないことに加え、彼らの発散思考能力がきわめて大きな強みとなった。

・思考状態を切り替える

発散思考は、楽しいことを考えて、妖精のように粉をふりまき、アイデアが飛び立つのを見守ることではない。発散思考の理想主義の次には、収束思考の現実主義が必要になるのだ。科学史学者のスティーブ・ジョンソンは、「創造的なプロセスとはひとつの状態のことをいうのではない。それは、さまざまな思考状態を切り替えられる能力のことである」と説明している[32]。前に述べた、単独作業と共同作業の繰り返しが創造性にとって最適の環境であるという話を思い出してほしい。このアイデアもそれに似ている。あなたは、ハエのマインドセットとハチのマインドセットを交互に取り入れるべきだ。そこで重要なのが順番だ。**まずいろいろなアイデアを生み出してから、それらを評価し、絞り込まなければならない。積み重ねのプロセスを端折《はしょ》って、いきなり結論を考え始めるのは、独創性を阻む危険がある。**

誰もがこんなミーティングに出席したことがあるはずだ。ぬるいコーヒーが半分残ったカップがそこかしこに置かれた会議用テーブルの周りに、「アイデアのブレインストーミングをしよう」だの、「オプションを掘り下げよう」だのと言って人々が集まっている。けれど、実際は掘り下げたりなどせず、みなアイデアをこき下ろすのに忙しい。「それは前に試した」。「予算がない」。「幹部が許可しないだろう」。アイデアの創出は始まりもしないうちから終わっているのだ。その結果、新しいことに挑戦することなく、昨日と同じことをただ繰り返す羽目になる。私たちは、「こんなことできるはずがない」と言って収束思考モードに入りたくなる気持ちに抗うべきだ。むしろ、「もし……ならこれが〝できるかもしれない〟」というマインドセットで、発散思考のスイッチを入れよう。

脳のしくみを私たちは驚くほどよく知らないが、ある理論によれば、アイデアの創造と評価を司るのは脳の異なる領域だという[33]。例えば、イスラエルのハイファ大学の研究者たちは、機能的核磁気共鳴断層撮影装置（ｆＭＲＩ）を用いて、クリエイティブなタスクの最中に脳のさまざまな部位がどのくらい酸素を消費するかを調査した。その結果、クリエイティブな人々は評価に関連する脳の領域の活動が低下していたことがわかった[34]。

アイデアの創造と評価の違いから、原稿作成と編集を別の作業と考える作家は多い。**発散思考は原稿作成により適しているし、編集作業には収束思考がふさわしい。**本書のためのリサーチのあいだ、私はあらゆる情報源から山のような情報を収集した。「関連性」の定義を幅広くとらえ、あちこちから過剰なほどのデータを集めた。同じアプローチを本書の最初の原稿を書くときにも取り入れた――構造、作法、正しい文法さえも深く考えず、お粗末な文章を書き連ねていったのだ。私の初期の原稿作成プロセスは、作家シャノン・ヘイルのことばを借りれば、あとで城を作れるようにシャベルで箱に砂を入れておくことにも似ていた。編集段階になって初めて、私は収束思考を作動させ、集めた砂を使った重要な城作りにフォーカスした（ちなみに、砂はほとんど捨てなければならなかった）。しかし、まだ白紙の状態では、頭を柔軟にして、砂を集めないうちに城を作り始めないようにしないといけない。

・何になるかはわからない

発散思考を先にするのが重要なのは、アイデア形成の最初の段階では、何が有用で何がそうでないかを判断するのが難しいからだ。１７８３年、ベンジャミン・フランクリンが世界初の有人熱気球の離陸を見ていたとき、誰かが彼に「こんなものを飛ばして何になると言うんだ？」と聞いた。それ対してフランクリンは、「これは生まれたばかりの赤ん坊のようなもの。何になるかは誰にもわからない」と返したという[35]。気球飛行のすばらしさはさておき、気球がいつの日かインターネットと呼ばれる魔法のテクノロジーを地球の果てに届けるために活用されることを、18世紀に誰が見抜けていたというのだろう。

21世紀まで話を進めよう。10年とたたないあいだに、発散思考は3度のミッションでそれぞれ異なる火星上陸方法を生み出した。２００３年開始のマーズ・エクスプロレーション・ローバー・プロジェクトではエアバッグにくるまれた探査車が、２００８年のフェニックス・ミッションでは脚のついたランダー（着陸機）が使われた[36]。ところが、これらのしくみは、２０１１年に打ち上げられた「キュリオシティ」には機能しなかった。「キュリオシティ」は重量が１トンあり、従来の質量の10倍の荷重がかかる——ハンヴィー〔高機動多用途装輪車両。アメリカ軍の汎用四輪駆動車〕に近い——探査機だった[37]。重たい探査機を火星に無事着陸させるために、チームは8機のエンジンを搭載したジェットパックをその背に装着した。ジェットパックは探査機を地面に下ろすと、探査機から分離して再び加速し、最初の上陸地点から数百ヤード〔数百メートル〕離れたところに不時着した。探査機の着陸システムは、「ＡＣＭＥ社〔アニメに登場する、いつも壊れる製品を作っている架空の企業〕の道具を装備したワイリー・コヨーテ〔アメリカの漫画のキャラクター〕か何か」のようだったと、NASAのエンジニアであるアダム・ステルツナーは言う。

「キュリオシティ」の稼働システムの設計を主導したジェイミー・ウェイドは、ありえないような解決策が大好きだ。彼女は私にこんなふうに語った。「人々に無難なことをするようしむけていないか、気をつけています。無難な答えでは世界は絶対に変わりません」

できそうに思えることの範囲を広げる大切さに対するウェイドの信念の根っこは、幼い頃受けた教育にあった。数学教師が、彼女の数学と科学の才能に感心し、エンジニアになることを考えてはどうかと助言したのだ。ウェイドは、「工学って、男の人が勉強するものではありませんか？」と聞き返した。「私の母が大学生だった頃、彼女がなれるものといえば教師か心理学者くらいのものでした。それが女性の職業だったからです。母の時代には、労働力における女性の役割ははっきりしていました」と彼女は言う。

しかし数学教師は、工学分野に女性が極端に少ないことなど気にせずに、ジェンダー・ムーンショットに思えた目標を実現するよう勧めた。ウェイドは機械工学と宇宙工学の学位を取得し、卒業後はNASAのジェット推進研究所に就職し、火星探査機の設計に携わった。ロケット科学という、それまで男性ばかりだった領域で急に増え始めた女性のひとりに加わったのだ。

光の方向にしか瓶の出口はないと思い込んで、安全策をとりたくなる人に、ウェイドは常に見返りを意識するようアドバイスを送る。見返りが得られる可能性も同じように大きければ、思い切って大胆なアイデアに取り組んでみる――ジェットパックを使って探査機を火星に着陸させる、ステレオタイプに従わないキャリアを構築する――ことはもっと容易になる。「キュリオシティ」の場合、見返りは「探査機を火星で動かし、探索させ、太陽系の秘密を解明することだった」という。では、ウェイド自身にとっての見返りはなんだったのか？　彼女は3機の探査機を火星に送り、その後自動運転車のエンジニアとなった。その成果は、ウェイドを超越して彼女のスキルに心を動かされたすべての人を豊かにする。

見返りを意識しても、まだ発散思考の筋肉を動かすのに苦労しているなら、次のセクションが、あなた自身のビジョンを飛躍させることができるジェットパックを与えてくれるだろう。

脳を刺激する

1970年代にバーベルを持ち上げて有名になった男がいた。彼の名を聞いたことがあるかもしれない。彼の映画をひとつかふたつ見たことがあるかもしれない。彼が治める州に住んだことだってあるかもしれない。

アーノルド・シュワルツェネッガーによると、効果的なウェートトレーニングの最大の障壁は、「身体の優れた適応能力」だという。彼は自分のウェブサイトに、「毎日同じ順番でウェートを持ち上げていると、たとえ重量を増やし続けても、筋肉の成長は遅くなり、やがて止まる。筋肉は予想通りの順番でタスクを遂行する効率がどんどんよくなっていく」と書いている[38]。

つまり、筋肉には記憶があるのだ。単調なルーティンを続けていると、筋肉はこんなふうに思うようになる。「今日これから何をするのかもうすっかりわかっている。ランニングマシンに乗って30分くらい走る。毎週月曜日はベンチプレスと懸垂。私はあなたの一部なので、エクササイズをこなすことができる」。シュワルツェネッガーの停滞脱出法は、筋肉にショックを与えるというもの。筋肉がまだ適応できていない、さまざまな種類、回数、ウェートの重さの運動をするのだ[39]。

いつも同じことをしていては弱くなる。変化があれば機転がきくようになる。脳の機能も同じだ。自由にさせておくと、脳は一番抵抗のない経路を探す。それは楽なように思えるが、**秩序と予測可能性は創造性のじゃまになる**[40]。シュワルツェネッガーが筋肉にしたのと同じように、私たちは脳を刺激して目覚めさせなければいけない。

神経に可塑性があるというのはほんとうだ。筋肉と同様に、脳内の神経細胞は不快な刺激を受けるとその配線を変え、成長していくことができる。神経可塑性の専門家であるノーマン・ドイジが説明するように、脳は、「活動や精神的経験に応じて自らの構造と機能を変える」ことができるのだ[41]。思考実験とムーンショット思考を一定の回数繰り返せば、私たちの脳は日頃の催眠状態を抜け出さざるをえなくなる。

・不条理が新たなシノプシスの結合を生む

だから、不可能はノーベル物理学賞を受賞したリチャード・ファインマンにとって最高のほめことばだった。ファインマンにとって、不可能は達成できないことでもばかげたことでもなかった[42]。それはむしろ、「ワオ！　私たちがいつも真実だと思っていることに矛盾する、すばらしいことがある。これは理解するだけの価値があるぞ！」と思わせるものだった。弦理論の創始者のひとり、カク・ミチオも同じ考えだ。「私たちがふだん不可能と思っていることは工学上の問題にほかなりません。何かを妨げる物理法則など存在しないのですから」[43]

認知的矛盾と創造性の関連を裏づける研究がある。私たちは心理学者が意味の脅威――筋が通らないこと――と呼ぶものにさらされると、頭が混乱しどこかほかの場所で意味や関連性を見つけようとする[44]。コンサルタントのアダム・モーガンとマーク・バーデンが書いているように、矛盾しているように思えるアイデアは「私たちを混乱させ、新たなシナプスの結合を発生させる」[45]。ある研究では、不条理な挿絵のついたフランツ・カフカの不条理な短編小説を読ませたところ、被験者の新しいパターンを認識する（つまり、リンゴとオレンジを結びつける）能力が向上したという[46]。

脳に刺激を与えて奇抜なアイデアを生み出すひとつの方法が、「サイエンス・フィクション（SF）の世界ではどうやって解決しているのだろう？」と考えてみることだ。SFは、今いる現実とはまったく異なる世界に連れていってくれる。私たちはソファーに寝転がったままでいい。SFの父とも呼ばれるフランスの小説家ジュール・ヴェルヌは、**「人が想像できることは必ず実現できる」**と述べた[47]。プロジェクト・ルーンの気球を用いたインターネット接続を実現させた思考実験は、まるでヴェルヌの『八十日間世界一周』からそのまま抜け出たかのようだ。『海底二万里』や『征服者ロビュール』をはじめ、ヴェルヌの作品は、潜水艦やヘリコプターの製作者にもインスピレーションを与えた[48]。液体燃料ロケットを開発したロバート・ゴダードは、火星人の侵略を描いたH・G・ウェルズの小説、『世界戦争』に夢中になり、宇宙飛行の実現に生涯を捧げようと決意した。SF作家のニール・スティーヴンスンは、ベゾスが設立したブルー・オリジンの最初の社員のひとりだった。彼が任されたのは、一般的なロケットを使わずに宇宙に行く方法を考えることだ（彼のアイデアには、宇宙船を運ぶ宇宙エレベーターやレーザー光線などがあった）[49]。

・SFが生み出しているもの

SF思考は主要な発明だけのものではない。航空機の部品を製造しているある企業を見ていこう[50]。部品の検査工程がいたずらに長くなる大きな要因は、カメラを部品に正確に取りつけるのに7時間もかかることにあった。映画『マイノリティ・リポート』から着想を得た管理スタッフが、思考実験をやってみた――映画に出てきたような、クモ型ロボットを部品のなかに入れられないだろうか？　最高技術責任者はこれに興味をもち、アイデアを試したところ、みごとに機能することがわかった。こうしたシンプルな修正によって検査時間は85パーセントも短縮された。

マスクは、アシモフの作品に未来についての考えを刺激されたと述べている（その気持ちが高じて、スペースXは2018年2月にアシモフの『ファウンデーション』三部作を積んだ大型ロケット、「ファルコンヘビー」を打ち上げた）。『ファウンデーション』シリーズでは、先見の明に長《た》けたハリ・セルダンが人類にしのびよる暗黒時代を予測し、遥か彼方の惑星を植民地にする計画を立てる。「この物語から得た教訓は、（人間は）今の文明社会を維持し、暗黒時代が到来する可能性を最小限にし、もし来るとしてもその期間を短くするべきだ、ということです」とマスクは言う[51]。

しかも、マスクのように、SFを事実に変えたいと思う人々は、しばしば荒唐無稽のレッテルを貼られる。マスク自身の言動がそのイメージに拍車をかけているのは間違いない。口を開けば、こちらが首をかしげたくなるようなことばかり言うのだ。宇宙コンサルタントのジム・カントレルは、マスクとの出会いを振り返り、彼は頭がおかしいんじゃないかと思ったと話す[52]。火星ミッションについて考え始めた頃、マスクは突然カントレルに電話をかけ、自分をインターネット富豪と紹介し、人類を「惑星間種族」にする計画について語った。プライベートジェットを飛ばしてカントレルの家に向かうと言ったが、カントレルはそれを断った。「本音を言えば、彼が武器を持ってこられない場所で会いたかったんです」とカントレルは言う。ふたりはソルトレークシティの空港ラウンジで会った。マスクのビジョンは無謀に聞こえたが、興味をかき立てられた。「イーロン、わかりました。チームを作って、どれくらいのコストがかかるか検討してみましょう」とカントレルは言った[53]。

スペースXの共同設立者トム・ミューラーも、マスクにはたびたび同じようなことを感じていた。「マスクが常軌を逸してると思ったことは何度もある」。ふたりが初めて会ったとき、ミューラーはのちにノースロップ・グラマンに買収される大手宇宙開発企業TRWで働く、不満だらけのロケット科学者だった。形式主義の組織では自分のエンジン設計のアイデアがダメになってしまうと感じたミューラーは、自宅のガレージでエンジン開発を始めていた[54]。マスクはミューラーを訪ね、スペースXのために低コストながら安全なエンジンを開発してくれないかと頼んだ[55]。「エンジンはどれくらいコストダウンできると思いますか？」との問いに、ミューラーが「ああ、3分の1くらいかな」と答えると、マスクは言った。「10分の1でやってもらいたいんです」。ミューラーはそんなものは絵空事だと思った。「でもようやく、近いところまで来ているよ！」[56]

• 無分別であれ！

世界を変える人になるには、世界を変えることができると思えるくらい無分別でなければならない。無分別？　それは私たちの理解が及ばないことをする人によく使われることばだ。その昔、地球は平らでなく丸いとか、太陽が地球の周りを回っているのでなく、地球が太陽の周りを回っていると主張するなんて、無分別のきわみだった。ゴダードがロケットは真空の宇宙空間を飛べると主張したとき、『ニューヨーク・タイムズ』紙は彼をあざ笑った。1920年の社説には、「クラーク大学に〝席〟を置くゴダード教授は、（中略）高校で習う知識を身につけていないようだ」と書かれている（同紙はのちに謝罪記事を掲載した）。

10年以内に人間を月に上陸させるというケネディの約束？　不可能だ。

マリー・キューリーが科学における性別の障壁を壊そうとしている？　ばかげた話だ。

ニコラ・テスラの無線情報伝達システム？　SFだ。

たいていの場合、私たちのムーンショットはそこまで不可能ではない。人々があなたの見せかけの無邪気さを笑い、無分別だと言うなら、名誉の印として甘んじて受けよう。

「大きな成功をおさめたほとんどの人たちは、人々が自分の間違いに気づいたときの少なくとも一度は、未来について正しかった。そうでなければ、彼らはもっと激しい競争に直面していただろう」と起業家のサム・アルトマンは記している[57]。今日のもの笑いの種は明日の予見者。ゴールテープを切って笑っているのはあなただ。

ムーンショット思考で脳に刺激を与えるからといって、現実的な問題を考えないわけではない。奇抜なアイデアが集まったら、発散思考から収束思考に――理想主義から現実主義に――切り替えて、それらを現実に照らして考える番だ。

次の二つのセクションで、このマインドセットを取り入れた二つの企業について見ていこう。

大活躍するムーンショット企業

Xのトップ、アストロ・テラーの電話を受けたとき、Xのためのムーンショットのデザインに関わることになろうとは、オビ・フェルテンは思ってもみなかった。フェルテンはルネサンスを現代に再現したような女性。エンジニアとハードウェアについて語り、マーケティング・プランを作成するのもお手の物という博識家だ。ベルリンで育ち、壁の崩壊をその目で見た。オックスフォード大学に進み、哲学と心理学の学位を取得。その後グーグルに入社し、コンシューマー・マーケティング・ディレクターとしてヨーロッパ、中東、アフリカを担当する[58]。マーケティング部門のトップにいたとき、テラーからかかってきた電話がすべてを変えた。

その電話でテラーは、自動運転車や気球を用いたインターネット接続など、Xが温めていた数々の奇想天外なプロジェクトをフェルテンに説明した。そのとき彼女が発した質問は、テラーがそれまで耳にしたことがないものだった——あなたがやろうとしていることは合法ですか？　それについて政府や規制当局と話をしましたか？　ほかの企業と協力する予定はありますか？　ビジネス・プランはありますか？[59]

テラーは何ひとつ答えられなかった。「そうした問題については誰も考えていません。Xにはエンジニアと科学者しかいません。私たちはただ、どうやって気球を飛ばすかだけを考えています」と、彼は返した。

というわけで、実務上の問題に対処するために、フェルテンは仲間に加わった。ムーンショット工場とはいえ、Xが工場であることに変わりはない。生産性のある製品を生み出さなければならない。「私が来た頃のXは、それはもうとても変わったマニアだらけのすばらしいところでした。彼らのほとんどは、製品を世に出したことがありませんでした」[60]

・アイデアをお金にする

純然たる理想主義者は優れた起業家にはなれない。史上最高クラスの発明家のひとり、テスラについて考えてみよう。「ひじょうに残念な話だ。テスラは何ひとつ商品化できなかった。独自の研究の資金を集めることさえできなかった」と、グーグルの共同設立者ラリー・ペイジは話す[61]。トーマス・エジソンが軽蔑を込めて「科学の詩人」と評したテスラは、300もの特許を残しながら、ニューヨークのホテルで無一文で亡くなった[62]。この話を思い出して、ペイジは言う。「自分の発明したものは世に出さなければならない。製品にして、それによってお金を稼がなければならない」

　Xの発明を現実の世界に出すため、フェルテンは「ムーンショットを現実にする準備責任者」（そう、これが実際の肩書）に抜擢《ばってき》された。Xに入って最初の年、彼女はマーケティングの取り組みを指揮し、法務や政府関係を担当するチームを作り、気球プロジェクト・ルーンで最初のビジネス・プランを立てた[63]。

　Xでは、ムーンショットのアイデアを考える最初の段階では、主に発散思考のアプローチをとる。「アイデア形成の初期段階では、SF思考にはものすごい価値があります。物理の法則に反してさえいなければ、アイデアは認められる可能性があります」とフェルテンは語った[64]。

　そうしたアイデアは、組み合わせ遊びにうってつけの、知識豊富なメンバーからなる分野横断的チームによって育てられる。「最良のアイデアは優れた個人ではなく、優れたチームから生まれます」とフェルテンは言う[65]。Xは認識の多様性を一段と進化させている。Xには、消防士、裁縫師、コンサート・ピアニスト、外交官、政治家、ジャーナリストがいる。なかをのぞくと、宇宙開発エンジニアがファッション・デザイナーと作業していたり、特殊部隊にいた退役軍人がレーザーの専門家とアイデアを出し合ったりしている場面に出くわすだろう[66]。

　Xの目標はムーンショット思考を新たな標準にすることだ。だから、Xはチーム全体の頭脳筋肉に絶えず刺激を与えたいと考えている。そのためのエクササイズのひとつが、「悪いアイデアのブレインストーミング」だ。それは妙だ。どうして悪いアイデアに時間をムダに使うのだろうか。だがXは目のつけどころが違う。「お粗末なアイデアを山ほど使って創造性のウォーミングアップにたっぷりと時間を費やさなければ、よいアイデアにはたどり着けない。**ひどいアイデアとよいアイデアはいとこの関係にあり、すばらしいアイデアはそのすぐ近くにある**」とテラーは説明する[67]。

・迅速評価

ムーンショット候補のアイデアの絞り込みに入ったら、発散思考を収束思考に切り替える。奇抜なアイデアを現実に照らして吟味する最初の段階は、迅速評価と呼ばれている。迅速評価チームの仕事は、とっぴなアイデアをまとめることのほか、会社の資金とリソースを投入する前にアイデアをボツにすることだ。この段階では、Xのフィル・ワトソンが説明するように、「私たちが最初に問うのは、このアイデアは近いうちに利用可能になるテクノロジーで実現できるか、そして実際の問題のしかるべき部分に対応できているか、ということだ」[68]。迅速評価を通過して次の段階に進むアイデアは数えるほどしかない。「大胆さと実現可能性が絶妙なバランス」を保っているアイデアに限られるのだ[69]。

気球を用いたインターネット接続のアイデアが迅速評価に入ったとき、その見通しは厳しかった。「これが無理なことはすぐにでも証明できると思っていました」。そう語るのはXのクリフ・ビッフルだ。「でも、全然できませんでした。ほんとうにイライラさせられました」[70]。アイデアは確かに斬新だったが、それと同じくらい実行可能なことにビッフルは気づいた。

迅速評価をくぐり抜けると、フェルテンらが率いる別のチームがバトンを引き継ぐ。それらのチームはSFのテクノロジーを使い、アイデアを現実世界の問題を解決する、収益性の高いビジネスに変えるための土台を作る。フェルテンの説明によると、「1年以内に、計画を具体化できるくらいにまでプロジェクトのリスクを減らします（＝ディリスキング）。それができなければ、不採用です」[71]

こうしたディリスキングのプロセスで、プロジェクト・ルーンの気球を用いたインターネット接続のアイデアはその価値を証明した。予備テスト――正式には、高く飛びたいというチームの大胆な目標のためのイカロス・テストと呼ばれている――では、見通しは明るいようだった[72]。ただし、ひとつ問題があった。高度を上げすぎて溶けたイカロスの翼と同じように、気球はたった5日間飛んだだけでしぼんでしまったのである。これでは予測していた100日間連続飛行にはほど遠い。気球は、誕生パーティーの翌日に無残な形にしぼんでしまうふつうの風船と同じで、漏れの問題を抱えているようだった。チーム――このときは、イカロスの父である工匠の名をとってダイダロスと命名された――は問題の修正に取り組んだ。リンゴとオレンジを比較し、やはり漏れが問題になるほかの業種のアイデアを探した。例えば、食品メーカーがスナック菓子の袋やソーセージの皮をどうやって作っているかを調べた[73]。チームは最終的に問題を解決し、プロジェクトが不可能であることを証明しようとするエクサーたちのあらゆる試みを切り抜けた。

ルーンのように、ディリスキング・プロセスを終了したプロジェクトはXを卒業し――社員は本物の卒業証書を受け取る――、独立企業になる。これまでに、自動運転車、自律型ドローン、血糖値を測定するコンタクトレンズを製造する企業などがXを巣立っていった。これらのアイデアは、どれもみなSFの世界の話のように思えた――Xが理想主義と現実主義の正しいバランスを見つけて、それらを現実にするまでは。

もうひとつの企業、スペースXには、理想主義と現実主義、それぞれの側面を代表するふたりのリーダーがいる。ツイッターのアカウントを通じて自分のムーンショットをどんどん発信するマスクは、バンドのリードボーカルを務める前向きな理想主義者。けれどもその陰には、マスクの奇抜なアイデアを実行可能なビジネスに変えるという、とんでもなく難しい仕事をこなす人物がいるのだ。

・定理化するために

その人の名はグウィン・ショットウェル。スペースXの現実派で社長兼最高執行責任者だ。ショットウェルは、全米女性技術者団体（Society of Women Engineers）のイベントに参加した10代のとき、エンジニアになろうと決心した[74]。あるパネル・ディスカッションで、環境に優しい建築資材を開発する会社を経営する機械エンジニアの話に感銘を受けたのである。講演者がショットウェルのエンジニアリングへの道を切り開いてくれた、というわけだ。

それから30年以上たち、現在の彼女はエンジニアリング分野のトップを務め、スペースXの日常業務を統括している。ショットウェルの重要な務めのひとつは「イーロンとスタッフの橋渡し」だと、スペースXのハンス・ケーニヒスマンは言う[75]。「イーロンが火星に行こうと言えば、彼女は

『わかりました。実際に火星に行くには何をしなければなりませんか？』と聞きます」。火星植民地化という型破りな夢の資金を調達するために、ショットウェルは従来型のやり方で、商業輸送を軌道に乗せる機会を求めて世界中を飛び回った。スペースXが生まれてまもない頃だったが、彼女は衛星事業者から数十億ドル〔数千億円〕の契約を勝ち取ることができた。これらの契約が、スペースXが人類を火星に連れていくムーンショットを実現するための資金をまかない続けている。

ただし、もうひとつ重要な疑問が残っている。何とか火星に行けたとしても、どうやってそこに定住するのだろうか。なかでも、火星の開拓者は資源や氷を採掘したり、長期間放射能にさらされることから身を守る地下のトンネルを掘ったり住居を建てたりしなければならない[76]。

火星にトンネルを建設するのなら、その前にまず地球でそれを完璧に行なう必要がある。その場合、今度はしかるべき掘削会社のしかるべき掘削技術が必要になるだろう。

世界を変える掘削会社

ロサンゼルスの渋滞のひどさはつとに知られている。時間帯によっては、何時間も身動きがとれなくなってしまうこともある。残りの人生を405号線で過ごすことになるのだろうかと本気で考えるほどだ[77]。

あなたがもし、ロサンゼルスの幹線道路の渋滞解消を任されたふつうの都市計画担当者なら、頭に浮かぶ問いは明らかだ。どうすれば人々に自転車や公共交通機関の利用を促せるか？　どうすればもっと多くの道路を作れるか？　ラッシュ時の交通量を減らすのに、カープール車線〔複数の人が乗っている車専用の走行車線〕をどのように設けたらいいか？

けれどもこうした問いで問題は解決しない。少しだけ改善されるのが関の山だろう。よく考えてみると、第一原理思考が欠けていることに気がつくはずだ。どの質問も、その根底にあるのは、渋滞は二次元の問題だから、二次元の解決策が必要だという暗黙の思い込みなのだ。

二次元にこだわるのをやめて、ボーリング・カンパニー（Boring Company）（そう、ほんとうの社名だ）は思考実験を行なった――三次元で考えて、空中か地下を利用したらどうだろうか？　現実には、車を空に飛ばすか、地下トンネルを走らせる、ということになる。

私のように映画『バック・トゥ・ザ・フューチャー』を何度も見た人にとって、飛ぶ車なんていかにもSFの世界だ（「道路だって？　これから行くところじゃ、そんなものはいらんのだよ！」）[78]。だが、魅力的な響きと同じくらい、飛ぶ車には欠点がある。かなりの騒音を発生させるうえに、天候の影響を受ける恐れがあり、飛んでいる車が人間の頭にぶつからないか、地上の歩行者の心配まで引き起こしかねないのだ。

それに対して地下トンネルは全天候型で、地上の歩行者には見えない。十分深いところに作れば、建設中や走行中に発生する騒音は地上からはほとんど聞こえない。一般に言われているのとは異なり、地震発生時、トンネルはきわめて安全な場所のひとつだ。トンネルは、大きな被害をもたらす地震による落下物から車にいる人々を保護する。しかも、地上の構造物と違って、トンネルは地面の揺れに合わせて動く。さらに、カリフォルニア州ウェストウッドからロサンゼルス国際空港まで約10マイル〔約16キロメートル〕の距離を、現在ラッシュ時なら60分かかるところ、地下トンネルを使えば6分以内で行くことができる。

とはいえ、ひとつ問題がある。トンネルを掘るのには高いコストがかかる——1マイル〔約1・6キロメートル〕当たり数百万ドル〔数億円〕——のだ[79]。この制約だけで、トンネル計画は資金面で実現不可能になってしまう。

ちょっと待った。私たちはまず発散思考（三次元の解決策で渋滞を解消するにはどうすればいいか？）から始めて、現実的な制約にとらわれずにこの自由な発想についてじっくり掘り下げることができた。今度は収束思考に切り替えて、コストという大きな問題と闘うことにしよう。

・カタツムリより遅い掘削機

地下トンネルのコストを抑えるには、建設費を10分の1にしなければならず、そのためには掘削機（boring machines）の効率をもっとよくする必要がある。現在の掘削機はカタツムリの14分の1の速度でしか進まない。この50年間にトンネルの掘削技術がほとんど進歩しなかったのが大きな理由だ。ボーリング・カンパニーにはカタツムリを追い越すためのアイデアがいくつかあった。機械の動力を大きくする。作業効率を高めてダウンタイムを短縮する。自動化によって作業員の数を減らす。同社は掘削土を再利用して必要なトンネル構造物を建設する計画も立てている。これが実現すれば、コストを削減し、コンクリートの使用量を減らし、環境影響を低減することが可能になるだろう。

２０１８年にシカゴ市は、オヘア国際空港とダウンタウンを結ぶ18マイル〔約29キロメートル〕のトンネル建設契約の発注先にボーリング・カンパニーを選んだ[80]。完成すれば、その区間を移動するのにかかる時間は12分。現在の交通手段と比べて3、4倍速く、料金は一般的なタクシーの半分で済むという。その後ラスベガスも、コンベンション・センターの地下トンネル建設契約をボーリング・カンパニーと締結した[81]。

ボーリング・カンパニーがカタツムリとのレースに勝てるかどうかは、そのうちわかるだろう。同社のさまざまなプロジェクトには、おびただしい数の工学面の課題や、不安定な地質条件による厄介な問題の可能性がつきものだ。けれど、プロジェクトは必ずしもうまくいかなくていい。たとえ失敗しても、それによって何十年間も停滞していた業界に何らかの進歩がもたらされるかもしれない。プロジェクトがつまらないものをワクワクするものに変えるだろう。

―◆―

現実を見ない夢想家が、必ずしも夢を叶えられるとは限らない。プレゼンで月に行くと宣言するのと、それを実行するのはまったく別物なのだ。アントワーヌ・ド・サン=テグジュペリが記したように、「未来とは、予測するものではなく、自分で可能にするものだ」[82]。あなたのムーンショットがいかにクリエイティブであろうと、いずれ内なるショットウェルに、ビジョンを着地させてそこにたどり着くにはどうすればいいかを考えさせなければならなくなる。そして、未来に行くためには、多くの場合そこから逆戻りする必要がある――逆算思考《バックキャスティング》〔将来どうなりたいかを起点に、そこから逆算して現在すべきことを考える方法〕と呼ばれる、あまり知られていない戦略を使って。

バック・トゥ・ザ・フューチャー！

未来の計画を立てるといえば、ほとんどの人が先を予測することだと考える。会社では、現在の小型装置の需給状況を見て、そこから今後の状況を推察する。個人としては、今のスキルセットで自分の将来像を決める。

しかし、当然ながら予測は第一原理から始まっていない。予測するとき、私たちが見るのはバックミラーと目の前の条件だ。これからの可能性ではない。予測するとき、私たちは「今あるもので何ができるだろうか？」と考える。多くの場合、現状こそが問題の一部だ。それなのに、予測することで問題だらけの思い込みや偏見をそっくり未来に持ち込んでいる。現在の状況で、この先の展望をわざわざ制限しているというわけだ。

逆算思考《バックキャスティング》は、それとはまったく逆の発想だ。バックキャスティングでは、未来を予測するのではなく、どうすれば思い描いた未来を実現できるかを考える。アメリカ人科学者のアラン・ケイが言うように、「未来を予測する最善の方法は、自らそれを作ってしまうこと」なのだ[83]。リソースにビジョンを決めさせるのではなく、ビジョンにリソースを決めさせるのである。

バックキャスト思考をするときは、大胆な目標を掲げて、そのための実行可能なステップを明確にする。理想を視覚化し、それを実現するためのロードマップを作る。完璧な製品を思い描き、それを作るためには何が必要か考える。事実と絵空事を切り分けるのは、実際に成功の青写真をすぐにでも描かなければいけなくなってからのことだ。

バックキャスティングは人類初の月面着陸《ムーンショット》を成功させた。NASAはまず人間を月に上陸させるという目標を設定し、そこからさかのぼって必要なステップを決めていった。ロケットを打ち上げる。乗員を地球軌道上に送る。宇宙飛行士を宇宙遊泳させる。月着陸船と地球軌道上の司令船をランデブーさせ、ドッキングさせる。それから有人宇宙船を月に送って周回させ、帰還させる。ロードマップ上のこうしたステップを確実に終えた先にようやく、月面着陸の挑戦があったのだ。

・アマゾンのバックキャスト思考

アマゾンも同様に、製品に対して逆算アプローチをとっている[84]。アマゾニアンは、新製品の資料を社内向けのプレスリリースの形式で書く。プレスリリースが思考実験――画期的なアイデアの最初の形――として機能しているわけだ。それは、「顧客を起点とし、既存品がもつ欠点（内外問わず）と、新製品が既存品を凌駕《りょうが》する点を明確化」する作業である（『amazon 帝国との共存』（フォレスト出版）より）。プレスリリースはその後、同じ熱意をもち、完成品の一般発売に関わる企業に提示される。「何ができるかを簡潔に説明できるものにしか投資しません」と、アマゾンのジェフ・ウィルクは述べる。

プレスリリースの説明は実に明瞭で、想定される顧客からのよくある質問をまとめた6ページのリストも含まれている。これを書くことによって、アマゾンの専門家チームは一般の人の立場に立って、彼らの視点から製品を考えざるをえなくなる。まだ製品が完成していないうちから、「ばかげた」質問をして答えを考えなければならない、というわけだ。

バックキャスト思考によって、アマゾンは実現させる価値のあるアイデアかどうかを低コストで評価することができる。アマゾンのジェネラルマネジャーのイアン・マカリスターは、「プレスリリースに基づくイテレーション〔短い期間に何度も繰り返して行なわれる開発プロセス〕は、製品自体のイテレーションよりもコストが遥かに少ない（うえに速い！）」と説明している。また、顧客満足という究極の目標に注力することもできる。プレスリリースを書くことで、アマゾンは最終製品ではなく、幸せな顧客を起点に、そこからさかのぼって作業する。そのため、プレスリリースには製品に対する熱い思いを語る仮想顧客の感謝のことばが収められている。ただし、プレスリリースは製品がどんな顧客も喜ばせると想定して自分をだますためのエクササイズではない。アマゾンの社員は、それを書きながら、同時に「顧客は製品バージョン1のどんなところに一番不満を感じるだろうか」ということを自らに問いかけている。

プレスリリースは、書いてそれきりではない。開発プロセス全体を通じて、チームの指針となる。各段階で、チームは「私たちは今、プレスリリースにあるものを作っているか」と問う。答えがノーなら、立ち止まって考えるときだ。最初の軌道から著しく逸脱していたら、軌道修正が必要かもしれない。

一方で、プレスリリースをバイブルとして扱わないことも同じくらい重要だ。起業家で作家のデレク・シヴァーズが書いているように、「夢が具体的すぎると、新しい手段が見えなくなる」ものだ[85]。周りの状況が変化して、プレスリリースに盛り込んだ初期の細かいことがらの有効期間が短くなってしまう可能性もある。時代に合わない細かいことがらのせいで、全体のビジョンが見えなくなってはいけない。つまり、そうしなければいけない状況だからとりあえず最後までやる、というのでは意味がないのである。

目的地までの経路を詳しく調べるのに、バックキャスティングは厳しい現実性チェックにもなる。私たちは得てして結果ばかりをほしがり、それまでのプロセスをないがしろにする。山に登らずに、山の頂上に行きたがる。本を書かずに完成した本をほしがるのだ。

バックキャスト思考では、経路に目を向けなければならない。山に登りたければ、バックパックを背負ってトレーニングし、高地を歩いて低酸素の環境に身体を慣らし、階段を上って筋力をつけ、ランニングで持久力を養うところを想像してみよう。本を書きたければ、2年間来る日も来る日もコンピューターに向かい、ぎこちないことばをひとつひとつ入力し、できの悪い原稿を1章ずつ書き上げて、たとえ気乗りがしなくても、誰にも認められず、賞賛もされないというのに、推敲《すいこう》し、書き直し、また書き直すところを思い描いてみよう。

想像してみて、それがひどく苦痛に思えたなら、やめておこう。妙に面白そうに思えてならないこと――私の場合は書くこと――があったら、ぜひともそれを追いかけてみよう。そうやって意識を変えれば、つかみどころのない成果をやみくもに求めるのではなく、それを得るまでのプロセスから本質的な価値を引き出す準備が整えられる。

ロードマップの用意ができたら、今度はモンキーファースト戦略を使ってみよう。

モンキーファーストって何？

あなたが仕事でとりわけ壮大なプロジェクトの責任者を任された、としよう。

上司は、サルを台に立たせて、シェイクスピアの一節が暗唱できるよう訓練しろとあなたに命じる。さて、何から始めようか？

あなたがたいていの人と同じなら、まず台を作る。テラーが説明するように、「あるとき上司が何かのついでに顔を出し、状況を報告しろと言うだろう。あなたはサルに話し方を教えるのがこのうえなく難しい理由を書き連ねた長いリスト以外の、何かほかのものでいいところを見せたいと思うはずだ」。上司にあなたの背中をポンと叩《たた》き、「よくできてるじゃないか、すごいぞ！」と言ってほしいとさえ思うだろう[86]。だからあなたは台を作り、奇跡が起きてシェイクスピアを暗唱できるサルが目の前に現れるのを待つ。

しかし、問題がある。台を作るのは一番容易なタスクだ。「台は必ず作れるものだ。リスクも学びも、すべてはサルを最初に訓練するというきわめて骨の折れるタスクから生まれる」とテラーは言う[87]。プロジェクトにアキレス腱《けん》があるとすれば――サルはシェイクスピアの暗唱はおろか、話せるようにすらならないかもしれない――、それを事前に知っておきたい。

しかも、台を作るのにかける時間が長いほど、追いかけるべきでないムーンショットを手放すのがいっそう難しくなる。**これは「埋没費用の誤謬《ごびゅう》」と呼ばれている。愚かにも人間は自分の投資に執着してしまう。時間や労力やお金をたくさん投資するほど、軌道修正が難しくなるのだ。**私たちがつまらない本を読み続けるのは、すでに1時間かけて最初のいくつかの章を読んだからだし、壊れた人間関係を続けるのは、8カ月もダラダラつき合ってきたからだ。

埋没費用の誤謬に対抗するには、サルを優先すること。つまりムーンショットの一番大変な部分にまず取り組まなければならない。サルから始めることで、大規模なリソースをプロジェクトに投入する前に、ムーンショットがかなりの確率で実行可能になる。

・キル・メトリクス

モンキーファーストの考え方に求められるのは、Xが「キル・メトリクス」と呼ぶ、推し進めるべきかやめるべきかを決定するための基準を作ることだ[88]。この基準は、比較的頭がクリアなうちに、すなわち感情や資金の投資が埋没費用の誤謬を引き起こし、判断を曇らせないうちに決めてしまわないといけない。

このアプローチにより、Xはフォグホーンというプロジェクトを断念した[89]。最初は有望のように思えた。きっかけはXのあるメンバーが読んだ、海水から二酸化炭素を抽出し、それをガソリンの代替燃料になる可能性がある安価な液体燃料に変える技術について書かれた学術論文だった。いかにもSF映画に出てきそうなそのアイデアを、例によってXは採用した。

夢物語を事実に変える前に、チーム・フォグホーンのメンバーはキル・メトリクスを定めた。当時のガソリン価格は最も高い市場で1ガロン8ドルだった。チームが目指したのは、5年以内に、利益率とその他の事業経費の余地を残して、1ガロン5ドルのガソリンに匹敵する燃料を生産することだった。

しかし、その技術は「台」でしかなかった。海水を燃料に変えるのは比較的容易なことが判明したのだ。一方で、「サル」はそのコストだった。そのプロセスには多額のコストがかかるのだ。ガソリン価格の下落に直面した場合はなおのことである。プロジェクトがキル・メトリクスを満たさないとわかったとき、チームのメンバーは中止を決定した。プロジェクトを率いていたキャシー・ハヌンが言うように、辛《つら》い決断だったが、「調査の初期段階で策定した強力なテクノ経済モデルが、中止が妥当であることを明らかにしました」

サルを話せるようにするよりも、台を作るほうが遥かに確実だ。私たちはサルの訓練方法は知らなくても、台の作り方は知っている。だから作るのだ。私たちはいつでも、よく知っていること——メールを書く、終わりのないミーティングに出席する——をするのに時間を費やす。プロジェクトの最も難しい部分を何とかしようとせずに。

とはいえ、台を作ることにまったく意味がないわけではない。何といっても、プロジェクトにはサルが立つ台が必要なのだから。台を作っていれば、問題に対して何かしている、何らかの進捗があるという満足感が得られる。やるべきことを先延ばしにしていたとしても。何かしていれば生産的な気がするけれど、実はそうではない。美しい台は完成しても、サルはしゃべれるようにはならない。

つまりこういうことだ。**容易なことはたいてい重要ではないし、重要なことはたいてい容易ではないのである。**

結局のところ、選ぶのは私たちだ。台を作り続け、魔法の力をもったサルが現れてシェイクスピアを暗唱するのを待ってもいい（ネタをばらすと、魔法のサルなどどこにもいないが）。あるいは、簡単なことではなく重要なことに注力し、一度に一言ずつサルに話し方を教えようとしてもいいのだ。

◆

『アポロ13』の冒頭にこんなシーンがある。アポロ11号ミッションのバックアップ搭乗員だったジム・ラヴェルが、アームストロングとオルドリンが月面に第一歩を踏み出すところを、賞賛のまなざしで見ている。そして言うのだ。「あれは奇跡じゃない。人間の意志の力だ」

これは見境のない楽観主義――大きな夢を描きさえすれば、奇跡が起きて「イーグル」が月面の静かの海に着陸する――ではない。むしろ、楽観主義と現実主義の組み合わせ――理想に満ちた夢と、一見不合理に思えるものを現実に変える、ステップごとの青写真の両方をあわせもつ、真の大胆さ――と言ったほうがいいだろう。ジョージ・バーナード・ショーのこのことばは有名だ。**「分別がある人間は、自分を世界に合わせようとする。一方で分別がない人間は、世界を自分に合わせようと躍起になる。だから、すべての進歩は分別のない人間にかかっているのだ」**[90]

それが、私があなたに課すムーンショットだ――もっと無分別になろう。**ブレイクスルーは、そもそもあとで振り返って初めて筋が通っているとわかるものだ。**「画期的な発明も、前日まではただのばかげたアイデアでしかない」と、宇宙に到達した世界初の民間有人宇宙船を設計した、航空機エンジニアのバート・ルータンは言う[91]。今自分がもっているものに基づいてこれからの可能性を決めるなら、私たちはいつまでも脱出速度に到達しないし、ワクワクできる未来を作ることもできないだろう。

つまるところ、どんなムーンショットも実現不可能なのだ。

あなたの意志がない限り。

Stage 2
加速

このステージ2では、ステージ1でまとめた

①アイデアを前に進めるための方法、

を学ぼう。また、

②質問の枠組みをとらえ直してよりよい答えを引き出す方法、
③自分が間違っていると証明することが正解を見つける方法である理由、
④ロケット科学者のようにテストや実験を行なって、あなたのムーンショットを確実に実現させる方法、

も知ってほしい。

5 質問を変えろ！
――物事の本質をとらえ直し、よりよい答えを導き出す方法

問題をきちんと定義できれば、半分は解決したようなものだ。

――作者不詳

　火星への着陸は、宇宙で完璧なダンスを踊るようなものだ[1]。「何かひとつでもうまくいかなければ、そこでゲームオーバーだ」と、NASAのエンジニア、トム・リヴェリーニは言う[2]。

　理由のひとつは、火星がものすごい速さで動いていること。位置関係にもよるが、火星は地球から35万～250万マイル〔1マイルは約1610メートル〕の距離にあって、時速5万マイル以上で太陽の周りを回っている[3]。宇宙船を所定の時刻に所定の地点に着陸させるには、惑星間でホールインワンを決めるほどの正確性が求められるのだ。

　しかし、惑星間飛行で最も危険なのは、地球と火星が最接近しているときに通常かかる半年の飛行期間ではない。むしろ、旅のまさに最後、宇宙船が火星大気圏に入ってから、下降し、（願わく

は）着陸するまでの恐怖の6分間なのだ。

火星までの飛行中、一般的なランダーは、前部の耐熱シールドと後部のバックシェル、二つの部分で構成されるエアロシェル――繭のようなもの――に格納されている。火星大気圏に入ると、宇宙船は音速の16倍を超える速度で進んでいく。安全に着陸するためには、時速1万2000マイルの速度を約6分の間で徐々に低下させていかなければならない。大気圏を通過中、外気温は2600°F（約1400℃）以上にまで上昇する。耐熱シールドが宇宙船を炎上から守り、宇宙船の速度は大気との摩擦で時速1000マイル程度に落ちる。

それでもかなりのスピードだ。表面からおよそ6マイル上空で、宇宙船は超音速パラシュートを開き、耐熱シールドを投棄する。ただし、パラシュートだけでは十分に減速することはできない。火星大気圏は薄く、その密度は地球の大気圏の1パーセントに満たない。パラシュートは空気分子と衝突し抵抗を発生させることで落下速度を下げる。分子の数が少なければ、抵抗も少ない。そのため、パラシュートでは宇宙船の速度を時速200マイル程度にしか落とせない。宇宙船がレースカー並みのスピードで火星に激突するのを防ぐには、速度を低下させるもうひとつのものが必要になる。

1999年、私がのちにマーズ・エクスプロレーション・ローバー・ミッションとなるプロジェクトのオペレーション・チームに参加したとき、その「もうひとつのもの」とは、ロケット・モーターが搭載された3本脚構造のランダーだった。パラシュートが減速すると、ランダーは飛行中きっちり折りたたまれていた衝撃吸収構造の3本の着陸脚を展開させる。ランダーは降下用エンジンに点火し、レーダーで角度や向きを調整しながら、3本の脚を使って緩やかに、確実に火星に着地する。

理論上は。だが、現実には問題が発生した。1999年、この着陸システムを活用したマーズ・ポーラー・ランダーが、突然交信不能になったのである。NASAの調査委員会は、ロケット・モーターの停止が早すぎたせいで、火星表面に衝突したとの結論に達している。

私たちにとって、この事故は重大な試練となった。利用する予定のマーズ・ポーラー・ランダーの着陸メカニズムが、あえなく失敗に終わったのである。ミッションは中止となった。

最初のうち、私たちの頭に浮かんだのはありきたりの問いだった。どうすればマーズ・ポーラー・ランダーの設計の不具合を修正できるだろう？　安全な着陸を可能にするには、どうやってより高性能の3本脚ランダーを設計すればいい？　けれど、これから明らかになるように、それは正しい質問ではなかった。

本章は、**よりよい答えではなく、よりよい質問を選ぶ重要性について考察している。**ステージ1（発射）では、第一原理から判断する方法、思考実験によって思考に火をつける方法、そしてムーンショットを実行して厄介な問題の抜本的解決策を生み出す方法を学んだ。しかし多くの場合、最初に思いついた質問が最も投げかけるべき質問であるとは限らず、最初に特定された問題が最も対処すべき問題とは限らない。

この章では、質問の最初の枠組みを疑う方法を掘り下げ、**適切な問題を解決するよりも、まずはそれを明らかにすることが重要である理由を知ろう。**

あなたは、マーズ・エクスプロレーション・ローバー・ミッションを救ったシンプルに見える二つの質問と、アマゾンが最も生産性の高い部門を作るために活用した戦略を学ぶ。

また、スタンフォード大学の学生のほとんどが失敗したチャレンジから何を学べるか、そしてチェス盤でおなじみの指し手ばかりを気にかけていると、熟練のチェス・プレーヤーでさえへまをするのはなぜかを説明したい。

ある問いがどのようにして日常生活に欠かせない画期的なテクノロジーをもたらし、オリンピックの試合で奇跡を起こし、斬新な広告を生み出したのかも知ってほしい。

判決が先、評決はあとでいいの？

多くの人々の問題解決法は、私に『不思議の国のアリス』の一場面を思い出させる。その場面では、ハートのジャックがタルトを盗んだとして裁判にかけられている。証拠が提示され、裁判官であるハートのキングは言う。「では陪審員は評決をまとめよ」。そこにこらえ性のないハートの女王が口をはさみ、「なりません！　判決が先、評決はそのあとで」と反論する。

問題を解決しようとするとき、私たちは本能的に答えを見つけたいと思う。慎重に仮説を立てることなく、大胆な結論を出す。問題に複数の原因があることを認めず、頭に浮かんだ最初の原因に執着する。医者は過去に診たことのある症状を根拠に、自分の診断が正しいと思い込む。アメリカ中の役員室では、幹部たちは決断力があるところを見せようと躍起になって、認識された問題の正解を我先にと発表する。

だが、これでは馬の前に荷車をつなぐようなものだ。要するに、順序が逆なのである。すぐさま対応しようとして、結局間違った問題を追いかける。大急ぎで解決策を見つけようとすると――自分の判断にほれ込んでしまうと――、最初に出した答えのせいでもっとよい答えが見えなくなる。判決が先に言い渡されるなら、評決は有罪に決まっている。経済学者のジョン・メイナード・ケインズが言ったように、**「むずかしいのは、その新しい発想自体ではなく、古い発想から逃れること」**なのだ[4]。

問題になじみがあり、自分が正しい答えを知っていると思っていると、私たちはほかの答えを探すのをやめてしまう。この傾向は「アインシュテルング効果（構え効果）」として知られている。「einstellung」は「設定《セット》」を意味するドイツ語で、この場合は凝り固まった心理状態、つまり心構えを指す。質問の最初の枠組みと最初の答え、両方が頭から離れなくなる現象のことだ。

アインシュテルング効果は、教育制度の遺物でもある。私たちは学校で、問題を異なる枠組みで見るのではなく、答えを出すよう教えられる。問題は問題集の形で生徒に渡される（というか課される）。〝問題集〟ということばにこのアプローチがよく表れている。問題はあらかじめセットになっていて、生徒の務めはそれを解くことであって、変えたり、疑ったりすることではない。高校教師のダン・メイヤーが言うように、問題には「その制約のすべて、与えられた情報のすべてが、わかりやすく、あらかじめ」明記されているのがふつうだ[5]。前もってひとまとめにされ、承認された問題を受け取り、暗記した公式にはめ込めば、正解が出せるようになっている。

このアプローチは現実とはまったくかけ離れている。私たち大人の世界では、問題がすっかり整った形で渡されることはめったにない。私たちはそれを自分で見つけ、定義し、再定義しなければならない。けれど、いざ問題を見つけても、学校で染みついた条件づけが影響を及ぼし始め、解決するにふさわしい問題がほかにあるかどうかも考えず、解答モードに入ってしまう。私たちは、口では正しい問題を見きわめることが重要だと言っていても、過去に失敗したのと同じ戦略にますます頼るようになるのだ。

・慣れた解決策

そのうち私たちは自分が金づちになったような気になり、すべての問題が釘《くぎ》に見えてくる。17カ国91社の上級管理職106名を対象にした調査では、85パーセントが自分の会社は問題の定義づけが不得意で、その欠点により多額のコストがのしかかっていることに同意する、または強く同意すると答えた[6]。また、経営学者ポール・ナットによる別の研究からは、**企業の失敗の原因のひとつは問題が正しく定義されていないことである**と判明している[7]。例えば、広告に問題があることがわかると、企業はそれを広告で解決しようとして、わざわざほかの可能性を残らず排除してしまう。その研究では、企業経営者が複数の選択肢を検討したうえで意思決定をした割合は2割にも満たなかった。こうした環境はイノベーションの敵だ。**「先入観にとらわれた解決策と限られた選**

択肢が失敗を招いている」とナットは結論づけた[8]。

もうひとつの研究について検討してみよう。研究者は熟練のチェス・プレーヤーを二つのグループに分けて、チェスの問題を解くよう指示した[9]。プレーヤーはできるだけ少ない指し手でチェックメイトを勝ち取らなければならない。最初のグループには二つの解決策が与えられた。優れたチェス・プレーヤーなら誰でもよく知っていて、五手でチェックメイトが達成できる策と、あまりなじみはないものの、三手でチェックメイトになる有効な策だ。

最初のグループのプレーヤーの多くは、より有効な解決策を見つけることができなかった。研究者がプレーヤーの目の動きを追跡したところ、彼らはほとんどの時間を慣れた策をなぞるのに費やしたことが明らかになった。別の手を考えているところだと主張したときでさえ、彼らの視線は実際には自分の知っている策を追い続けていた。よく知る解決策――釘を打つための金づち――がわかっているとき、3つの標準偏差から見たプレーヤーのパフォーマンスはみごとに悪化した。

次のグループでは、研究者は設定を変更したため、プレーヤーはなじみの策を使うことはできなくなった。その代わり、チェックメイトを達成できるベストな策がひとつだけある。この場合は、よく知る指し手に惑わされることなく、プレーヤーは全員が最良の解決策を見つけることができた。

結局のところ、この研究は何人かの世界的なチェス・チャンピオンのことばを裏づける結果となったわけだ。**「有効な指し手を思いついても、すぐにそれを実行してはいけない。もっとよい指し手を探そう」**

アインシュテルング効果がじゃまをしたら――より有効な指し手が見えないなら――、問いを疑うことで、問題の定義を変えることができる。

問いを疑え

マーク・アドラーはエンジニアのどんなステレオタイプにも当てはまらない。チャーミングでカリスマ的で、太陽が降り注ぐフロリダ育ちの影響か、いつもサングラスを首からぶら下げている。よく笑い、心の底に強く熱い感情を秘めている。時間があると、アドラーは小型機を飛ばしてスキューバ・ダイビングに行く。それに、考えるのと同じくらい話すのが速い。彼へのインタビューは1時間以上続いたが、私は質問を3つするのがやっとだった。

1999年のマーズ・ポーラー・ランダーの衝突事故の際、アドラーはNASAのジェット推進研究所（JPL）のエンジニアだった。マーズ・ポーラー・ランダーと同じ3本脚構造の着陸システムを使用する計画を立てていたせいで、火星ミッションが中止になった話を思い出してほしい。そのときは、ミッションに関わるすべての人が――アドラーを除いて――アインシュテルング効果に陥っていた。チェス盤上でおなじみの指し手ばかりにこだわったベテランのチェス・プレーヤーのように、3本の着陸脚をもつランダーしか見えなくなっていたのだ。

けれどもアドラーは、もっと解決しなければならない問題を見つけた。彼の思考プロセスについて質問すると、アドラーは「いたって単純だよ」と答えた。彼の見立てでは、問題はランダーではなかった。引力だった。みんながありきたりの問い――もっと性能のよい３本脚ランダーを設計するにはどうすればいいか――で頭がいっぱいだったなかで、彼は一歩引いて、「引力を克服し、ランダーを火星に安全に着陸させるにはどうすればいいか」と問うたのだ。リンゴを木から落とすのと同じ力が、宇宙船と火星の不幸な出会いを引き起こす。何らかの対策をとって落下の衝撃を和らげない限りは。

アドラーの解決策は、３本の着陸脚の設計をあきらめることだった。その代わりに、ランダー内に探査機をくるむ巨大なエアバッグを設置してはどうかと提案した。アドラーによれば、火星表面に激突する直前にエアバッグの風船が膨らむという。大きな白いブドウの形をしたエアバッグがクッションとなって、ロボット地質科学者が10メートルほどの高さの場所から放たれ、火星表面にぶつかり、およそ30〜40回バウンドし、やがて止まる[10]。

確かに、風船なんて幼稚だ。確かに、見た目もひどく不恰好《ぶかっこう》だ。けれど、有効だった。エアバッグのおかげで探査機「パスファインダー」は、１９９７年、首尾よく火星に着陸した。アドラーは、「別の分野でうまくいったのだから、今回もうまくいくはずだ」と確信していたわけだ。

アドラーは、火星探査のチーフ・サイエンティストであるジェット推進研究所（ＪＰＬ）のダン・マクリーズに風船の使用を提案し、なぜ自分の案が検討されていないのかたずねた。マクリーズは、「誰も支持していないからだ」と答えた。そこでアドラーは、自らそのアイデアの後援者になろうと決めた。ＪＰＬの有力者たちにアイデアの有効性を訴えて味方につけた。それから４週間もたないうちに――ミッションの設計に要する期間としては記録的に短い――、彼らは「パスファインダー」の着陸システムを用いたミッションのコンセプトをまとめた。アドラーの提案がようやく実を結んだのである。NASAが彼の設計を採用したのは、宇宙船を火星に安全に着陸させる可能性が最も高いことが大きな理由だった。

・質問で問題を解決する

ハーバード・ビジネス・スクール教授のクレイトン・クリステンセンは、**「あらゆる答えには、それを引き出す質問がある」**と言う[11]。答えは得てして、質問そのもののなかに隠れている。だから、問題解決のためには質問の枠組みを考えることが不可欠なのだ。チャールズ・ダーウィンもうなずくだろう。友人に宛てた手紙に、彼はこう記している。「改めて考えてみると、問題を解決するよりも、何が問題なのかを見きわめるほうが難しかった」[12]

質問を種類の異なるカメラ・レンズととらえてみよう。広角レンズを取りつければ、全体の景色を写真に収められる。ズームレンズなら、蝶《ちょう》のクローズアップが撮れる。「自然を取り扱う科学にとって、研究の主体はもはや自然それ自体ではなく、人間の訊問《じんもん》に委ねられた自然である」と、量子学の不確実性原理を提唱したヴェルナー・ハイゼンベルクは言った[13]。質問の枠組みをとらえ直せば、すなわち**質問の方法を変えれば、答えを変えることができるのだ。**

この結論を裏づける研究がある。数々の分野の問題発見に関する55年に及ぶ研究のメタ分析の結果、問題の枠組みと創造性のあいだにはきわめて建設的な関係があることが明らかになった[14]。心理学者のジェイコブ・ゲッツェルズとミハイ・チクセントミハイはある有名な研究のなかで、**最も創造性に富む美術学生は、そうでない学生と比べて準備と発見の段階に多くの時間を費やすという結論に達した**[15]。研究者によると、問題の発見は準備段階で終わるわけではない。しばらく時間をかけてさまざまなアングルから問題を眺めたあとで、解決の段階に入っても、創造性の高い人たちは常に頭を柔軟にし、問題の最初の定義に変化を加える準備がいつでもできている。

私たちのミッションでは、アドラーは創造力豊かな美術学生のように、常に問題の明確化や、ほかの誰もが見逃していた質問の発見に取り組んでいた。ところが、今度はそんなアドラーでも予測できなかったことが起きた。

もし探査機を2機送ったら？

多くの点で、火星は地球の姉妹惑星だ。火星は太陽系で地球のとなりにある。季節、自転周期、自転軸の傾きは地球に近い。今でこそ火星は寒く荒涼とした土地だが、かつては温度、湿度ともに高く、表面を液体の水が流れていたことを示す証拠がある。

それらの特徴から、火星は過去に地球外生命体が存在し、繁栄していた可能性のある太陽系のなかの数少ない惑星のひとつと考えられている。1972年の最後のアポロ月面ミッション後、次のフロンティアは当然火星だろうと思われた。1962～1973年に打ち上げられた宇宙探査機「マリナー」が、すでに軌道から火星の写真を撮影していた[16]。そろそろ着陸のときだ。アームストロングやオルドリンのように、NASAの宇宙飛行士が宇宙服を身につけ、金づちやシャベルや熊手を持って火星に向かい、サンプルを収集することができるはずだった。ところがＮＡＳＡにとって、その選択肢は資金的に実現不可能だった。そこで、次善の策を実行した。人間の地質学者の代わりに、ロボットを送ったのである。

ＮＡＳＡが初めて火星への着陸を試みたのが、１９７５年のバイキング計画だ。北欧の探検家にちなんで名づけられたこのミッションでは、「バイキング1号」「バイキング2号」と味気ない名称がつけられた同一の宇宙探査機2機が火星に打ち上げられた[17]。各探査機には、火星軌道から惑星を分析するためのオービターと、火星表面を調査するランダーが積み込まれていた。宇宙船が火星に到着すると、オービターはしばらく時間をかけて着陸に適した場所を探す。着陸地点が見つかると、ランダーはオービターから分離し、火星表面に向かって高度を下げていった。

１９７６年7月20日、「バイキング1号」は火星に着陸した。「イーグル」が月面の静かの海に着陸してから7年後のことである。同年9月には「バイキング2号」がそれに続いた。設計寿命が90日だったことを考えると、どちらも〝保証期間〟を大幅に越えて稼働した。「バイキング1号」のランダーは6年以上、「バイキング2号」は約4年にわたって運用され、数万枚の画像を地球に送った[18]。

それらの画像の一部は、大学院生の頃に私が長い時間を過ごしたコーネル大学スペース・サイエンス・ビルディングの通用門のあちこちに飾られていた。4階のマーズ・ルームにある作業スペースに向かう前に、歩きながら毎日火星の写真を眺めては、思わず満面の笑みを浮かべたものだった。

自分の大学生活を思い浮かべると、頭のなかは「バイキング」のイメージでいっぱいになる。

2000年のあるとき、私はマーズ・ルームでオペレーション計画の作成に忙しかった。探査機が火星に着陸したあとに何が起きるかをシミュレーションしていたのだ。それは、エアバッグを使うというアドラーのみごとな発想の逆転が、私たちを死の淵《ふち》から救ったあとのことだ。スティーブ・スクワイヤーズの独特の靴音が、私と同僚たちのいるほうに向かってくるのが聞こえた。私の上司でミッションの主任研究者でもあるスクワイヤーズは、部屋に入ると、たった今NASA本部のスコット・ハバードとの電話を切ったところだ、と言った。

最悪のケースのシナリオにかけては、私の想像力はとくにリアルだ。頭のなかでは悲観的な考えがたちまち大音量で鳴り始めた。今度は何がまずかった？　ミッションはまたもや中止か？

けれど、それは悪い知らせではなかった。ハバードはマーズ・ポーラー・ランダーの事故のあとNASAの火星探査計画修正の担当者となった。彼はNASAのダン・ゴールディン長官とのミーティングを終えたばかりだった。長官は彼に、スクワイヤーズに単純な質問を伝えてほしいと頼んでいた。

「二つ出せるか？」ハバードはスクワイヤーズに電話でそうたずねた。

スクワイヤーズは言う。「二つって、何をです？」

ハバードは答える。「荷物の量だよ」

スクワイヤーズは唖然《あぜん》として聞く。「何のために荷物の量を二つ分にする必要があるのですか？」

「探査機を二つにしたいんだ」と、ハバードは言った[19]。

こんなにシンプルな質問を、それまで誰も思いつかなかった――探査機を2機、送ることはできるか？　マーズ・ポーラー・ランダーの衝突事故のあと、私たちは問題をランダーだけに限定し、アドラーのエアバッグの設計によってそれを解決した。しかしリスクは着陸システムだけにあったわけではない。宇宙をおよそ40マイル〔約64キロメートル〕も飛行し、恐ろしい形をした岩が強風に吹き飛ばされてそこかしこに転がる火星表面に着陸するまでのあいだに、宇宙船の故障の原因になる予想外の出来事はいくつも発生する可能性があった。

そうした不確実性に対するゴールディンの解決策は、本書で前述したある戦略――冗長性――を利用することだった。1機の宇宙船にすべてを賭けて、途中で何もトラブルが起こらないよう祈るのではなく、私たちは2機の探査機を送ることを決めた。たとえ片方に不具合が起こっても、もう片方がミッションを成し遂げられるだろう。しかも、規模の経済を考えると、2機目の探査機のコストは1機目よりも遥かに低いと考えられる。ゴールディンがこのアイデアを思いついてから、アドラーとジェット推進研究所のもうひとりのエンジニア、バリー・ゴールドスタインは、2機目の探査機のコストの概算を45分で出すよう求められた。彼らの推定額は2機の探査機で6億6500万ドル〔約692億円〕。1機の価格4億4000万ドル〔約458億円〕のおよそ1・5倍だった[20]。NASAは何とか追加の資金を集め、私たちにゴーサインを出した。

そういうわけで、探査機のドッペルゲンガー（生き霊）が誕生した。

・ネーミング・コンテストを開く

このときのＮＡＳＡは、クリエイティブな名前をつけたいと考え、ネーミング・コンテスト「Name the Rover」を開催し、高校生以下の生徒から名称のアイデアを盛り込んだエッセイを募集した[21]。１万通のなかから選ばれたのは、アリゾナ州に住む小学3年生、ソフィ・コリンズ。シベリアに生まれ児童養護施設で育った彼女は、アメリカの家族に養子として迎えられた。ソフィはエッセイにこんなふうにつづっている。「施設は暗くて寒く、私はひとりぼっちでした。夜になって、キラキラ輝く空を見上げると、気持ちが少し落ち着きました。空に飛んでいく夢を何度も見ました。アメリカなら、私はすべての夢を叶《かな》えられます。〝生きる気力《スピリット》〟と〝機会《オポチュニティ》〟をくれてありがとう」

新たに命名された「スピリット」と「オポチュニティ」の主な科学的目標は、火星にかつて生命体が存在していたかどうかを突きとめることだった。ご存知の通り、水は生命にとって不可欠な要素であることから、私たちは過去に水が流れた形跡のある場所に行きたいと考えた。探査機の数を2倍にすれば科学ができることも2倍に増える。2機の探査機で2カ所の異なる着陸場所を調査できる。一方の場所の科学的調査が失敗に終わっても、もう一方の場所が窮地を救うに違いない[22]。

・火星に着陸

「オポチュニティ」の着陸地点に選ばれたのは、火星の赤道付近にあるメリディアニ平原だ。このエリアが有望に思われた理由はその化学組成、とくにヘマタイトと呼ばれる鉱物の存在が、過去に液体の水があったことを示唆していたからだ。しかもメリディアニ平原は、火星で「きわめて平坦《へいたん》で凹凸がなく、風がひじょうに弱い」場所のひとつで、巨大な駐車場ほどの面積があった[23]。着陸地点として、これ以上安全な場所を見つけるのは難しいだろう。

「オポチュニティ」の着陸場所は化学組成が多様なことから、「スピリット」には地勢に富んだ着陸地点、グセフを選んだ。メリディアニ平原の反対側に位置するグセフは、水路の跡が見える巨大なクレーターだ。科学者は、過去のある時点では水路に水が流れ、クレーターにはかつて湖があったのではないかと考えた。着陸するには、グセフはやや危険だった。メリディアニ平原よりも風が強く、岩石密度も高かったからだ。けれども2本シュートを放つことで、そのどちらかでより大きなリスクをとる余裕が生まれたのだ。

火星に先に到着したのは「スピリット」だ[24]。宇宙船が火星大気圏に突入して以降、すべては計画通りに進んだ。パラシュートが開き、耐熱シールドが投棄された。エアバッグが膨らみ、火星表面にぶつかってひっくり返ってを何度も繰り返したのち、ランダーは停止した。そして、アドラーのエアバッグが実際に機能するかどうか、依然としてくすぶっていた疑いは、火星から最初の写真が送られてくると、たちまちどこかに消え去った。軌道から撮影されたグセフの写真を見てから数年後、生まれて初めて、火星表面からクレーター内を撮影したすばらしい高解像度画像を目にすることができるなんて、とても現実とは思えなかった。

だが、着陸に対する最初の興奮は、画像の詳細な分析を開始すると、徐々に収まっていった。もちろん火星に無事着陸したのだし、その達成によって、成功した数少ない着陸ミッションの仲間入りを果たしたことも間違いない。しかし、いくら火星とはいえ、私たちの目に映っていたものは、ワクワクとはほど遠い光景だった。探査機から送られてきた画像は、以前「バイキング」のランダーによって撮影され、スペース・サイエンス・ビルディングに飾られていた画像そっくりだったのだ。同じような岩、同じような眺め、同じような構造――何もかも同じだった。

そんな泣き言も、やがて「スピリット」がクレーター内を歩き回るようになり、着陸地点から3キロメートル離れた丘陵地帯、コロンビア・ヒルズに到着すると、歓喜の声に変わった。丘には、私たちが着陸に成功する1年前に、スペースシャトル「コロンビア号」の事故で帰らぬ人となった7名の宇宙飛行士の名前がつけられた。コロンビア・ヒルズで「スピリット」は、水がなければ生成されない鉱物、針鉄鉱《しんてっこう》を発見した。つまり、火星表面にかつて水が存在していたことがはっきりとうかがえるのだ。

・オポチュニティの大発見

3週間後、「スピリット」の双子の片割れ、「オポチュニティ」が火星に着陸した。着陸地点のメリディアニ平原は、それまでに見たどんな景色とも異なっていた。火星の写真といえばどれも、表面のいたるところに岩石の塊が転がっていた。しかし「オポチュニティ」が降りた場所に、岩はひとつもなかった。探査機が着陸場所の最初の写真を地球に送ると、ジェット推進研究所のミッション・サポート・チームからは笑い声や喝采や叫び声が聞こえた。フライト・ディレクターのクリス・レビスキーはスクワイヤーズに、スクリーンに何が映っているのか、科学的にざっと説明してほしいと頼んだ。しかし、スクワイヤーズはことばを失っていた。ゆっくりとヘッドセットのスイッチを入れると、こう言った。

「なんてことだ（Holy smokes）。いやもう、とにかく、ビックリ仰天だ」

彼らが見ていたのは、探査機の真ん前に広がる露出した岩盤だった。そんな何でもないものに、なぜ科学者は絶句したのだろう。層状の岩盤がむき出しになっているということは、それが長い年月にわたって積み重なってできたものであるということだ。岩盤は歴史の教科書、というわけだ。昔々、遠く遠く離れたこの惑星で何が起こったかを正確に教えてくれる。文字通りの意味でも比喩的な意味でも、興味深い景色を見るには山を登らなければならなかった「スピリット」とは異なり、「オポチュニティ」の場合は科学の秘密が銀の皿、いや岩盤に載って目の前に現れた。「オポチュニティ」はミッション開始からわずか6週間以内に数々の大発見をしたが、それはたまたま決めた着陸地点のおかげであり、もとを正せばそれは、探査機を2機火星に送るという決断によって可能になったのである。

スクワイヤーズは知らなかったが、彼のことば「なんてことだ（Holy smokes）」は世界中に伝えられた。そして日刊紙『文化日報』に記事を書いていた韓国、ソウルのジャーナリストの興味を引いた。ジャーナリストは「オポチュニティ」の歴史的な火星着陸のストーリーに、こんな見出しをつけた――「2機目の火星探査機が着陸。不思議な煙（smoke）を発見」。別の韓国人ジャーナリストが述べたように、スクワイヤーズが「holy cow（なんてこった）」と言わなくてよかった。

・問題をとらえ直せ

祖先である「バイキング」と同様に、「スピリット」と「オポチュニティ」も90日間稼働するよう設計された。しかし、どちらも「バイキング」のランダーより遥かに長寿だった。柔らかい地面にはまって動けなくなるまで、「スピリット」は6年以上運用された。冬が来て電源のソーラー（太陽光）パネルが使えなくなったあと、地球との交信は止まった。「スピリット」のために正式なお別れの会が開かれ、（そんな設計になっていないのに）山を登り、強烈な砂嵐に勇敢に立ち向かった探査機のために献杯し、熱烈な追悼のことばが述べられた[25]。

私たちが愛を込めて〝オピー〟と呼んだ「オポチュニティ」は2018年6月、猛烈な砂嵐がソーラーパネルを覆い、電力が低下したために交信が途絶えた。NASA職員が幾度となくオピーに指令を送ったものの、応答はなかった。2019年2月、オポチュニティの活動停止が正式に発表された。想定された寿命90日を14年以上も上回り、走行距離は28マイル〔約45キロメートル〕と、火星における探査機の記録を塗り替えた[26]。

まったく、なんてことだ。

要するに、問題をとらえ直した二つの問いが、史上きわめて大きな成功をおさめた惑星間ミッションのひとつを生み出したのである――性能のよい3本脚をもつランダーを設計するのでなく、エアバッグを使ったらどうなる？　探査機を2機送ったらどうだろうか？

当たり前のように聞こえる質問だけれど、それは結果論でしかない。アドラーとゴールディンが見したことを、あなたならどうやって実行するだろう。ほかの人たちが気づかない視点から問題を見るには、どうすればいいだろうか。そのために、しばしば同じものとして扱われるふたつのコンセプト――戦略と戦術――を区別する、という方法がある。両者の違いを理解するため、火星に別れを告げて（今のところは）、ネパールに向かうことにしよう。

戦略と戦術の違いを知っていますか？

主要な器官が十分に発育する前に生まれる赤ちゃんは、未熟児と呼ばれている。低体温症で亡くなる未熟児は、世界中で毎年およそ100万人[27]。未熟児は脂肪が少ないので、体温調節が難しい[28]。未熟児にとって、一般的な室温は凍えるほど冷たい水のように感じられる。

先進国ではこの問題を、未熟児を保育器に入れることで解決する。標準的なベビーベッドの大きさの保育器は、十分に発育するまで赤ちゃんの身体《からだ》を温め続ける[29]。当初保育器はかなり単純な装置だったが、やがてベルやホイッスルがついた。今や保育器には赤ちゃんのケアをするのに必要な手を入れるためのポート、人工呼吸器などの生命維持装置、湿度調整装置がついている[30]。技術の向上は価格の上昇ももたらした。最新の保育器の価格は2万～4万ドル〔約210万～420万円〕だ。このほかに、機械を動かす電気代がかかる。そのため保育器は多くの発展途上国にはほとんど整備されておらず、守れたはずの命を失う結果になっている。

2008年、スタンフォード大学の4人の大学院生がこの問題の解決に乗り出し、安価な保育器を製作した[31]。4人は学生が「世界で最も貧しい人たちの生活を変える製品およびサービスのデザインを学ぶ」ための、「デザイン・フォー・エクストリーム・アフォーダビリティ」というプログラムを受講していた[32]。

居心地のよいシリコンバレーでイノベーションを起こすのではなく、学生チームはネパールの首都カトマンズに赴き、新生児集中治療室の現実をその目で確かめることにした。彼らは保育器が病院でどのように利用されているかを観察し、地域の条件に合ったより安価な装置をデザインしたいと考えたのだ。

ところが、彼らを待っていたのは意外な事実だった。病院の保育器は使われないままほこりをかぶっていたのだ。問題のひとつは専門的な技術の欠如だった。保育器は得てして取り扱いが難しい。そのうえ、ネパールの未熟児の大多数は地方の村で生まれていた。そうした赤ちゃんのほとんどは、そもそも病院に来られない。

よって真の問題は、病院の保育器不足ではなかった。病院から遠く、さらには安定した電力供給のない地方の村で利用可能な新生児保温器が不足していたのである。病院の保育器の数を増やす、あるいはコストを下げるといったこれまでの解決策では、大きな変化を起こすことは不可能だっただろう。

・方法と目的、形と機能

この経験に照らして、スタンフォード大学のチームは問題をとらえ直した。未熟児に必要なのは保育器ではない。保温器だ。最新の保育器についている心拍モニターなどの高度な機能は確かに有益だが、最も重要な課題、すなわち最大の影響を及ぼす課題は、器官が発育するまで未熟児の身体を温め続けることだったのだ。温める装置は安価で感覚的に操作でき、読み書きができないことの多い親が安定した電力のない地方の環境でも使用できるようなものでなければならない。

その結果誕生したのが「エンブレイス・インファント・ウォーマー」。生まれたばかりの赤ちゃんをくるむ、小さくて軽い寝袋のような形をした器具だ。そのなかに温度変化に応じて固体から液体に変化する画期的なパラフィン・パックを入れて、最大4時間赤ちゃんの体温を最適に保つことができる。パックを熱湯に入れれば、ほんの数分で保温器を〝リチャージ〟することも可能だ。しかも保育器の価格が一般に2万〜4万ドル〔約210万〜420万円〕なのに対し、エンブレイスはわずか25ドル〔約2600円〕。低価格で信頼のおける保温器は、2019年までに20以上の国で数十万人の未熟児の身体を温めている。

私たちは往々にして、気に入った解決策にこだわり、問題はその解決策がないことだと考える。「問題は、より質の高い3本脚構造のランダーが必要なことだ」。「問題は、保育器の不足だ」。いずれの場合も、テクノロジーのためにテクノロジーを追求している。木を見て森を見ず、方法を見て目的を見ず、形を見て機能を見ない。

そうしたアプローチは戦術を戦略と誤解している。二つは混同されることが多いものの、それぞれ異なる意味をもつ。戦略は目的達成のためのプランだ。それに対し戦術は、戦略を実行するのに必要な行動を意味する。

私たちはたびたび戦略を見失い、戦術や道具に固執し、それらに依存するようになる。けれども道具は、作家ニール・ゲイマンのことばが思い出させるように、「最も巧妙な罠《わな》かもしれない」のだ[33]。金づちが目の前にあるからといって、必ずしもそれが仕事に適した道具とは限らない。一歩引いて、より広い戦略をとってこそ、欠点のある戦術を避けることができるのだ。

戦略を見つけるには、こんなふうに自問しよう――この戦術はどんな問題を解決するのか？　この問いの答えを考えるときは、「何」と「どうやって」は無視し、「なぜ」に集中する必要がある。

3本脚のランダーは戦術で、火星への安全な着陸は戦略だ。保育器は戦術で、未熟児の命を救うことは戦略だ。一歩引くのが難しいなら、外部の人に参加してもらうといい。いつも金づちを使っていない人は、目の前にある金づちに惑わされる可能性が低いからだ。

・目的に集中する

戦略を特定できれば、さまざまな戦術を扱うのはお安い御用だ。問題は3本脚構造をもつランダーの欠陥ではなく、引力にあるのではないか、とより広い枠組みでとらえれば、エアバッグがより有効な選択肢として浮上するかもしれない。問題を単なるランダーの不具合でなく、着陸に伴うリスクとしてより広い枠組みでとらえれば、探査機を2機送ることでリスクを減らし、見返りを大きくできる。

外科医で長寿研究の専門家として知られるピーター・アッティアは、戦略と戦術を区別する達人だ。私は彼に、患者が〝正解〟を求めて彼のところにやって来たら、どう対処しているのかたずねた。どんな食生活を送るべきですか？　コレステロールが高ければ薬を飲んだほうがいいですか？

「ほとんどの場合、患者には戦術にこだわらず、戦略に焦点を合わせ直すように言います。〝正解〟

を探しているとき、人は必ずと言っていいほど戦術に関する質問をします。戦略にフォーカスすることで、戦術に対してうんと柔軟になれるのです」とアッティアは述べた。彼に言わせれば薬を使うかどうかは、アテローム性動脈硬化によって死に至るのを遅らせる「もっと幅広い戦略を実行するための戦術に関する質問」なのだ[34]。

●5ドルチャレンジ

戦略と戦術の違いを学生に説明するのに、スタンフォード・テクノロジー・ベンチャーズ・プログラムの学部長を務めるティナ・シーリグは、彼女が「5ドルチャレンジ」と呼ぶ方法を用いている[35]。学生はチームに分かれ、各チームには軍資金5ドル〔約520円〕が与えられる。彼らの目標は2時間以内にできるだけ多くのお金を稼ぐこと。その後3分間のプレゼンでチームの成果を発表する。

あなたがこのクラスの学生なら、どうする？

よくあるのが、5ドルを使って間に合わせの洗車場やレモネードの屋台を作るための材料を購入する、あるいは宝くじを買うという答えだ。しかし、そうしたありきたりの方法をとるチームは、ビリになる可能性が高い。

最大の利益を出すチームは、最初の5ドルをいっさい使わない。彼らは、それは気を散らすだけで、ほとんど価値のないリソースであることに気づいているのだ。

だから、そのお金には手をつけない。代わりに問題を広くとらえ、「まったく何もないところから始めるとしたら、お金を稼ぐために何ができるだろう？」と考える。

とくに大きな成果を挙げたあるチームは、地元で人気のレストランを予約し、待つのを避けたい人にその予約枠を販売するというアイデアを実行に移した。学生たちは何とたった2時間で驚きの数百ドル〔数万円〕を稼いだ。

しかし、一番お金をもうけたチームのアプローチは、それとはまったく異なる。学生たちは、自分たちが自由にできる最も有益な資産は5ドルの資金でも2時間という時間でもないことを理解していた。それはむしろ、所属するスタンフォード大学のクラスで行なう3分間のプレゼンだった。彼らは割り当てられた3分間を、スタンフォード大学の学生を採用することに関心のある企業に売って、650ドル〔約6万8000円〕を楽々手に入れたのである。

さて、あなたならどうする？　どうすれば5ドルに目もくれず、2時間の価値に気がつけるだろうか。さらには、どうすれば自分の持ち駒のなかに最も価値ある3分間を見つけ出せるだろうか。

「何」から「なぜ」に視点を移せば——好みの解決策でなく、何に挑もうとしているかの観点から、問題を幅広い枠組みでとらえれば——、周りにあるほかの可能性を発見できるだろう。

質問の枠組みをとらえ直してよりよい答えを出すことができるのと同様に、あなたは目的、製品、スキル、その他のリソースの枠組みを見直して、それらをもっとクリエイティブに活用することができる。そのためには、型にはまらずに物事を考える必要がある。この場合の型とは、画びょうの箱だ。

画びょうの箱にとらわれない

気圧計は何のための道具だろう？　考えつかない人は、考え直してみよう。答えに「気圧の測定」しか思いつかない人は、考え直してみよう。

科学教授のアレクサンダー・カランドラ――型破りな教授法の提唱者――は、「ピンの上の天使（Angels on a Pin）」という短い物語を書いた[36]。そのなかでカランドラは、物理学の答案を巡る大学と学生の争いを裁定するよう大学に依頼される。物理学の教師は学生の解答に0点をつけたが、学生は満点を主張していた。

これがその試験問題である――「気圧計を使って高い建物の高さを測定するにはどうすればいいか、説明しなさい」。模範解答は明らかだ。「建物の屋上と1階で気圧を測り、その差をもとに高さを計算する」である。

しかし、その学生の答えは違った。彼は、「気圧計を持って屋上に行き、長いロープを結びつけてそれを地面に下ろす。それからロープを引き上げてその長さを測る。ロープの長さがビルの高さである」と書いたのだ。

確かに正しい。けれども基準からは逸脱している。それは教師が授業で教えたこととは異なる。決まったプロセスに従って決まった結果を導き出していない、というわけだ。気圧計は圧力を測る道具であって、ロープの重りではないのだ。

この物語は「機能的固着」をうまく言い表している。心理学者カール・ドゥンカーが説明したように、機能的固着とは「問題解決のために新しい方法で道具を使うことに対する心理的抵抗」を意味する。私たちはともすれば質問と答えに固定観念を抱いてしまうが、それは道具に対しても同じだ。気圧計は圧力を測るもの、と覚えてしまうと、ほかの用途が目に入らなくなる。チェス盤で慣れた指し手ばかりを目で追っていたチェス・プレーヤーのように、私たちの脳は知っている機能に固着してしまうのである。

・ロウソク問題

機能的固着といえば、ドゥンカーが考案した「ロウソク問題」が最も有名だろう。この実験では、壁に寄せたテーブルの上に、ロウソク、マッチ、画びょう1箱が置かれていた。被験者は、蠟《ろう》を1滴も垂らさずにロウソクを壁に固定するよう指示される。ほとんどの被験者が二つのうちどちらかの方法を試した。画びょうでロウソクを壁に固定する、あるいはマッチの火でロウソクを少し溶かして壁に貼りつける。

しかし、いずれの方法もうまくいかない。失敗した理由のひとつは、彼らがものの一般的な機能に目を向けたことにある。画びょうは何かを貼りつけるもの。箱は何かを入れるもの。

課題をクリアした被験者は、箱の一般的な機能にこだわらなかった。彼らは箱を、ロウソクを立てる土台とみなし、画びょうを使って箱を壁に固定した。

仕事でも私生活でも、私たちはみなさまざまな形の「ロウソク問題」に遭遇する。そしてたいていは、失敗した被験者と同じように、箱を土台ではなく入れものとみなすのである。では、既存の枠組みにとらわれない発想をするには、どんな訓練をすればいいのだろうか。提供する製品やサービスを異なる視点から見るにはどうすればいいのだろう。自分がもっているある分野のスキルが別の分野でも価値があるかを知るには、どうすればいいのだろう。

軍のために行なったある研究のなかで、ロバート・アダムソンはこうした疑問に答えを見つけようとした[37]。彼はドゥンカーのロウソク問題に若干ひねりを加えた。被験者を二つのグループに分けて、それぞれの設定を少し変えたのである。するとグループ2がグループ1の結果を大きく上回った。後者の正答率がたった41パーセントだったのに対し、前者は86パーセントだったのだ。

驚きの差が出た原因はなんだろう。グループ1にはロウソク、マッチ、そして画びょうをそれぞれ箱に入れて与えた。入れものとして使われている箱を目にした被験者は、強い機能的固着に苦しめられる結果になった。ものを入れる以外の目的で箱を使うのに、ひじょうに苦労したわけだ。

一方のグループ2の場合、3つのものを箱から出して、それぞれの空箱とともにテーブルの上に置いた。何も入っていないので、被験者は箱がロウソクの台になるかもしれないという発想に、難なくたどり着くことができた。チェスのエキスパートの研究に類似した結果が出たわけだ。どちらのケースも、よく知る解決策を排除すると、パフォーマンスが向上した。

機能的固着は、箱や気圧計はこのために使うもの、という思い込みによって生じる。それをなくすには、前述のオッカムの剃刀《かみそり》を使って道具に対する思い込みを切り落とせばいい。もし今ある知識がなかったら、どうやってその問題に対処していただろう？　これは、ありきたりの使い方をやめる――（アダムソンの実験のように）材料を箱から出してみる、おなじみのチェスの指し手を使わない、気圧の測定以外の目的で気圧計を使う――のと同じくらいシンプルな方法だ。

組み合わせ遊びも役に立つ。別の分野の使い道からインスピレーションを引き出すことができるのだ。例えば、探査機を火星に安全に着陸させたエアバッグには、自動車事故の際にハンドルにぶつかった衝撃を吸収するのと同じメカニズムが使用された。新生児保温器のエンブレイスには、宇宙服と同じ素材が用いられている[38]。スイス人技術者ジョルジュ・デ・メストラルは、散歩をしたあと、ズボンにくっついたオナモミ（いわゆる「ひっつき虫」）をヒントに面ファスナーを発明した[39]。オナモミを顕微鏡でよく見ると、カギ状の突起が見える。その構造――片方がオナモミのように尖《とが》っていて、もう片方がズボンのように滑らか――を真似《まね》て、ベルクロと呼ばれる面ファスナーを生み出したのである。

機能と形を分けて考えることも有益だ。ものを見るとき、私たちはどうしてもその機能のほうに注目してしまう。気圧計は圧力を測る。金づちは釘を打つ。箱はものを入れておく。けれど、機能に対して何となく抱いているこうした先入観は、イノベーションの妨げにもなるのだ。機能ではなく形に目を向けることができれば、製品やサービスやテクノロジーを活《い》かすほかの方法に気がつく。例えば、気圧計をただの丸い物体とみなせば、重りとして使える。箱を側面のついた平らな台とみなせば、ロウソクを立てるのに使える。

ある研究では、被験者を二つのグループに分け、ロウソク問題を含む、洞察力を試す8つの課題を解決するよう指示した。被験者は、機能的固着を克服することが求められた[40]。対照群には事前のトレーニングを行なわず、もうひとつのグループには、機能に言及することなく、与えられたものを言い表す練習をさせた。例えば、「コンセントに差し込む電源プラグの先端部分」ではなく、「薄い長方形の金属」といったように。トレーニングを受けたグループは、そうでないグループより67パーセントも正答率が高かった。

・AWSの成功

機能から形に着目点を切り替えることは、利用できるリソースの意味をとらえ直すのにも役立つ。例として、アマゾンウェブサービス（AWS）の発展について見ていこう[41]。オンライン書店から「あらゆる商品」を扱うショッピング・サイトに成長するのに伴い、アマゾンはストレージやデータベースを含む巨大な電子インフラを構築した。アマゾンはそのインフラが単なる内部リソースでないことを自覚していた。ストレージ、ネットワーキング、そしてデータベースとして利用されるクラウドコンピューティング・サービスとして、ほかの企業に販売できるのではないかと考えたのだ。やがてAWSはアマゾンの稼ぎ頭となり、2017年には小売事業を上回る約170億ドル〔約1兆8000億円〕の売上高を挙げている[42]。

ホールフーズ・マーケットを買収したときも、アマゾンは既存の枠組みにとらわれることはなかった。その買収は多くの人々を当惑させた。インターネットの巨人はなぜ、苦境にあえぐ従来型の食料雑貨チェーンを手に入れたのだろうか。ひとつの理由は、ホールフーズ・マーケットの実店舗を別の視点から見直したことにあった。アマゾンはそれらを単なる食料雑貨店ではなく、人口密度の高い都会の中心部に位置する配送センターと考えることにしたのだ。こうした配送センターがあれば、アマゾンプライムの顧客に商品を迅速に配達できるだろう[43]。

どちらのケースでも、アマゾンは機能ではなく形に注目していた。ホールフーズ・マーケットの機能は食料雑貨を販売することだが、その店舗の形は、配送という別の目的に利用できそうな、倉庫と冷蔵庫を備えた巨大な不動産だった。アマゾンのコンピューター・インフラの機能は社内業務の支援だが、その形――巨大データセンター――はネットフリックスやエアビーアンドビーなどの企業にきわめて収益性の高いサービスを提供できる可能性があった。

画びょうの箱がロウソク台に見えず、機能から形への発想の転換に苦労している人は、別のアプローチに挑戦しよう。今度は、箱をひっくり返してみるのだ。

逆のことをしたらどうなる？

１９５７年10月４日金曜日、ソ連は地球を回る軌道上に世界初の人工衛星「スプートニク」を打ち上げた[44]。ロシア語で「旅の同行者」を意味する「スプートニク」は、およそ98分で地球を１周した。いわば人類は人工の月を作った、というわけだ。信じられないという人は、日が沈んだあとに双眼鏡を片手に外に出てみるといい。それが頭上を飛んでいるのが見えるはずだ。

「スプートニク」は姿が見えるだけではなく、音も聞こえたらしい。当時、ふたりの若い物理学者、ウィリアム・グイエールとジョージ・ワイフェンバッハはメリーランド州のジョンズ・ホプキンス大学応用物理学研究所で研究を行なっていた〔45〕。彼らは、「スプートニク」が発する電磁波信号を地上で受信できるかに興味をもった。数時間たらずのうちに、ふたりはその信号音をとらえた。

ピー、ピー、ピー。

信号をこれほど容易に検出できたのは、ソ連側のミスではなかった。プロパガンダに長《た》けたソ連が、短波ラジオがあれば誰でもわけなく聞き取れるような信号を出すよう、「スプートニク」を意図的に設計したのである。

ピー、ピー、ピー。

レッドムーン〔スプートニクの別名〕が発する音を聞き、グイエールとワイフェンバッハは信号を使って「スプートニク」の速度と軌跡を算出できることに気がついた。救急車が目の前を通り過ぎたとたんにサイレンの音程が低くなるのと同じで、衛星がふたりの科学者のいる場所から離れると、発する音も変化した。この現象、つまりドップラー効果を用いて、ふたりは「スプートニク」の全軌跡をはじき出したのだ。

「スプートニク」の打ち上げはアメリカ人に畏敬の念を抱かせただけでなく、彼らを混乱に陥れた。『シカゴ・デイリー・ニュース』紙は、「ソ連が184ポンド〔約83キログラム〕の〝月〟を、560マイル〔約900キロメートル〕離れた宇宙の所定の軌道に運ぶことができるなら、地上のほぼあらゆる場所にある所定の標的に死の弾頭を打ち込むことができる日はそう遠くない」と、社説に書いている〔46〕。

フランク・マクルーアも「スプートニク」に衝撃を受けたひとりだが、彼には別の理由があった。

当時マクルーアは応用物理学研究所の副所長を務めていた。彼はグイエールとワイフェンバッハをオフィスに呼び、簡単な質問をした――「君たち、逆のことはできるかね？」地球上の既知の地点から衛星の未知の軌道を計算することができるのなら、衛星の既知の地点をもとに地球の未知の地点を見つけ出すことができるのではないか、というのだ。

・アイデアをひっくり返す

まるで理屈っぽいなぞなぞのような質問だが、マクルーアの頭のなかには、きわめて実用的な応用方法があった。その頃、軍は潜水艦から発射できる核ミサイルの開発を行なっていた。しかし、問題があった。核ミサイルを正確な位置に撃ち込むには、発射地点がどこかを正確に把握しなければならない。だが太平洋を巡航する原子力潜水艦の場合、正しい位置はわからない。だから、こんな質問が浮かんでくるわけだ――宇宙に打ち上げた衛星の位置から、潜水艦の位置を突きとめることはできないだろうか。

答えはもちろんイエスだった。「スプートニク」の打ち上げからたった3年で、アメリカは思考実験を行ない、原子力潜水艦の標《しるし》となる5機の衛星を軌道に打ち上げた。当時「トランシット」と呼ばれていたこの衛星測位システムは、１９８０年代に名称が変わり、今や誰もが知るワード――全地球測位システム（ＧＰＳ）――となった。

マクルーアのアプローチは、質問の枠組みをとらえ直す有効な方法をわかりやすく示している。アイデアをひっくり返してみるのだ。その起源は少なくとも19世紀までさかのぼる。ドイツ人数学者カール・ヤコビが、説得力のある格言とともにこの手法を紹介している――「逆さまにするのだ。どんなときでも」[47]

マイケル・ファラデーはこの原理を使って、科学史上きわめて偉大な発見のひとつを成し遂げた。１８２０年、「思考実験」ということばの生みの親であるデンマークの物理学者ハンス・クリスチャン・エルステッドは、電気と磁気の関係を発見した。導線に電流を通すたびに、近くにある方位磁石の針が動くのに気がついたのである。

のちにファラデーは、エルステッドとは逆の実験を行なった。導線に電流を通して磁石に近づけるのではなく、コイルのなかで磁石を出し入れしたところ、電流が発生することがわかった。磁石を速く動かすほど、発生する電流は大きくなった。ファラデーによる逆の実験は、コイルを回転させて発電する磁気タービンを使用した、現代の水力発電や原子力発電への道を拓《ひら》いた[48]。

分野をまたいで、生物学ではダーウィンが同じく逆転の発想を展開した[49]。ほかの野生生物生態学者たちがさまざまな種の相違点を探したのに対し、彼は類似点を探し求めた。例えば、鳥の翼と人間の手。それ以外はまったく異なる種の類似点を掘り下げて、ダーウィンはとうとう進化論にたどり着いたわけだ。

逆転の発想は、科学以外の広い分野でも力を発揮している。その一例がアパレル企業のパタゴニアだ。２０１１年の広告キャンペーンで、パタゴニアは業界のベストプラクティス（最善慣行）の逆を行なった[50]。「われわれの製品を買ってくださいではなく、買わないでくださいと言ったらどうなる?」と考えたのだ。その結果が、ブラックフライデーに『ニューヨーク・タイムズ』紙に掲載された全面広告だった。それは感謝祭後の金曜日、大幅ディスカウントの恩恵にあやかろうとアメリカ人がこぞって買い物に訪れる、ホリデー・ショッピング・シーズンの幕開けとも言える日だ。広告にはパタゴニア製ジャケットの写真とともに、「このジャケットを買わないで」の文句が載っていた。この広告によって、パタゴニアは「ブラックフライデーにあまり買い物をしないようお願いする、アメリカでただひとつの小売会社」となった[51]。広告が奏功したのは、ひとつにはそれが大量消費を減らし環境影響を低減するというパタゴニアの使命を裏打ちしていたからだ。しかしそれだけでなく、そのマインドセットを共有する顧客を引きつけることで、逆張り広告はパタゴニアの収益増加に一役買ったのである。

・背面跳びという革命

スポーツ界では、ディック・フォスベリーが社会通念をひっくり返すことによってオリンピックの金メダルを手にした[52]。もしその頃にあなたがフォスベリーに直接会っていたら、彼をアスリートとは思わなかったかもしれない。背が高くやせこけて、野暮ったく、治りそうにもないひどいニキビがあった。フォスベリーが走り高跳びのトレーニングをしていた当時、選手たちは顔をバーのほうに向けて跳ぶベリーロールというテクニックを使っていた。この方法が最良の跳躍法とみなされていた。新しいテクニックを試す必要も、考える必要もなかったのだ。

ところが、フォスベリーはベリーロールがうまくできなかった。高校2年で中学レベルの記録しか出せていなかった。競技会に向かうバスのなかで、彼は自分の凡庸さを何とかしようと決意した。規則では、片足で踏み切りさえすれば、選手は好きなやり方でバーを跳び越えていいことになっている。ベリーロールは単なる戦術にすぎない。対して、バーを跳び越えるのは戦略である。だから、顔を下に向けてバーを巻き込むように跳ぶのでなく、フォスベリーは逆をいった。背面跳びをしたのである。

最初のうちはさんざんばかにされた。新聞に「世界で一番怠惰な走り高跳び選手」と書かれたこともある[53]。フォスベリーが船にドスンと落ちる魚のようにバーをクリアしたとき、多くの観客は彼を見て失笑した。

ほかの選手と正反対の方法をとったフォスベリーが、1968年の夏のオリンピックで金メダルを獲得し、批判的な人々が間違っていたことを証明すると、嘲笑はとうとう応援に変わった。フォスベリーの跳び方、すなわち背面跳びは今やオリンピックの走り高跳びの一般的な跳躍法である。帰国後、彼は凱旋《がいせん》パレードに登場した。『ザ・トゥナイト・ショー』にも生出演し、司会のジョニー・カーソンに背面跳びのやり方を教えた。

・逆のことをしたらどうだろうと自問する

連続起業家《シリアル・アントレプレナー》のロッド・ドゥルーリーはこのアプローチを、「ジョージ・コスタンザ経営管理論」と呼ぶ[54]。『となりのサインフェルド』（1989〜1998年に放送されたアメリカの人気テレビドラマ」のあるエピソードで、コスタンザはかつての自分の行ないとまったく逆のことをして人生を向上させようと試みる。会計ソフトウェア会社、ゼロの創設者で非業務執行取締役のドゥルーリーは、「今の経営者たちが私たちに期待しているのと正反対のことはなんだろう」と自問することで、遥かに規模の大きな競合他社を出し抜いた。この問いかけをしたのは２００５年だが、その後、競合他社がどこもデスクトップ・アプリケーションにこだわり続けていたとき、ドゥルーリーはクラウド型プラットフォームの利用に乗り出したのだ[55]。

彼は多くのビジネス・リーダーが見過ごしていたある秘密を知っている。それは、手の届く場所に実った果実は、すでに誰かに採られているということ。強い競合他社の真似をしても、彼らを打ち負かすことはできない。けれど、彼らがしているのと反対のことをすれば、勝つことができる。

共通のベストプラクティスや業界標準を採用するのではなく、**「逆のことをしたらどうなるだろう」と自問して、問題の枠組みをとらえ直してみよう。** たとえ実行しなくとも、ただ逆のことを考えてみるだけでも、あなたは自分の思い込みを疑い、自分にショックを与えて今の考え方から脱却できるようになるに違いない。

◆

今度、問題の解決に取り組もうと思ったら、まずは問題を見つけることから始めるようにしよう。こんなふうに自らに問いかけてほしい。自分は正しい質問をしているだろうか。見方を変えたら、問題はどう変わるだろうか。どうすれば、戦術ではなく戦略の観点から質問の枠組みをとらえ直すことができるだろう。画びょうの箱をひっくり返して、その中身を機能でなく形の観点からとらえるにはどうすればいいだろう。逆のことをしたらどうなるだろう。

広く信じられていることとは反対に、ブレイクスルーの始まりは賢い答えではない。
賢い質問なのである。

6 方針転換の力
――真実を見つけ、より賢明な判断をする方法

情報を得る前に理論を立てるのは大きな過ちだ。無意識のうちに、人は事実に沿って推論するのではなく、推論に合うように事実をねじ曲げるようになるものだ。
――シャーロック・ホームズ

火星はだましの達人だ[1]。人類が誕生してこのかた、赤い惑星は夜空でまばゆい光を放ち、私たちを見つめ続けている。その赤い色味から、火星はあたかも温暖で心地よい場所のように映る。疑うことを知らない観察者を手招きしているみたいに。

しかし、ほんとうはそうではない。火星は過酷な土地だ。それは何も平均の地表温度がマイナス63℃だからではない。地球の最も乾燥した砂漠より乾燥しているからでも、大陸ほどの広さの場所を猛烈な砂嵐が吹き荒れるからでもない[2]。

火星が私たちにとって過酷なのは、そこが宇宙船最大の墓場と化しているからなのだ。

私がマーズ・エクスプロレーション・ローバー・プロジェクトのオペレーション・チームで働き始めた頃、火星ミッションの3回に2回は失敗に終わっていた。ほどなくして私は、赤い惑星が人

間を喜んで出迎えるようなことは絶対にないと思い知った。火星大気圏に突入するや、「宇宙の悪霊」、すなわち宇宙船を食い物にする想像上の怪物が私たちを待ち受けている。

悪霊の最後のいけにえとなったのが、軌道から火星の気候調査をする最初の宇宙船として建造されたマーズ・クライメート・オービターだ。１９９９年9月23日、オービターが火星に到達した日の夜、コーネル大学にマーズ・エクスプロレーション・ローバー・プロジェクトのチーム・メンバーが集まり、固唾《かたず》を呑んでNASAテレビの映像を見つめていた。自分たちの仕事でないとはいえ、オービターの成功はチームの今後を大きく左右する。探査機が火星に着陸したあと、オービターは主要な無線中継機能を担うとみられていたのだ。オービターが私たちの指令を火星表面の探査機に伝え、彼らの応答を私たちに送り返す。言うなればトランシーバーのようなものだ。

オービターは予定通り火星に到達。次のステップは軌道進入のためのエンジンの燃焼だ。ナビゲーション・チームがオービターの主エンジンに点火し、速度を落として火星軌道に乗せた。宇宙船が火星の裏側に隠れると電波信号は遮断されるので通信は途絶えたが、これも予定通りだ。ミッション・コントロールのエンジニアと同じように、私たちは待った。オービターが再び姿を現し、交信が再開されるのを。

しかし、信号は届かなかった。オービターから何の音沙汰もないまま、時間だけが刻々と過ぎていくと、部屋の空気は一変し動揺が広がった。トランシーバーがどこかに消えてしまったのだ。

悪霊の犠牲になった宇宙船に追悼文が書かれることはない。けれど、もし書くとしたら、マーズ・クライメート・オービターに捧げる追悼文はこんなふうだったかもしれない。「世界で最も優秀なロケット科学者が操作する健康そのものの宇宙船は、火星大気圏に飛んでいき、非業の死を遂げた」

宇宙船を火星軌道に乗せるためには、大気圏の上を安全に航行させ続けなければならない。低い高度で飛べば、大気圏が牙をむく。大気と激しく衝突して宇宙船は炎上するか、大気に当たって跳ね返り、底知れぬ宇宙の深淵へと落下していくだろう。オービターは火星表面から150キロメートル上空で安全に進入するようプログラムされていた。ところが実際には大気圏深く、57キロメートル上空の軌道に進入したのである。

NASAは報道発表で、約100キロメートルの高度差の原因を「ナビゲーション・エラーの疑いがある」とした[3]。だが1週間もたたないうちに、現実には「ナビゲーション・エラー」ではとうてい済まされないことが起きていたことが明らかになった。1億9300万ドル〔約200億円〕をかけた宇宙船は、ミッションに取り組むロケット科学者たちが、ほんとうに目の前にあったものを見ず、自分の見たいものだけを見たがために、失われたのである。

前の章では、より的を射た質問をして解決するにふさわしい問題を見つけることで、ステージ1（発射）で生み出したアイデアに磨きをかけ、枠組みをとらえ直す方法を掘り下げた。この章では、**そうしたアイデアのストレステストの方法について学んでいこう。**紹介するのは、雪玉が膨らんで大惨事を招かぬよう、意思決定の欠陥を突きとめ、誤った情報を一掃し、エラーを検出するために、ロケット科学者が使っているツールキットだ。あなたには、対立する複数の仮説を立てるアプローチと、有能な問題解決者になるためのひとつの問いを学んでほしい。また、なぜことばをちょっと変えるだけで頭が柔軟になるのか、80パーセントの人々に解くことができない簡単な問題から何を学べるかについても説明したい。そして、自分の正当性を他者に証明することから、自分の誤りを自分自身に納得させることに、初期設定を切り替えるメリットを考えていこう。

事実で考えは変わらない

元科学者の私は、客観的事実を根拠にするよう教えられてきた。長いあいだ、誰かを説得しようと思ったら、厳然たる、揺るぎない、反論できないデータで自分の主張を裏づけ、すぐに結果が出ることを期待したものだ。これでもかと事実を突きつけることが、気候変動が現実で、薬物との闘いは失敗に終わり、リスクを嫌う想像力のない上司が採用した今の事業戦略が有効でないことを証明する最善の方法だと、私は思っていた。

ところがこのアプローチには重大な問題があった。機能しないのだ。

頭は事実を受け入れない。第2代アメリカ合衆国大統領ジョン・アダムズが言ったように、事実というのは頑固なものだが、私たちの頭はそれよりも遥かに頑固なのである。最も賢明な人々でさえ、事実を目の当たりにしたところで、必ずしも疑念が解消されるわけではない。それがどれほど信用できる、確実な事実であったとしても。合理的思考を司《つかさど》る脳が、同時に判断を歪《ゆが》ませ、主観的な曲解をもたらすのだ。

判断が偏るひとつの原因は、確証バイアスである。私たちは自分が信じることを否定する証拠を過小評価し、その正当性を確認できる証拠を過大評価するのだ。「不可解なことだ。真実がドアをノックしても、あなたは『帰ってくれ。今真実を探しているところなんだ』と言う。だから真実はどこかへ消えてしまう」と、ロバート・パーシグは記している[4]。

インターネットはすばらしいものだが、やはり私たちの最悪の性質を増幅させている。私たちは、グーグルで最初に見つけた、自分の考えを裏づける検索結果を真実として受け入れる――それが12ページ目に出てきたものでも。複数の資料を参照することも、質の低い情報をふるいにかけたりすることもない。「よさそうだ」と思ったら、すぐさまそれを「真実」と決めてかかるのだ。

・思い込みは否定しにくい

自分の理論の正当性を確認できるのは気分がいいものだ。自分が正しいと証明されるたびに、体内でドーパミンが放出される。対照的に、対立する見解を聞くのは心底不愉快だ――あまりに嫌な経験であるがゆえに、人は「イデオロギー的バブル（ideological bubble）」〔共通の考えをもつ人々のネットワーク。反対意見を遮断し、自分が知りたい情報しか知らないで済む安全な場所を意味する〕にとどまろうと、現金を受け取るのさえ拒むほど。200名以上のアメリカ人を対象にしたある調査で、参加者の3分の2が、同性婚に関して対立する側の意見を聞いてお金をもらう機会をはねつけた[5]。相手が何を主張するかすっかりわかっているからではない。そうではなく、反対意見を聞くとイライラが募り、不快な気分になるからだと参加者は説明した。結果に偏りはなかった。つまり、どちらの意見の参加者も同じように、反対意見を聞かなければならないくらいならお金を受け取らない傾向にあったのだ。

対立する主張を遮断していると、意見は凝り固まり、決まりきった思考パターンを壊すのがますます難しくなる。とんでもなくさえない企業幹部がいつまでも居座っているのは、どんなエビデンスもその人たちを幹部に任命した決定が正しかったことを裏づけている、と解釈してしまうからだ。反対の研究結果が出ているにもかかわらず、医者は食事性コレステロールによる病気に注意するよう説教し続ける。大学生は物理法則に反する信念をずっともち続ける。

思い出してほしい。ガリレオは思考実験によって、質量の異なる物質は真空中では同じ速度で落下することを発見した。

ある研究で、大学生に重い物質は軽い物質より落下速度が速いと思うか質問した[6]。それぞれ答えを記録したのち、学生たちは真空中で同じ大きさの金属とプラスチックを同じ高さから落とす実験を観察した。二つの物体は同時に着地したにもかかわらず、最初の質問で重い物質が速く落ちると答えた学生は、金属のほうが速く落ちたと報告する傾向が強かった。

別の研究では、研究者は子どもをもつ1700名に、はしか、おたふく風邪、風疹のワクチン接種率向上キャンペーンの資料、4種類のうちいずれかを送付した[7]。資料には連邦政府機関のことばをほとんどそのまま採用したが、形式はそれぞれ異なっている。例えばひとつにはワクチンと自閉症の因果関係を否定する文章が、別の資料にはワクチンを打てば防げたかもしれない病気にかかった子どもたちの写真が載っていた。研究の目的は、子どものワクチン接種に二の足を踏む親を納得させるのに最も有効な資料を決めることだった。

驚いたことに、いずれの資料にも効果がなかった。ワクチンに対する反感が最も強い親には、資料はむしろ逆効果で、ますます子どもに接種させたがらなくなった。

恐怖心に訴える資料——はしかに苦しむかわいそうな子どもたちの写真つき——は、すでにワクチンを躊躇《ちゅうちょ》している親が、風疹ワクチンは自閉症を引き起こすという確信をかえって強める結果になった。その画像は神経質な親に、ワクチンに伴う新たな危険が子どもに迫っていると思わせてしまったのだ。**「間違った信念に対処する最善の方法は、正確な情報を与えることとは限らない」と研究者は結論づけている。**

事実は親の感情には勝てなかったかもしれないが、ロケット科学者ならそんなことはないだろう。あなたはそう思っているかもしれない。何といっても、彼らは客観的データに基づいて健全な判断をするよう訓練されている、高額な宇宙船の設計を任された抜群に冷静な人たちなのだから。

しかし、次のセクションで見ていくように、ロケット科学者といえども、ロケット科学者らしく考えるのに苦労する場合があるのだ。

「何か妙だ」と思える力

誰もがスマートフォンをもっているこの時代、道に迷うなんてほとんど過去のことだ。車のウィンドウを下ろし、善良そうな見知らぬ人に道をたずね、教わった通りに進めば必ず路地に迷い込み、また別の人に聞いて正しい道に戻る、という日は過ぎ去ったのだ。今は、行先を入力するだけで、詳しい音声案内が即座にスタートする。

だが、宇宙船の惑星間航行は昔のドライブと同じようなものだ。ウィンドウこそ下ろさないが、打ち上げの際もその後の飛行中も、宇宙船は不正確な軌道に入る。そうした誤りはフライトにはつきものなので、ナビゲーション・チームは軌道修正作戦をスケジュールに組み込んで、エンジンに点火して宇宙船が飛行を続けられるよう万全を期す。別の知らない誰かに途中で道をたずねるのと同じように。

マーズ・クライメート・オービターの場合、ジェット推進研究所（ＪＰＬ）で宇宙船のナビゲーションを担当するエンジニアのグループによって、４回の軌道修正作戦が計画されていた[8]。火星到達の約2カ月前に行なわれた4回目の作戦中、不思議なことが起きた。エンジン燃焼後に回収されたデータが、火星軌道進入時の宇宙船の高度が予測よりも低くなることを示していたのだ。わずかとはいえ明らかな誤差が修正されないままで宇宙船は飛び続けた。火星に近づくにつれて、宇宙船はどういうわけか高度を下げ続けたのである。

なかには、目標高度から70キロメートルも下を飛ぶという予測もあった。それでも、「ナビゲーターは10キロメートル以内の精度を確実に達成できるかのようにふるまっていた」[9]。70キロメートルもの差は、ある専門家によれば、「廊下に出て大声で警告するくらいのレベルだ。これでは宇宙船がどこにあるのかわからないし、その軌道では火星の大気圏を通過できる可能性はひじょうに低い」[10]。にもかかわらず、ナビゲーターはエラーの原因は宇宙船の軌道ではなくナビゲーション・ソフトウェアにあり、それは依然として〝取るに足りないもの〟――「想定の範囲内」を意味するロケット科学界の用語――だと思い込んでいた。

・メートル法とヤード・ポンド法

ＪＰＬ内では、オービターの問題は取るに足りないものなどではないとささやく声が聞こえた。火星軌道への進入予定日の1、2週間前に、マーク・アドラーはオービター・チームのメンバーに状況を確認した（前述したアドラーの話を覚えているだろうか。彼はマーズ・エクスプロレーション・ローバーにエアバッグを使用することを思いついたＪＰＬのエンジニアだ）。彼のなかの不可解な感覚は消えていなかった――「何か妙だな」。しかし、ナビゲーターは自信ありげにこう言った。「そのうち解決するでしょう」

軌道修正作戦は予定では4回だったが、5回目を実行する余地はあった。にもかかわらず、チーム・メンバーは5回目の作戦は行なわないことを決めた。宇宙船が安全な高度で火星大気圏に突入できると、彼らは信じ続けていたのだ。データはそうでないと叫んでいたというのに。

オービターが迎えた結末は、私に高校時代の物理の授業を思い出させる。測定単位が明記されていない答案に、教師は0点をつけた。容赦なかった。たとえ数字が合っていても、「150m」ではなく「150」と書いたら不正解になるわけだ。私は単位に関心がなかったので、それがなぜそんなに重要なのか理解できなかった。マーズ・クライメート・オービターを殺したナビゲーション・エラーの詳細を知るまでは。

オービターの製造業者であるロッキード・マーティン社はイギリス式のヤード・ポンド法を使っていた。一方、ナビゲーションを行なうJPLはメートル法を採用していたことがわかった。ロッキード・マーティン社が軌道ソフトをプログラミングしたとき、JPLのエンジニアは、のちに違っていたことが判明するのだが、数字がメートル法の力の単位であるニュートンで表示されていると思い込んだのである。1重量ポンドは約4・45ニュートンなので、オービター関連の測定値には4倍以上のずれが発生していたことになる。JPLとロッキード・マーティン社は異なる言語を話していたため、どちらのチームも単位を記入するのを忘れ、問題に気づかなかった。

これらのロケット科学者たちの誰ひとり、私の高校の物理の単位を取れなかったに違いない。だが1億9300万ドル〔約200億円〕を失ったこの大きなしくじりを、NASAに高校の物理の単位も取れない程度の能力しかないからだとか、どういうわけかロッキード・マーティン社が古臭いヤード・ポンド法を使っていたからだとか批判するのは、問題をあまりに単純に考えすぎているだろう。プロジェクトに取り組んでいたロケット科学者は、すべての人の合理的思考を損なう偏見の犠牲になったのだ。

オービター事故を受けて、NASAのエドワード・ワイラー副長官は、「人はときにミスを犯す。しかし、今回の問題はミスではなかった。ミスを発見するNASAのエンジニアリング・システムと、ミスを発見するためのプロセスのチェック・アンド・バランス・システムの失敗だ。そのためにわれわれは宇宙船を失ったのだ」と語った。データが語る物語と、ロケット科学者が自分に語る物語のあいだには、ギャップがあった――そして誰もそれに気がつかなかったのだ。

確信が事実をねじ曲げてしまう人間の性質を抑えることができるクリティカル・シンキングの能力は、生まれながらに備わっているわけではない。ファインマンのことばは、知的レベルに関係なくどんな人にも当てはまる。「第一に気をつけてほしいのは、決して自分で自分を欺かぬということです。己れというものは一番だましやすいものですから」[11]

自分の遺伝子の配線を腹立たしく思う代わりに、科学者は自分を欺くあまりに人間らしい傾向を正すために、一連のツールを考え出した。そうしたツールは科学者だけのものではない。むしろ、アイデアのストレステストを行なって真実を発見するために誰もが使うことのできる戦術――軌道修正作戦――なのだ。

まずはまったく関係のなさそうな場所――あるフィクション作品――をのぞいてみることにしよう。科学者のクリティカル・シンキングのツールキットをみごとなまでに忠実に描いた、映画『コンタクト』だ。

反証を挙げることが科学

夕暮れどき、ニューメキシコ州の砂漠の真ん中で、ジョディ・フォスター演じる地球外生命体を研究する科学者、エリー・アロウェイは車のルーフに寝転んでいる。背景には、ベリー・ラージ・アレイ望遠鏡の白い皿のような形のアンテナが回っている。目を閉じ、ヘッドフォンをつけて自分の世界に入ったアロウェイは、宇宙からの電波信号に耳を澄ませる——E.T.からの連絡《コンタクト》を待ちながら。

うとうとしていると、宇宙の雑音に混じってリズミカルな信号が大きな音で聞こえてきた。驚いて目を覚まし、「これは！」と漏らすアロウェイ。慌てて車に乗り込むと、何も知らない同僚たちに無線を使って大声で指示を出し、協力を求めながら、大急ぎでオフィスに戻る。

アロウェイがオフィスに着くと、チームはすぐさま行動に移り、装置をあちこちに移動させ、ノブを回して周波数を調整し、コンピューターにデータを入力する。

「別の可能性はある？」と、アロウェイは同僚のフィッシャーに向かって言う。

フィッシャーは信号の発信元についてさまざまな仮説を次から次へと話し出す。「カークランド空軍基地から飛んできたAWACSの電波妨害かもしれない」と、早期警戒管制機（AWACS）の可能性に言及する。しかしAWACSは飛んでいなかったため、それは除外された。そのほかの可能性も次々に打ち消されていく。「NORAD〔北米航空宇宙防衛司令部の略〕のスパイ衛星の記録はない」し、「スペースシャトルの『エンデバー号』もお休み中」だという。アロウェイはFUD

D（Follow-Up Detection Device）を確認する。信号が地球ではなく宇宙から発信されたものであることを確認するために使用される追跡検知装置だ。宇宙からの信号であることがわかると、彼女はコンピューターの画面にキスをする。

その後発信源が明らかになる。恒星ヴェガだ。けれどもそれにこだわることなく、チームはただちにその仮説が誤りであることを証明しようとする――恒星ヴェガは近すぎるし、若すぎるので、知的生物がいるわけがない。過去に何度も解析したが、否定的な結果が出ている。

しかし、信号は間違いようがない。彼らはすぐに、信号が素数の連続であることに気づく。知的生物が存在する明らかな兆候だ。アロウェイは一瞬、この事実をただちに公表しようと考えるが、思い直す。この発見をほかの科学者に独自に確認し反復してもらわなければならないことを、彼女は知っていたのだ。信号は妨害信号かもしれないし、異常な電気信号かもしれないし、聞き間違いかもしれない。いくつものことが、アメリカのチームを正しくない方向に導いた可能性があるのだ。

アメリカではまもなく恒星ヴェガは沈み、観測域を出てしまう。そこでアロウェイは、オーストラリアのニューサウスウェールズ州にある電波天文台、パークス天文台の仲間の力を借りた。自分の予測を伝えずに、「発信源の位置はつかんだ？」とアロウェイはたずねる。数分にも思えた一瞬の沈黙ののち、オーストラリアの仲間は「ヴェガだ」と答える。アロウェイはコンピューターから離れ、ことの重大さをかみしめる。

「次は誰に連絡を？」と同僚がたずねる。

「全員にして」とアロウェイは答える。

◆

本章でこれから詳細を分析していくこのシーンは、カール・セーガンの小説がもとになっているので、科学的描写が秀逸である。もちろん、ロバート・ゼメキス監督が多少自由にアレンジを加えてはいるが。一番わかりやすいのは、科学者は砂漠の真ん中でヘッドフォンをつけて電波信号を聞いたりしない、ということ。ふつうはコンピューターを使う（「このシーンは脚色だ。ロマンティックなイメージにしたかったんだ」とゼメキス監督は説明している[12]。でも、このシーンを見てロマンティックと感じる人はそういないだろう）。

まず注目すべきは、アロウェイがやらなかったことだ。知的生物の兆候を思わせる宇宙からの電波をキャッチしたときでさえ、彼女はそれが何を意味する可能性があるかについて、自分の意見を即座に口にするのを控えている。

科学的観点からすると、個人の意見というものはいくつか問題をはらんでいる。意見はなかなか厄介なものだ。ひとつの意見――ひじょうに賢い独自のアイデア――を抱くと、私たちはそれに執着しがちだ。実際の、あるいはバーチャルのメガホンを使ってそれを人前で発表するときはなおのこと。考えを変えたくないばかりに、身体をひねって、ヨガの達人でさえできないようなポーズをとろうとする。

・作業仮説を立てる

信念は、やがて私たちのアイデンティティと一体化し始める。クロスフィット〔アメリカのフィットネス団体〕への信念があなたをクロスフィッターにし、気候変動に関する信念があなたを環境保護主義者にし、パレオ・ダイエット〔旧石器時代の食生活を取り入れた食事法〕への信念があなたを旧石器時代人にする。信念とアイデンティティはまったく同じもので、考えが変わるということは、自分が何者であるかが変わるということだ。だから意見の相違は、しばしば存在を賭けたデス・マッチと化すのである。

そのため研究を開始したばかりの段階では、科学者は自分の意見を述べるのを控える。その代わり、彼らはいわゆる作業仮説を立てる。重要なのは「作業」ということばだ。つまり、その作業は進行中なのだ。作業中ということは、最終形ではない。進行中の作業なので、事実によって仮説が変更されたり放棄されたりする可能性がある。

意見は弁護されるが、作業仮説は試される。地質学者で教育者のトーマス・C・チェンバレンが説明するように、テストは「仮説のためではなく、事実のために行なわれる」ものだ[13]。なかには成熟して理論になる仮説もあるが、多くはそうならない。

学問の世界に入った当初、私は本書で紹介しているアドバイスを何から何まで無視していた。自分の書いた論文を、作業仮説ではなく最終的な意見のように扱っていたのだ。学術発表で誰かが私の意見に異論をはさもうものなら、私はいつも身構えた。心拍数は急上昇し、緊張でガチガチになり、答えには質問と質問者に対するいら立ちが映し出されていた。

その後、私は研究に戻り、自分の意見を作業仮説としてとらえ直すようになった。そうした意識の切り替えは、ことばづかいの変化にも表れた。例えば学会では、**「私は……と主張します」**では**なく、「この論文では次のような仮説を立てています」と言うようにしたのだ。**

こんなふうにことばをちょっと変えるだけで、自分の主張を個人としてのアイデンティティと切り離すよう、意識を切り替えることができた。言うまでもなく、アイデアを考えたのは私だが、私の身体を離れたとたんに、それは独り歩きを始める。それらは私がある程度客観的に見ることができる、別々の、抽象的な存在になった。もはや私個人のものではなくなったわけだ。それはさらなる研究が必要な単なる作業仮説だった。

しかし、いかに作業仮説が知性の子どものようなものだとしても、愛着が生まれる可能性はある。次のセクションで見ていくように、ひとつの解決策は、複数の子どもをもつことだ。

仮説一家の親になる

電波望遠鏡は、『コンタクト』のように地球外生命体の存在を詳しく調べるためだけでなく、太陽系を飛行する宇宙船との長距離惑星間交信のためにも使用されている[14]。ディープ・スペース・ネットワーク――3つの巨大な電波アンテナ群――がその通信網のハブとして機能している。追跡基地は、カリフォルニア州ゴールドストーン、スペインのマドリード、およびオーストラリアのキャンベラと、地球上に等間隔で設置されている。地球の自転によってひとつの通信局が探査機と交信できなくなっても、いずれかの通信局が交信できるようになっているのだ。

1999年12月3日、マドリード通信局は夜の着陸を目指し火星表面に向けて飛行するマーズ・ポーラー・ランダーを追跡していた。マーズ・クライメート・オービターが不名誉にも測定単位の不一致によって失われた数カ月後、ランダーは火星に着陸しようとしている。NASAにとって名誉挽回《ばんかい》のチャンスというわけだ。

太平洋時間の午前11時55分。ランダーは火星大気圏に進入し、着陸に向けて降下を開始。予定通り、ランダーからマドリード通信局への信号は途絶した。すべてが計画通りなら、ゴールドストーン通信局が午後12時39分に再び信号をキャッチすることになっている。

ところが、午後12時39分になっても、ランダーからの信号は届かなかった。その後数日にわたり捜索は続き、エンジニアが繰り返し指令を送ったが、ランダーからの信号はキャッチされなかった。

NASAがランダーの消失を発表しようとしたとき、奇妙なことが起こった。通信が途絶えてから1カ月後の2000年1月4日、スタンフォード大学の高感度電波望遠鏡が火星からの信号をキャッチしたのである。スタンフォード大学のシニア・リサーチ・アソシエート、イヴァン・リンスコットは、「口笛の電波周波数と同じでした」と説明した[15]。口笛には、マーズ・ポーラー・ランダーの信号に似た特徴があったのだ。発信源を確かめるために、科学者は宇宙船に「無線のオンとオフをはっきりわかるように、繰り返し」発煙信号を出すよう伝えた[16]。宇宙船は指令に応じたらしい。科学者は発煙信号をキャッチし、まるでフランケンシュタインのごとく、宇宙船は生きていたと発表した。

いや、そうではなかった。信号はたまたま聞こえた音だったことがわかった。スタンフォード大学の科学者たちは、いわゆる「見たいものを見てしまう」状態に陥っていたのである[17]。オランダとイギリスの電波望遠鏡が信号の位置を突きとめようとしたが、スタンフォード大学の結果を再現することはできなかった。

4世紀ほど前に、フランシス・ベーコンがこうした問題の原因を明らかにしている。人間の知性が、「否定的なものよりも肯定的なものにより大きく動かされ刺激されるという誤りは、固有かつ永続的なものである」[18]。スタンフォード大学の捜索技術はマーズ・ポーラー・ランダーからの信号を探すために作られた。信号は、チーム・メンバーが見えると期待していた――いや、見たいと望んでいた――ものだ。彼らはまさに、見たいものを見たというわけだ。

しかも、科学者たちはランダーの生存に感情的に執着していた。「愛する人が行方不明になったみたいだった」と、JPLの科学者、ジョン・カラスは述べた[19]。ランダーが生きているとどうしても信じたくて、彼らはそういう結論を引き出したのである。

ありもしない火星からの信号に科学者がだまされたのは、そのときが初めてではない。アロウェイが恒星ヴェガから素数信号をキャッチしたように、テスラもまた「数字の規則的繰り返し」からなる火星からのメッセージを受信したと発表した。テスラはそれらの数字を、火星に知的生物が存在するという「実験に基づく驚くべき証拠」であると解釈した[20]。

これらの科学者の誰ひとりとして、故意に人々を欺こうとしていたわけではない。彼らの結論は、表面上は客観的に思えるデータの解釈によって導き出されていた。では、彼らのような優秀な人たちが、ありもしないものを見てしまうのはどういうわけなのだろうか。

仮説――作業仮説であっても――は、やはり知性の子どもなのである。チェンバレンが説明するように、仮説は「それを立てた人にとってますます愛《いと》しいものになる。そのため、その人はうわべではそれを仮説だと言いながら、決して不完全な仮説などとは思っておらず、愛すべき仮説としていつくしむ。それは過度にかわいがられた子どもから、やがて主となり、どこへ行くときでも常に主導権を握るようになるのだ」[21]

・脳は見たいものを見る

まずひとつの仮説を立て、最初に頭に浮かんだアイデアに従って進むのならば、その仮説が私たちを支配するようになるのは当然だ。私たちは身動きがとれなくなり、周りにあるほかのアイデアも見えなくなる。作家のロバートソン・デイヴィスが記したように、「目は頭が理解しようとするものだけを見る」のだ[22]。もし頭がたったひとつの答え――マーズ・ポーラー・ランダーは生きている――を思い描いていたら、目はそれを見るのである。

作業仮説を発表する前に、自分に問うてみよう――私の先入観はなんだろう？　真実と思っていることはなんだろう？　そしてさらに、私はこの特定の仮説が真実であってほしいと心から思っているだろうか、と自分に問いかけてほしい。もし答えがイエスなら、要注意。気をつけなければならない。人生のほかの場面と同様に、誰かを好きになれば、その人の欠点は目に入らないもの。恋心を抱く相手、すなわち宇宙船からの信号だって、聞き取れてしまうはずだ。たとえ向こうが何の信号も発していなくても。

ひとつの仮説にばかりこだわらないようにするために、いくつかの仮説を立てるようにしよう。複数あれば、どれかひとつだけに愛着をもつことはなくなり、性急に結論を出すのも難しくなるだろう。この戦略を使えば、チェンバレンが説明するように、科学者は「仮説一家の親」になれる。「そして父親としての立場から、彼はどれかひとつにだけ過度に愛情を注ぐことを禁じられる」のだ[23]。

理想的なのは相互に対立する仮説を立てることだ。小説家のF・スコット・フィッツジェラルドが言うように、「優れた知性とは二つの対立する概念を同時に抱きながら、その機能を十分に発揮していくことができる、そういうものだ」[24]。このアプローチは容易ではない。科学者でさえ、頭を爆発させずに複数の見解をもち続けるのに苦労することがある。何世紀ものあいだ、科学界は二つの立場に分かれていた。光はほこりやチリのような粒子であると信じる一派と、さざ波のような波であると主張する一派だ。その後どちらも正しかった(あるいは見方によっては間違っていた)ことが判明した。光は二つのカテゴリーにまたがっていて、粒子と波、どちらの特性ももつことが明らかになったのである。

大型ハドロン衝突型加速器は、ハドロンと呼ばれる素粒子を衝突させる17マイル〔約27キロメートル〕の粒子加速器だ。素粒子の衝突は、「衝突というよりは交響曲」と言われている[25]。ハドロンの衝突は、実際には粒子同士が滑らかに一体化して緩やかに変化するので、「基本的構成要素が互いに会話を交わせるほどに接近する」[26]。交響曲をみごとに演奏できれば、衝突したハドロンは

「新たな素粒子を生み出し、それぞれ独自の音楽を奏でる、奥深くに隠れていた領域を引き出すことができるのだ」[27]

複数の仮説も、それと同じだ。頭に対立する概念を思い描き、それらをうまく一体化させることができれば、そこから、最初の曲よりも遥かに美しい、新たなハーモニーの交響曲が——新しいアイデアの形で——、誕生するに違いない。

とはいえ、対立する概念をどうやって生み出せばいいのだろうか。あなたの主旋律につける対旋律を、どうやって見つければいいのだろう。

「他にないか？」と問い続ける

27歳の映画監督は大きな問題を抱えていた[28]。いくらハリウッド映画のスターとはいえ、主役のブルースにあまりにも手がかかったからだ。ブルースは、監督の弁護士にちなんで名づけられた機械じかけのサメだ。だがこのサメ、魚のくせにあることがどうしてもできない——まともに泳げないのである。撮影初日、サメは水の底に沈んだ。1週間もたたないうちに、電気モーターが故障した。調子がよい日でも、次の撮影に備えて「乾かし、磨き、塗り直しをしなければならなかった」。映画スターだってめったに期待できないほど手厚いもてなしが必要だったのだ。

そこで監督はあることを実行した。映画監督ならば誰もが、とんでもなく世話の焼けるできの悪い俳優に、やってやれたらどんなにいいかと思うことを。サメをお払い箱にしたのである。「サメなしでストーリーを描く方法を考えるよりほかありませんでした」と監督は述べた。これほど大きな制約に直面した彼は、「こんなとき、ヒッチコックならどうするだろう？」と自問した。その答えがひらめきとなり、彼はどう見ても乗り越えられそうにない障害を、大ヒット作を生み出すチャンスへと生まれ変わらせた。

映画のオープニング・シーン。夜の海に飛び込むクリーシー。泳いでいると突然、彼女は水のなかに引きずり込まれる。何度も何度も引きずり回され、息も絶え絶えに、助けを求めて叫び声を上げる。カメラがとらえているのはクリーシーだけで、敵の姿はどこにもない。怪物のイメージは観客の想像に委ねられ、第3幕までサメは画面に出てこないのだ。まぎれもなく、姿が見えないせいで、観客の心に生まれた恐怖は消えることがない。そしてそれは不吉なテーマ曲（ダーダッ……ダーダッ……ダーダッダーダッダーダーダーダーダーダダダダ）によっていっそう高まるのである。

・あなたはゴリラを見ているか？

すでにおわかりだと思うが、この映画は『ジョーズ』、監督は若き日のスティーブン・スピルバーグだ。キャリアの最初の頃から、スピルバーグは私たちの多くが見逃していることに気づいていた。それは、見えるものよりも見えないもののほうが恐ろしい、ということだ。

人間の観点からすれば、すべての事実は同等ではない。私たちは目の前の事実に絶えず注目し、見えない場所に隠れているかもしれないそれ以外の事実を無視する傾向にある。

そうした盲点は、ある意味遺伝的プログラミングの結果生じる。心理学者ロバート・チャルディーニが説明したように、「何かの存在に気づくのは、その不在に気づくよりも簡単」なのだ[29]。私たちは明らかな兆候に反応するよう生まれついている――暗闇で聞こえるガタガタという音、ガスの臭い、煙、タイヤのこすれる音。瞳孔が開き、脈が速くなり、アドレナリンが分泌される。脳は襲ってくるかもしれない脅威に全神経を集中させ、ほかの感覚から入ってくる情報をフィルタリングする。こうしたメカニズムは生存にとっては不可欠であるが、ほかの機能よりも優先されるため、きわめて重要な情報を見逃す原因になるのだ。

ある有名な実験を紹介しよう。研究者は、3人が白、3人が黒のシャツを着た6人がバスケットボールをする映像を制作した。実験の参加者に与えられたのは単純な指示だった（もちろん、ロケット科学に比べれば、であるが）――「白シャツのチームがボールをパスする回数を数えてください」。ビデオ開始から約10秒で、ゴリラの着ぐるみを着た人が登場する。ゴリラはパスをする人のあいだを目立つように通って真ん中で立ち止まり、カメラのほうに向かって胸を叩《たた》き、去っていく。そっと入ってきたわけではないのだから、ゴリラを見落とすなんてありえないことのように思える[30]。ところが、半数の参加者がゴリラに気づいていなかった。パスの回数を数えるのに集中するあまり、目の前に現れたゴリラの姿が目に入らなかったのである[31]。

しかし、一般的な見方とは反対に、見えないものや知らないものはあなたに害を及ぼす可能性がある。素人弁護士は勝訴する法的主張を知らない。二流の医者は適切な診断をし損ねる。平均的なドライバーは危険が潜む場所に気がつかない。

目の前の事実に集中するだけでは、十分に集中しているとは言えない、いやまったく集中していないも同然で、いくつかの事実を見過ごしているのだ。重要な事実が注目してくれと訴えているのだから、私たちは、「今見えていないものはなんだろう？　あるべきなのに、ない事実はなんだろう」と自分に問わなければならない。何か見逃していないかと絶えず自分たちに問いかけた、映画『コンタクト』の科学者を見習おう――信号の発信源はAWACSかNORADか、それともスペースシャトル「エンデバー号」だろうか。

マーズ・クライメート・オービターに取り組んだロケット科学者たちは、そうした問いかけを怠った。見えない力――クリーシーを海に引きずり込んだような――がオービターを引っ張り続け、宇宙の海を泳いで渡るオービターの高度を下げ続けた。けれど、サメ、すなわち測定単位の不一致はずっとどこかに隠れていたのだ。危険を知らせるサインが出ていたにもかかわらず、公式の場で手を挙げて、「何か見逃していないでしょうか？」と質問する人がいなかったのである。

衝突事故を受けて行なわれた事後分析は、チーム・メンバーに「おかしな兆候の原因を探るために、シャーロック・ホームズのアプローチとブルドッグの気質」を取り入れるよう推奨した[32]。チームはすべての事実を集めることなく理論を組み立て――シャーロック・ホームズに言わせれば、探偵が犯す最悪のミス――、それに反する事実を拒んだ。

隠れた事実を探すことの重要性は、小説『名馬シルヴァー・ブレイズ』の謎のカギを握る。ホームズは、そこにないものに目を向けることで名馬の失踪が内部の人間の犯行であることを暴く。

グレゴリー（ロンドン警視庁の警部）「ほかにも何か、注意すべき点はありますか？」

ホームズ「あの夜の、犬の奇妙な行動に注意すべきです」
グレゴリー「あの夜、犬は何もしませんでしたが」
ホームズ「それが奇妙なことなんですよ」[33]

番犬が吠《ほ》えなかったことから、ホームズは警察がよく考えもせずに飛びついた外部犯行説とは逆の結論を導き出した。

だから、今度自信のある結論を発表したくなったら、いいかいワトソン君、運転するときに必ずやることを実行したまえ。バックミラーとサイドミラーに映る、目に見える危険だけに頼るのをやめることだ。そして「見えていないものはなんだ?」と自分に問いかけよう。可能性を全部吐き出したと思っても、「他にないか?」と問い続けよう。あちこちに目を向けて、盲点がないか繰り返し確認する努力を、意識的に行なってみよう。
隠れていたサメを見つけて、ハッとするに違いない。

――◆――

足りないものを見つけ、その情報をもとに複数の仮説を立てることは有益ではあるが、それで客観性が保証されるわけではない。あなたは、自分の知性の子どもは門限を破っても大目に見るのに、ほかの子どもが同じことをすると外出禁止にする、といったことを無意識にしてしまうかもしれない。そうならないためには、知性の子どもを何人か作ったら、思いもよらないことを実行しなければならない。

知性の子どもを殺す

実験者が部屋に入ってきて、3つの数字を示す――「2、4、6」。数字は単純なルールに従って並んでいて、あなたにはさまざまな3つの数字の組み合わせを提示して、ルールを突きとめる課題が与えられる。あなたが数字列を示すと、実験者はそれがルールに合っているかどうか教える。時間制限はなく、何度でも挑戦してかまわない。

ではやってみよう。数字はどんなルールに従って並んでいるのだろうか？

大半の参加者は、次のいずれかの方法で進めていった。参加者Aが最初に提示した数字列は「4、6、8」。実験者は「合っている」と答える。次に示した数字列は「6、8、10」。実験者は「これも合っている」と返す。提示したいくつかの数字列がすべてルールを満たしていることがわかったところで、参加者Aは「2ずつ増えていく」のがルールだと宣言した。

一方、参加者Bはまず「3、6、9」を提示。実験者は「合っている」と答える。次に示したのは「4、8、12」。実験者は「これも合っている」と返す。提示したいくつかの数字列がすべてルールを満たしていることがわかったところで、参加者Bは「最初の数字を足していく」のがルールだと宣言した。

意外なことに、両者とも正解ではなかった。

明かされたルールは、「数字が小さい順に並んでいる」だった。参加者A、Bの提示した数字列はルールには従っていたものの、ルールは彼らが考えたものとは異なっていたのだ。

正しいルールがわからなかった人には、気の合う仲間がいる。最初の挑戦で正解にたどり着いたのはわずか5人にひとりなのだ。

問題を解くカギはなんだろう。正解を出した参加者とそうでない参加者を分けたものはなんなのだろうか。

正しいルールを見つけられなかった参加者は、早い段階でルールを見つけたと信じ、その信念を裏づける数字列だけを提示した。「2ずつ増えていく」と考えた人は、「8、10、12」や「20、22、24」といった数字列を示したのである。どの数字列も正解と認められたため、参加者は最初に抱いたすばらしい直感に対する自信をいっそう強め、正しいと思い込んでしまった。彼らは自分が正しいと思ったルールを満たす数字列を見つけることに余念がなく、ルールそのものの追求はなおざりになってしまったのである。

正しいルールを導き出した参加者のやり方は、それとは正反対だった。自分の仮説を裏づける数字列を提示してその正当性を証明しようとするのではなく、逆にその誤りを立証しようとしたのだ。

例えば、ルールが「2ずつ増えていく」だと思ったら、それに合わない「3、2、1」の数字列を提示する。これは正解のルールにも合致しない。次に提示するのは「2、4、10」。これは正しいルールには一致するものの、ほとんどの参加者が考えたルールには従っていない。

• ノーが真実への一歩

ご推察の通り、この数字列ゲームは人生の小宇宙だ。私生活でも仕事の場でも、自分が正しいと証明したいと思うのは、私たちの本能なのだ。イエスと言われるのはいつだって気分がいい。イエスをもらうたびに、私たちは自分が知っていると思っていることに執着するようになる。イエスと言われるたびにごほうびがもらえ、ドーパミンが出る。

けれども実は、ノーと言われれば、そのたびに私たちは真実に一歩近づく。あらゆるノーはイエスよりも遥かに多くの情報を与えてくれる。進歩は、最初の直感の正しさを確認するよりも、むしろそれに反対する証拠を挙げて、否定的な結果を出すときでなければ生まれないのだ。

自分の誤りを明らかにするのは、気持ちが楽になるからではない。その目的は、宇宙船を衝突させないこと、会社を崩壊させないこと、あるいは健康を損なわないことだ。自分が知っていると思っていることが正しいと確認するたびに、視野は狭まり、ほかの可能性を見逃すようになる――実験者が「合っている」と言ってうなずくたびに、間違った仮説のことしか頭になくなった参加者のように。

数字列の課題は、「確証バイアス」ということばを作った認知心理学者ピーター・カスカート・ウェイソンが、実際に行なった実験で出されたものだ[34]。ウェイソンは、哲学者カール・ポパーによって提唱された、「反証可能性」、すなわち「科学的な仮説は反証可能でなければならない」という概念を掘り下げることに興味があった[35]。

例えばこの一文――「すべてのハトは白い」。この文は反証可能である。黒や茶色や黄色のハトを見つけたら、仮説が間違っていることを証明できるからだ。数字列の実験で、ルールを満たさない数字列を提示して最初の直感の誤りを明らかにするのと同じだ。

科学理論は正しいと証明されているわけではない。間違っていると証明されていないだけなのだ。

科学者は自分の考えを徹底的に叩きつぶそうと懸命に努力してこそ（期待したほどうまくはいかないが）、自信をもてるようになる。理論が認められたあとでさえ、新たな事実が明るみに出て、現在の主張を微調整したり、完全にあきらめたりしなければならなくなることは往々にしてある。

物理学者のアラン・ライトマンは、「物理学の世界では、不変あるいは永続的に思えるものは何ひとつない。星は燃え尽きる。原子は崩壊する。種は進化する。動きは相対的である」と記した[36]。同じことが事実にも当てはまる。大半の事実には半減期がある。今年確実だと教わったことが、翌年にはくつがえされるのだ。

科学の歴史は、臨床医で作家のクリス・クレッサーが言うように、「ほとんどの科学者が、ほとんどの場合にほとんどのことがらについて間違ってきた歴史である」[37]。アリストテレスの考えはガリレオによって誤りが立証され、ガリレオの考えはニュートンの理論に取って代わられ、ニュートンの考えはアインシュタインにより修正された。そしてアインシュタインの相対性理論は、原子より小さい世界――今では場の量子論が支配する、クォーク、グルーオン、ハドロンのような素粒子でできた微小な世界――では通用しない。こうした事実のひとつひとつについて、私たちは確信をもっていた――それを失うまでは。科学理論の「今日はここにあるが、明日にはもうない」性質は、「自然のリズム」にすぎないと、作家でジャーナリストのゲーリー・トーベスは書いている[38]。

科学者は人生を賭けて自分の考えを反証するが、そうした行動は一般の人たちの条件づけには逆行する。例えば政治の世界では、一貫性が正しさに勝つ。政治家が、事実が変化したり筋の通った意見によって説得されたりといった理由で、考えを変えたことを認めると、反対派から激しく非難される。一貫性がない、決断力がない、選挙で選ばれるにふさわしい断固とした主張ができる人物ではないという汚名を着せられるのだ。

ほとんどの政治家にとって、「この主張には反論の余地がない」ということばは美徳である。しかし科学者にとって、それは悪だ。科学の仮説を試し、その間違いを立証する方法がないとしたら、その仮説は価値がないも同然。セーガンが言うように、「筋金入りの懐疑派にも、推論の道がたどれなければならないし、実験を再現して検証できなければならない」のである[39]。

●シミュレーション仮説

例えば、哲学者ニック・ボストロムが提唱し、イーロン・マスクがのちに広めた、「シミュレーション仮説」について考察してみよう。人間はより知的な文明が支配する、コンピューター・シミュレーションの世界に生きるちっぽけな存在にすぎない、という仮説だ[40]。この仮説には反証可能性がない。私たちがビデオゲームの「ザ・シムズ」に出てくるキャラクターのようなものだとするなら、私たちの世界についての情報をその外から得ることはできない。そのため、私たちの世界が単なる幻想などではないことを、証明することができないのだ。

反証可能性は、科学と疑似科学を区別する。反証不可能な主張を突きつけて反対派を追い詰め、ほかの人が異を唱えることを許さないとすれば、偽情報がはびこる。

反証可能な仮説を立てたら、数字列の実験で成功した参加者にならい、仮説の正当性を証明するデータを探すのではなく、誤りを実証しようと試みることだ。思考の固定化は自分でも気づかないうちに起こる。したがって、「私は自分の間違いを明らかにする意見を進んで受け入れる」などと、ただお題目を繰り返すのではなく、不安をもたらす自己反証にあえて身をさらす必要がある。自分の考えの正当性を証明することから、誤りを証明することに焦点を移せば、さまざまな情報を求め、深く根づいた偏見と闘い、対立する事実や主張に耳を傾けるようになる。エイブラハム・リンカーンは、「あの男は嫌いだ。彼のことをもっとよく知らなければなるまい」と言ったという。同じアプローチを反対意見にも当てはめるべきだ。

『ホール・アース・カタログ』創刊者、スチュアート・ブランドのように、「私が完全に間違っていることはいくつあるだろう」と常に自分に問いかけよう[41]。あなたが一番だいじにしている主張の重箱の隅をつつき、それを否定する事実を探そう（どんな事実が明らかになれば、私は意見を変えるだろうか？）。自分の信念と矛盾する事実を発見したとき、すぐにそれを書き留めたダーウィンの行動にならおう[42]。**間違った考えや時代遅れの考えを捨てれば、もっと優れた考えを思いつく余裕が生まれる**ことを、ダーウィンは知っていたのだ。自分に深く刻み込まれた信念に疑問を投げかけ、自分の誤りを明らかにすれば、第一原理思考の効果をいっそう高めることができる。

・自分の間違いを証明する

判断と意思決定に関する心理学の画期的な研究により２００２年にノーベル賞を受賞した、ダニエル・カーネマンについても考えてみよう。ノーベル賞の獲得は言うまでもなく偉大な業績だが、カーネマンの場合はなおのこと印象的だ。彼は心理学者でありながら、経済学賞を受賞したのである。プリンストン大学教授エルダー・シャフィールは言う。「ノーベル賞を獲《と》ったら、たいていの人はゴルフにでも出かけようかと思うだろう。けれど、ダニーは受賞した自分の理論の間違いを証明するのに忙しいんだ。すごいよ、ほんとうにね」[43]。カーネマンはまた、批判する人たちを協力するよう説得し、いっしょに楽しもうと誘っている[44]。

私の好きなアメリカ合衆国最高裁判所の判決のひとつが、ジョン・マーシャル・ハーラン判事が1896年に下したプレッシー対ファーガソン裁判の判決だ。その裁判では、反対するハーランひとりを除き、多数の判事が人種分離は憲法に違反しないという判断を支持した（のちにブラウン対教育委員会の裁判でくつがえった）。

ハーランの反対意見は多くの人を驚かせた。何しろ彼は白人至上主義者で、かつて奴隷を所有していたのだ[45]。それに、政府が（とくに）人種による差別を禁じた、アメリカ合衆国憲法修正条項にも断固として反対していた。人々が彼の変節を責め立てたとき、ハーランは短くこう答えた。「私はひとつの主張を貫くよりも、むしろ正しくありたい」[46]

「偉大な知性の特徴の一つは、変化を厭《いと》わないことだ」と、ウォルター・アイザックソンは述べた[47]。周りの世界が変わるとき――テクノロジー・バブルがはじけるとか、自動運転車が当たり前になるとか――、それと足並みをそろえて変われる力は、とてつもない強みとなる。**「成功する**

エグゼクティブは、まずい判断に気づいて修正するのが早い」。そう話すのは、チャールズ・シュワブ社CEOウォルト・ベッティンガーだ。「それに対し、失敗するエグゼクティブは往々にして守りに入り、自分の正当性を人に納得させようとする」[48]

自分の信念に異を唱えるのが難しければ、それをほかの人の考えだと思い込んでみるといい。本書を執筆するのに、私はスティーヴン・キングの戦略を取り入れた。キングは原稿の草案を何週間か寝かせてから、再び作業に取りかかる。心理的な距離がとれるようになれば、ほかの人が書いたものとして原稿に向き合うのもお安い御用だ。作品を新鮮な視点から見ることで、目隠しを外し、執筆作業に取りかかることができる。キングのアプローチを裏づける研究がある。それによると、ほかの人のものとして提示されると、被験者は自分のアイデアに対してより批判的になったという[49]。

要するに、自分の間違いを自分で明らかにできなければ、ほかの誰かにしてもらおうというわけだ。すべての答えを知っているふりをしたところで、いずれ化けの皮ははがれるだろう。自分の思考に潜む欠点に気づかないでいると、それは絶えず私たちにつきまとう。認知科学者のユーゴ・メルシエとダン・スペルベルが指摘するように、「周りに猫がいないという信念の裏づけにあくせくする」ネズミは、結局は猫の餌食になるのだ[50]。

私たちが目指すのは、何が正しいかを突きとめることで、正しくあることであってはいけない。

先ほど紹介した数字列の実験結果を発表して数年がたった頃、ウェイソンは道でロンドン・スクール・オブ・エコノミクスの科学哲学者、イムレ・ラカトシュに呼び止められた。彼はウェイソンに「あなたの書いたものは全部読みましたが、われわれは何ひとつ同意できません」と言ったという。そして、こうも言った。「ぜひともうちに来て、講義してください」[51]

対立する考えをもつ聡明な相手を招こうとしたラカトシュは、次のセクションで掘り下げるある戦略に従っていた。

アインシュタインの光の箱

ニールス・ボーアとアルベルト・アインシュタインは、科学界で最も偉大な知的ライバル関係にあった。ふたりは、量子力学、なかでも亜原子粒子の正確な位置と運動量の両方を決定することは不可能であるという不確定性原理をテーマに、公開討論を何度も行なっている[52]。この原理を主張したのがボーア、反対したのがアインシュタインだ。

互いの見解は真っ向から対立していたものの、ボーアとアインシュタインは尊敬し合い、良好な関係を築いていた。例のごとく、アインシュタインは一連の思考実験を行なって不確定性原理に異議を唱えた。世界の名だたる物理学者が一堂に会するソルベイ会議では、アインシュタインが朝食の席で、不確定性原理を反証する思考実験を考え出したと得意げに発表していた[53]。

ボーアは一日中、アインシュタインの反論について思いを巡らせ、たいていは夕食までに、それを論破する答えを導き出していた。するとアインシュタインはホテルの部屋に戻り、翌朝にはまったく新しい思考実験を携えて朝食の席に現れるのだった。

こうした知性のボクシングは、まるで営業時間終了後のボクシングジムでスパーリングをする、ロッキー・バルボアとアポロ・クリードを思わせる。ふたりの偉大な科学者は、世間の雑音には耳を貸さず、互いの理論を試し、その結果ますます力をつけていった。それぞれの研究には相手の痕跡が見てとれる――ことばではなく、魂のなかに。重要なのは勝ち負けではなく、打ち合い、つまりこの場合は科学そのものなのだ。

ボーアとアインシュタインは、互いの存在を使って自らの理論のストレステストを行なった。なぜなら、ふたりとも自分の理論を知りすぎていて、自身の盲点に気がつけなかったからだ。ノーベル賞受賞者のトーマス・シェリングはかつて「どれだけ厳格な分析をしようと、大胆な想像をしようと、人間ができないことのひとつは、自分に思いつかないことのリストを作ることだ」と記した。だから、『コンタクト』のなかでアロウェイは、「別の可能性はある？」と、同僚に自分の誤りの証明を求めたのだ[54]。

これはまた、意見の不一致が科学的プロセスの一環である理由でもある。理論物理学者のジョン・アーチボルト・ホイーラーは、**「科学の進歩は、事実の確実な積み重ねではなく、アイデアのぶつかり合いのおかげによるところが大きい」**と述べている[55]。引きこもって研究している科学者でさえ、最終的にはピアレビュー――すべての主要な科学論文がクリアしなければならないハードル――を通じて仲間に自分の考えをさらけ出さなければならない。ただし、論文は発表して終わりではない。論文に書かれた結論は、それを擁護する動機をいっさいもたないほかの科学者によって、独自に検証される必要がある。『コンタクト』で、オーストラリアにいるアロウェイの仲間が、信号のなかに素数の連続を見つけ出したように。

•「水」って何？

大学の卒業式のスピーチで私が好きなのは、作家デヴィッド・フォスター・ウォレスの2匹の若い魚の話だ。「2匹が泳いでいると、向こうから年上の魚が泳いできた。彼は会釈をしてこう言った。『おはよう、諸君。水の具合はどうだい？』2匹がしばらく泳いだところで、1匹がもう1匹を見て聞いた。『水って何？』」[56]。

世の中のあらゆることを、私たちは自分の目を通して見ている。ほかの人にとっては当たり前かもしれないこと――水の中で泳いでいる――は、私たちには当たり前ではない。ほかの人には、測定単位の不一致や、死亡した火星ランダーからの信号がチームの思い違いであることをかぎわける、不思議に思える能力がある。彼らは私たちの世界の見方に執着はないし、私たちの意見に感情的な愛着を感じたりもしないし、私たちのように対立する情報を追い払ったりもしない。心理学者デイビッド・ダニングはこう言っていた。「自己洞察への道は、ほかの人々のなかを通っている」[57]

けれどもこの道はしばしば妨害される。現代の世界では、私たちは永遠に続くエコーチェンバー〔価値観の近い者同士がつながる閉じたコミュニティで、同じ立場で意見を交わすうちに、思考や思想などが強化され、ほかの情報がかき消されてしまう状態のこと〕のなかで生きている。テクノロジーはいくつかの障壁を倒しても、結局別の障壁を作り出してしまう。自分に似た人とフェイスブックの友達になる。共通点の多い人をツイッターでフォローする。政治的見解の波長が合うブログや新聞を読む。自分たちの種族とだけ関わりをもち、他者とのつながりを断ち切るのは簡単なことだ。会員登録を解除して、フォローを外し、友達をやめればいい。

インターネットによって加速した部族主義は私たちの確証バイアスを悪化させる。エコーチェンバーが騒々しくなると、私たちは自分と同じ考えを繰り返し何度も耳にする。ほかの人の主張が自分の考えと同じだと、私たちの自信レベルは急上昇する。エコーチェンバーのどこにも、自分と対立する意見の人はいないため、そんな人は世の中のどこにも存在しない、あるいはそんな主張をする人たちは愚かなのだと思い込んでしまう。

だから私たちは、意識してエコーチェンバーの外に出なければならないのだ。重要な意思決定をする前に、「私の意見に反対するのは誰だろう？」と自問しよう。思いつかなければ、必ず見つけるように心がけよう。**自分の意見に誰かが反論してくれるような環境に身を置こう。**それがどれほど居心地が悪く、不安であろうとも。もしあなたがニールス・ボーアだとしたら、思考実験をしかけてくるアインシュタインは誰だろう？　あなたがルース・ベイダー・ギンズバーグ〔アメリカ合衆国最高裁判所判事〕なら、生意気だけれど説得力のある反対意見を書くアントニン・スカリア〔元アメリカ合衆国最高裁判所判事〕は誰だろう？　あなたがテニスプレーヤーのアンドレ・アガシなら、油断できない強烈なサーブを打ち込んでくるピート・サンプラスは誰だろう？

• 反対意見を歓迎する

いつもあなたの意見に同意してくれる人々に、反対意見を言うよう頼んでもいい。例えば、私はこの本の初期の原稿を信頼できるアドバイザーに渡して、よい点や好きな箇所ではなく、悪いところ、修正すべきところ、省いたほうがいいところを指摘してもらった。このやり方なら、ふだんはあなたの気分を害するのが怖くて反論を控えがちな人も、安心して反対意見を言うことができる。

反論してくれる人が見つからなければ、作ってしまおう。好みの敵役のメンタルモデル〔人が現実の世界の物事や他者をどう認識し解釈しているかの認知モデルで、思考や行動の前提になるもの〕を構築して、頭のなかで彼らと対話するのである。この方法を取り入れたのが、ネットスケープ ナビゲーターを開発したマーク・アンドリーセンだ。彼は、ベンチャー・キャピタリストでペイパルの共同設立者の名を挙げ、「私は小さなピーター・ティールのメンタルモデルを作り、肩の上に乗っかっている姿を思い浮かべながら、一日中彼と議論しています」と話す[58]。そしてこうも言った。「人にはおかしな目で見られるでしょうけどね」。それでも、笑われるだけの価値は十分にある。

反論する人は誰でもかまわない。あなた自身が、「ロケット科学者ならどうするだろう」と自問し、本書に記されたツールを武器に、あなたのアイデアに疑問を投げかけるロケット科学者を想像してもいい。あなたの最新製品に不満を感じた顧客はなんと言うだろうか。あなたに代わって新しく就任するCEOは、同じ問題にどんな策で対処するだろうか（インテルの元CEOアンディ・グローブが使った手）。とことん考えてみよう[59]。

対抗者の考え方のモデルを構築するときは、できる限り客観的かつ公正でなければならない。対立する見解をねじ曲げて、反論しやすいものに作り替えて伝える──「ストローマン」と呼ばれる戦術──のはやめるべきだ。例えば、政治家候補が自動車の温室効果ガスの規制強化を主張したとする。別の候補が、自動車は人々の通勤手段として不可欠で、その提言は経済を破壊すると言って反対する。この論法はストローマンである。なぜなら、最初の政治家候補が求めているのは規制強化であって自動車の排除ではないからだ。より極端な考えのほうが遥かに反論しやすいのだ。

ストローマンではなく、その逆の「スチールマン」に頼ろう。このアプローチでは、対抗者の主張のなかで最も説得力のあるポイントを見つけて明確に述べる必要がある。投資・保険会社バークシャー・ハサウェイのチャーリー・マンガー副会長は、このアプローチの大物支持者だ。彼は、「対立する見解の持ち主である最も賢い人以上に、自分の意見に対して的確な反論ができない限り、あなたは意見を述べる資格はない」とアドバイスする[60]。

ボーアとアインシュタインの知的なチェスのゲームがあれほど実り多いものだったのは、ある意味彼らがスチールマン・テクニックの達人だったからだ。ふたりのチェスはアインシュタインが亡くなるまで続いた。その数年後にボーアが亡くなったとき、彼は黒板に図を描き残していた[61]。「それは彼自身のアイデアについての新たな大発見でも弁明でもなかった。ボーアが最後に描いたのは、その理論に異議を唱えるための思考実験で、かつてアインシュタインが主張した光の箱だった」〔『量子革命――アインシュタインとボーア、偉大なる頭脳の激突』（新潮社）より〕

息を引き取る最後の瞬間まで、ボーアはアインシュタインの反論を喜んで受け入れていた。それによって彼のアイデアは弱くなるどころか強くなると信じていたからだ。ボーアの量子力学の主張の基盤は、粘り強さではなく自信のなさにあった。

あなた自身の人生においても、光の箱――自分の核をなす信念体系に対抗するもの――を見つけ

て、絶対に手放してはならない。つまるところ、都合のいい事実ではなく真実を突きとめるには、勇気と謙虚さと意志の強さが必要なのだ。それでも、努力する価値は十分にある。

—◆—

モルフェウス〔夢の神〕が言ったように、道を知っているのと歩くのは違う。自分の誤りを証明しようと努め、アイデアのストレステストを終えたら、今度はそれらのアイデアをテストや実験を通して現実にぶつけてみるときだ。ただし、次の章で見ていくように、テストでも実験でも、ロケット科学者はまったく異なるアプローチで取り組んでいる。

7 飛ぶようにテストし、テストした通りに飛ばせ
――新製品の投入や就職面接を成功させる方法

常人は自分が期待するレベルまで上っていくのではない。自分が訓練したレベルまで落ちていくのである。
――作者不詳

数百万のアメリカ国民がその瞬間を待っていた[1]。若き大統領が約束した宇宙規模の改革が、もうすぐ実現されようとしている。

作業はひどく遅れていた。正式な開始日の数カ月前、予定通りの実施を危ぶむ声が上がった。それなのに、役人たちは聞こえぬふりをし、誰の目にも明らかな問題がどうにかひとりでに解決してくれないか願っていた。延期や中止の助言も無視した。ストレステストが行なわれたのは、開始日のわずか一日前。それによって、未解決のままの欠陥がミッション全体を台なしにしかねないことが判明する。

しかし、テスト結果が顧みられることはなかった。厳しい期限を守ることを優先するあまり、焦

った役人は見切り発車した。開始当日、データが集まり始めるやいなや、エンジニアのパソコン画面には、世にも恐ろしい状況が映し出される。口をあんぐり開けて、彼らは見ていた――目の前にあるのは、死のレッドスクリーンだった。

そして惨事が起きた。スタート直後、クラッシュし炎上したのだ。

――◆――

これはロケット打ち上げの話ではない。政府のウェブサイト「HealthCare.gov」の立ち上げにまつわるエピソードである。「HealthCare.gov」は、すべての国民を入手可能な価格で健康保険に加入させるため、バラク・オバマ大統領が掲げた医療保険制度改革法（オバマケア）の柱だった。法律は成立し、ウェブサイトは完成した――いや、するはずだった。アメリカ人はオンラインで保険を購入できることになっていたのだ。

システム障害が発生し、開始早々ウェブサイトは機能停止に陥った。新規アカウントの作成といった基本的な機能すら実行できず医療保険補助金の計算を間違い、手続きは進まず解約もできない。ユーザーは八方ふさがりとなった。運用開始初日に保険申し込みを完了できたのは、たった6名である。

いったいなぜ、オバマケア成功のカギを握っていたHealthCare.govは、これほど見苦しい失策に終わったのだろう。20億ドル〔約2080億円〕近くものコストを投じたプラットフォームは、なぜ基本的なコマンドも実行できないほど失敗したのか。

ロケットとウェブサイトはまったく異なるものだが、少なくとも共通点がひとつある。「飛ぶようにテストし、テストした通りに飛ばせ」というロケット科学の基本原則に従わなければ、クラッシュするのだ。

この章で取りあげるのは、「飛ぶようにテストし、テストした通りに飛ばせ」の原則だ。それをどう使って、本書のステージ1（発射）で生み出したアイデアを試し、最良の方法で着陸させることができるかについて説明しよう。

テストや予行演習の際、なぜ私たちは自分を欺こうとするのか、それにどう対処すればいいのだろうか。

また、15億ドル〔約1560億円〕の費用を投じたハッブル宇宙望遠鏡の失敗を招いたエラーから何を学べるか、史上最大の人気を誇る消費財が危うく世に出ない可能性があったのはなぜかを明らかにしていく。

定期的に小さなコメディ・クラブ〔お酒を呑《の》みながらスタンドアップ・コメディを見られる場所〕にひょっこり顔を出す人気コメディアンや、それぞれの分野で秀でるために同じロケット科学の戦略を用いる、有名弁護士と世界トップの障害物レースの選手のエピソードも紹介したい。

テストを行う理由

人生の意思決定の多くはテストではなく、直感と限られた情報に基づいてなされている。私たちは新製品を投入し、職を変え、新たなマーケティング・アプローチを取り入れる――ただの一度も試すことなく。私たちはリソース不足のせいにしてテストを怠るけれど、結局のところ、新しいアプローチが失敗に終わったときのコストに気がついていないのだ。

よしんばテストをしたところで、それは自分をだますうわべだけの予行演習にすぎない。テストを行なうのは、自分の誤りを証明するためではなく、自分の考えが正しいことの確証を得たいからだ。だからテストの条件を微妙に変えたり、どっちつかずの結果を自分の先入観を裏づけるものと勝手に解釈したりする。

ペンシルベニア大学ウォートン校とハーバード大学の教授が、最先端小売企業32社のテストの実施状況について調査を行なった[2]。その結果、78パーセントの企業が新製品の投入前に店舗でテストを行なっていることがわかった。数字は立派だが、実際の状況はそうではなかった。研究者によれば、企業は「テストの結果が好ましくなくても、製品はよく売れるはずだ」と考えており、「思わしくない売り上げを、天気（よすぎる、または悪すぎる）、テスト店舗の選択ミス、テストの実施方法のまずさといった要因」のせいにした[3]。つまり、小売企業はテスト結果をふまえた予測をするのではなく、予測に合わせてテスト結果を解釈している、というわけだ。

適切なテストでは、結果をあらかじめ決めることはできない。失敗を覚悟しておかなければならないのだ。テストは、思い込みを裏づける結果ありきでそこから逆算するのではなく、今後のために不確実なことを明らかにする目的で行なわなければならない。ファインマンがそのことをみごとに言い表している。「もしもそれが実験と合わなかったら、間違いだ。この当たり前のことに科学へのカギがある。君の推測がどれほど美しいか、君がどれだけ頭がよいか、それを考えたのが誰か、その人の名前がなんであるかとは関係がない――実験に合わないものは、間違っている」[4]

自分を欺くことはテストが抱えている問題の一部にすぎない。テスト環境と現実のずれという問題もある。テストを実施する際、フォーカス・グループや被験者はたいていそのためにわざわざ作られた環境に置かれ、実生活では決して聞かれることのない質問をされる。そのため、そうした「実験」は完璧で非の打ちどころがない、完璧に間違った結果を吐き出すのだ。

ロケット科学が提唱するのは、驚くほどシンプルな原則――「飛ぶようにテストし、テストした通りに飛ばせ」――だ。この原則に従って、地上での飛行テストは、実際の飛行と可能な限り同じ条件で実行しなければならない。ロケット科学者は、宇宙船を飛ばすことを想定してテストを行なう。テストがうまくいったら、それと同じ条件で飛ばさなければならない。テストと実際の飛行のあいだに著しい差があれば、大惨事を招きかねない。ロケットだろうと、ウェブサイトだろうと、就職面接だろうと、新製品だろうと。

正しいテストの目的は、順調にいきそうなことを明らかにすることではない。その逆で、失敗する可能性のあるあらゆることを突きとめて、限界点を見つけることなのだ。

限界点を知るには壊すこと

ある物体の限界点を決めるには、それを壊すのが最もよい方法である。だからロケット科学者は、地上で宇宙船を破壊しようと試みる。宇宙でその正体を露《あら》わにする前に、すべての欠陥を暴き出すためだ。そうするには、ネジ1本に至るまでありとあらゆる部品を、宇宙で待ち受けているのと同じ衝撃や振動、極端な温度にさらす必要がある。科学者とエンジニアはあらゆる方法を駆使して、部品やコンピューター・コードに致命的な不具合を発生させなければならない。

このアプローチには、前の章で述べたように、不確実性を減らすメリットもある。テストは未知を既知に変えるのに役立つのだ。実際の飛行と同じ条件で実施されれば、テストのたびにロケット科学者は宇宙船に関する新たな情報を得て、ソフトウェアやハードウェアを改善していくことができる。

ところがロケット科学といえども、たいていの場合、テスト条件は実際の打ち上げとまったく同じというわけにはいかない。物理的に地上でテストできないことが、必ずいくつかあるものなのだ。例えば、打ち上げ時にロケットにかかる重力。これを正確に再現することは不可能だ。火星での探査機操作の完全なシミュレーションも無理である。それでも、近い状況を作ることはできる。

2003年のマーズ・エクスプロレーション・ローバー・ミッションに携わっていたとき、ジェット推進研究所（JPL）のマーズ・ヤード――火星にあるのと同じような岩がそこらじゅうに置いてある、テニスコートほどの広さの場所――で、定期的に探査機の回転試験を行なった。テスト用探査機の名は「フィールド・インテグレーテッド・デザイン・アンド・オペレーションズ（Field Integrated Design and Operations）」、愛称FIDOだ[5]。私たちはFIDOをネバダ州ブラック・ロック・サミットやアリゾナ州グレー・マウンテンなどにも運んだ。そこで探査機の性能を試し、危険を避ける、岩に穴を開ける、写真を撮るなど、課されたタスクをこなせるかどうかを確認した。

探査機を地球で動かすのと、大気密度から表面重力まで、何もかもが地球と異なる火星で操作するのとは別物だ。地球上で最も火星に近い場所は、オハイオ州サンダスキー。この小さな都市には、世界最大の真空室、NASAスペース・パワー・ファシリティがある。そこでは高真空、低圧、極端な温度変化をはじめ、宇宙飛行のさまざまな環境条件を再現することができる[6]。

真空室は、火星に探査機を着陸させるのに使用する予定の、エアバッグのテストに理想的な環境だった[7]。突入・降下・着陸（EDL）チームがサンダスキーに向かい、何度かテストを実施した。試験用探査機をエアバッグに入れ、真空室の気圧と温度を火星と同じに設定し、床には火星にあるのとそっくりの、エアバッグが裂けるほど鋭い岩を置いた。

現実に、岩はエアバッグを切り裂いた。エアバッグは完全に突き破られて、みるみるうちにしぼんでいった。そこには人がひとり通れるほど大きな穴が開いていた。たった一回のテストで、使うはずだったエアバッグでは強度がまったく足りないことが明らかになった。

・最悪の事態を考える

なかでも、「ブラック・ロック」という不吉な名がつけられた岩は強敵だった。EDLチームのアダム・ステルツナーはそれを、「てっぺんに沿ってところどころ色が薄い部分がある、牛の肝臓のような形をした」岩と表現した。それほど危険には見えなかったが、「岩はエアバッグに突き刺さり、ブラダと呼ばれる空気嚢《くうきのう》まで破れていた」。ブラック・ロックを外れ値――火星で遭遇する可能性が低いタイプの岩――と片づけてしまわずに、EDLチームのメンバーは正反対の行動をとった。

彼らは問題を切り分けて、大問題として扱ったのである。ブラック・ロックのレプリカを作って真空室のあちこちに配置し、その上にエアバッグを放り投げた。１９９７年には同型のエアバッグを使って「パスファインダー」が火星にみごと上陸を果たしていたが、だからといってエアバッグの設計に欠点がなかったわけではない。危険な岩との悲惨な衝突事故が起きなかったのは、運がよかっただけかもしれないのだ。しかし、私たちのミッションのＥＤＬチームは幸運を当てにするわけにはいかず、最悪の事態――火星一面に広がるブラック・ロックが、エアバッグをバラバラに引き裂く――を想定しなければならなかった。

解決策のヒントは、一見すると関係のなさそうな分野にあった。自転車だ。大半の自転車のタイヤは外層と内側のチューブの二重構造になっている。路上の破片で外層がパンクしても、内側のチューブは無傷のままだ。ＥＤＬチームはリンゴとオレンジを見比べて、自転車のタイヤの設計をエアバッグに取り入れることにした。二重に保護するためにブラダを二重にしたのである。これで、外側のブラダが破れても、エアバッグ（つまり探査機）は守られる。苦行に耐えうるエアバッグができるまで、新しい設計に対して何度もテストを重ねた。

あなたの製品の限界点を見つけるのに、高性能の真空室も大規模な予算も必要ない。プロトタイプや間に合わせの製品で、代表的な顧客グループを対象にテストをすればそれで十分だ。必要なのは、理想的なケースのシナリオではなく、最悪のケースのシナリオに合わせてテストを設計する意欲だけだ。

・較正というプロセス

テストは、宇宙船が打ち上げられたら終わるわけではない。離陸後でさえ、未知の不安定な環境で適切に動作しているかを確認してからでなければ、さまざまな機器類を信頼することはできないのだ。

そうした正確性を実現させるために、私たちが実行するのが「較正《こうせい》」と呼ばれるプロセスだ。例えば、火星探査機に設置されたすべての機器には、較正用装置があった。最も有効だったのが探査機に搭載されたカメラ、「パンカム」用の装置だ[8]。それは探査機のデッキに取りつけられた日時計で、四隅は含有する鉱物が異なる4つの色に塗り分けられ、内側は反射率の異なるグレースケールになっている。装置全体には17カ国語で「火星」と書かれていた（緑色をした火星人が英語を話さないといけないから）[9]。日時計の二つの輪は地球と火星の軌道を表し、「ふたつの世界――ひとつの太陽」と刻まれていた。光が較正用装置の中央にある棒に当たると、影ができる。この影を使って科学者は画像の光度を調整した。

どんな機器も、使用前に必ず較正用装置を使って調整する。例えばパンカムなら、日時計の写真を写して地球に送る。火星で読み取られた数値が地球で同型の装置が読み取る数値と合わなかったら、つまり日時計の緑の部分が較正写真で赤に見えたら、パンカムは間違って較正されていることがわかる。

日常生活において、較正ミスは思ったよりもひんぱんに起きる。だから較正用装置が、それも可能ならば、測定値がおかしい――本来緑のはずが赤に見える――場合に警告を発することができる、信頼できる複数のアドバイザーが必要だ。較正用装置、つまりアドバイザーは慎重に選び、その判断が信用できる人にしよう。彼らの判断ミスがあなたの判断ミスになるのだから。

次のセクションで見ていくように、個々の構成部品の信頼性をテストするだけでは十分ではない。システムレベルのテストをしなければ、知らないうちにフランケンシュタインの怪物が解き放たれてしまうかもしれない。

フランケンシュタインの怪物

ある意味、宇宙船はあなたの会社、身体、あるいはお気に入りのスポーツ・チームとまったく同じだ。それらはどれもみな、互いに交流し、影響し合う、関連性のある、より小規模なサブシステムで構成されるシステムである。

飛ぶようにテストするためには、重層的なアプローチが求められる。ロケット科学者はまず、従属部品のテストから始める。例えば、探査機の視覚システムを形成する個々のカメラや、ケーブル、コネクターなどだ。カメラがすべて取りつけられたら、今度は視覚システム全体をテストする。

このアプローチをとる理由が、スーフィズム〔イスラムの神秘主義〕の教えにうまくまとめられている。「『1』がわかっているのだから、『2』もわかる、だって、『1』と『1』で『2』でしょ、と思うだろう。しかし、『と』も理解しなくてはならないことを忘れている」[10]。部品は単体で正しく機能しても、組み立てたあとでほかの部品とうまく連動しない可能性がある。別の言い方をするなら、システムは各部品が単独で稼働するときとは異なる影響を生み出すかもしれないのだ。

このようなシステムレベルの影響は、悲惨な結果をもたらしかねない。薬は単独では優れた効果を発揮しても、ほかの薬との相互作用で死を招くかもしれない。プラグイン・ソフトウェアは単独ではうまく機能しても、ウェブサイトのシステム全体に災難を引き起こすかもしれない。ひとりひとりは才能あるアスリートでも、チームになると惨憺《さんたん》たる成績しか残せないかもしれない。

こうした問題は、「フランケンシュタインの怪物」と呼ばれる。その手足はもともと人間の身体の一部だった。けれど、部分を縫い合わせて完成したのは、人とは似ても似つかない怪物だったのだ。

もうひとりの怪物が目覚めたケースを考察してみよう。アドルフ・ヒトラーが政権を取ったとき、ドイツ憲法は「世界で最も民主的な」憲法のひとつだった[11]。それには表面上は何の害もなさそうな二つの条項が含まれていた。ひとつは大統領による緊急令の発令——議会を多数決によって中止することができる——を認めるもの、もうひとつは大統領が議会を解散し、新たな選挙を要求することを認めるものだった。ドイツ議会は常に分断し、膠着《こうちゃく》状態にあったため、後者の条項にはその問題に対するチェック機能を果たす意図があった。ひとつひとつの条項には正しい目的があるように思えたが、両者を合わせたものは悪に変わり、憲法学者のキム・レーン・シェッペルが言うところの「フランケンシュタイン国家（Frankenstate）」が生まれた。

１９３０年代初頭、パウル・フォン・ヒンデンブルク大統領は憲法上の権力を行使し、救いようのないほど行き詰まっていた議会を解散した。新しい議員を選ぶ選挙が実施される前に、大統領はヒトラー首相に促されるままに緊急令を発令した。それにより、ドイツ国民のほぼすべての自由が停止された。議会に緊急令を無効にする権限はあったものの、それを発動するための法制度は整備されていなかった[12]。ほどなくして親衛隊（ＳＳ）と突撃隊（ＳＡ）は、ナチ党の大義に反対する人々を全国でひとり残らず粛清し始めた。緊急令を口実に、ナチ党は支配を強固なものとし、ヒトラーを指導者とする一党独裁制の構築に乗り出した。ひとつの憲法違反も犯すことなく、世界で最もおぞましい国を誕生させたのである。

・省略されたシステムテスト

１９９９年のマーズ・ポーラー・ランダーの墜落の原因も、同じような設計の不具合と考えられている[13]。探査機は、ロケット・モーターを使い火星表面に向けて高度を下げ、１５００メートル上空の地点で、格納されていた３本の脚を広げた。何が起きたのかはっきりとしたことはわからないものの、着陸脚を広げる際の反動を火星表面に安全に接地した衝撃と勘違いした可能性がある。だが、探査機は接地していなかった。まだ降下の最中だったのである。コンピューターが誤って早々に降下用エンジンをオフにしたために、探査機は火星表面に叩きつけられ、大破したのだ。

マーズ・ポーラー・ランダー・チームは、着陸脚の展開を含め、地上で着陸のシミュレーションを行なっていた。最初のテストでは、脚の電気スイッチの配線が間違っていたせいで、信号が出せなかった。メンバーがエラーを発見し、再びテストが実行された。しかし、スケジュールに遅れが出ていたため、チームはランダーの接地にばかり注目し、その前の飛行中に着陸脚がきちんと広がるかのテストを省略してしまったのだ。テストではスイッチの配線に問題なしとの結果が出たものの、着陸脚の展開に関する致命的な欠陥は明らかにされずじまいとなった。ＮＡＳＡは正しい配線での着陸脚の展開フェーズを再テストしなかった。そのために、火星表面に穴を開け、煙が上がる結果になったのである。

こうした例が示すように、システムレベルのテストを怠ると、思いがけない結果を招きかねない。土壇場で製品に変更を加え、全体を再テストせずに世に送り出すのは危険だ。変更が全体にどんな影響を及ぼすかを吟味せず、弁論趣意書の一部を変えれば、弁護過誤になるおそれがある。重要な政府のプログラムの設計を60もの業者に委託しながら、システム全体のテストを怠れば――Health Care.gov のように――、大惨事となる[14]。

ロケット科学には、テイクオフの前にテストしなければならないシステムがもうひとつある。これは宇宙船よりも遥かに予測不可能だ。パニックを起こすし、忘れるし、ほかの物体にぶつかったり、コンソールの誤ったボタンをうっかり押したりする。カッとなることもあれば、風邪もひくし、宇宙で行なう重要なタスクをさぼったりもする。

もうひとつのシステムとは、言うまでもなく、宇宙船に乗る人間のことだ。

ライトスタッフ

「ライトスタッフ」とは、ＮＡＳＡ初の有人宇宙飛行、マーキュリー計画に選ばれた、7名の勇敢な宇宙飛行士のニックネームだ。だが、彼らとは別に、同じくそう呼ばれるにふさわしい、名もなき人々がいる[15]。NASAは、宇宙飛行の模擬訓練のために地上で行なわれる一連のテストに参加する志願者を募った。1965年、79名の空軍兵士が宇宙服に身を包み、インパクト・スレッド〔衝撃試験用のソリ〕に取りつけられた宇宙カプセルに乗り込んだ。彼らの乗ったカプセルは、「45度の角度で上下に回転し、前進し、バックし、左右に動いた」。ふつうの人なら5G――Gは地上の重力加速度のこと――で意識を失うところだが、志願者たちがさらされたのは、最大で36Gというとんでもない重力加速度だった[16]。

そうした実験の目的は、飛ぶようにテストすることだった。何も知らない空軍兵士に、宇宙飛行士が月までの飛行中に経験するのと同じ衝撃を与えたのである。志願者たちは鼓膜を傷め、圧迫による損傷を負った。ある人は「尻が宙に浮いたまま」カプセルに乗っていて、胃が破裂した。またある人は眼球が「少し飛び出た」という。実験を行なったジョン・ポール・スタップ大佐は、その内容をプレスリリースに次のようにまとめている。「頸部《けいぶ》硬直、背中のねじれ、ひじのあざ、ときおりの口汚い罵《ののし》り。さまざまな犠牲を払って、人類初の月面着陸という未知の危険を冒す3名の宇宙飛行士のために、アポロのカプセルは安全に作られた」

人間よりも先に、私たちに最も近い動物が宇宙に送られたのも、「飛ぶようにテストする」原則に従ったからだ[17]。無重力が人間の身体にどんな影響を及ぼすか、皆目見当がつかなかったため、チンパンジーのハムがアメリカ人として初めて宇宙に行くことになった。ハムは鼻に打撲を負ったが、宇宙飛行は無事成功し、その後天寿を全うした（スタップ大佐からおほめのことばをもらい、インターナショナル・スペース・ホール・オブ・フェイムに埋葬されている）。

ハムはレバーを引くなどの基本的なタスクを実行するよう訓練され、16分間の飛行中も地上からの指示をみごとに実行した。ハムの飛行は成功したものの、その事実はマーキュリー計画に選ばれた宇宙飛行士の繊細なプライドを傷つけた。自分たちの任務はチンパンジーでもできる程度のことなのだと気づいてしまったからだ。ケネディ大統領の4歳の娘、キャロラインは、宇宙飛行士のジョン・グレンに会ったとき、がっかりしてこう言ったという。「おサルさんはどこ？」

今はもうチンパンジーを宇宙に送っていないし、空軍の志願者に中世の拷問のような実験もしていない。方法は変わったけれど、「飛ぶようにテストする」原則に対する基本的な信頼は変わっていない。宇宙飛行士の現実の日常生活は、ハリウッド映画で見るような派手なものとはまるで違う。宇宙飛行士はタフな働き者であって、宇宙の冒険野郎ではないのだ。彼らの生業《なりわい》は宇宙飛行ではない。宇宙を飛ぶために訓練し、準備することだ。「僕は宇宙飛行士になって六年になるが、そのうち宇宙で過ごしたのは八日間にすぎない」と、クリス・ハドフィールドは述べている[18]。

それ以外の日々は準備に費やされる。ミッションで飛行するときまで、宇宙飛行士はシミュレーターのなかで同じルートを数えきれないくらい何度も飛ぶのだ[19]。例えば、スペースシャトルの訓練用シミュレーターには、同型の制御装置やディスプレイなど、本物とまったく同じ機能が装備されている。宇宙飛行士は、本物の宇宙船と同じようにシミュレーターを操作して、打ち上げ、ドッキング、着陸など、ミッションのさまざまな場面の模擬訓練を行なう。モニターには本番の飛行中に宇宙飛行士が目にするのと同じ景色が表示され、見えない場所に設置されたスピーカーからは、振動や点火時の爆発や装置の動作に伴う音など、飛行中に耳にする雑音が流れてくる。

ただし、シミュレーターにもできないことがひとつある。微小重力の発生だ。そこで、「嘔吐彗星《おうとすいせい》（vomit comet）」の出番となる[20]。これは、ジェット・コースターのように急上昇と急降下を繰り返す放物線飛行《パラボリック・フライト》によって、無重力状態を再現する航空機である。放物線の頂点で、乗員は約25秒間無重力を経験する。こんな名前がついているのは、そうした急上昇と急降下によってひときりひどい吐き気を催す傾向があるからだ。宇宙飛行士は嘔吐彗星に乗り、無重力状態で浮遊しながら、飲んだり食べたりといった動作をする訓練を行なう[21]。

しかし、より複雑な動作の訓練をするには、25秒では足りない。もっと長く無重力状態を経験するには、宇宙飛行士は無重量環境訓練施設の巨大な屋内プールに潜らなければならない。そこでは、水の浮力を利用して宇宙飛行士が宇宙で経験する微小重力環境が再現されている[22]。「プールの中にいると、本物の宇宙飛行士になった気持ちになる。宇宙服を着て、宇宙遊泳の最中と同じように呼吸を補助されているからね」とハドフィールドは言う[23]。国際宇宙ステーションの実物大模型《モックアップ》が設置されたプールで、宇宙飛行士は宇宙空間で浮遊しながら（宇宙遊泳ともいう）行なうことになる修理の練習をする。すべてのステップをそれが習性になるまで訓練するのだ。ハドフィールドの場合、6時間の宇宙遊泳のために、身体に染みつくレベルまで達するのに、プールで250時間の訓練を受けた[24]という。

・宇宙飛行士を殺せエクササイズ

宇宙飛行士の模擬訓練を指揮しているのは、インストラクター・チームを率いるNASAのシミュレーション・スーパーバイザー（通称「シムサップ（SimSup）」）だ[25]。シムサップの任務のひとつは、ミッションの各ステップの正確な手順を宇宙飛行士に教えることである。一方、なかにはかなり恐ろしい任務もある。宇宙飛行士を殺すのだ。

シミュレーション・チームは、前述した「会社をつぶせエクササイズ」――企業幹部が会社をつぶそうとする競合他社の役をする――のNASA版、「宇宙飛行士を殺せエクササイズ」を実行する。目的は同じで、シミュレーター内で宇宙飛行士を追い込んで間違った行動をとるようしむけ、それを教訓に宇宙で正しい行動をとれるようにするのである。宇宙では、異常事態が発生しても、ほとんどの場合時間をかけて慎重に検討している余裕はない。実際に飛ぶことを想定したテストでは、瞬時に近いくらい可能な限り短い時間で反応しなければならない。スペースシャトルのミッションの場合、そのためにおよそ6800通りの故障シナリオを用いて、想像できるあらゆる不具合――コンピューターのクラッシュ、エンジン・トラブル、爆発――を乗員に経験させる[26]。作家のロバート・カーソンによると、アポロ宇宙飛行士の訓練中、こうした模擬訓練は一回につき数日間続いたという。「シナリオは悲惨であればあるほど有効だった。繰り返すうちに、訓練が本能となりすべての参加者のなかに刻まれていった。死に直面することで彼らは生き延びる方法を学んだのである」[27]

多くの意味で、模擬訓練は実際のフライトよりもきつい。それを行なう根拠が、とある古い格言に見てとれる――**「平時に汗すれば、戦時に流す血は少ない」**。初めて月面を歩いたとき、ニール・アームストロングは月の重力が地球の6分の1であることに触れ、実際の経験は「おそらく模擬訓練よりも楽だ」と語った[28]。地上で汗をかいていたおかげで、アームストロングは宇宙で血を流さずに済んだわけだ。

・計画通りに進みはしない

問題に繰り返しさらされることで宇宙飛行士は耐性を身につけ、いかなる事態にも対処できるという自信を深めた。物理学が変化球を投げてきたときこそ、訓練がものをいう。首尾よくミッションを終えて地球に生還したあと、計画通りに進んだかとたずねられたハドフィールドは、「ほんとうのところ、計画どおりに進んだことなんてひとつもなかった。でも、すべて想定の範囲内ではあった」と答えている[29]。

アポロ宇宙飛行士のジーン・サーナンも訓練について同じように述べている。「操縦は私ひとりの手にかかっていた。誘導装置の故障で軌道を外れても、スイッチを押し、３４００トン以上の推進力を制御しながら、月へ向かえる」。サーナンはアポロ17号ミッションの司令官を務め、月面に足跡を残した最後の人物だ。彼はこうも話した。「そのための訓練を何度も繰り返してきた。もう少しで故障を期待するところだったよ」。練習を繰り返し、やがて宇宙飛行士と宇宙船はひとつになった。「私は〝彼女〟と呼吸を合わせた」とサーナンは振り返る[30]。

アポロ13号の酸素タンクが爆発したとき――文字通り宇宙飛行士たちは息をのんだ――も、日頃の訓練の成果が表れた。映画『アポロ13』では、ロケット科学者と宇宙飛行士が間に合わせの解決策を大急ぎで考え出そうとして、宇宙船やミッション・コントロールが大混乱する様子が描かれている。爆発によって機械船《サービス・モジュール》〔空気や水を循環させ、必要なエネルギーなどを供給するための宇宙船〕が損傷したので、彼らは2名の宇宙飛行士を月に着陸させるための着陸船《ルナー・モジュール》を、3名全員を地球に帰還させる救命ボートとして利用する方法を考える必要に迫られた。

しかし現実は、ハリウッドの描写よりもずっと穏やかだった。ミッションのフライト・ディレクター、ジーン・クランツは、定期的な予行演習を行なって、ストレス下で複雑な問題を解決できるよう地上管制官を訓練していたのだ[31]。実は、月着陸船を救命ボートに使わなければならない似たような不測の事態のために、すでに模擬訓練がなされていたのである。アポロ宇宙飛行士のケン・マッティングリーがこんなふうに語っている。「まったく同じ事態をシミュレーションしていたわけではありません。でも、宇宙船内のシステムと宇宙飛行士にどんなストレスがかかるかのシミュレーションはしていました。彼らは自分にどんな選択肢があるか知っていたので、どうすればいいか、すでにある程度見当がついていたのです」[32]

・最高の弁護士

こうしたトレーニング戦略はロケット科学以外の分野でも有益だ。例えば、アメリカ合衆国最高裁判所での口頭弁論について考えてみよう。国の最高司法機関で口頭弁論が行なわれ判決が出される件数は、年間で100に満たない。最高裁判所で弁論する誉に浴するのは、ほんの一握りの一流弁護士に限られるというわけだ。

傍聴人として初めて最高裁判所の法廷に足を踏み入れたときのことを、私はよく覚えている。最初に目についたのは、その荘厳な佇《たたず》まいでも、天井の高さでも、壁の大理石模様でもなかった。弁護士が立つ証言台が、9名の判事が座るマホガニー材の判事席に恐ろしいほど近いことだった。弁護士の口頭弁論は、判事が詰問口調で放つ鋭い質問によって中断される。その数は30分間で平均45回[33]。たいていの場合、最初の一文を言い終えないうちから、質問が浴びせられる。証言台と判事席があまりにも近いので、弁護士はその視界に入らない判事から、まさに不意打ちをくらう恰好《かっこう》になるのだ。

陪審員になら感情に訴えるという手もあろうが、国で最も高い権威のある法律家を相手にそれは通用しない。弁護士は落ち着いて冷静でありながら、質問の集中砲火に即座に対応しなければならない。たびたび最高裁判所で弁論を行なった弁護士のテッド・オルソンは言う。「目の前の質問にどう答えるのが正しいかだけではなく、その答えがまだ聞かれていない質問にとって何を意味するかまで考えなければなりません。それに、ひとりの判事を満足させても、ふたりの判事と険悪になるのでは意味がありません」

こうした脳内ジェット・コースターを乗りこなすには、ロケット科学のマインドセットが求められる。判事になる前、ジョン・ロバーツ——現最高裁判所長官——は、ひじょうに優秀な弁護士のひとりとして広く評価されていた。弁論に備え、判事から飛んできそうな数百もの質問をまとめ、そのひとつひとつに答えを用意した。ただし、それだけでは十分でないことを、彼は承知していた。口頭弁論の当日は、それぞれの判事が思いつくままに質問を投げかけてくる。本番のフライトに近いテストをするために、ロバーツは「フラッシュカードに質問を書き、シャッフルして練習した。どんな質問をどんな順番で聞かれても答えられるようにするためだ」。

証言台に立って弁論を行なうロバーツは、ふだんと何も変わらないように見えた。かつての同僚ジョナサン・フランクリンは彼の印象を振り返り、「ロバーツは複雑な論点を取り上げ、不要なものをそぎ落として本質を取り出し、無用なことばをまったく使わずに答え、彼の主張は明らかに正しく、同意するよりほかないと思わせる能力がありました」と話す。あまりにすらすらと話すものだから、何も知らない傍聴人にはロバーツが事前に質問を聞いていて、どう答えればいいか頭に叩き込んであったのではないかと思えるほどだった。

• 世界一つらいレース

同じマインドセットで身体を鍛えている弁護士がいる。レースに出場するようになった頃、アメリア・ブーンはシカゴの大手法律事務所に勤める女性弁護士だった。いつものトレーニングの日、ブーンはウェットスーツを着てランニングに出かけ、冬の凍えるような風を顔に受けながらミシガン湖の冷たい水のなかを泳ぐ[34]。厚手の冬服を重ね着した見物人には、そんなものは錯乱したマゾヒストのすることだと決めつけられそうだ。だが、そうではない。「痛みの女王」として知られるブーンは、「ワールズ・タフェスト・マダー（World's Toughest Mudder）」に向けて練習していたのである。

24時間耐久レース、「ワールズ・タフェスト・マダー」に比べたら、マラソンなんて軽い散歩でしかない。出場者は最大、最悪の障害物がおよそ20も置かれた全長5マイル〔約8キロメートル〕のコースを、眠気と闘いながらノンストップで走り続けなければならない。時間内で周回コースを最も多く走った者が優勝する。つまり、「適者生存」というわけだ[35]。

障害物のひとつが、氷点下にまで下がることもある池。低体温症を防ぐために出場者は全員ウェットスーツで走る。地上を走っているときもウェットスーツは体温維持に役立つ。というのも、24時間レースはあまりに過酷なので、途中で体温が低下することが多いのだ。

トレーニングを始めた頃、ブーンにはスタミナがほとんどなかった。半年を費やしても、懸垂がただの一度もできるようにならないありさま。初出場したレースでは、どの障害物からも転がり落ちた。「さんざんだったわ」。レース後、ブーンはひとりごとを言った。「がんばってうまくなろう」。そして、その通りになった。彼女は4度の世界チャンピオンに輝き、今や世界最高の障害物レース――男女別ではない――の選手のひとりに数えられている。

ブーンの秘訣《ひけつ》は誇り高い宇宙飛行士のそれと同じ――「飛ぶようにテストする」だ。つまり、レースと同じ環境でトレーニングするのである。雨が降っているからといってライバルたちが快適なジムで練習しているときでもだ。「レースでは、ネットフリックスを見ながらランニングマシンを走るわけではありません。だからそんなトレーニングをしてはいけないんです」と彼女は言う。

雨、雪、暗闇、寒さ、ウェットスーツ。ブーンにはどれもみな魅力的に思える。レースが近づいてくる頃には、彼女は自分を待ち受ける過酷な環境に慣れっこになっている。そのときが来たら微笑《ほほえ》んで、「また会えてうれしいわ。踊りましょう」とでも言いそうなほどに。

けれども実際のところ、私たちはロバーツやブーンのようなわけにはいかない。私たちが練習しているのは、現実を模した環境ではない。十分に休息をとってすっきりした頭で、居心地のよい自宅でだいじなスピーチの練習をしている。着慣れたジャージを穿《は》き、友人を相手に、あらかじめ用意された質問を使って就職面接の練習をしている。

「飛ぶようにテストする」原則に従えば、エスプレッソを何杯か飲み干して眠気を吹き飛ばし、落ち着かない環境でスピーチの練習をするようになる。堅苦しいスーツを着込んで、変化球を投げてくる知らない人を相手に、就職面接に臨む練習をするようになる。

この原則の活用は企業にもメリットがある。3名のビジネス・スクールの教授が『ハーバード・ビジネス・レビュー』誌に書いているように、企業は「飛ぶようにテストする」原則に沿ってシミュレーションを実施し、「いちかばちかの決断を下す組織の能力を高める」ことができる[36]。例えば、モルガン・スタンレーはハッカーや自然災害といったさまざまな脅威への対処方法を決定する訓練を、ある宇宙開発企業は、合併や提携など、競合他社の動きに対応する方法を決定する予行演習を実施している。研究者は、「予行演習によって、参加者は互いの強みや弱みがわかるようになり、非公式の役割が明らかになる」と説明する。

「飛ぶようにテストする」原則は、次のセクションで説明するように、企業やコメディアンをはじめ、すべての人がフォーカス・グループを動かし、新製品や新作ネタに関する世の中の意見を推し量るのにも役に立つ。

世論調査をロケット科学する

アップルが「飛ぶようにテストする」ルールに従っていなければ、iPhoneは日の目を見ることはなかっただろう。現代で最も収益性の高い消費財のひとつであるiPhoneは、発売前に行なわれた調査では大失敗に終わると予測されていた。すべてのニーズに応えられる「ひとつの携帯デバイス」があったらうれしいかという質問に「はい」と答えた人は、アメリカ、日本、ドイツではわずか30パーセントにとどまったのである[37]。人々は電話、カメラ、音楽プレーヤー、すべての機能を搭載したひとつのデバイスよりも、それぞれを別々に持ち歩くほうを好むらしい。調査結果を繰り返すように、マイクロソフトのスティーブ・バルマーCEOはこんなふうに言った。「iPhoneが大きなマーケットシェアを占めることは、考えられない。絶対にありえない」

調査結果が間違っていたわけではない。作家のデレク・トンプソンは、人々が「見たこともなく理解もできない製品に関心を持たない」という意味では、予測は正しかったと述べている。つまり、その調査は「飛ぶようにテストする」原則に従っていなかったのである。iPhoneがどんな製品か頭で思い描くのと、実物をその目で見るのは別物だった。アップル・ストアでiPhoneの実物を見たら――そのブランドがもつ世界観に足を踏み入れ、革新的な新しいデバイスを手に取ったら――、人々はそれを手放せなくなった。無関心がたちまち願望に変わったのだ。

価格設定実験で、企業が必ず顧客にたずねる質問がある――あなたならこの靴にいくら払いますか？　考えてみよう。実際の生活の場面で最近いつ、こういった質問をされただろうか。おそらく、聞かれたことはないと思う。顧客は、もしこんな靴があったらこれくらいの価格で買うと思いますと答えるだろう。けれどもだからといって彼らが現実に財布に手を伸ばし、骨を折って稼いだお金を取り出してレジ係に渡すかどうかは、また別の話なのだ。シューズ・メーカーは実際に販売する靴の試作品を作り、それを実店舗に置き、実際の顧客に販売するほうが遥かに効果的だ。要するに、「飛ぶようにテストする」原則に沿ってテストするのである。

このコンセプトをほかの誰よりも正しく理解していた男がいた。世論調査の結果を見たことがある人は、彼の名前を目にしているはずだ。

・アンケートは正しくない

心理学者ジョージ・ギャラップは、新聞の読者が何に関心を抱いているかを見きわめるための客観的な方法を見つけたいと思っていた[38]。そこで、それをテーマにした博士論文を書くことに決め、「新聞記事の中で何が読者の関心を引くかを知るための客観的方法」とストレートなタイトルをつけた。ギャラップにとって重要なのは「客観的」ということばだった。彼は、とくに調査やアンケートといった主観的な方法にひどく懐疑的だったのだ。彼は、自分自身の行動を報告するとなると、人々は真実を歪めて伝えると信じていた。そしてもちろん、それは正しいことがわかった。アンケートでは新聞の1面を全部読むと回答しても、読者は実際には全部は読んでおらず、スポーツ面や文化面を読んでいる。

要するに、そうした調査は「飛ぶようにテストする」原則に従っていないのである。新聞を読むことに関するアンケートに記入する内容と、新聞を読むという現実の行動はまったく別物なのだ。有効なテストをするには飛行テストと同じようにしなければならないと、ギャラップは考えた。

では、問題を解決するためにギャラップは具体的に何をしたのだろう。彼は調査員を読者の家に送り込み、新聞を読む様子を観察し、どの記事が読まれ、どの記事が読まれていないかを記録させた。気まずくないか？　確かに。アンケートよりも正確か？　もちろんだ。「アンケート後に話を聞いてみると、ほとんど例外なく、（中略）前にアンケートに書いた内容は正しくないことが判明した」とギャラップは記した。彼が行ったアナログな実験が、現代のデジタル追跡の先駆けだったというわけだ。このアプローチを不気味だと思うなら、ネットフリックスがあなたがいつどんな番組を見ているか、前シーズンの『ハウス・オブ・カード　野望の階段』の視聴をシーズン終了前にやめたかどうかを正確に把握していることを思い出してほしい。ネットフリックスもまた、自己申告よりも観察のほうが遥かに正しいと知っているのである。

人気コメディアンもロケット科学者と同じ考えに従い、大勢の観客を相手に演じるときには、必ずその前にどこかでテストをし、反応を観察している。コメディ・クラブにひょっこり現れ、知らない人ばかりのリスクの低い環境で新作ネタを試すのである[39]。例えば2016年のアカデミー賞授賞式の司会を務めたクリス・ロックは、その前にロサンゼルスのコメディ・クラブ、コメディ・ストアでジョークを披露した。リッキー・ジャーヴェイスやジェリー・サインフェルドも、小規模のコメディ・クラブをたびたび訪れては、観客の反応に合わせてジョークを手直ししたり、すべてボツにしたりしていた[40]。

人々が新聞を読む様子を記録したり、突然コメディ・クラブを訪れたりするのに比べてさらにハードルが高いのは、知らない人を洗面所に入れ、子どもたちが歯を磨くところを観察させてほしいと頼むことである。グローバルなデザイン会社アイディオが、オーラルBから子ども用歯ブラシのデザインの改良を依頼されて実行したのが、まさにそれだった。アイディオが提案した、型破りで何やら不安をあおるような要請に、最初オーラルBの幹部たちは目を回した。「ロケット科学じゃないんだぞ。子どもの歯磨きの話をしているんだ」と言って反対した[41]。

・アイディオのリデザイン

確かに、ロケット科学並みにややこしい話だ。優れた歯ブラシをデザインするには、高性能ロケットの設計とまったく同じように、テストとフライトが相乗効果をもたらさなければならない。それでなくても難しい歯磨きのタスクに集中しようとしている5歳の子どもの傍らで、アイディオの社員がせっせとメモを取るという愉快なイメージはさておき、アイディオが見つけ出した事実に注目することにしよう。アイディオが関わる以前、子ども用歯ブラシの各メーカーは、子どもは大人よりも手が小さいので、小さい歯ブラシが必要だと思い込んでいた。だから、大人用歯ブラシを細くして、子ども用として販売していた。

直感的なアプローチに聞こえるが、実は完全に的外れだった。アイディオのフィールド・リサーチの結果、子どもは大人とは違うやり方で歯を磨いていることが明らかになった。子どもはげんこつ握りで歯ブラシ全体をつかむので、大人みたいに指で器用に歯ブラシを動かせないのだ。細い歯ブラシでは子どもの歯磨きはいっそうやりにくくなる。ブラッシングしようとすると歯ブラシが手のなかで動いてしまうからだ。よって、子どもに必要なのは大きくて太い歯ブラシだった。オーラルBがアイディオの勧めに従って製造した歯ブラシは、ナンバーワンのヒット商品となった。

病院における患者エクスペリエンスのためのリデザインにも、アイディオは同じ戦略を活用した。病院は患者を回復させるためにあるはずなのに、病室の大半はその目的に逆行している。病室は、蛍光灯に照らされた、何の特徴も人間味もない白い部屋だ。

ある医療機関がアイディオに患者エクスペリエンスのためのリデザインを依頼したとき、幹部たちが期待したのは、クリエイティブな新しい設計が盛り込まれたスタイリッシュな病室のパワーポイントのプレゼン資料だっただろう。だが、実際はそうではなかった。彼らが受け取ったのは退屈きわまりない6分間の動画だった。そこに映っていたのは、病室の天井だけ。「一日中病院のベッドに寝ていると、天井を眺めるくらいしかすることがありません。それはもう最悪の経験です」。そう説明したのは、アイディオのチーフ・クリエイティブ・オフィサー、ポール・ベネットだ[42]。

ベネットが「当たり前すぎて気づいていないこと」と表現するのは、アイディオの社員が患者の立場に身を置いたことから得られた経験である。アイディオのデザイナーが病院を受診し、何時間もベッドに寝かされ、車いすに乗せて運ばれ、天井のタイルを見つめ、そのひどい眺めをビデオカメラで記録した。味気ないタイルを映した6分間は、「患者ジャーニー」（患者が経験する一連の行動の流れやプロセス）――アイディオCEOのティム・ブラウンのことばを借りるなら、「途方に暮れ、何もわからず、なす術《すべ》がない、不安と退屈が入り混じった状態」――のごく一部だったのである[43]。

その映像を見た病院職員は、ただちに行動を起こした。天井を飾り、見舞客が患者にメッセージを残せるホワイトボードを用意し、病室のスタイルや色を変えて温かみのある雰囲気を出せるようにした。また、ストレッチャーにバックミラーをつけて、患者が彼らを運ぶ医師や看護師の顔を見てコミュニケーションが図れるようにした。アイディオのプレゼンは最終的に、全般的な患者エクスペリエンスを向上させ、患者が「決まった場所に置かれるものではなく、ストレスや痛みを感じる人間として扱われる」ようにするための、幅広い議論のきっかけとなったと、ブラウンは説明した[44]。

これらの例が示すように、**体裁だけを整えた現実離れしたテスト環境を作るより、実際の顧客行動を観察するほうが効果的なのだ。**より質の高い新聞をデザインしたければ、人々が新聞を読むところを観察しよう。より使いやすい子ども用歯ブラシをデザインしたければ、子どもが歯を磨く様子を観察しよう。人々がiPhoneを気に入るかどうか知りたければ、彼らにiPhoneをもたせよう。「ソフトウェアを改良したいなら、あなたがすべきなのは人々がそれを使っているところを観察し、彼らがどんなときに顔をしかめるかを確認することだ」と、アイディオの設立者デイヴィッド・ケリーは言う[45]。

このアプローチによって、作られた環境のもとでなされた主観的な自己報告を大幅に改善できる。けれどもそれだけで、テストと実際のフライトの差を完全になくせるわけではない。観察されると、人の行動のしかたが変わる傾向があることがわかっている。

観察者効果とは何か？

観察者効果は最も誤解されている科学の概念である。そのせいで、意識は不思議な力で現実を歪め、スプーンをテーブルの向こう側に動かすことができる、といった疑似科学的主張まで生まれてしまった。だが、観察者効果の科学的概念はシンプルで、ある現象を観察するという行為が、その現象に与える影響や変化のことを指す。では説明していこう。

教授になったとき、私はメガネをかけるようになった。けれど、うっかり博士の例に漏れず、それをどこに置いたかしょっちゅう忘れてしまう。暗い部屋でメガネを探すとき、私は誰もがとる行動に出る。照明をオンにするのだ。灯《あか》りをつけるという行為によってメガネにおびただしい数の光子が当たり、それが反射して私の目に入ってくるわけだ。

しかし考えてみれば、私はメガネではなく電子を見つけようとしているのだ。電子を観察するときも、同じようにそれに向けて光子を当てる。メガネは相対的に大きな物体なので、光子が衝突しても動かない。それに対し、電子と衝突すると、光子は電子の軌道を変化させる。ソファーのクッションのあいだにはさまったコインをイメージしてみよう[46]。つかもうとして手を入れると、コインは奥に入ってしまう。

観察するという行為は別のやり方で人間のじゃまをする。観察されていることに気づくと、人はいつもと違う行動をとるのだ。

あなたが新しいテレビ番組の試写会に参加したとしよう。フォーカス・グループのひとりとして番組を見るのは、自宅のリビングで見るのとは異なる経験だ。つまり、実際のフライトと同じ環境でテストできていないのである。フォーカス・グループの参加者として見ると、番組のアラがとにかく目につく。というのも、あなたに番組を批判的に評価するよう求めた人々に観察されているからだ。リビングでなら一見の価値ありと思ったかもしれないのに。

例えばシットコム（シチュエーション・コメディ）『となりのサインフェルド』は、テスト視聴者にはひどく不評だった[47]。ドラマの設定を決めるとき、プロデューサーらは前の章で考察したある質問を投げかけた――「ほかの誰もがやっていることと逆のことをしたらどうなる？」当時、シットコムには鉄板の流れがあった。登場人物たちがトラブルに遭遇し、それを解決し、その経験から何かを学び、ハグし合うのだ。

『となりのサインフェルド』のプロデューサーの作戦は、最初からはっきりしていた。鉄板の流れに逆らおうと決めていたのである。ハグはしない。教訓もない。ミスばかりやらかし、自分の過ちに気づかない登場人物たちが笑いを引き出す。混乱が起きるといけないので、脚本家らは「ノー・

ハグ、ノー・ラーニング（ハグなし、教訓なし）」とプリントされたジャケットを着ていた。ところが、ふつうのシットコムを見慣れていたテスト視聴者は、たくさんのハグのシーンや教訓を期待していた。だから、フォーカス・グループには『となりのサインフェルド』は壮大な失敗作に思えたのだ。しかし、いざふたを開けてみると、この番組は史上最高の人気を誇るシットコム作品となった。

・天才馬の秘密

観察者効果はたいてい無意識のプロセスだ。参加者に影響を与えていないと思っても――ソファーのクッションのあいだにあるコインを押し込まないように気をつけても――、私たちはかすかな、けれども無視できないような合図を出しているかもしれない。

「賢馬ハンス」について考えてみよう[48]。ハンスはロケット科学者に最も近い馬だった。基本的な計算能力をもつハンスは、世界中にセンセーションを巻き起こした。飼い主のヴィルヘルム・フォン・オーステンが観客に計算問題を出すよう声をかける。誰かが、「6足す4は？」と叫ぶと、ハンスはひづめで地面を10回叩いて答えた。足し算だけではない。引き算、かけ算、割算だってできた。ペテンではないかと疑う声があったものの、さまざまな専門知識をもつ人々が独自に検証したところ、不正な行為はなかったという結論に達した。

真相を解明したのは、心理学を学ぶ若い学生、オスカル・プフングストだった。ハンスは質問者が見える位置にいるときでなければ、正解を出すことができなかった。例えば目隠しされるなどして、問題を出した人の表情が見えなくなると、天才的な計算能力は消えてしまった。要するに、知らず知らずのうちに質問者が馬に手がかりを与えていたのだ。神経科学者ステュワート・ファイアスタインがこんなふうに記している。「ハンスがひづめを打ち始めると、人々は身体に力が入り、顔の筋肉をこわばらせる。そして彼が正解の回数に達したとたんに、緊張が和らぐのである」。驚くべきは、ハンスの能力の秘密を解明したあとでさえ、プフングストが無意識に馬にヒントを出すのをやめられなかったことだ。答えを知っているプフングストの身体の動きや顔の表情は、ハンスのひづめの回数が正解に近づくにつれ無意識のうちに変化したのである。

観察者効果によって生じる歪みは著しい。あなたを欺き、大ヒットドラマを失敗作と決めつけ、馬を計算の天才と思い込ませる恐れがあるのだ。

この影響を緩和する方法のひとつは、人間の質問者と馬の両方に目隠しをする二重盲検試験を行なうことだ。例えば、薬の治験は、被験者も科学者も投与されるのが本物の薬か対照薬（プラセボ）かを知らない状態で行なわれる――だから「二重」盲検試験というのだ――。この方法をとらなければ、科学者が希望と偏見を調査にさしはさみ、被験者の治療方法を変えたり、ハンスの質問者のように無意識に手がかりを与えたりしかねない。

・ベストセラータイトル、カバー実験

ベストセラー作家のティモシー・フェリスもあなたに手がかりを送っている[49]。作家は書籍の

タイトルや装丁を選ぶ際、ただ直感に従うか、せいぜい何人かの友人に相談することがほとんどだ。抜け目ない人は、読者を対象にアンケートを実施する。けれどもフェリスは、最初の著書で、ロケット科学レベルに匹敵するほどの分析を行なった。

フェリスは「飛ぶようにテストする」原則に従って、タイトルを選んだ。10個ほどの書籍タイトルのドメイン名を購入し、グーグル・アドワーズ・キャンペーンを展開してクリックスルー率を調査した。ユーザーが書籍の内容に関連する特定のキーワードをグーグルの検索窓に入力すると、書籍のタイトル、サブタイトルとともにポップアップ広告が表示され、それをクリックするとまだ存在していない書籍のダミー・サイトに飛ぶようになっていた。グーグルが自動的に書籍のタイトルとサブタイトルを無作為に抽出し、それらを組み合わせてユーザーに提示し、人気度の客観的な分析を可能にしたのだ。１週間もたたないうちに、最大の関心を集めたのが『The 4-Hour Workweek（「週4時間」だけ働く）』だと判明した。フェリスが出版社に分析結果を伝えると、タイトルは一も二もなくそれに決定した（日本版は『なぜ、週４時間働くだけでお金持ちになれるのか？』（青志社））。

しかし、フェリスはそこでやめなかった。本の装丁を決めるのに、彼はさまざまなデザインを手に書店に向かった。新刊コーナーで一冊の本を選ぶと、それに自分が持ってきたカバーのひとつをつけた。椅子に腰かけ、何も知らない顧客が何人その本を手に取るかを観察した。それぞれのカバーで30分間そうした実験を繰り返し、勝者を決定したのである。

テストのパズルの最後のピースは、たいてい見過ごされている。たとえ完璧な方法で実行されたとしても、テストで完璧に間違った結果が出るおそれがある。もし、テストで使う装置自体に欠陥があったとしたら。

複数のテスト装置を用意しろ！

皮肉のひとつでも言いたくなるというものだ。歪みのない画像を映すために作られた宇宙望遠鏡が、歪んだ画像を吐き出していたなんて[50]。ハッブル宇宙望遠鏡は、詳細で高解像度の宇宙画像——地上の望遠鏡の10倍も鮮明な——を撮影できるとの触れ込みで、1990年に打ち上げられた。スクールバスほどの大きさの望遠鏡は、大気による歪みの影響を受けない地球上空に浮かび、それまで人類が目にしたことのないクリアな宇宙の光景をとらえるはずだった。

ところが、ハッブルから最初に送られてきた画像は、宇宙飛行士の期待にはほど遠いものだった。15億ドル〔約1560億円〕をかけて作られた望遠鏡は近視に悩まされ、ぼやけた画像を地球に送ってきたのである。

その後、望遠鏡の主鏡が間違った形に研磨されていたことがわかった。研磨試験に使用された装置の設定が正しくなかったのがその原因だ。テスト装置のレンズのひとつ——ヌル補正装置——の位置が1・3ミリメートルずれていたのである。この位置のずれによって、紙の50分の1の厚さの鏡に不具合が生じた。わずかな誤差に思えるが、精密機械ともなれば、ミリメートルのずれは命取りだ。5年の歳月をかけて、鏡は実にみごとに間違った形に磨き上げられたのである。

失敗の原因を調べた調査委員会は、鏡をテストするのにひとつの装置しか使用されていなかったことを非難した。コストとスケジュールの問題から、チームは二つ目の装置による独立した試験の必要性を否定していたのだ。

ハッブル望遠鏡の物語の教訓。ひとつの装置だけでテストするなら――ことわざにもあるように、すべての卵をひとつのかごに入れるなら――、まずはかごがつぶれたりしないかテストしなければならない。だがハッブルの場合、それがなされていなかった。誰ひとり、テスト装置をテストして、設定が正しいか、レンズの間隔は正確かを確かめなかったのだ。

幸いにも、不測の事態への対応策が定められていたので、望遠鏡は宇宙で役割を果たすことができた。宇宙飛行士が実行したのは、視力が落ちたときにあなたがするのと同じことだ。ハッブルにメガネ（補正レンズ）を取りつけたのである。間違った形状とはいえ、主鏡は完璧な精度に磨き上げられていたので、正しい処方箋があればそれを補正することは可能だった。１９９３年のサービス・ミッションでは、宇宙飛行士はハッブルにメガネを装着させ、約束された栄光を取り戻し、魅力的な画像を撮影する本来のミッションに復帰させた。今ではハッブルから送られる画像が世界中のコンピューター・スクリーンを飾っている。

●テストする装置を誤らない

もうひとつ、ロケット科学以外の分野の例を見ていこう[51]。フェイスブックの最初のウェブサイトが作られたのは２００６年。「当時のサイトは今よりずっと文字が多かったです」と、同社のプロダクト・デザイン担当副社長、ジュリー・ズオは語った。カメラつき携帯電話の普及が急速に進んだこともあり、フェイスブックはより視覚的な経験を創出したいと考えていた。半年間に及んだ作業の末に、同社のチームは最先端のウェブサイトを完成させた。社内でテストしたところ、結果は上々だった。満を持して公開し、賞賛の声が続々届くのを待っていた。

ところが、同社は嫌な現実を知らされることとなった。指標はサイトのリデザインが大失敗だったことを物語っていたのだ。「利用率が下がり始めていました。コメントや『いいね！』の数も減っていました」とズオは述べた。

フェイスブックのチームは数カ月のフィールドワークを実施して、何を間違ったのかを突きとめた。チームはオフィスにある最新鋭のコンピューターを使って新しいウェブサイトのテストを行なっていた。しかし、ユーザーの大多数は最高性能のデバイスをもっていなかった。彼らがサイトへのアクセスに使っていたのは旧式のパソコンで、新しいサイトに盛り込まれた魅力的な画像をすべて見ることはできなかったのだ。言いかえるなら、ほとんどのユーザーの現実とかけ離れたテストが行なわれていたわけだ。テストに使用する装置を別のものに変え、具体的にはハイテクでなくローテクのデバイスを使って初めて、チームはユーザーに訴えるウェブサイトのリデザインを実現することができた。

こうした例は誰にとっても重要な教訓となる。投資と同じように、テストに使用する装置も多様化しなければならない。ウェブサイトを構築するなら、さまざまな種類のブラウザとコンピューターを使ってテストしよう。子ども用歯ブラシをデザインするなら、多くの子どもが歯を磨くところを観察しよう――大人と同じやり方で歯ブラシを使う、奇跡のようなひとりの子どもに出会ってしまうといけないので。どちらの仕事のオファーを受けるべきか決めるときは、何人かの較正用装置《アドバイザー》に相談しよう。ひとりに聞いても、あいまいな意見しか得られないかもしれない。複数の装置を使用して、独立した検証を行なってこそ、正しい判断に近づけるのだから。

―◆―

ロケットの打ち上げであろうと、スポーツ大会のためのトレーニングであろうと、最高裁判所での口頭弁論であろうと、望遠鏡の設計であろうと、**根本的な原則は同じだ。「飛ぶようにテストする」――飛行中、実際に経験するのと同じ状況に身を置く――こと。**そうすれば、あなたはたちまち空高く舞い上がるだろう。

Stage 3
達成

最終ステージでは、

「なぜ失敗と成功の両方が能力を最大限解き放つ最後の要素なのか」

を考えていこう。

8 失敗は成功のもと

――失敗を成功に変える方法

人間は努力する限り過ちを犯すものだ。――ゲーテ

開発の初期段階では、ロケットはたびたび不具合を起こし、コースを外れたり、爆発したりする。月面着陸に先駆けて打ち上げられたロケットも例外ではなかった。ほぼすべてのミッションで、問題が生じたのだ。

ソ連の「スプートニク」が地球軌道に乗った人類初の人工衛星となってから2カ月後の1957年12月、アメリカは巻き返しを図ろうとした[1]。打ち上げられた「ヴァンガード」は発射台のわずか4フィート〔約1・2メートル〕上で停止し、爆発した。その模様は全国にテレビ中継され、ヴァンガードは「Ｆｌｏｐｎｉｋ《フロップニク》（失敗スプートニク）」「Ｋａｐｕｔｎｉｋ《カプートニク》（壊れたスプートニク）」「Ｓｔａｙｐｕｔｎｉｋ《ステイプートニク》（動かないスプートニク）」など、数々の不名誉な名をちょうだいする結果になった[2]。しかも、傷口に塩をすりこむかのように、ソ連はすかさずアメリカに「開発途上国」

枠の対外援助を受けないかと打診してきた。

1959年8月、無人ロケット「リトル・ジョー1号」は少しばかり張り切りすぎていたらしい。NASAのスタッフが唖然《あぜん》として見つめるなか、予定時刻の30分前に勝手に飛び立っていったのである[3]。電気系統の不具合によって突然エンジンに点火し、20秒間燃焼したあとロケットは墜落した。1960年11月の「マーキュリー・レッドストーン」ロケットの打ち上げは、「4インチの飛行」として知られるようになった。ロケットは発射後たった4インチ〔約10センチメートル〕浮き上がっただけで、元の発射台に戻った[4]。

有人飛行ミッションでも同じように、おびただしい数の失敗が起きていた。なかでも忘れがたいのが「ジェミニ8号」だ。月に降り立つ3年前、ニール・アームストロングの命があわやの危機にさらされたのだ[5]。それは、初めて軌道上で2機の宇宙船をドッキングさせるという難しいミッションだった。まず「アジェナ」と呼ばれる無線操作の標的機が軌道に打ち上げられ、「ジェミニ8号」がそれに続き、2機はランデブーしドッキングすることになっていた。

みごとにそれを成功させたあと、待っていたのはパニックだった。宇宙飛行士デイヴィッド・スコットから「深刻な問題が発生した」とヒューストンに報告が入ったのだ。映画『アポロ13』でこのセリフが有名になるずっと前のことである。「ジェミニ8号」が突然激しく――毎秒1回転以上――回転し始めたのだ。宇宙飛行士を激しいめまいが襲い、視界はぼやけ、意識を失いかけた。異常なスピンが続くなか、冷静沈着なアームストロングは「アジェナ」を切り離し、手動制御に切り替え、反対側のスラスターに点火して回転を止めた。

◆

・ロケット科学では失敗は死

「早く失敗しろ、たくさん失敗しろ、進んで失敗しろ」のスローガンが、シリコンバレーで大はやりだ。彼らにとって失敗はインスピレーションの肥しであり、通過儀礼であり、仲間の結束を確かめるツールなのだ。数えきれないほどの書籍が、起業家に失敗を受け入れ、名誉の勲章として堂々と見せびらかそうとアドバイスしている。失敗を讃《たた》える「フェイルコン」や、85を超える国で数千人が参加し、失敗を披露し合う「ファックアップ・ナイト」といった集まりさえあるほどだ[6]。つぶれたスタートアップの葬式まで開かれている。会場にはバグパイプの演奏が流れ、ＤＪが語り、アルコール・メーカーがスポンサーとなり、「葬儀に遊び心を」をキャッチフレーズにしている[7]。

失敗に対するこうしたふとどきな心構えに、ほとんどのロケット科学者はいら立ちを覚えるだろう。ロケット科学では、失敗は死を意味する。数億ドル〔数百億円〕の税金がムダになる。数十年の努力も煙となって消えてしまう――文字通りの意味でも、比喩的な意味でも。月面着陸競争のあいだに発生したたくさんの爆発や事故を祝う人など、誰ひとりいなかった。それらは災難であり、危機だった。軽く考えられてなどいなかったのだ。

本章では、ロケット科学のフレームワークを使って、失敗を悪者扱いすることと同様に、それをほめ讃えるのが危険な理由を説明したい。ロケット科学者は失敗に対してよりバランスのとれたアプローチで対処する。彼らは失敗を賛美しないし、それに足を引っ張られたりもしない。

ステージ1および2（「発射」と「加速」）では、アイデアに点火し、磨きをかけ、画期的なアイデアをテストする方法について掘り下げた。思い切ったアイデアを追求するには相当な勇気が必要になる。というのも、現実と衝突したときにうまくいかない場合があるからだ。だから最後のステージ「達成」ではまず、失敗について考察していこうと思う。

多くの人はなぜ失敗について間違った考えをもっているのだろうか。どうすれば、失敗のとらえ方を変えることができるのだろう。これから、トップ企業が失敗をビジネス・モデルに組み込み、従業員がミスを隠さず積極的に打ち明けられる環境を作るにはどうすればいいかを明らかにしていく。

また、ハリウッドのヒット映画に描かれた、ロケット科学に関する最大の誤解や、バイアグラ開発のエピソードから得られる教訓も紹介するつもりだ。

この章を読み終えたら、**有意義な失敗をし、失敗から学ぶことができる正しい環境を整えるための、科学に裏打ちされた方法が身についていることだろう。**

怖くて怖くて失敗できない

失敗を恐れるのは人間の本能だ。大昔、失敗を恐れなければ人は腹をすかせたハイイログマの餌食になった。学生の頃は、失敗すれば校長室に呼び出しをくらった。遊びに行かせてもらえなくなったし、お小遣いがカットされたりもした。失敗すなわち大学中退、あるいは憧れの仕事をあきらめることだったのである。

それは否定しない。失敗なんて最悪だ。人生のほとんどの場面では、参加賞はもらえない。単位を落としたとき、破産したとき、失業したとき、お祝いする気分になどなれない。自分は価値のない存在だと感じ、気弱になるものだ。成功したときの高揚感は一瞬のうちに消えてしまうのに、失敗の痛みはいつまでも続く——どうかすると生きているあいだじゅうずっと。

失敗という名のお化けを撃退するために、私たちはそこから安全な距離を保つ。崖には近寄らず、健康上のリスクを避け、安全策をとる。勝てる保証がなければ、プレーする価値はないと思い込んでいる。

ところが、失敗を避けようとするこうした生来の傾向が、失敗のもとなのだ。打ち上げられなかったすべてのロケット、描かれなかったすべてのキャンバス、達成されなかったすべての目標、執筆されなかったすべての書籍、歌われなかったすべての歌。それらの後ろから、失敗という恐ろしいものがじわじわと迫ってくる。

ロケット科学者のような考え方をするには、失敗の間違ったとらえ方を改めなければならない。そして、ハリウッドのヒット映画によって広まった、ロケット科学にまつわる最大の誤解を正す必要があるのだ。

失敗という選択肢はあり

映画『アポロ13』には、月に向かう途中で宇宙船の酸素タンクが爆発したことがわかり、ロケット科学者たちが集まって対応を話し合うシーンがある。宇宙船は危険なまでに電力不足に陥り、宇宙飛行士に残された時間はほんの数日のみ。ミッション・コントロールの科学者たちは、電力が尽きるまでに事態を改善する方法を考えなければならない。「おれの担当で飛行士は殺さないぞ」と、フライト・ディレクターのジーン・クランツは怒鳴る。そして言うのだ――「失敗という選択肢はない」と。のちにクランツは同じタイトルの自伝を書いたが、そのなかでこの有名なフレーズをミッション・コントロールの「誰もが心のよりどころにしていた」と述べている[8]。NASAのギフト・ショップは、彼らの信条（Failure Is Not an Option）をプリントしたTシャツの販売を開始し、利益を挙げた。

確かにその通りだ。何しろ人の命がかかっているのだから。けれど、ロケット科学のやり方からすると、そのことばは誤解を招く。リスクのないロケットの打ち上げは存在しない。扱わなければならないのは物理的現象なのだ。ある程度の災難に備える用意はできるが、何が起こるかわからない。ロケットほどの複雑な機械で制御された爆発を起こすのだから、事故はつきものなのだ。

失敗という選択肢がなければ、私たちは宇宙の海におそるおそる足を踏み入れることすらできなかったろう。革新的なことを実行するにはリスクをとらなければならないし、そのためには失敗しなければならない――少なくともどこかの時点で。「『失敗という選択肢はない』なんて愚かな考え

物事を破壊していかなければ、前には進めないのだ。

革新的なものは生み出せない」[9]。未知の世界に手を伸ばし、もっと高いところを探索し、同時に

だ」とイーロン・マスクは言う。「[スペースXには]失敗という選択肢がある。失敗しなければ、

・失敗を禁じるのは進歩を禁じること

研究室で実験をする科学者にも同じことが言える。彼らの場合、間違う能力がなければ、決して正しい結果にたどり着くことはできない。実験は成功するときもあれば失敗するときもある。予測通りの結果が出なければ、その仮説は間違っている。そうなったら微調整を加えて別の角度でアプローチすればいいし、完全に手放してもいい。

イギリス人発明家のジェームズ・ダイソンは、発明家の人生を「失敗のひとつ」と表現した[10]。画期的なサイクロン掃除機を完成させるまでに、ダイソンは5年の歳月を費やし、５１２７台の試作機を作った。アインシュタインはエネルギーと質量の等価性を示す関係式（$E=mc^2$）を証明しようと試みて、何度も失敗している[11]。ほかにも、例えば製薬業界では、医薬品開発の失敗率は平均90パーセント以上だ。これらの科学者が「失敗という選択肢はない」と信じていたら、自己嫌悪と屈辱感と困惑とで壊れてしまうに違いない。

失敗を禁じるのは、進歩を禁じることである。

仕事でムーンショットを推し進めている、つまり大胆なアイデアを試そうとしている人は、うまくいくよりも失敗するときのほうが多い。「実験とは本来うまくいかないものだ。けれど、大きな成

功をいくつか挙げられれば、数々の失敗はどうとでも取り返しがつく」とジェフ・ベゾスは言う[12]。

アマゾンのファイアフォン（Fire Phone）を覚えているだろうか？　その失敗によって同社は1億7000万ドル〔約177億円〕の損失を被った[13]。グーグルのムーンショット工場、Xがデザインしたグーグル・グラスはどうだろう[14]。スマートフォンに続く次世代端末になるはずのグーグル・グラスは、失敗に終わった。顧客はスマートフォンをポケットに入れて持ち運んでも、メガネ型端末を装着したいとは思わなかったのである。ハードウェアを身につけるなんて見るからに野暮ったい。グーグル・グラスをかけた人は、「glassholes（メガネをかけた嫌な奴）」〔glasshole は glass と asshole を合わせた造語〕と揶揄《やゆ》された。

こうした失敗は、Xのビジネス・モデルに活《い》かされている。同社を率いるアストロ・テラーによれば、Xにとってプロジェクトの中止は「日常茶飯事」であるという。1年に100を超えるアイデアがボツになることも珍しくない[15]。「Xはハイリスクなプロジェクトの追求を前提にしていますから、ほとんどうまくいかないのは承知のうえです。ですから、失敗しても驚きませんし、誰かが責任を取らされることもありません」と、Xのキャシー・クーパーは述べた[16]。失敗を当たり前にすることで、Xはムーンショット思考への抵抗をなくしているのだ。

ファイアフォンで失敗したアマゾンのように、空振りして1億7000万ドルもの大金を失う余裕が誰にでもあるわけではない。あなたが投資できる額とはえらい違いかもしれないが、根本的な原則は同じだ――**失敗を選択肢のひとつにすることが、オリジナリティのカギを握るのだ。**アダム・グラントは著書『ORIGINALS　誰もが「人と違うこと」ができる時代』（三笠書房）

に、「アイデアの創出に関していえば、大量生産が質を高めるためのもっとも確実な道なのである」と記している[17]。例えばシェイクスピア。有名な作品は数えるほどだが、彼は20年間に37の戯曲と154の短い詩を書き、なかには「できがよくない散文体、不完全なプロット、おもしろみのない登場人物などが批判された」作品もあった[18]。パブロ・ピカソは1800の絵画に1200の彫刻、2800の陶芸、そして1万2000のデッサンを残したが、そのうち注目に値するのはごく一部しかない[19]。アインシュタインが書いた数百もの論文のうち、大きな影響を及ぼしたものはほんの一握りだ[20]。私の大好きな俳優のひとり、トム・ハンクスは、「私はまったく意味不明で、売れない映画にこれでもかというくらい出演してきた」と告白している[21]。

けれどもこうした人たちの偉大さを判断するとき、注目されるのは一番できの悪い作品ではなく、最高の作品だ。私たちの記憶に残るのは、キンドルであって、ファイアフォンではない。Gメールであって、グーグル・グラスではない。『アポロ13』であって、『赤い靴をはいた男の子（The Man with One Red Shoe）』ではない。

失敗を選択肢のひとつにするのと、それをほめ讃えることは同じではない。失敗の痛みと恥をなかったことにしたいがために、シリコンバレーはそれを美化しすぎた。まるで、振り子の針が振り切れてあらぬ方向へ飛んでいってしまったかのように。

早くに失敗するのがいけない理由

ロケット科学では、「早く失敗しろ」のスローガンは出る幕がない。ひとつひとつの失敗がぞっとするほど高くつく――お金と人命、両方の意味で――ので、できの悪いロケットを急いで発射台に載せ、あっという間に墜落させるなんてことはできないのである。

ロケット科学以外の分野でも、早く失敗しろと説くのは見当違いだ。失敗するのに忙しくそれを祝ってばかりいる起業家は、失敗から学ぶのをやめてしまう。聞こえるはずのフィードバックは、シャンパン・グラスを鳴らす音にかき消される。要するに、早くに失敗したところで、そこから魔法のように成功が生み出されるわけではないのである。失敗しても、相変わらず賢くはなれないのだ。

1986～2000年に会社を設立した、約9000人のアメリカの起業家を対象にした調査について考察していこう。調査では、初めて会社を興した起業家と、過去に会社を倒産させたことのある起業家の成功率――会社の株式を公開したか――の比較を行なった。経験豊富な起業家、つまり以前会社を興したことがある人は、きっとその失敗から学んでいるはずで、起業経験のない人よりも成功する確率は著しく高いに違いない。そう思うのではないだろうか。だが、そうではない。初めて起業する人と過去に会社をつぶしたことのある起業家の成功率は、ほとんど同じだったのである[22]。

なるほどと思う調査結果はほかにもある。リサーチャーは、10年間にわたって71名の外科医が実施した6500例の心臓血管手術について調査した。その結果、一度手術を失敗した外科医は、その後の手術の成績がさらに悪いことが明らかになった[23]。そこからわかるのは、彼らは失敗から学ぶことができなかったばかりか、悪い習慣をさらにこじらせる羽目になったということだ。

私たちの予想に反する、こうした結果を引き起こすものはなんなのだろう。

失敗すると、私たちはたいていそれを隠し、事実をねじ曲げ、否定する。事実に応じて考え方を正すのではなく、自分に都合のよい理屈に合わせて事実のほうを歪《ゆが》めるのだ。私たちは失敗を自分の力の及ばぬ要因のせいにする。ことさらに不運を嘆いたり（「今度は運に恵まれるといい」）、ほかの誰かに責任をなすりつけたり（「彼女が仕事をゲットできたのは、上司に気に入られているからだ」）、うまくいかない上っ面の理由をひねり出したり（「手元現金にもっと余裕があったらなあ」）。

一方で、自分の力不足を振り返ることはめったにない。

「罪のない嘘《うそ》じゃないの？」と思うかもしれない。失敗を都合よく解釈すれば、とりあえず自分の面目は保てる。しかし、問題がある。失敗を認めなければ――ほんとうの評価を避けると――、何も学ぶことができないのだ。実のところ、失敗から間違ったメッセージを受け取ると、ことはいっそう悪化する可能性がある。失敗を外部要因――規制当局、顧客、競合他社――のせいにすると、方針転換する理由がなくなる。相も変わらず同じ戦略にコストをつぎ込んで、風向きがよいほうに変わってくれと祈るだけになるのだ。

粘り強さについてほとんどの人が誤解していることがある。粘り強さとはうまくいかないことをやり続けることではない。同じことを何度も繰り返しながら、違う結果を期待する無益さを言い表した古い格言を覚えているだろうか。目標は早くに失敗することではない。早い段階から学習することだ。**私たちは失敗から得られる教訓を歓迎すべきであって、失敗そのものをほめ讃えるべきではないのである。**

早く失敗しろではなく、早く学べ

火星到達のための最大の難関は、ここ地球にあるハードルをクリアすることだ。NASAは火星に飛ばす宇宙船を自分たちだけで製造し、運用しているわけではない[24]。新たなミッションを計画するとき、NASAはどんな宇宙船を送りたいか、その宇宙船にどんな科学実験を実施させようと考えているかを一般的なことばで公式に発表する。それによって、科学装置を宇宙に送ることに興味をもつあらゆる人たちからの提案を求めるのだ。優れたアイデアの数は調達できる資金を遥かに上回るため、NASAはダーウィンの適者生存の概念に従って、最強の提案をひとつ選ぶ。それ以外はすべてボツになる。理にかなった競争システムだ。何といっても、火星ミッションには5億ドル〔約520億円〕以上のコストがかかるのだから。

私のかつての上司スティーブ・スクワイヤーズは、1987年に火星探査計画の責任者を務めるにあたり、いくつかの提案をまとめた[25]。その後10年にわたって、彼のアイデアはことごとく却下された。「数年の労力と数十万ドル〔数千万円〕のコストを費やして提案を書くのだから、心底がっかりした」と、当時を思い出してスクワイヤーズは言う。

しかし、彼は自分の提案のすばらしさに気づかないNASAが悪いなどと非難したりしない。むしろ、その責任はすべて自分にあると考えている。「初期の提案は、できがよくなかった。選ばれなくて当然だった」と認めている。

信頼できる相手から否定的なフィードバックを受けたときの対応は二通り。無視する。あるいは

受け入れる。偉大な科学者はみな後者を選ぶ。スクワイヤーズも同じだ。NASAに提出するたびに、彼の提案の内容は改善されていった。

・問題目白押し

10年のあいだ学習と調整と改善を重ね、1997年にスクワイヤーズの提案はようやく採用されるに至った。それがやがて2003年マーズ・エクスプロレーション・ローバー・ミッションとして実を結ぶことになる。けれども、選ばれたからといって宇宙船が打ち上げられると決まったわけではない。計画は破棄されてはよみがえりを3度繰り返した。一番最近の中断は、前の章でも説明したように、搭載予定のものと同型の着陸装置を使用したマーズ・ポーラー・ランダーの衝突事故のあとだ。計画を復活できたのは、二つの問いによって問題の枠組みをとらえ直したからだ。3本の着陸脚の代わりにエアバッグを使ったらどうか？　探査機を1機ではなく2機送ったらどうか？

探査機を2機――「スピリット」と「オポチュニティ」――に増やし、発射台への切符を取り戻してからも、不具合はほぼ毎月発生した。テスト中、パラシュートは「スクイッディング」と呼ばれる問題を起こした。どういうわけだか、パラシュートがきちんと開かず、しぼんでイカのような形にはためいてしまうのだ。30年間で初めて起こった現象だ[26]。探査機に搭載されたカメラには、画像が静電気の影響を受ける「スペックル現象」という不可解な問題が発生した[27]。打ち上げの2カ月前には、「スピリット」のヒューズが飛んだ。

2003年6月下旬、「オポチュニティ」の打ち上げのため、私はフロリダに飛んだ。打ち上げに先立ち、私たちはココア・ビーチに集まって、とくにテーマも決めずに内々のチーム・ミーティングを行なった。目的地の火星がある空を見上げながら。祝杯のシャンパンのコルクを抜こうというとき、ロケットのコルクもはじけ飛んだことがわかった[28]。コルク、すなわちロケットの断熱材が接着できずはがれてしまうのだ。打ち上げは数日間延期され、私たちは解決策を見つけるのに奔走した。与えられた期限が目の前に迫るなか、あるメンバーが独創的なアイデアを思いついた。ホーム・デポ〔住宅リフォームや建設資材を扱うアメリカの小売チェーン〕で購入できる弾性のある強力瞬間接着剤「レッドRTV」を使うというのだ。救世主「レッドRTV」のおかげで、無事に探査機を火星に飛ばすことができた。

どの失敗もかけがえのない学習機会だった。失敗するたびに、修正の必要な欠陥が明らかになった。失敗を乗り越えるたびに、最終的なゴールに向けた進歩が続いた。失敗は打撃だったけれど、それがなければ探査機を火星に安全に着陸させることはできなかっただろう。

・学ぶものがあればいい

こうした失敗を、ビジネス・スクール教授のシム・シットキンは「知的な失敗」と呼ぶ。知的な失敗が生まれるのは、崖っぷちを探索しているとき、未解決の問題を解決しようとしているとき、機能しないかもしれないものを作っているときだ。

知的な失敗は損失と思われがちだ。「人生の5年間を棒に振った」。「数百万ドル〔数億円〕を失った」。しかしそれは、あなたがそう思っているだけである。逆にそれらを投資と考えることもできるはず。失敗はデータだ。それも自己啓発本では見つけることができない貴重なデータなのだ。きちんと対処すれば、知的な失敗は最高の教師となる。

知的な失敗には、成功からの教訓にはない耐久力がある。そうした失敗は変化に対する切迫感や、すでにある知識を手放すのに必要なショックを生じさせることができる。「それら自体の訂正では、ち切れそうな種子をいっぱいにつけた、実り豊かな誤りをいつでも私に与えたまえ。あなたは、自分の不毛な真理を自分のためにに保存しておいてもよいが」と、ヴィルフレド・パレート〔イタリア人技師、経済学者、社会学者、哲学者〕は書いている[29]。

トーマス・エジソンが、ある同僚とのエピソードを語っている。ふたりで行なったあまたの実験が失敗に終わり、何の発見もできなかったことを彼は嘆いていた。「何かしら学ぶものがあったよ」と私は彼を明るく励ました。このやり方ではうまくいかないことがわかったのだから、今度は別の方法で試してみようじゃないか」[30]

学びがあれば失敗は恥ではなくなる。小説家のT・H・ホワイトは『永遠の王　アーサーの書』にこんなふうに記している。「悲しみをいやす最良の薬は、学ぶことじゃ。それが唯一の、まちがいなく効きめのある方法じゃ。年老いて、体にふるえがやってきたとき。夜眠れずに横たわり、脈の乱れに耳をすますとき。たったひとつの愛を寂しく思いだすとき。あんたを囲む世の中が、邪悪な狂人どもによって荒廃させられるのを見るとき。あんたの名誉が、卑しい者どもの心の下水溝で踏みにじられるのを知ったとき。そういうときによいものは、ただひとつ――学ぶことじゃ。世界はなぜ動いているか、それを動かしているものはなにかを学ぶ。これこそは、精神が研究しつくすことも、うとんじることも、それによって苦しむことも、恐れることも、不信を抱くことも、また後悔することもゆめありえない、唯一のことだからじゃ」[31]〔孤児でのちにアーサー王となるウォートに、魔法使いのマーリンが何かを学ぶことについて語ったことば〕

どうして世界が動き、何が世界を動かすのかを学ぶ機会がなければ、失敗によい面はひとつもない。けれど、もし何か学べるものがあるなら――この失敗のおかげで、次に成功する可能性が高くなるなら――、失敗から受ける打撃は大きくない。学習は失敗から絶望をなくし、興奮に変える。成長のマインドセットがあれば、あなたはたとえ度重なる爆発が起こり、仕事がハードになり、次から次へと障害が現れても、前に進む勢いを維持することができる。『フォーブス』誌の発行人マルコム・フォーブスが言ったように、**「もし失敗から学ぶことができれば、失敗は成功」**なのである。

ボツになったスクワイヤーズの提案書は、彼のデスクに置かれたままになっている。「古い提案書を見ると、失敗したときのことを思い出すんだ。そこから何を学んで、どうやって問題を修正してきたのかも。4回目の提案書がようやく選ばれた理由も」とスクワイヤーズは言う。

私たちの探査機が赤い惑星に向かって出発したわずか数年後、4回の試みの末にようやく成功を手にしたロケット科学者のチームがいた。

オープニングよりフィナーレ

三度目の正直だ[32]。

２００８年８月、スペースＸの最初のロケット、ファルコン１の３回目の打ち上げを待つ社員たちは、心のなかでそうつぶやいていた。そのとき、マスクの宇宙開発を金持ちの道楽でしかないと思っていた外部の見物人たちは、早くもロケットへの追悼文を書くのに忙しかった。スペースＸの立ち上げに、マスクは自らの資産１億ドル〔約１０４億円〕を投資した。ロケットを３回打ち上げるに足る額である。

最初の２回は失敗に終わった。

２００６年のファルコン１の初飛行は30秒もたたずに終了した。燃料漏れが予期せぬ火災を引き起こしてエンジンが停止し、ロケットは太平洋に墜落。「最初の打ち上げの失敗には心が痛みました。間違いから学んだことはたくさんありますが、学ぶことはときに傷つくことでもあるのです」と話すのは、スペースＸ幹部のハンス・ケーニヒスマンだ。漏れの原因は燃料パイプを固定するアルミニウム製ナットの腐食だった。問題を修正するために、スペースＸはアルミニウム製の留め具をより頑丈で安価なステンレス製に変えた。

翌２００７年、ファルコン１は再び発射台に上った。そのときはもう少し長い時間飛んだ――７分半――が、燃料がエンジンに送られなくなる不具合が発生し、やはり軌道に到達できなかった。そのときの失敗は「最初ほど辛《つら》くはありませんでした」と、ケーニヒスマンは言う。「ロケットはだいぶ遠くまで飛びました。軌道には届きませんでしたけど。でも少なくとも視界からは消えました」。最大級の失敗だったにもかかわらず、ミッションの目的のほとんどは達成された――ファルコン1は発射し、宇宙に達したのだから。トラブルの原因はただちに特定され、修正された。

3回目の挑戦はその1年後。2008年は多くの人々にとって悪い年だったが、とりわけマスクにとっては人生最悪の年だったという。経営していた電気自動車会社のテスラが倒産寸前となり、世界は金融危機の真っ只中《ただなか》。私生活では離婚したばかり。友人から借金して家賃を払う始末だ。彼はスペースXに資産の大半をつぎ込んだが、ファルコン1の2度の失敗がそれをおおかた食い尽くしていた。その残りが、発射台に乗って危険なフライトを待っていたのだ。

3回目の打ち上げの際、ファルコン1は轟音《ごうおん》を響かせ、3機の衛星と『スター・トレック』でチャーリーを演じた俳優ジェームズ・ドゥーアン（「もうありったけのパワーでやってます！」のセリフを覚えているだろうか）の遺骨を乗せて飛び立った。ロケットは空高く上り、1段目は完璧に飛翔した（思い出してほしい、ロケットには1段目と2段目がある）。1段目が宇宙船を宇宙に送ったら、次は切り離しだ。1段目が分離し、燃料が切れて落下していく重要な段階である。その後、より小型の2段目が宇宙船を軌道に送り届ける。1段目は予定通り切り離されたが、燃焼が終わらず、再びエンジンに点火して2段目に衝突した。「ロケット同士が衝突するなんて。まるで『モンティ・パイソン』〔イギリスのコメディ・グループ〕のコントのようでした」と、スペースXの社長グウィン・ショットウェルは思い返す。

テストで問題は発見されなかった。なぜならスペースXは「飛ぶようにテストする」原則を守っていなかったからだ。予想外の推進力の上昇を引き起こしたエンジン圧は、スペースXの地上試験施設内では環境気圧を下回っていたので、ギリギリ記録されなかった。しかし宇宙の真空中では、同じ圧力が激しい衝突を招くだけの推進力を生み出したのである。

スペースXにとって、この失敗は3つ目のストライクだった。6年間毎週70〜80数時間働いてきた、タフな社員数百名は、カリフォルニア州ホーソーンにある工場でボスのことばを待っていた。「ビルのなかは絶望感に包まれていました」と、元社員のドリー・シンは振り返る。シニア・エンジニアらとともにミッションの指示を出していたコントロール・ルームから、マスクが現れた。マスコミの取材陣の前を通り過ぎると、彼は3度続けてだいじな闘いに敗れたばかりの部下たちにことばをかけた。

・資金は調達できた

厳しい事態になった、とマスクは語った。そしてこうも言った。自分たちがやろうとしているのはロケット科学という高度なことなのだ、と。スペースXのロケットは宇宙空間に到達し、国家レベルでも成功事例の多くないことを成し遂げたのだ。続いて、驚きの発言が飛び出した。スペースXはあと2回の打ち上げを行なう資金を確保したと発表したのである。今回で終わりではなかった。シェーン・スノウが記しているように、マスクは社員たちに、「今夜の経験から何か学びがあるはずだ。それを活かしてもっと優れたロケットを作ろう。その次はもっと性能のよいロケットを作る。いつかそのロケットが、人間を火星に運んでいくのだ」と話した[33]。

仕事に戻るときだ。「その瞬間、みな過去を振り返らず、前に進むことだけを考えるようになりました。絶望感と敗北感は消え、やる気と興奮がみなぎっていきました」とシンは話す。失敗の原因は数時間で判明した。「ビデオを見たら、『オーケー。原因はこれだ』とすぐにわかりました」とショットウェルは言う。解決策は単純なものだった。分離までの時間を長くしてエンジンの燃焼を終了させる時間を確保し、衝突を防ぐのである。「4回目の打ち上げまでのあいだに、ある数字を変えました。それだけです」と、ケーニヒスマンは述べる。

2カ月もたたないうちに、スペースXは発射台に戻ってきた。マスクの大学時代の友人、アデオ・レッシはこんなふうに話す。「すべてがその打ち上げにかかっていました。イーロンはすでに全財産を失っていましたが、それだけではありません。瀬戸際だったのは、世の中の彼に対する信頼でした」。4回目の打ち上げが成功しなければ、「それで終わりだったはずです。ハーバード・ビジネス・スクールのケーススタディの恰好《かっこう》のネタになっていたでしょうね――『ロケット・ビジネスに手を染めて、大失敗した富豪』」

だが、ロケット打ち上げは失敗しなかった。2008年9月28日、スペースXのファルコン1は大気圏を突破して記録的な高度に達し、地球軌道を飛行した史上初の民間宇宙船となった。

・4度目の正直

スペースXが試練を乗り越えて4回目の挑戦で成功を果たすと、人々の注目が集まった。とりわけ関心を示したのが、2010年に予定されているスペースシャトルの退役後もアメリカの宇宙計画を維持したいNASA上層部だ。ファルコン1の打ち上げ成功から3カ月後の2008年12月、NASAはスペースXの救世主となった。16億ドル〔約1660億円〕の国際宇宙ステーションへの貨物輸送契約の委託先に、スペースXを選んだのである。NASAの担当者がグッドニュースを伝えたとき、ふだんは毅然《きぜん》としたマスクがまるで別人のように、「君たち、最高！」と叫んだ。スペースXに、一足先にクリスマスがやって来た。

F・スコット・フィッツジェラルドのことばをもじって言うと、**「たったひとつの失敗を取り返しのつかない敗北と混同してはいけない」**のだ[34]。スペースXの例が物語るように、ひとつの失敗を、終わりではなく始まりにすることができる。外部の見物人の多くは、3度のファルコン1の墜落を、高価なおもちゃで遊ぶ金持ちの子どもが、アマチュア集団を率いてやらかしたしくじり、くらいに思っていた。しかし、その時点でロケット墜落に失敗のレッテルを貼るのは、終わっていない試合の勝敗を宣言するようなもの。偉大なテニス・チャンピオンのアンドレ・アガシは、「僕はしょっちゅう劣勢を跳ね返してきた。逆に逆転負けを食らうことも多かった。それは効果的な作戦だと思う」と記している[35]。

オープニングはつまらなくてもいい。だいじなのはエンディングなのだ。

時間によって出来事の見方は変わる。短期的には失敗に思えることも、ズームアウトして広角レンズを通すと違って見える。ピクサーの元社長エド・キャットマルは、大ヒットアニメ作品を生み出すもとになった初期段階のアイデアを、「醜い赤ん坊」と呼ぶ。彼らの映画はどれも、最初は「ほんとうに醜く、ぎこちなく、いびつで、攻撃されやすく、不完全」なのだ[36]。しかし、映画が公開されるまで結果はわからないのだから、できの悪い初期の試作を完全な失敗と言い切ることはできない。それは一瞬のノイズであり、いっときの不調であり、解決すべき問題にすぎない。

ブレイクスルーはほとんどの場合進化であって、革命ではない。科学的発見について考察してみたら、そこに魔法の力なんて働いていないことがわかるはずだ。たった一度のアハ体験などない。科学は失敗を重ねながら、そのたびに進化していく。**科学的観点からすれば、失敗は障害物ではない。進歩への入り口なのである。**


私たちは子どもの頃、このマインドセットを実践していた。私たちは一回の挑戦で歩けるようになったわけではない。「最初の一歩をどのように出すか真剣に考えなさい。一歩踏み出したら、それがすべてなんだから」。赤ちゃんにそんなことを言う人はいない。私たちは何度も転んで、そのたびに、どうすればいいか、どうすべきでないかを身体《からだ》で覚えた。転ばないようにすることを学んだから、歩けるようになったのだ。

初めから完璧な形で生まれてくるものなどない。ことわざにもあるように、ローマは一日ではできなかった。アームストロングとオルドリンを月に着陸させたアポロ11号は、工場からいきなり飛び出してきたわけではない。成功するまでには、マーキュリー、ジェミニ、そして初期のアポロ計画を通じ、おびただしい数の反復作業を積み重ねなければならなかった。

科学者は、繰り返すたびに前に進んでいく。暗い部屋のなかが垣間見《かいまみ》えたら、一歩前進だ。そこにあると予測していたものが見つからなければ、一歩前進だ。未知の未知を既知の未知に変えられたら、一歩前進だ。前よりも適切な質問ができるようになったら、一歩前進だ。たとえ答えが理解できなくても。

となれば、どうしてもマット・デイモンの話をしなければなるまい。映画『オデッセイ』には、デイモン演じる元宇宙飛行士のマーク・ワトニーが、破滅が迫ってきたときどうすべきかを宇宙飛行士の卵たちに教える場面がある。ワトニーは語る。「ある時点で、宇宙は人間を見放す。君は言う。『もう終わりだ。僕は死ぬ』と。それを受け入れるのか、闘うのか。そこが肝心だ。まず始めるんだ。問題をひとつ解決したら、次の問題に取り組む。そうして解決していけば、帰れる」

・ひとつずつ解決する

ひとつずつ問題を解決していけば、探査機を火星に着陸させることができる。ひとつずつ問題を解決していけば、ローマ帝国を建てられる。ひとつずつ問題を解決していけば、火星の上に立つことができる。

あなたは世界を変えていく。一度にひとつずつ問題を解決して。

そのためには、喜びを先送りする必要がある。シェイン・パリッシュがウェブサイト「ファーナム・ストリート」で指摘しているように、私たちはたいてい、「楽しみを優先し、嫌なことは後回し」にする[37]。目先の喜びばかりを追い求めれば、最後に痛みを味わうことになる。退職後のために貯蓄せずに今お金を使う。再利用可能エネルギーではなく化石燃料を使用する。水でなく糖分たっぷりのドリンクをがぶ飲みする。

目の前の結果ばかりにフォーカスして、私たちはすぐに手に入る成功をほしがり、すぐにベストセラーを出したがり、すぐに空欄を埋めたがる。近道やライフハック、自称グルからのアドバイスを探し求める。クリス・ハドフィールドは、「ほとんどの人が賞賛の対象を間違っている」と指摘する。「何年間もの我慢強い準備や、失敗続きでも決して揺らぐことのない高潔さじゃなく、派手でドラマチックな記録破りの奮闘ばかりがもてはやされる」[38]。それに、短期的に見ると失敗にはコストがかかる。明日最大限の利益と安心を手に入れようとして、私たちは失敗が長期的にもたらす価値を低く見積もってしまう。だから、失敗をことさら大きな打撃だと受け止める。とにかくすぐに満足したいがために、失敗する可能性があることを避けようとするのだ。

成功する人は、その逆をいく。「ほんとうに強いのは、『嫌なことを優先し、楽しみを後回しにする』人だ」とパリッシュは主張する[39]。こうした人々は、誰もが目先の満足感にこだわるなかで、喜びを先送りできる。彼らは、発射台でロケットが爆発したくらいで、四半期の業績が悪かったくらいで、オーディションで転んだくらいで、やめたりはしない。彼らが見ているのは長期的な目標であって、短期的な目標ではない。

ベンチャー投資家ベン・ホロウィッツが言うように、長く続く変化を生み出すのに、とっておきの秘策も魔法の弾丸もない。鉛の弾丸を打ちまくるよりほかないのだ[40]。

アウトプットよりインプット

あなたがこれまでにした失敗を思い返してみよう。もしもあなたがほとんどの人々と同じなら、思い浮かぶのは悪い結果だろう――実現できなかったビジネス、外したペナルティ・キック、台なしにした就職面接。アニー・デュークが『確率思考　不確かな未来から利益を生みだす』（日経BP）で説明しているように、ポーカー・プレーヤーはこうした「決定の質と結果の質を同一視する」考え方を「後付け」と呼んでいる[41]。けれど、デュークも主張しているが、インプット（決定、判断）の質とアウトプット（結果）の質は同じではないのだ。

アウトプットばかり重視すると道を間違う。なぜなら、正しい意思決定が悪い結果につながることもあるからだ。不確定要素があると、自分にはどうすることもできない結果になる場合がある。火星で予測できない砂嵐が発生し、完璧に作られた宇宙船が故障するかもしれない。突風が吹いて、絶対に決まるはずのサッカーのシュートがあらぬ方向へ飛んでいくかもしれない。敵対心むき出しの判事や陪審員に当たって、確実な裁判がひっくり返されるかもしれない。

後づけとは、よい結果さえ出ればまずい意思決定でも高く評価し、反対に結果が悪かったというだけで正しい意思決定をくつがえすことである。私たちは改革に乗り出し、組織を再編成し、人を解雇したり降格させたり、という行動に出る。ある研究によれば、ナショナル・フットボール・リーグ（NFL）のコーチは1ポイント負けているときは選手を交代させるが、1ポイント勝っているときは選手を代えないのだという。そんなわずかの点差に、選手の能力の差などほとんど関係ないだろうに[42]。

私たちのほとんどがアメリカンフットボールのコーチと同様の行動をとる。物事を成功か失敗かのどちらかで考えるのだ。けれども私たちは、二者択一の世界で生きているわけではない。成功と失敗を分けるラインは、いつだって剃刀《かみそり》のように細いのだ。DNAの二重らせん構造を発見したジェームス・ワトソンは、**「偉大さには失敗が気まずくつきまとうものだ」**と書いた[43]。ひとつの判断が、あるシナリオでは失敗に転び、また別のシナリオでは成功につながることもある。

だから、目指すのは、アウトプットではなく自分の力で何とかできる変数、つまりインプットにフォーカスすることだ。あなたは、「何が悪くて失敗したか」を考え、もしインプットを修正する必要があるなら、そうするべきだ。ただし、それだけでは十分ではない。同時に、「何がよかったか」も考えなければならない。たとえ失敗に終わったにせよ、正しい判断は変えてはいけないのだ。

ファイアフォンが大コケしたときのアマゾンの対応について考えてみよう。収益性のような標準的な指標に沿ってみれば、ファイアフォンは壮大な失敗である。けれどもアマゾンは結果の先を見ていた。**「新しいプロジェクトに挑戦するとき、重視するのはインプットです」**とアマゾンのアンディ・ジャシーは言う[44]。**「有能なチームを雇ったか。チームに思慮深いアイデアはあったか。アイデアを練り込んだか。アイデア全体についてよく考えたか。タイミングよく実行したか。質は高かったか。テクノロジーは革新的だったか」**。これなら、たとえプロジェクトが失敗しても、機能したインプットはそのまま将来のプロジェクトに活かすことができる。ジャシーは、「ファイアフォンのテクノロジーから学びが得られただけでなく、構築したテクノロジーを残らずほかのサービスや機能に活用したんです」と述べた。

インプットということばには魅力的な響きがない。退屈なデータベース・ソフトウェアを思い起こさせる。しかし、インプット重視のマインドは、非凡なことを成し遂げたすべての人に共通の特徴である。アマチュア選手はヒットを打つことに集中し、短期的な結果を気にする。プロ選手は長期戦に備え、インプットに優先順位をつける。たとえすぐに結果が出なくとも、長い時間をかけてそのインプットを完璧にしていくのだ。

・結果に執着しすぎない

元テニスプレーヤーのマリア・シャラポワは、結果にばかりこだわるのは初心者が犯す最悪の誤りだと指摘する[45]。彼女のアドバイスは、ボールをじっくり見て、インプットに集中するべきだということ。結果へのプレッシャーから解放されれば、技は向上する。**うまくいくかどうかは結果であって、目標ではないのだ。**

インプット重視への方向転換には、もうひとつメリットがある。インプットを後悔している人は、間違ったアウトプットを追求している可能性がある。自己啓発本にはたびたび、こんな質問が登場する——絶対に失敗しないとわかっていたら、どんなことをしてみたいですか？　こんな問いに意味はない。それよりも、エリザベス・ギルバートのように、まるっきり逆のことを問うてみよう。**失敗する可能性が高いとしても、やりたいことはなんだろう？**　失敗や成功ということばに関係なく、大好きなことはなんだろう？[46]　インプット重視のマインドセットに切り替えれば、活動を実行することとそれ自体に価値が生まれる。インプット自体が報酬になるのだ。

インプット重視のマインドセットを身につければ、自由に方向を変えられるようにもなる。目標があると集中力は高まるが、同時に集中するあまり最初に決めた経路からそれて違う道に入ることを拒むと、視野狭窄《きょうさく》に陥る恐れもある。

例えば、グーグル・グラスが見込みのない製品としてまったく受け入れられなかったとき、Xはふつうでは考えられない手段をとった。消費者市場に投入するや、Xはグーグル・グラスが消費財ではないことに気がついた。その失敗を教訓に、Xはグーグル・グラスをビジネス用ツールに作り替えたのである[47]。現在では、ウェアラブル・デバイスを装着して航空機を生産するボーイング社の社員や、患者のカルテを見る医師らをはじめ、たくさんの人々がグーグル・グラスを仕事に活用している[48]。

製薬会社の例をもうひとつ紹介しよう。1989年、製薬会社ファイザーの科学者がシルデナフィルという新薬を開発した。研究者たちは、この薬が血管を拡張し、心臓病に伴う高血圧や狭心症を治療できるのではないかと期待した。ところが1990年代初めに、この薬にそうした効果は期待できないことが判明した。一方で、治験に参加した患者からは興味深いある副作用――勃起――が報告された。ほどなくして研究者らは最初の仮説を手放し、意外な仮説の研究に取りかかった。その結果生まれたのが、バイアグラだ[49]。

インプット重視のメリットをもうひとつ。あなたは結果を追い求めるせいで味わうみじめな気分や、根拠のない陶酔感にふり回されずに済む。むしろ、インプットを修正して完璧にすることに興味をもつように、いや、魅了されるようになる。

うまくいかないなんて、なんて魅力的なんだ！

マイク・ニコルズは、『卒業』をはじめあまたの作品を残した映画監督だ[50]。ヒット作のほうが人々の記憶に残っているかもしれないが、ほとんどの作品はとんでもない失敗作だった。そうした作品はよく、テレビの深夜番組で放映されている。たまたまテレビで自分の失敗作が放映されるときは必ず、ニコルズはソファーに座り、最初から最後まで見ていた。

重要なのは、そのとき彼がしなかったことだ。決まりの悪さに身を縮めたりしなかった。目をそらさなかった。見る目のない批評家を責めたりもしなかった。

ニコルズはただこんなふうに思った。「これは面白い。このシーン、どうしてこんなふうに撮っちゃったんだろう」。「俺は負け犬だ」でもなく、「ひどいできだな」でもなく、「なんて恥ずかしいんだ」でもない。いっさい批評することなく、彼は思っていた。**物事は「うまくいくときといかないときがある。なんて面白いんだ」**と。

ニコルズのアプローチが教えてくれるのは、失敗から痛みを取り除くコツだ。好奇心が失敗から感情の要素をとことん排除し、興味深いものにする。好奇心から、物事を異なるレンズを通して見るための感情的な距離と、視点と、機会が得られるのだ。

ロザモンド・ストーン・ザンダーとベンジャミン・ザンダーは、そのすばらしい書籍『人生が変わる発想力　人の可能性を伸ばし自分の夢をかなえる12の方法』（パンローリング）で、このマインドセットの実践方法を紹介している。ミスを犯すたびに、しくじるたびに、両手を広げてこんなふうに言うのだ。「なんて魅力的なんだ！」[51]

注意：あなたが私と同じなら、最初のうちはいやいややることになるだろう。両手を広げようとしても、まるで重すぎるベンチプレスをするみたいに、なかなか腕が上がらないかもしれない。「なんて魅力的なんだ！」ということばも、喜んでいるというより怒っているように聞こえるかもしれない。

それでもいい。とにかくやってみよう。好奇心で心を満たしたら、自分に問いかけよう――このことから何を学べるだろうか。この失敗が実はプラスになるのだとしたら？

何か励みがほしければ、マイク・ニコルズを思い浮かべてみよう。最悪の失敗作をテレビで世にさらされようと、神が自分に罰を与えていると不満を漏らしたりせず、興味津々で見ている彼の姿を。次はもっとよいものが作れると確信しつつ、ただ微笑《ほほえ》み、うなずきながら、ソファーに座っている彼の姿を。

失敗を見ない目かくし飛行

今まで見てきたように、失敗は発見、イノベーション、そして長期的な成功の入り口だ。しかしほとんどの組織は集団で失敗の記憶喪失を患っている。間違いは隠蔽され続ける。なぜなら従業員が罰を恐れるあまりそれを公表できないからだ。大半の企業は、収益のような短期的かつ定量的な指標によって判断される成果を挙げれば、十分な金銭的報酬、立派なオフィス、もっと上のポジションが与えられることを、はっきりと、あるいはそれとなく従業員に伝える。失敗すれば、何も手に入らない。それどころか、クビを宣告されることだってあるのだ。

こうしたインセンティブのしくみは、私たちの心に深く刻まれた、間違いを認めたくないという気持ちに拍車をかけるだけだ。成功に報酬を与えて失敗を罰すれば、従業員は失敗を過小報告して成功を過大報告するようになり、その中間にあるあらゆるものを可能な限り自分に都合よく作り替える。発言者が攻撃されるような組織では、人は口を閉ざす。それがどんなに有益なことでも。ある調査によると、9つの連邦政府組織（NASAを含む）の科学者の42パーセントが、仕返しが怖くて正々堂々と意見を言えないと感じていた[52]。また、あるテクノロジー企業で4万人を超える社員を調査したところ、職場で率直な意見を口にするのは安全でないと考える社員は50パーセントにのぼった[53]。

だが、失敗はきわめて有益なシグナルだ。あなたは、競合他社より先にそうしたシグナルに気づかなければならない。ところがほとんどの職場では、それは雑音にかき消されてほとんど聞き取れない。聞き逃したり、押さえつけられたり、声が大きくならないうちにその主が解雇されたりすれば、そこから学ぶことはできない。

だから、飛行機にはブラックボックスと呼ばれるフライト・レコーダーが搭載されている。フライト・レコーダーには、コックピット内の会話から電子装置のデータまであらゆるものが記録される。「ブラックボックス」という名は、実はふさわしくない。というのも、墜落後に発見されやすいよう、その箱は鮮やかなオレンジ色をしているからだ。また、事故の原因を明らかにするのに不可欠なデータが保管されているため、箱は耐熱性、耐震性、耐水性に優れている。

ブラックボックスの設置を怠れば、必ずその不利益が返ってくる。1999年に火星表面に激突したマーズ・ポーラー・ランダーを思い出してほしい。事故の原因は、エンジン停止のタイミングが早すぎたことではないかと言われている。とはいえ、何が起きたのか確実なことはわかっていない。予算不足のため、火星表面に向かって降下中に探査機がミッション・コントロールと交信する手段がなかったからだ。チーム・メンバーが経費を節約するために省いたものこそが、彼らから、そして未来のすべてのロケット科学者から、1億2000万ドル〔約125億円〕を投じた失敗から貴重な教訓を引き出す機会を奪ったのである[54]。

通信装置の不備を招いたもうひとつの理由は、彼らが近視眼的にマーズ・ポーラー・ランダーを個別のプロジェクトとみなしていたからだ。上層部が探査機を包括的なプロジェクトの一部――多くの惑星間探査機のひとつ――ととらえていたなら、長期的な学習にとって不可欠な通信装置が搭載されていたに違いない。

・ルールは指針で制約ではない

失敗からの学習を促すために、NASAは有人宇宙船で発生した誤りや事故をまとめた「フライト・ルール」と呼ばれるマニュアルを作成している[55]。過去に起きた出来事を記録して未来のための教訓とするわけだ。それらは、せっかく得られた教訓を忘れないように、数十年にわたって起こった過失や判断ミスから抜き出された知識の集まりだ。そこには、1960年代以降に行なわれた有人宇宙飛行のミッション中に出現した、数千もの異常事態とその解決法が記載されている。フライト・ルールはこうした知識を将来の世代のために保存し、それぞれの失敗の詳細を具体的に伝え、もっと広い視点で見た失敗の役割を明確にしている。さらに、宇宙船をわざわざ作り直す必要をなくして、スタッフが新たな問題に注力することを可能にする。しかし、どんなルールもそうであるように、それらは手錠ではなくガードレールでないといけない。それらはあくまでも指針であり、制約であってはいけないのである。前にも述べたように、過去のプロセスは硬直化して柔軟性のない規則となり、第一原理思考の妨げとなる恐れがあるのだ。

NASAのフライト・ルールが奏功しているのは、ひとつには他者の失敗が私たち自身の理解を促す最高の触媒だからである。私たちは、こと失敗となると自分に甘く他人に厳しい。自分の失敗は外的要因のせいにして言い逃れようとするくせに、ほかの人がしくじったときは、内的要因を指摘する——彼らはうっかりしていた、能力がなかった、十分な注意を払わなかった。私たちは他者の個人的な不手際をあげつらいがちだが、人の誤りこそが優れた学習ソースになる。ある調査によると、同僚のミスを目撃した心臓外科医は、手術の腕が著しく向上したという[56]。彼らはほかの外科医の間違いに気づいて、それを繰り返さないことを学んだのである。

企業は口では失敗を許容し、今後に役立てると言うものの、ほとんど実行に移していない。企業幹部に失敗について話を聞くと、失敗を認めたら、その数が倍に増えるはずだと主張する人がいる。失敗は責任を伴うものであり、責任は誰かに負わせる必要があると、彼らは考えている。こうした幹部たちは、責任者を罰しなければ、失敗してもいいという何でもありの文化が育っていくと思い込んでいる。

そのような考えでいると、組織に探究心は育たない。次のセクションで見ていくように、あなたは現状に満足することなく、知的な失敗ができる環境を作ることができる。社員に質の高いリスクをとらせると同時に、高い基準を設定することもできる。雑な失敗――何度も同じ間違いを繰り返す、あるいは適切な注意を払わないがためのミス――に寛容である必要はない。知的な失敗に報酬を与え、お粗末な結果に制裁を加えればいいし、機能しない可能性のあるものを作っているときはいくつかのエラーは避けられないという事実を受け入れればいい。**人々は、知的な失敗をしたことではなく、失敗から学ばなかったことの責任を果たすべきなのだ。**

「失敗には二つの部分がある。一つは、失敗した出来事そのもの、関係者の落胆、混乱、不面目で、もう一つは、その出来事に対するアクションだ」と、ピクサーの元社長、エド・キャットムルは書いている。前者はどうすることもできないが、後者はコントロールできる。キャットムルが言うように、**「失敗と恐れを切り離し、失敗を犯しても社員に恐れを感じさせないような環境」**[57]を作っていかなければならないのだ。

知的な失敗に報酬を与えるというのは、理屈では簡単なようで、いざ実行するとなると難しい。「イノベーション」だの「リスクをとる」だのと、口先だけで誓ったところで、知的な失敗が生まれる文化は醸成されない。次のセクションでは、ロケット科学にきわめて近い医療の現場でそうした理想的な環境を整えるにはどうすればいいかを掘り下げていきたい。手術台の上にある課題は発射台のそれとあまり違わない。大きな危険を伴う。プレッシャーが大きい。ほんの小さなミスが致命的になりかねない。そうした環境では、知的な失敗の文化を育てるのは骨が折れる。けれども、これから見ていくように、それは不可能ではないのだ。

心理的安全がある企業

病院で発生する医療過誤（薬剤の誤投与）の数は衝撃的だ。1995年の調査では、患者ひとりの入院につき1・4回のミスが発生していることが明らかになった。そのうちおよそ1パーセントが合併症を引き起こし、患者に被害が及んだ[58]。

ハーバード・ビジネス・スクールのエイミー・エドモンドソン教授は、そうした医療過誤の原因を突きとめたいと考えた[59]。そこで彼女はこんなふうに自問した。「医療関係者のチームの質を向上させれば、医療ミスを減らせるだろうか？」答えは明白なように思えた。有能なメンバーとリーダーのいる優秀なチームなら、ミスは少なくなるはずだ。

ところが、結果は彼女の予測とは正反対だった。**優秀なチームのほうがミスの数は多かったのだ。**この信じられない結果をどうすれば説明できるだろうか。

問題をさらに掘り下げることに決めたエドモンドソンは、リサーチ・アシスタントを現場に送り、病院のチームを観察させた。そこでわかったのは、優秀なチームは多くのミスを犯しているのではないということ。**報告するミスの数が多いだけだったのである。**寛容な空気のチーム、つまりメンバーが安心して間違いについて話し合えるチームはすばらしい仕事をしていた。失敗を進んで共有し、それを減らすために積極的に取り組んでいたからだ。

そうした空気を、エドモンドソンは「心理的安全」と呼ぶ。正直なところ、初めてこのことばを聞いたとき、私は直感でそれはエセ科学だと一蹴した。会議室のテーブルを囲んで座り、手をつないでそれぞれの思いを話すスタッフのイメージが頭に浮かんだからだ。しかし、調査の内容を詳しく知った私は前言を撤回した。裏づけとなる証拠は確固たるものだった。**心理的安全は、エドモンドソンのことばを借りるなら、「大きなパフォーマンス目標の達成を目指すうえで、ミスをしても、質問をしても、助けを求めても、決して罰せられたり恥をかいたりしない」**ことを意味する[60]。

心理的安全がイノベーションを促進することは、研究からも明らかになっている[61]。人々が気兼ねなく率直な意見を言い、問題を提起する質問をし、まだ固まっていないアイデアを発表することが認められると、現状に変化を起こすのが容易になる。心理的安全はチームの学習能力も向上させる[62]。心理的に安全な環境では、上司の指示に疑問があれば、社員は言われるがままに従ったりせずに、率直にそれを伝える[63]。

エドモンドソンの研究では、最も優秀な病院チームを率いていたのは、オープンな職場作りを積極的に推し進める、現場で指揮をとり、いつもチーム・メンバーの近くにいる看護師長だった。インタビューで師長は、彼女のチームにも「ある程度のミス」は起こるので、それを明らかにして対処するためには、「罰を受けない環境」が不可欠だ、と説明した。この病棟で働く看護師のことばが、師長の考えを裏づけていた。ある看護師は、「ここのスタッフは自分から進んでミスを認めます。師長が助けてくれますから」と話した。このチームでは、ミスの責任を引き受けるのは看護師たち自身だった。師長はこんなふうに話した。「看護師はミスをすると自分を責めるものです。私よりも遥かに自分に厳しいのです」[64]

二つの最悪の病院チームが働く環境は、それとは正反対だった。そうしたチームでは、ミスをすれば罰せられる。ある看護師は、不注意から採血中に患者を傷つけてしまった事例について語った。師長は彼女を訊問《じんもん》したという。「2歳児のような扱いを受けて、侮辱されました」。別の看護師は、何かミスをすれば、「医者は人を見下し、怒鳴りつけてきます」と話した。「校長室に呼び出されたときのようだったと言う看護師もいた。だから、ミスを犯しても、看護師はそれを公表しなかった。いっときの不面目と苦痛を免れるために。しかし、彼らは沈黙を守ることが長期的にもたらす結果——医療過誤による患者の損傷や死亡——を見くびっていた。

こうした環境が悪循環を生み出した。最悪のチーム——最も改善が必要なチーム——はミスを報告する可能性が最も低いチームでもあったのだ。ミスが報告されなければ、チームの向上は不可能だ。

・失敗にボーナスを払う

失敗を報告するよう促すために、グーグルのムーンショット工場、Xは変わったアプローチをとっている[65]。たいていの企業では、行き詰まったプロジェクトの撤退を決めるのはシニア・リーダーだ。しかしXでは、何らかの理由でプロジェクトが実行可能でないとわかったら、ただちに自分のプロジェクトを終了させる権限が社員に与えられている。

興味深いのはここからだ。こうした「腹切り」行為をすると、チーム全体がボーナスをもらえるのである。前述した、海水から二酸化炭素を抽出して燃料に変えるXのフォグホーン・プロジェクトを思い出してほしい。テクノロジーは有望だったが、経済的に実行可能でなかったため、チームは自らのプロジェクトの中止を決定した。Xトップのアストロ・テラーは全員が集まる会議の席上で、「ありがとう！」と言った。「プロジェクトを打ち切ったことで、このチームはほかのどのチームよりも、今月のXのイノベーションの加速に貢献した」と讃えたのである[66]。

失敗にボーナスを与えるなんて、おかしいと思うかもしれない。失敗に寛容であるべきなのはわかるが、それに報酬を与えるとなるとまた別だ。しかし、このインセンティブのしくみは優れている。実現できないプロジェクトを続けるほうがコストがかかる。お金も、リソースもムダになるのだから[67]。プロジェクトに未来がないなら、それをやめて、貴重なリソースを実現の可能性が高いほかのムーンショットに回す。その結果、人々が知的な失敗を絶えず生み出す環境が育まれ、「社員は恐れることなく、プロジェクトを安心してボツにできるようになる」と、Xのオビ・フェルテンは述べる。

アマゾンも同じアプローチに従っている。失敗に終わったプロジェクトのインプットの質が傑出していたなら、チームはその見返りに社内で新たにもっと重要な役割を任される――罰を受けることなどない。そうでなければ、「有能な人々を思い切って新しいプロジェクトに挑戦させることはできないでしょう」とアンディ・ジャシーは言う[68]。

こうしたマインドセットは、6語のモットーで言い表されている――**「Reward excellent failures, punish mediocre successes（卓越した失敗に報酬を、平凡な成功に罰を）」**。これは、セミナー参加者がかつて作家のトム・ピーターズに言ったことばだ[69]。求められるのは、知的な失敗と正しい目的のもとでのリスク負担を支持するという、明確なコミットメント。知的な失敗は将来の成功にとって必要であり、そのせいで罰せられることも、キャリアが終わることもないと、人々にしっかり認識してもらわなければならないのだ。その点がはっきり示されなければ、社員は用心しすぎてミスを犯し、それを明らかにせず隠すようになるだろう。

心理的安全にはもうひとつの要素がある。社員に正直に間違いを告白させたければ、リーダーも同じようにしなければならないのだ。

失敗は公表しよう

賢くて、競争心の強い人々が自分のミスを認めるのは容易なことではない。誰もその間違いに気づいていないとしたら、なおさらだ。一方、宇宙飛行士の場合、彼らの失敗は徹底的に調べられ、より多くの人たちの目にさらされる[70]。しくじりを包み隠さず話さなければならないのは、ひとりの宇宙飛行士が失敗を認めることで、別の宇宙飛行士の命を救うことができるからである。

たとえ命が危険にさらされていなくても、失敗を公表することで学習が促進され、心理的安全を築くことができる。私がポッドキャスト「Famous Failures（有名な失敗）」を始めた理由もそこにある。そのプログラムで私は世界でもきわめて興味深い人々に、どんな失敗をしてそこから何を学んだかたずねている。ご想像いただけると思うが、ゲストに出演を依頼するときの会話が面白いことになる。

「ダン、実は失敗をテーマにインタビューするポッドキャストを始めたんだけど、君がゲストにうってつけじゃないかと思うんだ」

ところが意外にも、声をかけたほとんどの人々が出演に前向きだった。なぜなら、彼らは多くの人たちが気づいていないことを、経験から知っているからだ――意義のあることを成し遂げた人はみな、何らかの形で失敗している。トップ起業家、オリンピック・メダリスト、『ニューヨーク・タイムズ』紙のベストセラー作家など、かなりの数の大物たちへのインタビューを通じて、私は彼らに共通の特徴があることを知った。それは、すべての人――そうすべての人だ――は完璧ではないということ。天才とて、失敗と無縁ではないのだ。

アインシュタインは自らの最大の失敗について大っぴらに語った。天体物理学者のマリオ・リヴィオが書いたように、「アインシュタインのオリジナルの論文の二〇パーセント以上には、何らかの間違いが含まれている」[71]。スパンクス〔アメリカの下着メーカー〕の設立者でCEOのサラ・ブレイクリーは、全社員が集まるミーティングで、自分がやらかしてきた間違いの話をする[72]。ピクサーの元社長、キャットムルは新入社員のオリエンテーションで、自分が今までしてきた失敗について語る。「彼らには、これまで成功してきたのだから、私たちのすることはすべて正しいと思い込んでほしくありません」と彼は言う[73]。経済学者のタイラー・コーエンは、２００８年の経済危機まで、いかに自分が「アメリカ経済がじわじわと悪い方向に向かっていた可能性をひどく過小評価していた」かを詳細に分析し、まとめている。コーエンは後悔の念を率直に述べている。「私は間違っていた。自分が正しいという信念に過度な自信をもっていたことを後悔している」[74]

こうしたエピソードを聞いて、この人たちに親しみを覚えるとしたら、あなたは研究者が「美しい混乱効果」と呼ぶものを経験している[75]。**「美しい混乱効果」とは、弱みをさらけ出すことで、他人の目に映る自分の印象をよくすることだ。**ただし、ひとつ忠告がある。失敗を告白する前に、あなたは自分の能力を周りに認められていなければならない。そうでなければ、信頼を失い、愚か者に思われるだけだ[76]。

美しい混乱効果があるとはいえ、大半の人は失敗を白状するのを怖がる。私たちにとって、世間におけるイメージは自分の価値そのものだからである。私たちは完全じゃない自分を飾り立ててよく見せようとする。角を丸くして欠点をエアブラシで修正し、世の中には失敗などしない完璧なイメージを見せる。自分の失敗について話すときでさえ、私たちはライトを当てて自分を美化するのだ。

• 失敗を認めるリーダー

気持ちは理解できる。失敗するだけでも辛いのに、それを公表するとなったらもっと辛い。けれど、反対のアプローチ——否定と回避——をとったら、ことはいっそう悪くなる。学習し成長するためには、失敗を賞賛するのでなくただ認めなければならないのだ。

これはリーダーの立場にある人にはとくに重要なアドバイスだ。人々はリーダーの行動に注目している。リーダーの評価を頼りにしているからだ[77]。いくつかの研究も、人々がリーダーを見て変化を起こすことを明らかにしている[78]。リーダーが失敗を認めないと――リーダーが間違ったことをするはずがないと思われていると――、社員にリーダーに反論したり、自分の間違いを明らかにしたりするのを期待するのは無理だ。

最新テクノロジーを駆使して手術を行なった、一流の心臓外科部門を擁する16の病院を対象にした調査について考えてみよう[79]。そのテクノロジーは、これまでの手術方法とはまるっきり異なるものだった。それぞれの病院のチームはなじみのあるいつものやり方を手放し、新しい方法をゼロから取り入れる必要があった。学習の早いチームには共通する特徴が3つあったが、とくに関連のあるひとつの特徴を紹介したい。チームのリーダーである外科医が、自分の考えが誤っていた可能性を自ら進んで認めていたのである。例えば、ひとりの外科医はいつもチームにこんなふうに言っていた。「見落としがあるかもしれませんので、みなさんの意見を聞かせてください」[80]。また別の外科医はこう言っていたという。「しくじった。この症例の診断は間違っていた」

こうした発言が効果的なのは、評判という裏づけがあるからだ。とはいえ、染みついた行動は、心を揺さぶることばを一度聞いたくらいでは変わらないものだ。チームのメンバーは、外科医のことばを何度も耳にするうちに、正直に意見を言っていいという心理的安全を得ることができた――たとえ手術室という階級性の強い環境においてであっても。「聖域など存在しません」と、ある手術チームのメンバーは言う。「指摘しなければならない誤りならば、指摘します――相手が外科医だろうと、雑用係だろうと」[81]

あなたのいる場所が手術室か、役員室か、ミッション・ルームかにかかわらず、原則は同じだ。成功までの道は落とし穴だらけ。穴などないと思い込むよりも、あることを認めたほうが心穏やかになれる。

有意義な失敗をする方法

失敗はどれも同じではない。なかには意味のある失敗というものがある。ロケット科学者は失敗によってダメージの連鎖が起きないように、失敗を考慮に入れてさまざまなツールを使用する。前の章でもいくつかのツールについて考察した。例えば、失敗が実際の損害をもたらさないようにするために、ロケット科学者は思考実験を行なう。ひとつの部品が壊れてもミッション全体が失敗しないよう、冗長性を確立する。テストを実施してリスクを緩和する。地上での失敗が宇宙における被害の大きな失敗を防ぐことができるからだ。

ロケット科学以外の分野でも、テストを活用してより有意義な失敗をすることができる。会社全体で革新的な方針を展開する前に、ひとつの部署、あるいは一部の顧客を実験室、あるいは実験台にするといい。そうすればひとつの部署がダメになっても、会社は倒れない。一部の顧客が会社の方針を気に入らなくても、打撃は少ない。例えば、ウェスティンやシェラトンといったブランドをもつスターウッド・ホテルズは、しばしばW《ダブリュー》ホテルを、特徴のあるフレグランスや快適なリビングルームが体験できるロビーなど、新しいアイデアのテストを行なうイノベーションの実験台として活用した。Wホテルが小規模に実施したテストで機能したアイデアは、関連のほかのホテルでも展開される[82]。機能しなかったとしても、影響は小さいだろう。

テストにはもうひとつメリットがある。当然のことながら、テストならば比較的安全な環境で失敗することができるのだ。ロケット科学者はしょっちゅう失敗するけれど、私たちの多くは——とりわけ若い人たちは——失敗慣れしていない可能性がある。ジャーナリストのジェシカ・ベネットは『ニューヨーク・タイムズ』紙で次のように述べている。「スタンフォード大学とハーバード大学の教員は、日頃学生たちを見ていて気がついたことを『失敗欠乏症（failure deprived）』ということばで説明している。すばらしい論文を書けたとしても、学生たちは単純な問題に対処することができないらしい」[83]

失敗の恐怖を克服するには、曝露《ばくろ》療法が必要だ。つまり、日頃から自分に失敗を経験させなければならないのである。予防接種のようなものと考えるといいだろう。弱毒化された抗原を投与して免疫システムの「学習」を促進し、将来の病気を予防するように、知的な失敗にさらされることで私たちは失敗を理解し、そこから学ぶことができる。失敗するたびに回復力《レジリエンス》が育ち、慣れていく。危機は次の危機のためのトレーニングになる、というわけだ。

だからといって、わざわざ身を滅ぼすような失敗を犯さなければならないわけではない。マゾヒストになる必要はないのだ。そうではなく、自分の限界を押し広げ、厄介な問題に対処し、失敗する余裕を自分に与えることがだいじなのだ。草の上で転んでみよう。ピアノの弾き語りでへまをしても、お粗末な原稿を書いてもいいことにしよう（私がいつもそうしているように）。

子どものいる人は、サラ・ブレイクリーの話がヒントになるかもしれない。彼女はファックス機器の訪問販売員から、自分の力で世界で最も若い女性の億万長者になった。**自分が成功できたのは、ひとつには子どもの頃に父親が毎週投げかけてきたある質問のおかげだと、彼女は言う――「今週はどんな失敗をしたかな？」サラが答えられないと、父はがっかりしていた。彼にとっては、失敗するよりも挑戦しないことのほうが遥かに期待外れだった。**

――◆――

私たちは、失敗には終わりがあると思い込んでいる。失敗するのは成功するまでで、成功しさえすれば、序列のなかの新しいポジションという恩恵が受けられるのだと。しかし、失敗は成功がやって来るまでに解消すべきバグではない。失敗にはちゃんとした役割があるのだ。定期的に失敗する習慣をつけないと、惨事を招く。次の章で見ていくように、失敗しなくなると、今度は自己満足が頭をもたげてくるのだ。

9 成功は失敗のもと
――なぜ成功がロケット科学史上最大の悲劇をもたらしたのか

もし勝利も敗北も等しく受け止めて惑わされることがないなら、（中略）地球はお前のものだ。そしてそのなかにあるすべてのものも。
――ラドヤード・キプリング（イギリスの小説家、詩人）

「ロジャー、こっちに来ていっしょに見ようぜ」[1]

ロジャー・ボジョレーはそんな気分ではなかった。ボジョレー（ワインの産地と同じ名前）は機械技師で、宇宙開発業界のキャリアは四半世紀に及ぶ。最初はアポロの月着陸船に関わり、その後モートン・サイオコールに入社。そこでは、スペースシャトルを打ち上げる固体ロケット・ブースターを製造するチームに属していた。

1985年7月、ボジョレーは未来を予見するかのようなメモを書いた。上司に宛てたそのメモは、ロケット・ブースターのOリングの不具合を警告するものだった。Oリングとは、ブースターの接合部を密閉して高温ガスの漏出を防ぐ、薄いゴム製の部品だ。念のためにOリングは各接合部に二つ――一次リングと二次リング――取りつけられていた。それだけ重要な部品ということだ。エンジニアたちは、過去数回の打ち上げの際に一次リング、二次リングともに損傷したことを突きとめていた。1985年1月のミッションでは、一次リングは焼損したものの、二次リングは何とか持ちこたえた。ボジョレーは上司に、ただちに対応策をとるよう進言した。歯に衣《きぬ》着せず、「最大級の事故が起きて、人命が失われる可能性があります」と。

メモを書いてから約半年後の1986年1月27日夕方、ボジョレーは再び警告音を聞いた。モートン・サイオコールのほかのエンジニアとともにNASAとの電話会議に参加していたボジョレーは、スペースシャトルの打ち上げを翌日まで延期したほうがいいと強く主張した。シャトルの発射場があるフロリダ州ケープ・カナベラルは、その日の夜はいつもと打って変わって珍しく冷え込み、気温は32°F（0℃）を下回っていた。エンジニアたちは、Oリングは弾性が失われると本来の機能を果たすことができず、気温が低ければ破損する恐れがあるとの懸念を示した。ところが、サイオコールとNASAの上層部はその忠告をはねつけたのだ。

「ロジャー、こっちに来ていっしょに見ようぜ」

翌1月28日の朝、サイオコールの管理情報センターの一室で、仲間たちは打ち上げの様子を見ようとボジョレーをしつこく誘っていた。しかたなく彼は折れた。勘弁してくれよと言いたいところをぐっとこらえて、渋々センターに足を踏み入れる。そのとき、発射台近くの気象塔が記録した外気温は36°F（約2℃）。Oリングが取りつけられた固体ロケット・ブースターの接合部の温度はさらに低く、28°F（約マイナス2℃）と推定された。

カウントがゼロに近づくにつれ、ボジョレーを恐怖が襲った。Oリングが破損するとしたら発射のときだ。そう思っていたからだ。すべてはその瞬間にかかっていた。固体ロケット・ブースターが轟音を響かせて点火し、シャトルがやけにゆっくりと発射台から上昇し始めた。シャトルが飛び立つと、ボジョレーはホッとして息を吐いた。「危ないところだったな」。ひとりの同僚が彼にささやいた。

スペースシャトルは上昇を続け、ミッション・コントロールはエンジン出力を全開にするよう乗員に指令を出した。「推進力上昇せよ」

乗員は答えた。「了解、推進力上昇」

それが、スペースシャトル「チャレンジャー号」との最後の交信となった。発射からおよそ1分後、固体ロケット・ブースターから高温ガスが漏れて煙が出始めた。ボジョレーの安堵《あんど》のため息は早すぎたのである。煙と熱で溶けた破片が飛び散るなか、シャトルは分解し、7名の乗員全員が死亡した。そのときの映像は、生中継を見ていた数百万人の心に今も焼きついている――「チャレンジャー号」には、市民初の搭乗者に選ばれた教師のクリスタ・マコーリフが乗っていた。

事故後、レーガン大統領の指示で特別調査委員会が設けられた。委員会は、司法長官と国務長官を歴任した委員長ウィリアム・P・ロジャースの名をとって、「ロジャース委員会」と呼ばれた。委員会は、爆発はOリングの破損によるものと結論づけた。委員のひとりだったリチャード・ファインマンは、公聴会の席上で、Oリングを氷水に落とす実験をして視聴者に衝撃を与えた。チャレンジャー号の打ち上げ時に近い温度で、Oリングは明らかに密閉力を失っていたのだ。

・異常の標準化

こうした不具合は何度も発生していたが、そのたびにNASAの文書には通常通りの業務で対応できる「許容可能なリスク」、と記載されていた。Oリングの破損は危険なレベルに達していたのに、宇宙船の打ち上げは次々に成功していたので、NASAは組織的な視野狭窄に陥っていったのだ。「Oリングのリスクが受け入れられ、当たり前になっていたため、もはや次のフライトまでに解決すべき異常とはみなされなくなっていました」と、NASAのマネージャー、ローレンス・ムロイは述べた[2]。

異常が標準になってしまっていた。ファインマンはNASAの意思決定プロセスを「ロシアン・ルーレット」と評した。Oリングの不具合をそのままにして数多くのシャトルを飛ばしても、惨事が起こらなかったことから、NASAは「次のフライトは基準を少し下げても大丈夫だ。前もそれで切り抜けたんだから」と思うようになっていたのだ[3]。

「チャレンジャー号」は打ち上げるべきではなかったと、結果論で批判するのはたやすい。後知恵バイアスがかかると、問題を単純化しすぎて、そうなると思ったなどと言いがちだ。しかしたとえ後知恵であったとしても、私たちは出来事から学ぶことはできる。とりわけ「チャレンジャー号」をはじめこれから本章で考察していく事故は、私生活でも仕事でもよく起こる、同じ行動パターンを繰り返しているからだ。

この章ではそうした教訓について考えていく。失敗だけでなく成功を賞賛するのがなぜ危険なのか、なぜ失敗、成功のいずれのケースでも事後分析をしなければならないかを明らかにしていきたい。成功が羊の皮をかぶった狼《おおかみ》である理由と、成功がどんなふうに小さなミスを隠し、それが雪だるま式に膨らんで、最大の災難を引き起こしかねないかを掘り下げていこう。

あるフォーチュン500企業が、どんな方法で2度の改革を実行して競争に勝ち続けたか、他者にされる前にどうすれば自分の手で自分を破壊できるかを学んでほしい。

また、「チャレンジャー号」の悲劇を生んだのと同じ過ちが2008年の住宅市場の崩壊を引き起こしたことや、ドイツのタクシー運転手とロケット科学者の共通点も紹介しよう。

本章を読み終える頃には、慢心に陥らず、成功を学習の糧とするための戦術が身についているはずだ。

成功がひどい教師である理由

「チャレンジャー号」の事故から17年後、それは再び起きた。

2003年2月1日土曜日の早朝、スペースシャトル「コロンビア号」は宇宙に16日間滞在したのち、地球への帰還の途にあった[4]。シャトルが大気圏突入に向けて音速の23倍の速度で降下する際、主翼前縁は大気との摩擦により約2500°F（約1370℃）の高温に達することが想定されている。しかし、温度が計測不能になることまでは予測されていなかった。ヒューストンのミッション・コントロールとの交信時、「それから、あの、ヒュー……」と、シャトル船長リック・ハズバンドのことばは途切れた。次に交信が復活したときも、聞き取れたのは「了解」だけだった。

1分後、「コロンビア号」からのいっさいの信号が途絶える。それが単なるセンサーの誤動作によるものであってほしいという希望は、テレビに映し出された、空中分解を起こす「コロンビア号」の映像によって打ち砕かれた。生中継を見ていたフライト・ディレクターのリロイ・ケインはショックのあまり、ほほを流れる一筋の涙をこらえることができなかった。それでも彼は何とか気持ちを落ち着け、「ドアをロックしろ」と命じた。事故の原因を究明するための隔離プロセスの開始だ。

「コロンビア号」は大気圏突入時に爆発した。7名の宇宙飛行士全員が死亡し、2000平方メートルを超える範囲に破片が飛び散った。このときの原因は、「ビール用冷蔵庫ほどの大きさ」の発泡断熱材だった[5]。打ち上げのとき、外部燃料タンクの断熱材がはがれて左翼に衝突し、再突入時にシャトルを高温から保護する耐熱パネルに穴が開いてしまったのである。

事故から数日後の発表によると、スペースシャトルのプログラム・マネージャーは断熱材剥離の問題を重く考えていなかったようだ。1980年代の前任者たちと驚くほど似た表現を使って、断熱材は毎回はがれ落ちてシャトルにぶつかっていたと説明した。NASA内部では、その現象はいつしか「断熱材の剥落」という名前のついた「許容可能なフライトリスク」になっていたのだ。アメリカ運輸省航空安全部門主任で事故調査委員会のメンバーであるジェームス・ハロックは、「断熱材の剥落は予測されていただけでなく、最後には許容されるようになっていた」と指摘。それは「過去に経験、分析、解明ずみの、報告義務のある問題」を意味する、「in family」〔必ずしも安全上の懸念には当たらないという意味〕な事象と呼ばれていた[6]。

しかし、問題は正しく理解されていなかった。なぜシャトルから断熱材が落ちるのか、断熱材の破片によってミッションの安全性が損なわれるか、どうすればそれを防止できるのか、NASAは皆目わかっていなかったのである。

ハロックは原因の究明に着手した。彼の疑問は単純だった――どの程度の力がかかれば、シャトルの翼を保護するパネルが再突入時の熱で破壊されるのだろうか。NASAの仕様では、パネルは0・006フィート・ポンド（1ポンド〔約453・6グラム〕の重さのものを1フィート〔約30・5センチメートル〕持ち上げるのに必要な仕事量）の運動エネルギーに耐えられなければならないことになっている。ファインマンがOリングの性質について実験してみせたのと同じように、ハロックはHBの鉛筆1本と小さな重量計を使って実験を行なった。6インチ〔約15・2センチメートル〕の高さから鉛筆を落とせば、パネルを破壊するだけの力がかかることを突きとめた。もちろん、パネルは仕様よりも頑丈に作られていたが、その基準の低さは、ミッションの安全を脅かすほどの力でシャトルに衝突するものはないはずだと、NASAが自信をもっていたことをはっきり物語っている。

●発見されていた異常

けれども事実がその自信に疑問を投げかけた。「コロンビア号」の事故が起きる3カ月ほど前、スペースシャトル「アトランティス号」でも打ち上げ時に断熱材が損傷してはがれていた。ダメージは「それまでのミッションで最も深刻だった」という[7]。にもかかわらず原因調査のために打ち上げを延期することなく、NASAは「コロンビア号」を宇宙に送り出したのである。

打ち上げ翌日、いつものように発射時の動画を見直していたエンジニアたちが、はがれた断熱材の破片が機体に衝突したことに気づいた。しかし、それが見えるはずの位置に取りつけられていたカメラには、その様子が写っていなかったか、解像度の低いぼやけた画像しか撮影されていなかった。予算の削減によって、カメラのレンズがきちんとメンテナンスされていなかったのだ。限られた装置を使って検討した結果、エンジニアは「剥片の大きさは、それまでで最大」であることを知った[8]。しかし、それ以上は何も言えなかった。

動画を見て破片の大きさを確認したNASAの構造エンジニアのロドニー・ローシャは、「大きな叫び声を上げた」[9]。彼は上司のポール・シャックにメールを送り、宇宙飛行士が船外活動を行なって破片の衝突具合を検査し、修理できるかどうかの判断を仰いだ。だが、返信はなかった。ローシャは再びシャックにメールを送り、「外部機関の協力を要請」できないかたずねた。被害の程度を調べるために、スパイ衛星を使ってシャトルの損傷箇所を撮影するよう、国防総省に協力を求めてほしいと頼んだのである。ローシャはメールに、損傷に対応しシャトルを安全に着陸させるためのいくつかのオプションの概要をまとめていた。要するに、部下に「問題だけを持ち込むな。解決策を教えてくれ」と言うような上司だって、満足できたはずの提案だったのだ。

それでもローシャの申し入れははねつけられた。シャックはこうも言った。上層部はこの問題を追究する気はない、と。ローシャがどんなに頼んでも、シャックは首を縦に振ろうとしなかった。「ささいなことで大騒ぎしたくないんだよ」とシャックは言った。ローシャをはじめ、この問題に懸念を抱いていたエンジニアは、NASAのショーン・オキーフ長官からあえなく「断熱材専門家(foamologists)」の烙印《らくいん》を押されてしまった。

上層部は、断熱材専門家たちがいつものことをことさら騒ぎ立てていると思い込んでいたのだ。

ミッション・マネジメント・チームの会合で、議長のリンダ・ハムは、断熱材の衝突が起こっても、それまでのフライトは首尾よく完了したと念を押した。「あれから何も変わっていません。112回のフライトで『飛行の安全』が損なわれるようなことは一度もありませんでした」とハムは言い切った。彼女によれば、シャトルの「飛行は新たなリスクもなく安全」だったのである[10]。

そのメッセージは「コロンビア号」の乗員にも伝わった。宇宙飛行士へのメールには、断熱材の衝突は「たいしたことではない」が、記者から質問を受けた場合に備えて、情報を知っておいてもらいたいと書いてあった。「同様の現象は何度か発生しているが、大気圏突入に懸念はいっさいない」と繰り返し、メールは締めくくられていた[11]。

NASAのお墨つきを得て、「コロンビア号」の乗員は地球に向けて出発した。あと数分で着陸というとき、損傷した耐熱システムから高温ガスが翼に侵入し、シャトルは空中分解して墜落した。

ジョージ・バーナード・ショーが書いているように、科学は「ゴールに到達したと思ったときこそが危険」なのだ[12]。「チャレンジャー号」の惨事が起きるまでは、Oリングの腐食にもかかわらず、NASAは打ち上げは成功していた。「コロンビア号」の事故の前も、断熱材の剥落にもかかわらず、打ち上げは何度も成功していた。そのうちにこのままでいいという信念が強くなっていった。成功するたびに、「機雷がどうした、突っ込め！」〔アメリカ南北戦争で、海軍デイビッド・ファラガット艦長が発したとされることば。リスクを恐れることなく前に進めという意味〕の姿勢が助長されていった。本来受け入れがたいリスクとみなされるべきものが、毎回の成功に後押しされ、新しい標準になってしまったのだ。

成功は羊の皮をかぶった狼だ。成功は見せかけと現実のあいだにくさびを打ち込む。成功すると、私たちはすべてが計画通りに進んだと考える。警告のサインや変化の必要性には目もくれない。成功するたびに、私たちは自信を深め、さらに大きな賭けに出る。

けれど、勝ちが続いているからといって、次も勝てるとは限らない。

ビル・ゲイツが言ったように、成功は「ひどい教師」である。というのも、成功は「賢い人たちをだまして、自分は失敗するはずがないと勘違いさせるからだ」[13]。そうした洞察を裏づける研究がある[14]。代表的な研究によると、四半期にわたって正しい予測をした財務アナリストは、自信過剰になり、その後の予測の正確性が下がるという[15]。

・まぐれを実力だと勘違い

文芸評論家シリル・コノリーが記したように、「破壊の神は、まず希望を与える」[16]。成し遂げたと思った瞬間、私たちは学びをやめ成長が止まる。トップを走っているとき、私たちは自分が答えを知っていると思い込み、人の話を聞く耳をもたなくなる。うまくいくこと間違いなしと思っていると、計画通りに進まないことがあったときにそれを他人のせいにし始める。成功は私たちを、自分がミダス――触れたものすべてを金に変える力をもつギリシャ神話の王――にでもなった気にさせるのだ。

アポロの月面着陸ミッションで、NASAは圧倒的に不利な状況で不可能を可能に変えた。その成功が最も有能な人々の頭を鈍らせ、思い上がらせた。ロジャース委員会の報告書は、アポロ時代の予想外の成功によって、NASAに「全能感」が生まれたと指摘している[17]。

だが、**いくつかミスをしても、結果として成功することは実際にある。いわゆる「まぐれ」というやつだ。**設計上の不具合を抱えた宇宙船は、それによって問題が起きる条件がそろわなければ、火星に安全に着陸できる。へたくそなサッカーのシュートも、別の選手に当たってゴールが決まるかもしれない。公判戦略がお粗末でも、事実と法があなたの味方をすれば勝ちにつながる。

そしてこうしたミスは、成功の陰に隠れてしまう。葉巻に火をつけシャンパンの栓を抜くのに忙しいと、私たちはうまくいかなかった原因の究明を怠ってしまうのだ。作家のE・B・ホワイトが述べたように、「自分の力で物事を成し遂げた人は、幸運には頼らない」ものだ[18]。目指すゴールに向かって懸命に努力したのに、ハードワークと能力以外の何かが成功をもたらしたなんて言われるのは、腹立たしい。けれど、鏡をのぞいて、**確かに私たちは成功したけれど、ミスもしたし、ムダなリスクもとった、と反省しなければ、その先には惨事が待っている。間違った判断とその危険はずっとつきまとい、かつての成功はいつか私たちの手をすり抜けていく。**

だから、神童と呼ばれる子どもはつぶれてしまう。だから、アメリカ経済の基盤と考えられていた住宅市場はもろくも崩れた。だから、コダックが、ブロックバスターが、ポラロイドが姿を消した。いずれのケースも、沈むはずのないものが沈み、壊れるはずのないものが壊れ、不滅だったはずのものが自滅している――過去の成功によって未来は安泰だと思い込んでいたのに。

成功を生き延びるのは、失敗を生き延びるよりも難しい。成功は、従順さを装って巨大な美しい贈り物、トロイの木馬を運んできた古代ギリシャ人のようなもの。さまざまな措置を講じて謙虚さを維持し、ギリシャ人が攻めてこないようにしなければならない。仕事も私たち自身も永遠に未完成、と考えないといけないのだ。

永遠に未完成であれ

宇宙開発計画の初期の頃は、さまざまな不確定要素が大きく立ちはだかった。NASAは新参者にすぎず、マーキュリー、ジェミニ、アポロといった宇宙船はどれも明らかに未完成だった。「自分たちのしていることにまるで確信がありませんでした。信頼できる人たちにレビューや精査を常に依頼して、間違っていないか確認するようにしたものです」とNASAのチーフ・エンジニア、ミルトン・シルヴェイラは振り返る[19]。

アポロ・ミッションが次々に華々しい成功をおさめると、NASAを支配する空気は変わり始めた。官僚化が進み、宇宙局は有人飛行を単なる日常業務として見るようになっていった。1972年1月にスペースシャトル計画が発表されたとき、ニクソン大統領はシャトルが「地球に近い宇宙空間への移動を日常的なものにして、革命を起こす」と宣言した[20]。スペースシャトルを再利用可能にして、当初の概算によると年間50回もの飛行が可能になるとみられていた[21]。シャトルは「簡単に着陸し、地球に戻り、再運用できる」高出力型ボーイング７４７になるはずだった[22]。シャトルを航空機並みに飛ばすことができれば、人工衛星の輸送を目的にロケットを軌道に乗せたい顧客を集められるというメリットもあった。

１９８２年11月には、シャトルは「日常的な運用が可能になるほど安全でエラーがなく、信頼性が高く、費用対効果に優れていることが証明された」と、組織行動を研究するふたりの研究者は説明する[23]。「チャレンジャー号」の事故が起きるまで、ＮＡＳＡはスペースシャトルの安全性にきわめて強い自信をもっていたため、上層部は乗員の脱出装置を整備する必要性を感じていなかった[24]。そして「チャレンジャー号」計画の頃には、宇宙飛行は日常業務化し、民間人――小学校教師――までもが助手席に乗って宇宙に行けるようになっていた。

そのうちに、ＮＡＳＡは安全性と信頼性に関して妥協するようになった。品質保証を担当する職員は３分の１以下に削減され、１９７０年の１７００名から「チャレンジャー号」が打ち上げられた１９８６年には５０５名になった。最も打撃を受けたのが、ロケットの推進力を研究しているアラバマ州のマーシャル宇宙飛行センターで、スタッフの数は６１５名から88名と大幅に減らされた。こうした人員削減によって、「安全検査の数が減り、（中略）ていねいな手順の実施が難しくなり、異常値の徹底的な調査が行なわれなくなり、事実の記録を怠る」ようになっていった[25]。

また、日常業務を円滑に進めるための標準の規則と手順が作られ、シャトルのフライトはそうした標準を単純に当てはめるだけのものになった。同時に、決定ずみのプログラム・スケジュールにこだわって、異常を見て見ぬふりをするようにもなった。NASAはしだいに、規則と手順の順守がプロジェクトへの貢献よりも重要とされる、階層的な組織に変わっていったのである。

・まだ実験段階

階層はエンジニアとマネージャーの分断をも生じさせた。NASAの幹部はアポロ時代のように現場に足を運ぶことをしなくなった。マネージャーはフライト技術に関心をもたなくなり、やがて接点もなくなった。かつて研究開発重視だった土壌は、製造現場に圧力をかける企業のような文化に変わった[26]。それでも、官僚が何を言おうとも、現場で手を汚すエンジニアの大半は、スペースシャトルをまだ実験段階にある危険なテクノロジーと考えていた[27]。だがそのメッセージは、上には届かなかった。

「チャレンジャー号」の事故にしばし話を戻そう。打ち上げ前日、サイオコールのエンジニアは、外気温が53°F（約12℃）以下なら打ち上げを延期すべきだと主張していた。しかし、シャトル計画のマネージャーであるムロイは二の足を踏んだ。

「君たちの提案に従えば、打ち上げの前の日になって新しい打ち上げ実施基準を作らねばならない。今の基準で24回も飛行に成功しているんだぞ」[28]。過去に成功した規則に従う限り、悪い結果になるはずがないという思い込みが、そこにはあった。

活動が日常業務になった瞬間、私たちは気を緩め現状に満足する。対処法は、ボキャブラリーから「日常業務」という単語をなくし、あらゆるプロジェクト――とりわけ成功したプロジェクト――を永遠の未完成品として扱うことだ。有人宇宙飛行が危険な未完成品と考えられていたとき、NASAは、マーキュリー、ジェミニ、アポロ、いずれのミッションにおいても乗員からただひとりの犠牲者も出さなかった。唯一死者が出たのは、打ち上げ前のリハーサルで起きたアポロ1号の火災事故だけだ。有人宇宙飛行が日常業務とみなされるようになるまで、飛行中に乗員が死亡する事故は起きなかったのだ。「チャレンジャー号」の追悼演説のなかでレーガン大統領は次のように述べた。「私たちにとって、宇宙は身近なものになりました。ひょっとしたら、私たちはまだ歩み始めたばかりだということを忘れていたのかもしれません」[29]

• 人は永遠の未完成

社会心理学者のダニエル・ギルバートは、「人間は未完成のくせに、自分たちは完成したと勘違いしている」と語った[30]。5度の世界チャンピオンに輝いた陸上短距離のモーリス・グリーンはその轍《てつ》を踏まず、自分を永遠の未完成品と考えた。世界チャンピオンであっても、自分は二番手だと思ってトレーニングを続けなければならないと、グリーンは忠告する[31]。二番手につけていれば――少なくとも自分がそう思っていれば――、慢心する可能性は低い。一字一句覚えられるまでスピーチを練習するだろうし、就職面接のために念を入れて準備するだろうし、ライバルに勝とうと懸命に努力するだろう。

フットボールと野球の両方で名を挙げた唯一の選手、ボー・ジャクソンは、ホームランを打っても、タッチダウンを決めても、とくに興奮することはなかった。そして決まって、「今のは完璧じゃなかった」と言った[32]。メジャーリーグで初ヒットを打ったときも、伝統などおかまいなしに、記念のボールを受け取るのを断った。というのも彼に言わせれば、「ゴロが二遊間を抜けていっただけ」だったからだ[33]。ミア・ハムは同じマインドセットをもつサッカー選手だ。彼女はかつてこんなふうに言った。「人は私を世界最高の女子サッカー選手と呼びますが、そんなことはありません。だから、いつかそうなれると思っています」[34]。

ウォーレン・バフェットのビジネス・パートナーであるチャーリー・マンガーは、意思決定を採用する鉄則として同じアプローチを活用している。「自分のＩＱを１６０と思っていたのに実際は１５０しかなかったら、それは災難だ。それなら１２０だと思っていたら実は１３０だったというほうがずっとよい」[35]

このアプローチの裏づけとなる研究がある。著書『Ｗｈｅｎ　完璧なタイミングを科学する』（講談社）で、ダニエル・ピンクは「ハーフタイムの時点でリードしていたチームは、リードされていたチームよりも、最終的に勝利することが多かった」と指摘している[36]。しかし、動機が数学的現実に勝つ例外がひとつある。１万８０００を超えるプロバスケットの試合を調査した結果、ほんのわずかリードされたチームのほうが、結局後半で勝つ確率が高いことが明らかになったのである[37]。同じことは、バスケットボールのコートを離れた、実験室という制御された環境にも当てはまる。例えば、ある調査では被験者同士にタイピング能力を競わせ、前半と後半のあいだに短い休憩をはさんだ[38]。休憩中、被験者は相手に大きく引き離されている（マイナス50ポイント）、少し負けている（マイナス1ポイント）、同点、あるいは少しリードしている（プラス1ポイント）のいずれかであると報告を受ける。被験者のなかで、後半に入って一段と力を発揮したのは、少し負けていると伝えられた被験者だった。

このような、決して思い上がらないマインドセットを育てるには、自分は相手にやや後れをとっていて、リードしているのは、憎い敵――NASAにとってのソ連、エイビスにとってのハーツ〔どちらもレンタカー会社〕、アディダスにとってのナイキ――なのだと思うといい。新製品を出荷する際は、次のバージョンではそれをどう改良できるかを考える。書籍のアイデアや章のタイトルをメモしておけば、どこが悪いかを検討することができる。

今の時代に求められているのは完成品ではない。未完成品だ。永遠に向上し続けることが、試合を勝利に導くのだから。

途切れ途切れに成功しなさい

マドンナは自己改革の達人だ。さまざまなプロデューサーや作家とのコラボレーションを通じ、時代とともに進化してきた[39]。常に自分を作り直して、30年以上もスターダムに君臨しているのだ。

だが、大企業はマドンナのようなわけにはいかない。企業改革は遅々として進まない。根本的改革となればなおのこと。しかし、記録的な速さで、一度ならず二度までも改革を成し遂げた大企業がある。

ネットフリックスは、DVDの郵送サービスでレンタルビデオ業界の既存のビジネス・モデルの破壊に乗り出した。しかし市場を独占し始めてもなお、共同設立者でCEOのリード・ヘイスティングスは油断することはなかった[40]。前の章でも考察したように、戦術ではなく戦略に集中すれば、問題の枠組みをとらえ直してよりよい答えを導き出すことができる。この原則に従って、ネットフリックスは注力すべきはDVD郵送サービスではなく、映画配信サービスだと考えた。それが彼らの戦略だった。郵送でDVDを届けるのは、その戦略を実行するための数ある戦術――メディア・ストリーミングを含む――のひとつにすぎない。「最も懸念していたのは、DVDレンタルで成功したとはいえ、ストリーミング事業への移行はうまくいくだろうか、ということです」と、ヘイスティングスは語った[41]。事業の行き詰まり――DVDはそのうち廃れる――を予想し、先手を打ったというわけだ。

ネットフリックスにとって、ストリーミングへの移行は時期尚早だったと言っていい。2011年、同社がストリーミングに特化し、DVD事業を切り離して独立した別会社にする計画を発表すると、顧客は反対した。それでも、何もしないくらいなら間違う――それを間違いと呼ぶなら――ほうが遥かによかった。ヘイスティングスは顧客の声に耳を傾け、いくつかの意見を取り入れて、DVDの郵送レンタルサービスを維持しながら、ストリーミング事業の準備を推し進めていった。

その後ネットフリックスは新たな飛躍を成し遂げた。ハリウッドの大手映画会社から放映権を取得するだけでなく、オリジナル・コンテンツの制作に乗り出したのである。この試みは大成功。ネットフリックスでは、打ち切りになる失敗作に比べてヒット作の数が多かった。だが、ヘイスティングスからすると、それは悪い兆しだった。「今はヒット番組が多すぎる。全体の打ち切り率を高くしなければ」[42]

ヒット作を出したがらないなんておかしいと思うかもしれないが、ヘイスティングスの目のつけどころは正しい。私たちはしばしば、プライベートでも仕事でも、浮き沈みがあるのはよくないと考える。どちらかといえば、山あり谷ありよりも、山がずっと続くほうがいい。しかし、ビジネス・スクールのシム・シットキン教授が説明するように、**「物事が順調に進み、成功が途切れなく続くのは問題であり、疑いようのない強さではなく弱さの兆候」**[43]なのである。

「チャレンジャー号」と「コロンビア号」の惨事が教えてくれたように、成功が続くのは長期的に見ればトラブルの前触れかもしれない。研究によると、成功と慢心はセットだ[44]。成功すると、私たちは限界を押し上げようとしなくなる。心地よい場所から動かなくなり、新しいことに挑戦しなくなる。企業の幹部は、過去に奏功した戦略から少しはみ出したくらいで罰せられることはまずない。けれど、もしうまくいった戦略を無視して別の戦略を追求し、それが結果として失敗に終われば、罰を受けるリスクはうんと大きい。だから、新しいことに挑戦するリスクを冒さずに、確実に成功する「証明ずみの」方法ばかりに頼るようになる。確かによく効く手だ——失敗するまでは。

ファルコン1の打ち上げが3回連続で失敗したことで、スペースXは倒産寸前に追い込まれたが、その反面そうした初期の失敗は身の引き締まる現実性チェックの役割を果たしていた。おかげでスペースXは、現状に満足せずに済んでいたのだ。

ところが、その後次々に成功をおさめるようになると、スペースXもやはり慢心の餌食となった。2015年6月、ファルコン9が国際宇宙ステーションに向かう途中で爆発。責任はスペースXの輝かしい実績にあるとマスクは言い切った。「この7年、失敗なしでやって来た。すべての社員が、どこか思い上がっていたのだと思う」[45]

慢心を防ぐには、ときおり自分の鼻をへし折ってやらなければならない。「自分を破壊しなければならない」とスティーブ・フォーブスは言う。「そうでなければ、代わりに誰かがあなたを壊しにかかるだろう」[46]。

浮き沈みを経験したことがない――たまたま成功が続いて、調子に乗る自分を抑えられない――人は、そのうちとんでもない失敗をしでかして自信は粉々になるだろう。しかも、そうしたとんでもない失敗は、ビジネスやキャリアの息の根を止める危険がある。

元世界ヘビー級チャンピオンのマイク・タイソンはこんなふうに言った。「謙虚でない奴は、人生に謙虚さを叩《たた》き込まれることになる」

謙虚でい続けるひとつの方法は、ニアミスに注意を払うことだ。

ニアミスを見逃すな！

ニアミスとは、空中で接触しそうなほど近づくことをいう航空用語だ。つまり接近したが衝突するまではいかなかった、ということだ。ラッキーだった、と言ってもいい。

航空管制室でも役員室でも、ニアミスは見過ごされることが多い。ニアミスは最終的な結果に影響を及ぼさないので、成功の仮面をかぶっていることが研究の結果から明らかになっている[47]。結果だけを見れば、飛行機は衝突しないし、会社はつぶれないし、経済は安定を保っている。「終わりよければすべてよし」。「害はないので大丈夫」。そう言って私たちは、いつも通りの日々を過ごすのだ。

しかし、たとえ害がなくても、実際にはミスは山ほど起きているはずだ。これまで見てきたように、ＮＡＳＡは何度もスペースシャトルの打ち上げに成功していたけれど、Ｏリングの不具合や断熱材の剝落は発生していた。結果としてミッションは失敗しなかったので「ニアミス」で済んだが、それは同時に、幸運のおかげで何とかなった、ということでもあるのだ[48]。

ニアミスは人々にムダなリスクをとらせる。ニアミスは危機感ではなく慢心を生む。研究によって、ニアミスが起きたことを知っている人は、知らない人よりもリスクの大きな判断をすることがわかっている[49]。ニアミスは実際の失敗リスクに何の影響も及ぼさないのに、私たちのリスク認識は低下するのだ[50]。ＮＡＳＡの場合、上層部はニアミスを潜在的な問題とはみなさなかった。彼らはそれを、Ｏリングの破損や断熱材の剝落はリスク要因ではないので、ミッション全体に悪影響を及ぼさないという考えを裏づけるデータと解釈した。それまでのすべてのミッションは成功していた。だから、警鐘を鳴らすロケット科学者は、彼らの目にはオオカミ少年に映ったのである。

反証データが集まったのは、事故が起こってからだ。そのときになってようやくＮＡＳＡは、人々を集めて事後分析を行ない、成功の陰で見落とされてきた数々の前兆について調査した。しかし、あまりにも遅すぎた。

「postmortem（事後分析）」はラテン語で、文字通りの意味は「死後」である。医学分野では、「postmortem」（「autopsy」）は死体を解剖して死因を調べることを指す。長い年月を経て、このことばは医学だけではなくビジネスの世界でも使われるようになった。今では企業は事後分析を行なって、失敗の理由や今後の防止策を考察している。

ただし、このことばには問題がある。「postmortem（事後分析）」、つまり「死後」というからには、何らかの措置を講じる前に、ボツになったプロジェクト、ダメになったビジネス、終わったキャリアがあるはずだ。「死」ということばから示唆されるのは、壊滅的な失敗でなければ徹底的な調査に値しないということだ。けれども大惨事が起きてから事後分析をしていたら、小さな誤りやニアミス――長期間にゆっくり積み重なった慢性的な問題――は気づかれないままになる。

「コロンビア号」と「チャレンジャー号」の事故をもたらしたのは、ひとつの忌々《いまいま》しい判断ミスでも、ひとつの重大な計算ミスでも、ひとつのとんでもない義務の不履行でもない。むしろ、「表面上は害のないいくつもの意思決定が、徐々にＮＡＳＡを」破滅に「向かわせた」と、社会学者のダイアン・ヴォーンは記している[51]。

つまり、大ジャンプではなく、小さな一歩の積み重ねが悲劇を生んだのである。よくある話だ。ほとんどの企業が消えるのは、彼らがすぐに結果に影響しないほんの小さな一歩やかすかな前触れやニアミスを気にも留めないからなのだ。例えばメルクは鎮痛剤「バイオックス」が心血管疾患を引き起こすことを示唆する初期のサインを無視した[52]。コダックの幹部はデジタル化によりビジネスが破壊される可能性を示す兆しを見逃した。レンタルビデオチェーンのブロックバスターはネットフリックスのビジネス・モデルの脅威にほとんど関心を示さなかった。2008年に大手金融機関が自滅し、アメリカが史上最悪の不況に陥るずっと以前から、サブプライム・ローン危機が進行している兆候はあった。

4600を超える軌道ロケット打ち上げに関する研究についても検討してみよう。それによれば、組織全体に教訓をもたらし、将来の成功の可能性を高められるのは、完全な失敗――ロケットの爆発――だけだった[53]。部分的な、あるいは小さな失敗――爆発しなかったが、ロケットがその役割を正しく遂行できなかった――には、そうした効果はなかったのである。小さい失敗が「広く特定され、議論され、分析されない限り、より大きな失敗を防ぐことは難しい」と、ビジネス・スクール教授のエイミー・エドモンドソンとマーク・キャノンは指摘する[54]。

・ニアミスのコストは格段に低い

ニアミスはデータの宝庫だが、その理由は簡単だ。事故よりも遥かにひんぱんに発生するからである。しかもかかるコストは格段に低い。ニアミスを検証すれば、失敗のコストを負担することなく、きわめて重要なデータを集めることができる。

ニアミスに注意を払うことは、ロケット科学ではとりわけ重要だ。1960年代には、ロケットの爆発はひんぱんに起きていたが、そのたびに打ち上げ技術は着実に向上していった。現在のロケット打ち上げ成功率は90パーセントを超える。失敗はほとんどない。とはいえ、打ち上げには相当高いリスクが伴うことに変わりはない。数億ドル〔数百億円〕の資金と、有人宇宙飛行の場合は人命が、危険にさらされるのだ。そのうえ、宇宙での失敗はほとんどの場合十分な証拠が残らない。信号はほぼノイズにかき消されるし、失敗を地上で再現するのも難しい。失敗からの学習機会がほとんどないのだから、成功から学ぶことがいっそう重要になるわけだ。

それが矛盾をもたらす。私たちが望むのは人生を台なしにしないような有意義な失敗だ。だが、そうした失敗はよく注意していなければ気づかない可能性が高い。コントロールできなくなる前に、静かなサインを見つけ出さなければならない。だから、**最悪の事態が起きたときだけ事後分析するというのは間違いなのだ。成功しても失敗しても、事後分析はすべきである。**

2000年のNFLドラフトでそれを実感したのが、ニューイングランド・ペイトリオッツだ[55]。ドラフトはフットボール・チームが翌シーズンに向けて新人選手を選ぶ、年に一度の大イベントだ。

それぞれのチームは1ラウンドにひとりずつ、合計7名の選手を指名する。2000年ドラフトの6巡目。ペイトリオッツはその後、史上最もすばらしいクォーターバックのひとりと称されることになる、ある選手を選択した。ペイトリオッツで6度のスーパーボウル制覇を果たし、スーパーボウルMVPを史上最多の4回も獲得したトム・ブレイディだ。彼は2000年ドラフトの「最大の大穴」と呼ばれ、ペイトリオッツのフロントは、ブレイディほどの名選手をドラフトの最後のほうですくい上げたそのみごとな作戦を賞賛された[56]。

というのがひとつの解釈。

もうひとつ、ペイトリオッツの上層部にはやや手厳しい見方もある。別の言い方をすれば、ブレイディはニアミスだった。ペイトリオッツはずっと以前から彼に目をつけていたが、ドラフトの終わりのほうまで彼を獲《と》らなかった（彼の指名は254人中199番目——体育の授業で最後まで選ばれないくらいの人気のなさだ）[57]。ひょっとすると、まるっきり異なる結果になっていた可能性だってある。ほかのチームがペイトリオッツよりも先にブレイディを指名していたかもしれない。負傷した先発メンバーのクォーターバック、ドリュー・ブレッドソーに代わって試合に出場しなければ、ブレイディは自分の潜在能力に気がつかなかったかもしれない。現実世界のわずか数インチとなりの別世界では、ペイトリオッツのフロントは、先見の明のあるリーダーではなく愚か者の烙印を押されていたかもしれないのだ。

今度あなたが、スコアボードを満足げに眺めつつ、成功の余韻に浸りたいと思ったら、しばし立ち止まってみよう。そして自分にこんなふうに問いかけてほしい。**今回の成功でうまくいかなかっ**

たことはなんだろう。どんな運やチャンスや有利な条件に恵まれただろう。そこから何が学べるだろう。こうしたことを考えておかなければ、幸運はいつか姿を消し、代わりにニアミスがひたひたと迫ってくる。

お気づきのように、これらの質問は、失敗をテーマにした前の章で考察した質問と何も違わない。成功しようと失敗しようと、同じ問いかけをし、同じプロセスに従うことは、結果というプレッシャーをなくし、一番重要なこと、すなわちインプットに再びフォーカスを向けるひとつの方法なのだ。

グーグルのムーンショット工場、Xをヒントにしてほしい。製品開発に取り組んだエンジニアはテクノロジーが完成してもなお、失敗に終わった初期のプロトタイプに注目する。例えば、ドローンを使った配送サービス「プロジェクト・ウィング」のチームは、最終的な設計を決めるまでに数百ものプロトタイプを破棄した。ドローン開発チームは、同僚たちの目に触れるよう、会議の場で失敗作の山を展示した。素人目にはただただすばらしい設計に見えるものは、失敗とニアミスの連続によって生まれたものだったのである[58]。

ペイトリオッツのフロントは、ブレイディを獲得できたのは単なる幸運だったと自覚していた。だから、「大穴」を当ててよかったなで終わらせることなく、それをスカウティングの失敗例として対処し、間違いの修正に注力した。

ミスを見つけ出して正すのに、事後分析は役に立つ。ただし、欠点もある。成功したあとの事後分析は、すでに結果を知った状態で行なわれる。私たちはよい結果は正しい判断から、悪い結果は間違った判断から生まれた、と思い込みがちだ。成功したという事実があると、誤りを発見するのは難しいし、失敗という結果が明らかだと、責任のなすり合いを避けるのは一苦労だ。結果という強力な光を目に入れないようにしない限り、私たちは自らの意思決定を客観的に評価することはできない。

結果を見せない

あるカーレース・チームの未来は風前の灯《ともしび》だ。不可解なエンジンの故障に何度も見舞われていたのだ。24時間のレース中に7回もエンジン・トラブルが発生し、車に深刻なダメージを与えていた。問題の原因を巡って、エンジン担当メカニックとチーフメカニックとのあいだで意見が割れている。

エンジン・メカニックは、原因は低温にあると考えていた。気温が低いと、シリンダーヘッドとシリンダーブロックの膨張率の違いによってガスケットが損傷し、エンジンが故障するのだと彼は主張する。チーフメカニックはその考えに反対だ。彼は、エンジンの不調はあらゆる気温下で発生しているので、温度が原因ではないと主張する。チーフメカニックは、レースにはドライバーの命がかかっていることは承知しているが、レースでは「知っていることの限界を超えていかなければならない」し、「勝ちたければ、リスクをとらなければならない」と言い切る。彼はこうも言う。「ピットに座ったままレースに勝った者などいない」

今日のレースには高額なスポンサー契約がかかっているうえに、大々的に全国にテレビ中継される。しかし、気温は異常に低く、再びエンジンに不具合が起きて事故になれば、悪評が広まるだろう。

あなたならどうする？　走るか、それとも欠場するか？

これは、ジャック・ブリッテンとシム・シットキンがビジネス・スクールの学習ツールとして作成した、カーター・レーシングのケーススタディのシナリオだ[59]。学生たちはまず各自でレーシング・チームがどうすべきかを考え、その後、授業で議論する。話し合いの前後に、投票が行なわれる。両教授の報告によると、学生のおよそ9割が、「度胸なしに栄光なし」の主張を引き合いに出し、レースに参加することを選ぶという。

投票後、シナリオの結末が発表される。学生たちは、「君たちはたった今、スペースシャトル『チャレンジャー号』の打ち上げを決定した」と告げられる。エンジン故障のデータはOリング破損のデータとほぼ同じ。迫る期限、予算のひっ迫、あいまいで不完全な情報など、類似の要素はほかにもある。

結末を聞いた学生たちのほとんどはショックを受け、なかには怒りを表す者もいる。だまされた、明らかに間違った、倫理にもとる意思決定をするようしむけられた、と。だが、結果が知らされるまで、彼らの判断の是非はまったくはっきりしていなかった。

もちろん、ケーススタディと「チャレンジャー号」では事情は異なる。レースカーのエンジンが故障すれば、ドライバーの安全は危険にさらされるかもしれないが、人命のリスクはスペースシャトルほど大きくはない。

しかし、だからといって道義的な問題がないわけではない。「チャレンジャー号」の打ち上げを遅らせていれば、ブレイディを1巡目で指名しておけば、ブロックバスターが不吉な前兆を感じ取っていれば。そう口で言うのはたやすい。結果を伏せることによって、後知恵バイアスの歪んだレンズを外すことができる。

ビジネス・スクールの教室を一歩出れば、ブラインド分析を実践するのは容易でない。現実の世界では、結果は隠れていないからだ。ことが明らかになれば、隠しようがない。けれど、結果を知らないふりをしなくてもブラインド分析を実行する秘策がある——事前分析だ。

事前分析で変わること

ウォーレン・バフェットのパートナーで投資家のチャーリー・マンガーは、「自分がどこで死ぬかわかればなあ。そこには絶対に行かないのに」と言う「野暮な人」をよく引き合いに出す[60]。それが、「事前分析」と呼ばれるアプローチだ[61]。アダム・スミスは、「私たちが自分の行動を検討し、中立な観察者が見るのと同じように見ようと努力するに当たっては、二通りの状況が存在する。一つはこれから行動を起こそうとする場合、もう一つはすでに行動してしまった場合である」と説いた[62]。事後分析は後者、事前分析は前者である。

事前分析は、行動を起こす前、すなわち結果がまだ判明していない時点で行われる。ロケットに点火していないし、販売契約は結んでいないし、合併も成立していない。事前分析では、先を予測して、プロジェクトの失敗を想定した思考実験を行なう。それから一歩引いて、「何が悪かったか」を考える。破滅のシナリオを鮮やかに視覚化することで、潜在的な問題をあぶり出し、それを避ける方法を明らかにする。調べたところ、事前分析によって将来どんな理由でどんな結果が生じるかを判断する能力が30パーセント向上したという[63]。

あなたがビジネス・リーダーならば、事前分析は現在設計中の製品にフォーカスするといいだろう。**製品が失敗すると想定し、そこからさかのぼって考えられる原因を見つけ出そう。**製品のテスト方法が間違っていたのかもしれないし、市場に合わない製品だったのかもしれない。

求職中の人なら、面接の際に事前分析をするといいだろう。うまくいかないという前提のもとに、考えられる失敗の理由をできるだけ多く挙げてみるのだ。面接に遅刻する。前職を辞めた理由を問われて固まってしまう。それから、そうした落とし穴を避けるにはどうすればいいかを考えよう。

事前分析は、ムーンショット思考の章で検討した、バックキャスティング思考と正反対の方法と言える。バックキャスティングは、実現したい結果を決めて逆算していく方法だ。一方、事前分析では、起点となるのは望ましくない結果だ。この場合、行動を起こす前に何を間違う可能性があるかを考えざるをえない。

事前分析をして、何が失敗しそうかを検討する際は、潜在的な問題のひとつひとつが発生する確率を考えなければならない[64]。前もって不確実性を数値化――新製品が失敗する可能性は50パーセント、といったように――すれば、幸運がどの程度働いて成功につながったかを把握できるようになる。

・不確実性を数値化する

不確実性を数値化しておけば、どんな失敗の痛手も和らげることができる。新製品が売れる自信が100パーセントあったのに失敗したら打撃は大きい。けれども成功の確率が20パーセントしかないとわかっていたら、失敗してもそれは必ずしもインプットが何から何まで悪かったからではない。正しいことをすべてやっても、運やその他の要因がじゃまをして、失敗する可能性はある。

例えば、マスクはスペースXを立ち上げたとき、成功する可能性は10パーセントに満たないと予測した[65]。あまりに自信がないので、友人たちに投資をもちかけなかったくらいだ。もしもマスクが成功の確率を80パーセントと見積もっていたら、ファルコン1が3回続けて失敗したとき、挑戦し続ける意欲を維持するのは相当難しかったに違いない。状況がようやく好転し始めると、マスクは成功がどれほど運に左右されるかを実感させられた。「ことがもうちょっと悪い方向に進んでいたら、スペースXは終わっていたかもしれない」と彼は言う。

事前分析の結果は、容易に参照できるようにしておかなければならない。アストロ・テラーによれば、Xでは事前分析は「ウェブサイト上で管理され、プロジェクトの今後について生じた懸念を誰でも投稿できるようにしている」という[66]。社員は、特定のプロジェクトや会社全体について気になることを投稿することができる。こうした方法によって、埋没費用のバイアスに対抗する組織の知識と防御力を構築しているのだ。前回の意思決定時に不確定な要素があったことを知っていれば、それに異論をはさむのも容易になる。「社員たちは、何人かでは反対意見を言うこともあるでしょうが、実際に声を上げ、きっぱりと、あるいは繰り返し反論することには二の足を踏みます。嫌な奴、反逆者、などと言われたくないからです」とテラーは指摘する。

NASAのエンジニア、ロドニー・ローシャは、それを身をもって経験した。ローシャは断熱材の衝突による「コロンビア号」の損傷を査定するために、新たな画像の撮影を何度も申請していたが、上層部に却下されていた。「コロンビア号」がまだ軌道上にいるあいだ、彼はコンピューターを前に最後の望みを賭けて上司にメールを書き始めた。

「私の科学的見解を言わせていただきますと、それは間違った（無責任と紙一重の）答えです。（中略）私は、深刻な損傷が（中略）由々しき危険な事態を引き起こす可能性があることを（重ねて）強調します」。ローシャはメールをこう締めくくった。「あちこちに貼られた、安全の必要性を訴えるNASAのポスターを思い出してください――『安全でないなら、そう言おう』。そうです、ことはそれほど深刻なのです」

彼はメールを下書きとして保存した。それが送信されることはなかった。

のちにローシャは事故調査委員会に、メールを送らなかったのは、「指揮系統を飛び越えるのはよくないと思った」し、「マネージャーの判断に従う」べきだと考えたからだと話した[67]。彼の心配にはもっともな理由があった。「チャレンジャー号」の悲劇の半年前に事故を予測するメモを書いていたロジャー・ボジョレーは、内部告発をしたことで大きな代償を払っていたのだ。事故を受けてボジョレーはロジャース委員会で証言し、メモをはじめとする内部資料を提出し、モートン・サイオコールで彼の警告が耳を貸されなかったことを明らかにした。そのことで彼は、内輪の恥を世間にさらしたと同僚や上司から非難を受けたのだ[68]。かつての友人はこう言った。「お前がこの会社をつぶしたら、うちの子どもたちをお前の家の玄関に立たせてやる」[69]

グループの意見にただひとり断固反対する、空気の読めない人には誰だってなりたくない。グループにとって都合の悪いことを言う人は、バッシングされると相場が決まっているのだ。創造性が不可欠な組織でさえ、集団思考が頭をもたげてくるのはよくあることだ。しっぺ返しを受けるとなれば、私たちは大勢に逆らったりせず、周囲の考えに合わせる。意見をさしはさむことなく黙って従うのである。

●成功は同調重視を生み出す

成功はこうした同調重視の傾向を悪化させるだけだ。成功は現状に対する過度な自信を生み、それが反対意見を押さえつける。しかも、慢心に陥らないために、現状に異を唱えなければならないときに限って。カリフォルニア大学バークレー校の心理学者で、集団思考の専門家であるチャーラン・ネメスは、「少数派の観点が重要なのは、今後それが優勢になるからというより、多様な関心と思考を刺激するからである」と書いている[70]。たとえ的外れだったとしても、少数派の意見は「最終的に、もっと有効な新たな解決策や意思決定を導くのに役立つ」。言いかえるなら、誰かが反論すれば、私たちは言わずと知れた多数派の意見のその先に目をやらざるをえなくなるのだ。

痛ましいことに、「チャレンジャー号」と「コロンビア号」の場合、少数派の意見は無視されてしまった[71]。安全上の懸念を確かな数値データで証明する責任は、エンジニアの手に委ねられた。宇宙船を安全に打ち上げられる（「チャレンジャー号」）、または安全に着陸させられる（「コロンビア号」）証拠ではなく、エンジニアはそれが安全でないことを明らかにするよう求められたのだ。コロンビア号事故調査委員会のメンバーであるロジャー・テトラウトは、エンジニアに対する幹部たちの態度は次のようなものだったと分析した。「間違いだと言うのなら、それを証明してみせろ。何が悪いのか証明できるなら、見てやってもいい」[72]。しかし、それだけではなかった。その後エンジニアは意見を主張し、仮説を証明する機会を奪われたのだ。例えば「コロンビア号」のミッションでは、損傷部を調査するためにエンジニアが出した追加の衛星画像の申請を、上層部がはねつけている。

事前分析は組織内に潜む反対意見を掘り起こすための効果的な方法だ。なぜなら、悪い結果――プロジェクトの失敗――を前提にして失敗の理由を挙げなければならないので、本音で批判し、それを上層部に伝えられる心理的安全を与えることができるからだ。

原因の裏にある原因を探れ！

ロケットの事故が起きたとき、決まって行なわれることがある。

専門家で構成される事故調査委員会が設置され、関係者が呼び出され、文書が集められ、飛行データが解析され、宇宙船の残骸が検分され、結論と推奨事項が記載された堅苦しい報告書が作成されるのだ。

　そうした決まりになっているのは、歴史が繰り返されるからではない。そうなることはほとんどない。Oリングの破損や断熱材の剝落が宇宙で再び惨事を招く可能性はきわめて低い。

　そうではなく、決まりに従って対応するのは、歴史が教えてくれるからだ。歴史は情報の宝庫だ。注意深く見ていけば、歴史はかけがえのない教訓となる。原因を調査し、記録することによって、立ち止まり、再評価・再較正《こうせい》し、学び、変化を起こせる。

「チャレンジャー号」の事故の場合、ロジャース委員会の報告書によれば、主要な原因は二つ。ひとつは技術、もうひとつは人間の問題だ。前者は、本来の密閉力を失ったOリング。後者は、気温が低ければOリングが不具合を起こす可能性があったのに、シャトルを打ち上げるというとんでもない決定をしたNASAの職員である。

　要するに、ロジャース委員会が注目したのは、問題の一次的、つまり直接的な原因だったわけだ。一次的な原因は目につきやすい。そういうものを非難したくなるのは人間の本能だ。報告書やプレスリリースにも書きやすい。たいていは物理的に存在しているもので、名前がついている。Oリングならば、不具合は修正すればいい。NASAの職員ならば、彼らに責任を取らせ、降格し、解雇すればいい。

　だが、問題がある。ロケットであろうと企業であろうと、複雑なシステムにおける失敗の原因は、ふつうもっと数が多い。技術、人間、環境など、おびただしい数の要因がからみあって、失敗が起きるのだ。一次的な原因だけを解消したところで、二次的、三次的な原因は手つかずのまま。そうした原因はより深いところに潜んでいる。それらが一次的原因を引き起こし、場合によっては失敗が繰り返されるかもしれない。

「チャレンジャー号」の事故の真の原因は、表面からはうかがい知ることのできないNASAの暗部に隠れていた。それを白日のもとにさらしたのが、ダイアン・ヴォーンだ。ヴォーンは論文のなかで、ロジャース委員会の出した結論に反し、チャレンジャー号の爆発事故はまさにマネージャーが自分たちの仕事をしたからこそ起きたと断言した。彼らは規則に従っていた――違反していたのではない。

ヴォーンは「逸脱の正常化」ということばを使って、この病を説明している。NASAを支配する文化が、許容できないリスクがあってもロケットを飛ばすことを常態化させていたのだ。「過去に機能していた文化的な理解、規則、手順、そして標準が、今も機能するとは限らない」とヴォーンは主張した。「悲劇を招いたのは、規則を破る、道徳心のない、計算高いマネージャーではない。同調である」[73]。つまり、問題はOリングの不具合だけではなかった。NASAは同調という問題も抱えていたのである。

・同調こそが原因

こうした根深い原因の解決策に派手さはない。同調を重んじるNASAの組織風土の変化を、テレビに映して見ることはできない。街頭演説のネタになるわけでもない。議会の公聴会で、同調精神を氷水のなかに投げ入れ、もろくも崩れるのを観察することはできないのだ。

しかも、二次的、三次的原因の解決となれば、もっと厄介だ。巨大な官僚組織の深くに巣くう文化の病を治すことに比べたら、3つ目のOリングを接合部に取りつける（「チャレンジャー号」の事故後にNASAが実際に行なったように）ほうが遥かに楽なのだ。

だが、根深い原因を放置すれば、がんのように再発を繰り返す。宇宙飛行士サリー・ライドが印象的なことばで言い表したように、「『コロンビア号』の事故には、『チャレンジャー号』のこだま」が聞こえるのだ。両事故の調査委員を務めたただひとりの人間ならではの経験から、ライドはそれらの共通点を導き出した。二つの事故の技術的な欠陥は異なるが、文化的な欠陥は同じだった。技術的な問題は修正され、主要な意思決定者は交代したが、それでは「チャレンジャー号」の悲劇を引き起こした根深い原因は、解決されないままだった。

事故後の対策は、まるで魔術みたいにすべての問題が解決したような錯覚を生んだ。一次的原因に対処すれば二次的、三次的原因も排除されると思いがちだが、私たちはただそれらにふたをしただけにすぎず、将来大惨事を招く結果になる。一番目につく不具合を処理しておけば確実だし、何らかの策を講じた満足感も得られる。けれどもそれでは、永遠に終わらない宇宙のもぐらたたきゲームをしているだけだ。ひとつの問題を解決しても、また次の問題が顔を出す。

私たちはプライベートでも仕事でも同じことをしている。腰痛を治そうと痛み止めを飲む。市場シェアを失った要因はライバル企業にあると考える。アメリカのドラッグ問題は外国の麻薬カルテルのせいだし、イスラムの過激派組織を根絶やしにすればテロは解決すると思っている。

いずれの場合においても、私たちは原因と症状をごっちゃにし、ほんとうの原因を放置している。鎮痛剤で腰痛は治らない。原因に対処していないからだ。市場シェアを失いつつあるのはライバル企業ではなく会社の事業方針のせいだ。麻薬カルテルをなくしても、麻薬の需要側の問題はなくならないし、テロリストを根絶しても新たなテロ組織の誕生を防ぐことはできない。

悪いことをひとつつぶしても、ほとんどの場合もっと悪いことが起きる。一番目につきやすい原因に対処しているあいだに、ダーウィンの自然淘汰《とうた》よろしく、もっとたちの悪い病が発生する。再び病気が蔓延《まんえん》すると、同じ農薬を量を増やしてばらまき、何も変化がないと知ってショックを受けるのだ。

「過去を覚えていない者は、過ちを繰り返す」[74]——歴史上の過ちについて言及した哲学者ジョージ・サンタヤーナのことばは、あちこちの博物館で目にする。ただし、ただ覚えていればいいわけではない。歴史から間違ったメッセージを受け取って、勝手な思い込みをすることもある。一次的原因の裏に潜むものを見つけ出そうと懸命に努力してこそ——何が見つかるか不安なときはなおさら——、歴史から学ぶことができるのだ。

次のセクションで見ていくように、**一次的原因だけに対処することには、別の欠点がある。それは問題を解決するどころか、悪化させかねないのだ。**

安全に潜む危険こそ怖い！

私は朝に弱い。お日様が昇っても、歯の根っこを治療してもらうときと同じくらいの活力しかわいてこない。毎朝繰り返されるバトルに備え、私は起床時間の30分前に目覚まし時計をセットする。そこから先はよくある話。ほら、目覚まし時計にはスヌーズ・ボタンというものがある。経済学的に言うなら、私はその30分を節約する代わりに、繰り返しスヌーズ・ボタンを叩いて消費している、というわけだ。

私とスヌーズ・ボタンの愛憎相半ばする関係を説明する現象がある。その現象は、ほかにもさまざまな事実を説明する。例えば、アメリカンフットボールで保護性能に優れた頑丈なヘルメットを装着するようになってからのほうが、頭部と頸部《けいぶ》の損傷事故が増加したことや、アンチロックブレーキ――横滑りを防止するために1980年代に車に搭載された、今は昔の技術――があっても交通事故の数が減らなかったことや、横断歩道の印がついていても、必ずしも安全に道を渡れるわけではないこと。場合によっては、亡くなったりケガをしたりする人が増える結果になることがあるのだ。

心理学者のジェラルド・ワイルドはこの現象を「リスク・ホメオスタシス」と呼ぶ[75]。気取ったことばだが、意味はシンプルだ。リスクを減らす目的でとられた措置が、ときに裏目に出ることがある。ある分野のリスクを減らそうとした結果、別の分野のリスクを増やしてしまうのだ。

一例として、ミュンヘンで3年をかけて行なわれた調査について考察してみよう[76]。一部のタクシー車両にアンチロック・ブレーキ・システム（ABS）を、それ以外の車両に従来型のブレーキを搭載した。それ以外の点はすべて同じ。ドライバーは同じ週の同じ日の同時刻に、同じ天候条件下で、両方のタイプの車両を運転した。自分の車にABSがついているかどうかは、ドライバーにも知らされていた。

調査の結果、ABS搭載車とそうでない車両で、事故率に有意な差は出なかった。ただし、ひとつだけ統計的に著しい差が出た要素がある——運転行為だ。ABSのついた車両のドライバーに無謀な運転が大幅に増えたのである。車間距離をとらない。急に方向転換する。スピードを上げる。乱暴に車線変更する。ニアミスも増えた。安全性の向上を目指して導入された方法が、逆に危険な運転行為を助長していたわけだ[77]。

安全対策は、「チャレンジャー号」のミッションでも裏目に出た。マネージャーは、Oリングには「そのときまでに観察された最悪の腐食に3度も耐えられるだけの」十分な安全マージンがあると思い込んでいた[78]。しかも、フェイル・セーフ・システムも整備されていた。だから、一次リングが破損しても二次リングが密閉機能を維持し続けると、NASA当局は考えていたのだ[79]。こうした安全対策が「無敵感」を高め、打ち上げ時に一次、二次リングともに破損する大事故を招いた。このときのロケット科学者は、ABS搭載車に乗り、スピードを出し不注意な運転をするドイツのタクシー・ドライバーとまったく同じだった。

いずれのケースも、実際の安全性以上の「安心感」が人々のなかに生まれていた。それによって人々の行動が変化したため、安全対策のメリットが失われてしまった。振り子の針は逆方向に振れるときがある——安全対策を講じたせいで、安全性が前よりも低くなってしまうのだ。

だからといって、シートベルトを締めなくていい、ABSのついていない古い車を買おう、横断歩道でないところを渡っていい、というのではない。そうではなく、横断歩道の印がないところと同じように、注意して歩かなければならないのだ。二次リングやABSがあっても事故は防げないと考えよう。ヘルメットをつけていても、頭にタックルを受けないよう注意しよう。プロジェクトの期限は延長できないものとして行動しよう。

セーフティネットがあればつまずいても助かるかもしれないが、それが存在しないものとして行動するほうが安全なのである。

エピローグ——新世界

我を忘れるほどの、燃える青のなかを上へ、上へ
風吹きすさぶ、雲雀《ひばり》、鷲《わし》さえも飛ばない高さまで
軽々と到達した
そして、高ぶる気持ちを抑えながら、静かに
神聖なる未踏の宇宙高く飛びながら
私は手を伸ばし、神の御顔に手を触れた

——ジョン・マギー
（第2次世界大戦中に衝突事故により亡くなったアメリカ人飛行士）

『ザ・シンプソンズ』のエピソード、「ホーマー宇宙へ行く」のワンシーン。ホーマー・シンプソンはテレビのチャンネルを切り替えながらゴロゴロしている。目に留まったのがスペースシャトルの打ち上げだ。ふたりの退屈なコメンテーターが、乗員が小さなネジを使ってどんなふうに無重力実験をするかを説明し始め、ホーマーは興味を失う。チャンネルを替えようとすると、リモコンは電池切れ。息子のバートは怒って叫び出す。「シャトルの打ち上げなんかつまんない。チャンネル

替えてよ。替えてってば！」その後場面はNASA本部へ。心配そうなロケット科学者が、ミッションは深刻な事態に陥ったと長官に説明している。打ち上げのテレビ中継の視聴率が、史上最低を記録したのだ。

このエピソードが放送された1994年、有人宇宙探査の全盛期は遠い記憶になっていた。1903年のライト兄弟による初の有人飛行から、1969年の人類初の月面着陸までの輝かしい66年の年月。けれども次の50年間に、私たちは空を見上げるのをやめてしまった。偉業を成し遂げたあとは、ただ地球低軌道に人間を送り、国際宇宙ステーションとの往復をさせただけだ。アポロの宇宙飛行士が月までのおよそ23万9000マイル〔約38万5000キロメートル〕の道のりを勇敢に突き進んだ姿を見た多くの人々にとって、宇宙飛行士が国際宇宙ステーションまで240マイル〔約390キロメートル〕を飛んだところで、それは「コロンブスがイビザ島まで船で行く」ようなもの。ワクワクとはほど遠かった[1]。

政治家はNASAの頭上にギロチンを巧みにちらつかせ、宇宙飛行を政治目的に利用した。ジョン・F・ケネディが発表した野心的なミッションは、その後政治に翻弄されることになった。時々の政治の風向きに合わせて、予算は増えたり減ったりした。その結果、NASAは明確なビジョンを失った。2012年、亡くなる直前にニール・アームストロングが野球のレジェンド、ヨギ・ベラに語ったとされることばが、NASAの苦境を物語っている——「どこに向かっているかがわからなければ、そこにたどり着くことはできない」[2]

2011年にスペースシャトルが退役したのち、NASAはまさに方向を見失っていた。スペースシャトルは国際宇宙ステーションに行くための唯一の手段だ。代わりはない。残っていたスペースシャトルが発射台を離れて博物館に飾られたあと、アメリカ人宇宙飛行士はステーションに行くのにロシアのロケットに同乗させてもらわなければならなくなった。乗車券の値段はひとりにつき8100万ドル〔約84億円〕――スペースXのファルコン9の打ち上げにかかる総コストより2000万ドル〔約21億円〕も高い[3]。打倒ロシアを掲げて作られた宇宙局が、彼らに頼ることになろうとは、何とも皮肉な結末ではないか。2014年、ロシアのクリミア併合に対しアメリカが制裁を加えたとき、宇宙計画を担当するロシアのドミトリー・ロゴジン副首相は、「アメリカはトランポリンでも使ってステーションに宇宙飛行士を送ったらいい」と発言し、報復措置をちらつかせた[4]。

・方向を見失ったNASA

NASAの施設にもそうした情勢の変化が見てとれる。2014年5月、NASAは無重量環境訓練施設――微小重力環境を再現した巨大な屋内プール――で訓練を行なう宇宙飛行士の写真をツイッターに投稿したが、実際に広く知られることになったのは、そこに写っていないほうの事実だった。ロープで区切られたプールの大部分は石油サービス会社に貸し出され、掘削作業員のサバイバル訓練に使用されていたのだ[5]。しかも、写真が撮影される前の晩には、プールをバックにある企業のパーティーが開かれていた。ケネディ宇宙センターの39A発射台――アポロが月に向かって旅立っていった、歴史ある二つの発射台のうちのひとつ――は放置され、リースされることになった[6]。2019年3月に計画されていた史上初の女性限定の宇宙遊泳は、選ばれたふたりの女性にぴったり合う宇宙服が用意できずに延期された[7]。

映画『アポロ13』には、議員のひとりが船長のジム・ラヴェルにこんなふうにたずねるシーンがある。「ソ連に勝って月に到着したのだから、宇宙計画はもう十分という声もあるが……」。トム・ハンクス演じるラヴェルは答える。「コロンブスが新世界を発見したあと、大勢があとに続きましたよ」

多くの人たちと同じように、私が宇宙探査に心惹《こころひ》かれたのはNASAのおかげだ。長いあいだ、NASAといえば、ロケット科学者的思考の規範だったのだ。だが、新世界を切り開いたあと、NASAは有人宇宙飛行のバトンを他者に渡してしまった。2004年、「コロンビア号」の事故を受けてスペースシャトルの打ち上げが依然中止されたままだった一方で、バート・ルータンが開発・製造した「スペースシップワン」が民間ロケットとして初めて宇宙空間に到達した[8]。スペースシャトル退役後、NASAはアメリカ人宇宙飛行士を国際宇宙ステーションに運ぶロケットの製造をスペースXとボーイングに委託している。象徴的なのは、スペースXが39A発射台をリースで利用し、ロケットの打ち上げを開始したことである[9]。ブルー・オリジンは、二つのロケット「ニュー・シェパード」「ニュー・グレン」――マーキュリー号に搭乗したアラン・シェパードとジョン・グレンにちなんで名づけられた――で、独自に宇宙への道を切り開いている。ブルー・オリジンでは、月まで貨物を運ぶことができる月着陸船「ブルー・ムーン」の開発も進行中だ。NAS

Aも地球周回軌道のその先に人間を送り込むためのロケット、「スペース・ローンチ・システム(SLS)」の開発に取り組んでいるが、資金が大幅に不足し、計画には遅れが生じている。「どこにも行けないロケット」と揶揄《やゆ》されるほどに[10]。

映画『オズの魔法使』では、ドロシーがオズの国に足を踏み入れた瞬間、それまでのモノクロから鮮やかなフルカラーの世界に変わる。鮮明な色彩は、一度見たら忘れられない。彼女はもう、モノクロの世界には戻れない。

しかし、世界はそんなふうには機能していない。私たちは前進ではなく後退するよう初期設定されているのだ。職員の裁量に任せれば、宇宙局は衰退する。作家の才能は枯れ、俳優は落ちぶれる。インターネット長者は慢心に押しつぶされる。若く負けん気の強い企業は、彼らが追い落とそうとしていた、スローガンが先走る肥大化した官僚組織と同じようになっていく。モノクロの世界に逆戻り、というわけだ。

ミッションを成し遂げても旅は終わらない。そこからほんとうの仕事が始まるのだ。成功が思い上がりを連れてくるとき——新世界を見つけたのだから、昔に戻るわけがないと思ったとき——、私たちはかつての自分に戻ってしまう。

・今日はまだ創業初日

アマゾンが毎年株主に送る手紙に、ジェフ・ベゾスは必ず謎めいたことばを記す——「今日はまだ創業初日」。数十年変わらぬ信念をもち続けるベゾスは、あるとき2日目はどんな感じなのかという質問を受けた。「創業2日目とは静止状態です。そのあと、不適切な物事や、耐えがたく、苦痛に満ちた衰退が続きます。そしてやがて死が訪れます。だからいつだって創業初日なんです」[11]
ロケット科学者的思考のためには、「常に初日」のマインドセットをもち、モノクロの世界を何度も鮮やかな世界に変える必要がある。思考実験をし、ムーンショット思考に取り組み、自分の誤りを証明し、不確実性とダンスを踊り、問題の枠組みをとらえ直し、飛ぶようにテストし、第一原理に立ち戻り続けなければならないのだ。
私たちは誰も足を踏み入れたことのない道を歩き、荒々しい海で船をこぎ、危険な空を飛び続けなければならない。詩人ウォルト・ホイットマンは詩の一節にこう記している。
「出かけよう、ぼくらはこんなところで立ちどまってはならぬ、
貯《たくわ》えられたこれらの品がたといどんなに快く、今の住居《すまい》がたといどんなに便利だろうと、ここにとどまってはいられない、
この港がどんなに安全で、このあたりの波がどんなに静かだろうと、ぼくらはここに錨《いかり》をおろしてはならぬ、」[12]
つまるところ、秘密の戦略などないのだ。秘伝のソースもない。力はすぐ手の届くところにある。ロケット科学者のように考える術《すべ》を身につけたら、そして長い時間をかけてその思考を育てていったら、想像もつかないことを想像できるものに変え、サイエンス・フィクションを事実に変え、あなたはその手を伸ばして神の御顔に触れることができるのだ。
ここでもう一度ホイットマンの詩になぞらえて言うなら、「力強い劇は続き、あなたもひとふし

の詩を寄せることができる」。

新しい詩
まったく新しい物語
あなたの物語
それはどんなものになるだろう?

さて、次は?

謝辞

かつての上司で、マーズ・エクスプロレーション・ローバー・ミッションの主任研究者だったスティーブ・スクワイヤーズがいなければ、本書は生まれていなかっただろう。

地球の裏側の国から来た、変わった名前のガリガリの少年に、なぜスティーブが仕事を任せる気になったのかわからないけれど、彼にはとても感謝している。スティーブをはじめ、コーネル大学のチームのみんなと仕事ができたことは、最高の喜びだった。この先もずっと感謝の気持ちを忘れることはない。

私には目を見張るほどよりよい方向に人生を導いてくれた、何人かのメンターがいる。アダム・グラントもそのひとり。２０１７年10月、学術書でない本の出版という未知の領域に足を踏み入れようとしていたとき、アダムは彼の著作権代理人であるリチャード・パインを紹介してくれた。その48時間後には彼との契約に合意し、数々の出来事を経て本書の出版につながった。アダムこそまさに「与える人《ギバー》」。彼の最初の書籍『ＧＩＶＥ＆ＴＡＫＥ 「与える人」こそ成功する時代』（三笠書房）で説いていることを体現している人物だ。アダムは私の人生に決して消えることのない影響を及ぼした。彼の指導を受け、友人となる機会に恵まれて幸運だった。

アダムはリチャードを、「世界最高の著作権代理人」と言った。それは冗談ではなかった。リチャードは本書の企画に賛成し、私の頭に浮かぶぼんやりとしたアイデアを、説得力のある文章にまとめるのに力を貸してくれた。彼の支えがあるとわかっているから、安心して眠ることができる。

アレクシス・ハーレー、イライザ・ロススタインをはじめ、インクウェルの有能なスタッフにも心を込めて感謝を伝えたい。

スーザン・ケイン、ティム・フェリス、セス・ゴーディン、ジュリアン・ガスリー、ライアン・ホリデイ、アイザック・リドスキー、バーバラ・オークリー、グレッチェン・ルービン、シェーン・スノウをはじめ、出版に関して賢明なアドバイスをくれた、私の師である多くの同業者のみなさんにお礼を言う。ポートランドでコーヒーを飲みながら貴重な「Book Publishing 101」レッスンをしてくれたダニエル・ピンクにはとくに感謝している。

パブリック・アフェアーズの優秀な編集者、ベンジャミン・アダムス、この本をクリエイティブな面から大いに支えてくれてありがとう。メリッサ・ヴェロネージ、リンジー・フラトコフ、ミゲル・セルバンテス、ピート・ギャルソー、みなさんと仕事ができて楽しかった。

スティール・ペンシル・エディトリアルのパトリシア・ボイドのような優れた校正者と仕事ができる作家は幸運だ。その驚きの赤ペンで、彼女はどんな文章にも磨きをかけてくれた。

マーク・アドラー、ピーター・アッティア、ナタリア・ベイリー、オビ・フェルテン、ティム・フェリス、パトリック・リエニウェグ、ジェイミー・ウェイド、ジュリー・ズオ、それから匿名希望のその他の方々、私にインタビューの機会をくださってありがとう。紹介してくれたディナ・カプランとバヤ・ヴォーチェにもお礼を言いたい。それから、Xの広報責任者、リビー・リーヒー、スペースXの広報ディレクター、ジェームス・グリーソンにも、関連する事実の検証に力を貸していただき、感謝を申し上げる。

本書の最初の原稿に思いもよらない意見をくれたニコラス・ローレンとクリステン・ストーンにもとても感謝している。クリステンは、ダイニングルームのテーブルでお気に入りの本からの引用を声に出して読み、読者を共鳴させるというのはきっとこんな感じだと教えてくれた。

すばらしいチームと仕事ができて、私はラッキーだ。リサーチ・アシスタントのケリー・マルダヴィンは、編集と調査を先頭に立って進めてくれた。ブレンダン・サイベル、サンドラ・カシーノ・タトル、デビー・アンドロリアは、あまたの事実と出典をていねいに確認してくれた（それでもミスがあれば、それはすべて私の責任だ）。スモール・ポンド・エンタープライズのマイケル・ロデリックは、マーケティングとビジネスに関して貴重な助言をし、おびただしい数の間違いを指摘してくれた。優秀なブランディ・ベルノスキーとそのすばらしいアルケミー・プラス・エイムのチームは、本書のウェブサイトなどに美しいデザインを施してくれた。

私のポッドキャスト「Famous Failures（有名な失敗）」のリスナー、ニュースレター「Weekly Contrarian（ウィークリー・コントラリアン）」（weeklycontrarian.com）の読者の方々、ありがとう。とくに、最も熱心な読者のグループ、「Inner Circle（インナー・サークル）」のメンバーのみなさん、新しいアイデアを試させてくれてありがとう。

その名の通り、好奇心と機知に富んだ我家のボストンテリア犬のアインシュタイン。我々の家をかじるおもちゃで、そして我々の心を喜びで満たしてくれてありがとう。

両親のユルダヌジュとタージジェッティンは、私に初めて天文学を教え、たったひとりの子どもと遠く離れて暮らすことも厭《いと》わず、アメリカで教育を受けるよう勧めてくれた。Hayatım boyunca beni destekledigıniz için çok teşekkür ederim.（私の人生を支えてくれてありがとう）

最後に、妻であり親友であり、最初の読者であり、何をさておいても大切なキャシーへ。作家のカート・ヴォネガットはかつてこう言った。「ただひとりの読者を喜ばせるように書くこと」。私にとって、そのひとりとはキャシーだ。この本のすべてのアイデアについて私と語り、初期の原稿を読み、ジョークに笑い、いいときも悪いときもそばにいてくれてありがとう。君なしでは、小さな一歩が大きな飛躍になることはなかった。

訳者あとがき

著者のオザン・ヴァロルはトルコのイスタンブール生まれ。徹底した協調性重視の学校教育に息苦しさを感じ、テレビドラマを通して知ったアメリカに憧れを抱き、夜な夜な宇宙に思いをはせていた少年は、コーネル大学への入学が叶《かな》い、17歳でアメリカに渡った。そして、火星に探査機を送り込むマーズ・エクスプロレーション・ローバー・プロジェクトのチームの一員になる。彼にとって、夢を現実に変えてくれたもの、それがロケット科学だった。のちにその分野を離れ、ロースクールに入学し法学教授となる。現在は執筆、講演のかたわら、オンライン・プラットフォームを立ち上げ、会員向けの学習プログラムを主催するなど、多彩な分野で活躍している。

2冊目の著書『ロケット科学者の思考法』でヴァロルが紹介するのは、ロケット科学の主要な9つの原則だ。といっても、これはロケット科学者になるためのハウツー本ではない。本書で学べるのは、世界の見方を変え、世界そのものを変えることができる、ロケット科学者の思考プロセス。その9つの原則を身につけるのに、特別な科学の知識は必要ない。あくまでも原則を行動に移すことを重視し、具体例を挙げながら著者がわかりやすく説明しているからだ。

本書にはまた、火星探査やロケット打ち上げを巡るNASAのエピソードに加え、アインシュタイン、ダーウィン、ファインマンなどの科学者をはじめとする魅力的な人物、ピクサー、アマゾンといった企業のほか、政治、歴史、法律などさまざまな分野の物語がふんだんに盛り込まれ、どれも示唆に富んでいる。

「今の時代に、ロケット科学者的思考は不可欠だ。日々の生活では誰もが厄介で不慣れな問題にぶち当たる」と著者は言う。生きていればまるで予想だにしなかった災禍に遭遇する可能性がある。そして私たちはみな、新型コロナウィルスの感染で否《いや》が応でもそれを実感することになった。そんなときだからこそ、違うレンズを通して世界をながめ、不確かなことに胸躍らせ、制約を強みに変え、災難を障害ではなく解決可能な問題ととらえる、ロケット科学者の考え方に学ぶところはいっそう大きい。

折しも、これを書いている2020年にはスペースXの有人宇宙船クルードラゴンが国際宇宙ステーションへのドッキングに成功し、日本の小惑星探査機「はやぶさ2」から切り離されたカプセルがみごと地球に帰還を果たした。どんなときも宇宙は私たちに希望をくれる。

本書は参考書籍の数がひじょうに多いが、邦訳書をそのまま引用した場合は、本文か巻末の参考文献に記載した。また、本文中の〔　〕内の説明や注釈は訳者によるものである。

最後に、小見出しを追加するなど、訳文を読みやすく仕上げてくださったサンマーク出版編集者の武田伊智朗さん、本書を翻訳する機会を与えてくださった翻訳会社リベルのみなさん、そしてこの本を手に取ってくださった読者のみなさまに心よりお礼を申し上げます。

安藤貴子

12. Walt Whitman, *Song of the Open Road* (New York: Limited Editions Club, 1990).（ウォルト・ホイットマン、「大道の歌」、『草の葉』（上）、酒本雅之訳、岩波文庫、1998年、375〜376ページ）

Empirical Studies Regarding Risk Compensation Processes in Relation to Anti-Lock Braking Systems," in *Challenges to Accident Prevention: The Issue of Risk Compensation Behavior*, Rüdiger M. Trimpop and Gerald J. S. Wilde (Groningen, Netherlands: STYX, 1994), https://trid.trb.org/view/457353.
77. Gerald J. S. Wilde, *Target Risk 3: Risk Homeostasis in Everyday Life* (2014),（ダウンロード可能）http://riskhomeostasis.org, 93–94.
78. Starbuck and Milliken, "Challenger: Changing the Odds."
79. Starbuck and Milliken, "Challenger: Changing the Odds."

エピローグ　新世界

1. Ross Anderson, "Exodus," *Aeon*, September 30, 2014, https://aeon.co/essays/elon-musk-puts-his-case-for-a-multi-planet-civilisation.
2. Paul Harris, "Neil Armstrong's Death Prompts Yearning for America's Past Glories," *Guardian*, August 27, 2012, www.theguardian.com/science/2012/aug/26/neil-armstrong-passing-us-yearning-glory.
3. Marina Koren, "What's So Special About the Next SpaceX Launch," *Atlantic*, March 2, 2019, www.theatlantic.com/science/archive/2019/03/nasa-prepares-pivotal-spacex-launch-iss/583906; Brad Tuttle, "Here's How Much It Costs for Elon Musk to Launch a SpaceX Rocket," *Money.com*, February 6, 2018, http://money.com/money/5135565/elon-musk-falcon-heavy-rocket-launch-cost.
4. Maria Stromova, " Trampoline to Space? Russian Official Tells NASA to Take a Flying Leap," NBC News, April 30, 2014, www.nbcnews.com/storyline/ukraine-crisis/trampoline-space-russian-official-tells-nasa-take-flying-leap-n92616.
5. Eric Berger, "Adrift: As NASA Seeks Next Mission, Russia Holds the Trump Card," *Houston Chronicle*, 2014, www.houstonchronicle.com/nasa/adrift/1.
6. Reuters, "NASA Puts Shuttle Launch Pad in Florida Up for Lease," May 23, 2013, www.reuters.com/article/us-usa-space-launchpad/nasa-puts-shuttle-launch-pad-in-florida-up-for-lease-idUSBRE94M16520130523?feed Type=RSS.
7. Jacey Fortin and Karen Zraick, "First All-Female Spacewalk Canceled Because NASA Doesn't Have Two Suits That Fit," *New York Times*, March 25, 2019, www.nytimes.com/2019/03/25/science/female-spacewalk-canceled.html.
8. この開発にまつわるエピソードは以下を参照。Julian Guthrie, *How to Make a Spaceship: A Band of Renegades, an Epic Race, and the Birth of Private Spaceflight* (New York: Penguin 2016).（ジュリアン・ガスリー、『Xプライズ 宇宙に挑む男たち』、門脇弘典訳、日経BP、2017年）
9. "SpaceX Signs 20-Year Lease for Historic Launch Pad 39A," *NBC News*, April 15, 2014, www.nbcnews.com/science/space/spacex-signs-20-year-lease-historic-launch-pad-39a-n81226.
10. Amy Thompson, "NASA's Supersize Space Launch System Might Be Doomed," *Wired*, March 14, 2019, www.wired.com/story/nasas-super-sized-space-launch-system-might-be-doomed.
11. ジェフ・ベゾスのアマゾン株主への手紙。2016 Ex-99.1, SEC.gov, www.sec.gov/Archives/edgar/data/1018724/000119312517120198/d373368dex991.htm.（強調部分は原文ではイタリック）

Education 14, no. 1 (1990): 62–81, https://journals.sagepub.com/doi/abs/10.1177/105256298901400108.
60. Alec Hogg, "Simply Great: Charlie Munger's Speech to the Harvard School, June 1986—'Invert, Always Invert,' " *BizNews*, June 13, 1986, https://www.biznews.com/thought-leaders/1986/06/13/charlie-mungers-speech-to-the-harvard.
61. Gary Klein, "Performing a Project Premortem," *Harvard Business Review*, September 2007, https://hbr.org/2007/09/performing-a-project-premortem.
62. Adam Smith, *The Theory of Moral Sentiments* (London: A. Millar, 1759).（アダム・スミス、『道徳感情論』、村井章子、北川知子訳、日経BP、2014年、349ページ）
63. Deborah J. Mitchell, J. Edward Russo, and Nancy Pennington, "Back to the Future: Temporal Perspective in the Explanation of Events," *Journal of Behavioral Decision Making* 2, no. 1 (January–March 1989): 25–38, https://onlinelibrary.wiley.com/doi/abs/10.1002/bdm.3960020103.
64. Annie Duke, *Thinking in Bets: Making Smarter Decisions When You Don't Have All the Facts* (New York: Portfolio/Penguin, 2018).（アニー・デューク、『確率思考 不確かな未来から利益を生みだす』、長尾莉紗訳、日経BP、2018年、251ページ）
65. "Elon Musk Answers Your Questions! SXSW, March 11, 2018,"（動画、2018年3月11日YouTubeにアップロード）, www.youtube.com/watch?v=OoQARBYbkck.
66. Astro Teller, "The Head of 'X' Explains How to Make Audacity the Path of Least Resistance," *Wired*, April 15, 2016, www.wired.com/2016/04/the-head-of-x-explains-how-to-make-audacity-the-path-of-least-resistance.
67. Scott Snook and Jeffrey C. Connor, " The Price of Progress: Structurally Induced Inaction," in *Organization at the Limit: Lessons from the Columbia Disaster*, ed. William H. Starbuck and Moshe Farjoun (Malden, MA: Blackwell Pub., 2005).
68. Roger M. Boisjoly, "Ethical Decisions—Morton Thiokol and the Space Shuttle Challenger Disaster," May 15, 2006, www.onlineethics.org/Resources/thiokolshuttle/shuttle_post.aspx#publicationContent.
69. Douglas Martin, "Roger Boisjoly, 73, Dies; Warned of Shuttle Danger," *New York Times*, February 3, 2012, www.nytimes.com/2012/02/04/us/roger-boisjoly-73-dies-warned-of-shuttle-danger.html.
70. Charlan Jeanne Nemeth, "The Differential Contributions of Majority and Minority Influence," *Psychological Review* 93, no. 1 (January 1986): 23–32, www.researchgate.net/publication/232513627_The_Differential_Contributions_of_Majority_and_Minority_Influence.
71. Vaughan, testimony.
72. Roberto, Bohmer, and Edmondson, "Facing Ambiguous Threats."
73. Vaughan, *The Challenger Launch Decision*, 386.
74. George Santayana, *The Life of Reason: Reason in Common Sense* (New York, C. Scribner's Sons, 1905).
75. Gerald J. S. Wilde, "Risk Homeostasis: A Theory About Risk Taking Behaviour," http://riskhomeostasis.org/home; Malcolm Gladwell, "Blowup," *New Yorker*, January 15, 1996.
76. M. Aschenbrenner and B. Biehl, "Improved Safety Through Improved Technical Measures?

https://hbr.org/2017/11/how-coca-cola-netflix-and-amazon-learn-from-failure.
41. Reed Hastings, "Reed Hastings: Here's Why We're Splitting Netflix in Two and Calling the DVD Business 'Qwikster,' " *Business Insider*, September 19, 2011.
42. Bill Taylor, "Coca-Cola, Netflix, and Amazon."
43. S. Sitkin, "Learning Through Failure: The Strategy of Small Losses," *Research in Organizational Behavior* 14 (1992): 231–266.
44. Sim B. Sitkin and Amy L. Pablo, "Reconceptualizing the Determinants of Risk Behavior," *Academy of Management Review* 17, no. 1 (1992).
45. Jeff Stone, "Elon Musk: SpaceX 'Complacency' Contributed to Falcon 9 Crash, Falcon Heavy Rocket Debuts in 2016," *International Business Times*, July 21, 2015, www.ibtimes.com/elon-musk-spacex-complacency-contributed-falcon-9-crash-falcon-heavy-rocket-debuts-2017809.
46. 2015年1月3日のツイッター上の、スティーブ・フォーブスのつぶやき。https://twitter.com/steveforbesceo/status/551091006805118977?lang=en.
47. Robin L. Dillon and Catherine H. Tinsley, "How Near-Misses Influence Decision Making Under Risk: A Missed Opportunity for Learning," *Management Science* 54, no. 8 (2008), https://pubsonline.informs.org/doi/abs/10.1287/mnsc.1080.0869.
48. Dillon and Tinsley, "Near-Misses."
49. Dillon and Tinsley, "Near-Misses."
50. Dillon and Tinsley, "Near-Misses."
51. Diane Vaughan, *The Challenger Launch Decision: Risky Technology, Culture, and Deviance at NASA* (Chicago: University of Chicago Press, 1996), 410.
52. Roberto, Bohmer, and Edmondson, "Facing Ambiguous Threats."
53. Peter M. Madsen and Vinit Desai, "Failing to Learn? The Effects of Failure and Success on Organizational Learning in the Global Orbital Launch Vehicle Industry," *Academy of Management Journal* 53, no. 3 (November 30, 2017), https://journals.aom.org/doi/10.5465/amj.2010.51467631.
54. Mark D. Cannon and Amy C. Edmondson, "Failing to Learn and Learning to Fail (Intelligently): How Great Organizations Put Failure to Work to Innovate and Improve," *Long Range Planning* 38, no. 3 (June 2005): 299–319.
55. トム・ブレイディとニューイングランド・ペイトリオッツについての記述は、以下を参照：Holiday, *Ego Is the Enemy*.（ライアン・ホリデイ、『エゴを抑える技術』、金井啓太訳、パンローリング、2016年、264～267ページ）
56. Cork Gaines, "How the Patriots Pulled Off the Biggest Steal in NFL Draft History and Landed Future Hall of Famer Tom Brady," *Business Insider*, September 10, 2015, www.businessinsider.com/patriots-tom-brady-draft-steal-2015-1.
57. Josh St. Clair, "Why Tom Brady Is So Good, According to Former NFL Quarterbacks," *Men's Health*, January 30, 2019, www.menshealth.com /entertainment/a26078069/tom-brady-super-bowl-2019-talent.
58. Derek Thompson, "Google X and the Science of Radical Creativity," *Atlantic*, November 2017, www.theatlantic.com/magazine/archive/2017/11/x-google-moonshot-factory/540648.
59. Jack Brittain and Sim B. Sitkin, "Facts, Figures, and Organizational Decisions: Carter Racing and Quantitative Analysis in the Organizational Behavior Classroom," *Journal of Management*

20. NASA, "President Nixon's 1972 Announcement on the Space Shuttle," https://history.nasa.gov/stsnixon.htm（強調は筆者）.
21. Steven J. Dick II, "Historical Background—: What Were the Shuttle's Goals and Possible Configurations?," NASA, April 5, 2001, https://history.nasa.gov/sts1/pages/scota.html.
22. Michael Roberto, Richard M. J. Bohmer, and Amy C. Edmondson, "Facing Ambiguous Threats," *Harvard Business Review*, November 2006, https://hbr.org/2006/11/facing-ambiguous-threats.
23. Starbuck and Milliken, "Challenger: Changing the Odds."
24. Roberto et al., "Columbia's Final Mission."
25. 人員削減の影響に関する記述は、以下を参照：Starbuck and Milliken, "Challenger: Changing the Odds."
26. ダイアン・ヴォーンの証言。"Columbia Accident Investigation Board Public Hearing," Houston, April 23, 2003, http://govinfo.library.unt.edu/caib/news/report/pdf/vol6/part08.pdf.
27. ダイアン・ヴォーンの証言
28. Starbuck and Milliken, "Challenger: Changing the Odds."
29. Ronald W. Reagan, "Explosion of the Space Shuttle Challenger Address to the Nation, January 28, 1986," NASA, https://history.nasa.gov/reagan12886.html.
30. https://www.ted.com/talks/dan_gilbert_the_psychology_of_your_future_self?language=ja
31. Tom Fordyce, "How Greene Nearly Walked Away," *BBC Sport*, July 29, 2004, http://news.bbc.co.uk/sport2/hi/athletics/3934337.stm.
32. Ryan Holiday, *Ego Is the Enemy* (New York: Portfolio, Penguin, 2016) (emphasis in original).（ライアン・ホリデイ、『エゴを抑える技術』、金井啓太訳、パンローリング、2016年、266ページ）
33. Holiday, *Ego Is the Enemy*.（ライアン・ホリデイ、『エゴを抑える技術』、金井啓太訳、パンローリング、2016年、266ページ）
34. Mia Hamm with Aaron Heifetz, *Go for the Goal: A Champion's Guide to Winning in Soccer and Life* (New York: Harper, 1999).
35. Whitney Tilson, "Warren Buffett's New Words of Wisdom," *Daily Beast*, May 3, 2009, www.thedailybeast.com/warren-buffetts-new-words-of-wisdom.
36. Daniel Pink, *When: The Scientific Secrets of Perfect Timing* (New York: Riverhead Books, 2018).（ダニエル・ピンク、『When 完璧なタイミングを科学する』、勝間和代訳、講談社、2018年、165ページ）
37. Jonah Berger and Devin Pope, "Can Losing Lead to Winning?," *Management Science* 57, no. 5 (April 2011), https://pubsonline.informs.org/doi/abs/10.1287/mnsc.1110.1328.
38. Berger and Pope, "Can Losing Lead to Winning?"
39. Tanya Sweeney, "Happy 60th Birthday to Madonna, the Queen of Reinvention: How She Continues to Pave the Way for Women Everywhere," *Independent*, August 12, 2018, www.independent.ie/entertainment/music/happy-60th-birthday-to-madonna-the-queen-of-reinvention-how-she-continues-to-pave-the-way-for-women-everywhere-37201633.html.
40. ネットフリックスについての記述は以下を参照：Scott D. Anthony and Evan I. Schwartz, "What the Best Transformational Leaders Do," *Harvard Business Review*, May 8, 2017, https://hbr.org/2017/05/what-the-best-transformational-leaders-do; Bill Taylor, "How Coca-Cola, Netflix, and Amazon Learn from Failure," *Harvard Business Review*, November 10, 2017,

role; Chris Bergin, "Remembering the Mis takes of Challenger," NASA, January 28, 2007, www.nasaspaceflight.com/2007/01/remembering-the-mistakes-of-challenger.
2. William H. Starbuck and Frances J. Milliken, "Challenger: Fine-Tuning the Odds Until Something Breaks," *Journal of Management Studies* 25, no. 4 (1988): 319–340, https://papers.ssrn.com/sol3/papers.cfm?abstract_id=2708154.
3. James Gleick, "NASA's Russian Roulette," *Baltimore Sun*, December 15, 1993, www.baltimoresun.com/news/bs-xpm-1993-12-15-1993349207-story.html.
4. コロンビア号の事故に関する記述は以下を参照：Michael Roberto et al., "Columbia's Final Mission," Harvard Business School Case Collection, March 2005, www.hbs.edu/faculty/Pages/item.aspx?num=32162; Tim Fernholz, *Rocket Billionaires: Elon Musk, Jeff Bezos, and the New Space Race* (Boston: Houghton Mifflin Harcourt, 2018); Elizabeth Howell, "Columbia Disaster: What Happened, What NASA Learned," *Space.com*, February 1, 2019, www.space.com/19436-columbia-disaster.html; Robert Lee Hotz, "Decoding Columbia: A Detective Story," *Los Angeles Times*, December 21, 2003, www.latimes.com/nation/la-sci-shuttle21dec21-story.html; Anna Haislip, "Failure Leads to Success," NASA, February 21, 2007, www.nasa.gov/offices/nesc/press/070221.html.
5. Fernholz, *Rocket Billionaires*, 73.
6. Amy C. Edmondson et al., " The Recovery Window: Organizational Learning Following Ambiguous Threats," in *Organization at the Limit: Lessons from the Columbia Disaster*, ed. William H. Starbuck and Moshe Farjoun (Malden, MA: Blackwell Pub., 2009).
7. Roberto et al., "Columbia's Final Mission."
8. Roberto et al., "Columbia's Final Mission."
9. Roberto et al., "Columbia's Final Mission."
10. Roberto et al., "Columbia's Final Mission."
11. Roberto et al., "Columbia's Final Mission."
12. George Bernard Shaw, *The Doctor's Dilemma* (New York: Brentano's, 1911).
13. Bill Gates, with Nathan Myhrvold and Peter Rinearson, *The Road Ahead* (New York: Penguin Books, 1995).
14. Daniel Kahneman and Dan Lovallo, "Timid Choices and Bold Forecasts: A Cognitive Perspective on Risk Taking," *Management Science* 39, no. 1 (January 1993): 17–31, http://bear.warrington.ufl.edu/brenner/mar7588/Papers/kahneman-lovallo-mansci1993.pdf.
15. Gilles Hilary and Lior Menzly, "Does Past Success Lead Analysts to Become Overconfident?," *Management Science* 52, no. 4 (April 2006): 489–500.
16. Cyril Connolly, *Enemies of Promise* (Boston, Little, Brown and Company, 1938).
17. Boyce Rensberger and Kathy Sawyer, "Challenger Disaster Blamed on O-Rings, Pressure to Launch," *Washington Post*, June 10, 1986, www.washingtonpost.com/archive/politics/1986/06/10/challenger-disaster-blamed-on-o-rings-pressure-to-launch/6b331ca1-f544-4147-8e4e-941b7a7e47ae.
18. E. B. White, *One Man's Meat* (New York and London, Harper & Brothers, 1942), 273.
19. William H. Starbuck and Frances J. Milliken, "Challenger: Changing the Odds Until Something Breaks," in *Organizational Realities: Studies of Strategizing and Organizing*, ed. William H. Starbuck and Moshe Farjoun (Malden, MA: Blackwell Pub., 2009).

That Changed Our Understanding of Life and the Universe (New York: Simon & Schuster, 2013), 266.（マリオ・リヴィオ、『偉大なる失敗——天才科学者たちはどう間違えたか』、千葉敏生訳、ハヤカワ・ノンフィクション文庫、2017年、400ページ）

72. Hal Gregersen, "Bursting the CEO Bubble," *Harvard Business Review*, April 2017, https://hbr.org/2017/03/bursting-the-ceo-bubble.
73. https://hbr.org/2008/09/how-pixar-fosters-collective-creativity
https://joshallan.com/2011/09/26/the-new-hires-of-pixar/
74. Tyler Cowen, "My Biggest Regret," *Econ Journal Watch*, May 2017, https://pingpdf.com/pdf-econ-journal-watch-142-may-2017.html.
75. Anna Bruk, Sabine G. Scholl, and Herbert Bless, "Beautiful Mess Effect: Self–Other Differences in Evaluation of Showing Vulnerability," *Journal of Personality and Social Psychology* 115, no. 2 (2018): 192–205, https://psycnet.apa.org/record/2018-34832-002.
76. Elliot Aronson, Ben Willerman, and Joanne Floyd, "The Effect of a Pratfall on Increasing Interpersonal Attractiveness," *Psychonomic Science* 4, no. 6 (June 1966): 227–228, https://link.springer.com/article/10.3758/BF03342263; Emily Esfahani Smith, "Your Flaws Are Probably More Attractive than You Think They Are," *Atlantic*, January 10, 2019, www.theatlantic.com/health/archive/2019/01/beautiful-mess-vulnerability/579892.
77. Tom R. Tyler and E. Allan Lind, "A Relational Model of Authority in Groups," *Advances in Experimental Social Psychology* 25 (1992): 115–191.
78. Edmondson, Bohmer, and Pisano, "Disrupted Routines."
79. Edmondson, Bohmer, and Pisano, "Disrupted Routines."
80. Edmondson, Bohner, Pisano, "Speeding Up Team Learning."
81. Edmondson, Bohner, Pisano, "Speeding Up Team Learning."
82. Lisa Bodell, *Kill the Company: End the Status Quo, Start an Innovation Revolution* (Brookline, MA: Bibliomotion, 2016), 130.（リサ・ボデル、『会社をつぶせ「ゾンビ組織」を「考える組織」に変えるイノベーション革命』、穂坂かほり訳、日本経済新聞出版、2013年、183、184ページ）
83. Jessica Bennett, "On Campus, Failure Is on the Syllabus," *New York Times*, June 24, 2017, www.nytimes.com/2017/06/24/fashion/fear-of-failure.html

第9章　成功は失敗のもと

1. チャレンジャー号の事故に関する冒頭の記述は、以下を参照：Trudy E. Bell and Karl Esch, "The Fatal Flaw in Flight 51-L," *IEEE Spectrum*, February 1987, https://ieeexplore.ieee.org/document/6448023; Doug G. Ware, "Engineer Who Warned of 1986 Challenger Disaster Still Racked with Guilt, Three Decades On," UPI, January 28, 2016, www.upi.com/Top_News/US/2016/01/28/Engineer-who-warned-of-1986-Challenger-disaster-still-racked-with-guilt-three-decades-on/4891454032643; Douglas Martin, "Roger Boisjoly, 73, Dies; Warned of Shuttle Danger," *New York Times*, February 3, 2012, www.nytimes.com/2012/02/04/us/roger-boisjoly-73-dies-warned-of-shuttle-danger.html; Shaun Usher, "The Result Would Be a Catastrophe," *Letters of Note*, October 27, 2009, www.lettersofnote.com/2009/10/result-would-be-catastrophe.html; Andy Cox, "Weather's Role in the Challenger Accident," Weather Channel, January 29, 2015, https://weather.com/science/space/news/space-shuttle-challenger-weather-

57. Ed Catmull and Amy Wallace, *Creativity, Inc.: Overcoming the Unseen Forces That Stand in the Way of True Inspiration (Toronto: Random House Canada, 2014)*, 123.（エド・キャットムル、エイミー・ワラス、『ピクサー流 創造するちから——小さな可能性から、大きな価値を生み出す方法』、石原薫訳、ダイヤモンド社、2014年、169ページ、173ページ）
58. David W. Bates et al., "Relationship Between Medication Errors and Adverse Drug Events," *Journal of General Internal Medicine* 10, no. 4 (April 1995): 199–205, www.ncbi.nlm.nih.gov/pubmed/7790981.
59. Amy C. Edmondson, "Learning from Mistakes Is Easier Said than Done: Group and Organizational Influences on the Detection and Correction of Human Error," *Journal of Applied Behavioral Science* 32, no. 1 (1996): 5–28.
60. Amy C. Edmondson, "Managing the Risk of Learning: Psychological Safety in Work Teams," in *International Handbook of Organizational Teamwork and Cooperative working*, ed. Michael A. West, Dean Tjosvold, and Ken G. Smith (West Sussex, UK: John Wiley & Sons, 2003).
61. Michael A. West and Neil Robert Anderson, "Innovation in Top Management Teams," *Journal of Applied Psychology* 81, no. 6 (December 1996): 680–693; Amy C. Edmondson, Richard Bohmer, and Gary P. Pisano, "Learning New Technical and Interpersonal Routines in Operating Room Teams The Case of Minimally Invasive Cardiac Surgery," in *Research on Managing Groups and Teams: Technology*, ed. B. Mannix, M. Neale, and T. Griffith (Stamford, CT: JAI Press, 2000) 3: 29–51; Amy C. Edmondson, Richard Bohmer, and Gary P. Pisano, "Disrupted Routines: Team Learning and New Technology Implementation in Hospitals," *Administrative Science Quarterly* 46 (December 2001): 685–716; Charlene D'Andrea-O'Brien and Anthony Buono, "Building Effective Learning Teams: Lessons from the Field," *SAM Advancement of Management Journal* 61, no. 3 (1996).
62. Amy C. Edmondson, "Psychological Safety and Learning Behavior in Work Teams," *Administrative Science Quarterly* 44, no. 2 (June 1999): 350–383.
63. Edmondson, Bohmer, and Pisano, "Interpersonal Routines in Operating Room Teams."
64. Edmondson, "Learning from Mistakes."
65. Derek Thompson, "Google X and the Science of Radical Creativity," *Atlantic*, November 2017, www.theatlantic.com/magazine/archive/2017/11/x-google-moonshot-factory/540648
66. Astro Teller, "The Head of 'X' Explains How to Make Audacity the Path of Least Resistance," *Wired*, April 15, 2016, www.wired.com/2016/04/the-head-of-x-explains-how-to-make-audacity-the-path-of-least-resistance/#.2vy7nkes6.
67. Obi Felten, "How to Kill Good Things to Make Room for Truly Great Ones," X Blog, March 9, 2016, https://blog.x.company/how-to-kill-good-things-to-make-room-for-truly-great-ones-867fb6ef026.
68. Dyer and Gregersen, "How Does Amazon Stay at Day One?"
69. Tom Peters, *The Circle of Innovation: You Can't Shrink Your Way to Greatness* (New York: Vintage Books, 1999), viii.
70. Hadfield, *An Astronaut's Guide*, 79–80.（クリス・ハドフィールド、『宇宙飛行士が教える地球の歩き方』、千葉敏生訳、早川書房、2015年、99ページ）
71. Mario Livio, *Brilliant Blunders: From Darwin to Einstein—Colossal Mistakes by Great Scientists*

com/2011/11/13/lead-bullets.

41. Annie Duke, *Thinking in Bets: Making Smarter Decisions When You Don't Have All the Facts* (New York: Portfolio/Penguin, 2018).（アニー・デューク、『確率思考 不確かな未来から利益を生みだす』、長尾莉紗訳、日経BP、2018年、12ページ）
42. Lars Lefgren, Brennan Platt, and Joseph Price, "Sticking with What (Barely) Worked: A Test of Outcome Bias," *Management Science* 61 (2015): 1121–1136.
43. James D. Watson, *A Passion for DNA: Genes, Genomes, and Society* (Cold Spring Harbor, NY: Cold Spring Harbor Laboratory Press, 2001), 44.（ジェームス・ワトソン、『DNAへの情熱——遺伝子、ゲノム、そして社会』、新庄直樹、田口マミ子、滝田郁子、宮下悦子訳、ニュートンプレス、2000年、74ページ）
44. Jeff Dyer and Hal Gregersen, "How Does Amazon Stay at Day One?," *Forbes*, August 8, 2017, www.forbes.com/sites/innovatorsdna/2017/08/08/how-does-amazon-stay-at-day-one/#36d005d67e4d.
45. Tim Ferriss, "Maria Sharapova," episode 261 (transcript), *Tim Ferriss Show*, May 30, 2018, https://tim.blog/2018/05/30/tim-ferriss-show-transcript-maria-sharapova.
46. Elizabeth Gilbert, *Big Magic: Creative Living Beyond Fear* (New York: Riverhead Books, 2015), 259.（エリザベス・ギルバート、『BIG MAGIC「夢中になる」ことからはじめよう。』、ディスカヴァー・トゥエンティワン、神奈川夏子訳、2017年、293ページ）
47. Steven Levy, "Google Glass 2.0 Is a Startling Second Act," *Wired*, July 18, 2017, www.wired.com/story/google-glass-2-is-here.
48. Heather Hargreaves, "How Google Glass Will Change How You Do Business," *Entrepreneur Handbook*, September 7, 2019.
49. Ian Osterloh, "How I Discovered Viagra," *Cosmos*, April 27, 2015, https://cosmosmagazine.com/biology/how-i-discovered-viagra; Jacque Wilson, "Viagra: The Little Blue Pill That Could," CNN, March 27, 2013, www.cnn.com/2013/03/27/health/viagra-anniversary-timeline/index.html.
50. マイク・ニコルズについての記述は以下を参照。Gilbert, *Big Magic*, 246.（エリザベス・ギルバート、『BIG MAGIC「夢中になる」ことからはじめよう。』、ディスカヴァー・トゥエンティワン、神奈川夏子訳、2017年、279ページ）
51. Rosamund Stone Zander and Benjamin Zander, *The Art of Possibility: Transforming Professional and Personal Life* (Boston: Harvard Business School Press, 2000), 31.（ロザモンド・ストーン・ザンダー、ベンジャミン・ザンダー、『人生が変わる発想力』、村井智之訳、パンローリング、2012年）
52. Union of Concerned Scientists, "Voices of Federal Scientists: Americans' Health and Safety Depends on Independent Science," January 2009, 2, www.ucsusa.org/sites/default/files/legacy/assets/documents/scientific_integrity/Voices_of_Federal_Scientists.pdf.
53. Jennifer J. Kish-Gephart et al., "Silenced by Fear," *Research in Organizational Behavior* 29 (December 2009): 163–193, www.researchgate.net/publication/238382691_Silenced_by_fear.
54. NASA, "Mars Polar Lander Deep Space 2," https://mars.nasa.gov/msp98/lander/fact.html.
55. Hadfield, *Astronaut's Guide*, 81–83.（クリス・ハドフィールド、『宇宙飛行士が教える地球の歩き方』、千葉敏生訳、早川書房、2015年、104〜110ページ）
56. Diwas, Staats, and Gino, "Learning from My Success."

January 1921.
31. T. H. White, *The Once and Future King* (New York: Penguin Group, 2011).（T・H・ホワイト、『永遠の王――アーサーの書』、森下弓子訳、創元推理文庫、1992年、325、326ページ）
32. ファルコン1についての記述は以下を参照。Tim Fernholz, *Rocket Billionaires: Elon Musk, Jeff Bezos, and the New Space Race* (Boston: Houghton Mifflin Harcourt, 2018); Snow, *Lateral Thinking*（シェーン・スノウ、『時間をかけずに成功する人 コツコツやっても伸びない人 SMARTCUTS』、斎藤栄一郎訳、講談社、2016年）; Chris Bergin, "Falcon I Flight: Preliminary Assessment Positive for SpaceX," *Spaceflight.com*, March 24, 2007, www.nasaspaceflight.com/2007/03/falcon-i-flight-preliminary-assessment-positive-for-spacex; Tim Fernholz, "What It Took for Elon Musk's SpaceX to Disrupt Boeing, Leapfrog NASA, and Become a Serious Space Company," *Quartz*, October 21, 2014, https://qz.com/281619/what-it-took-for-elon-musks-spacex-to-disrupt-boeing-leapfrog-nasa-and-become-a-serious-space-company; Max Chafkin and Dana Hull, "SpaceX's Secret Weapon Is Gwynne Shotwell," *Bloomberg Quint*, July 26, 2018, www.bloombergquint.com/businessweek/she-launches-spaceships-sells-rockets-and-deals-with-elon-musk; Elon Musk, "Falcon 1, Flight 3 Mission Summary," SpaceX, August 6, 2008, www.spacex.com/news/2013/02/11/falcon-1-flight-3-mission-summary; Quora Contributor, "What Is It Like to Work with Elon Musk?," *Slate*, August 14, 2013, https://slate.com/human-interest/2013/08/elon-musk-what-is-it-like-to-work-for-the-spacex-tesla-chief.html; Tom Junod, "Elon Musk: Triumph of His Will," *Esquire*, November 15, 2012, www.esquire.com/news-politics/a16681/elon-musk-interview-1212.
33. Snow, *Lateral Thinking*.（シェーン・スノウ、『時間をかけずに成功する人 コツコツやっても伸びない人 SMARTCUTS』、斎藤栄一郎訳、講談社、2016年、232～235ページ）
34. F. Scott Fitzgerald, *Tender Is the Night* (1934; repr., New York: Scribner's, 1977).（F・スコット・フィッツジェラルド、『夜はやさし』、森慎一郎訳、作品社、2014年、271ページ）
35. Andre Agassi, *Open: An Autobiography* (New York: Vintage Books, 2010), 372.（アンドレ・アガシ、『OPEN――アンドレ・アガシの自叙伝』、川口由紀子訳、ベースボールマガジン社、2012年）
36. Ed Catmull, *Creativity, Inc.: Overcoming the Unseen Forces That Stand in the Way of True Inspiration* (New York: Random House, 2014).（エド・キャットムル、エイミー・ワラス、『ピクサー流 創造するちから――小さな可能性から、大きな価値を生み出す方法』、石原薫訳、ダイヤモンド社、2014年、183ページ）
37. Shane Parrish, "Your First Thought Is Rarely Your Best Thought: Lessons on Thinking," Farnam Street (blog), February 2018, https://fs.blog/2018/02/first-thought-not-best-thought.
38. Chris Hadfield, *An Astronaut's Guide to Life on Earth: What Going to Space Taught Me About Ingenuity, Determination, and Being Prepared for Anything* (New York: Little, Brown and Company, 2013).（クリス・ハドフィールド、『宇宙飛行士が教える地球の歩き方』、千葉敏生訳、早川書房、2015年、354ページ）
39. Parrish, "Your First Thought."
40. Ben Horowitz, "Lead Bullets," Andreessen Horowitz, November 13, 2011, https://a16z.

14. Derek Thompson, "Google X and the Science of Radical Creativity," *Atlantic*, November 2017, www.theatlantic.com/magazine/archive/2017/11/x-google-moonshot-factory/540648.
15. Astro Teller, "The Head of 'X' Explains How to Make Audacity the Path of Least Resistance," *Wired*, April 15, 2016, https://www.wired.com/2016/04/the-head-of-x-explains-how-to-make-audacity-the-path-of-least-resistance/
16. Adele Peters, "Why Alphabet's Moonshot Factory Killed Off a Brilliant Carbon-Neutral Fuel," *Fast Company*, October 13, 2016, www.fastcompany.com/3064457/why-alphabets-moonshot-factory-killed-off-a-brilliant-carbon neutral-fuel.
17. Adam Grant, *Originals: How Non-Conformists Move the World* (New York: Viking, 2016), 37.（アダム・グラント、『ORIGINALS 誰もが「人と違うこと」ができる時代』、楠木建訳、三笠書房、2016年、71ページ）
18. Grant, *Originals*.（アダム・グラント、『ORIGINALS 誰もが「人と違うこと」ができる時代』、楠木建訳、三笠書房、2016年、69ページ）
19. Grant, *Originals*.（アダム・グラント、『ORIGINALS 誰もが「人と違うこと」ができる時代』、楠木建訳、三笠書房、2016年、70ページ）
20. Grant, *Originals*.（アダム・グラント、『ORIGINALS 誰もが「人と違うこと」ができる時代』、楠木建訳、三笠書房、2016年、70ページ）
21. Emma Brockes, "Tom Hanks: 'I've Made a Lot of Movies That Didn't Make Sense—or Money,' " *Guardian*, October 14, 2017, www.theguardian.com/film/2017/oct/14/tom-hanks-movies-didnt-make-sense-or-money-interview-short-stories.
22. Paul Gompers et al., "Performance Persistence in Entrepreneurship," *Journal of Financial Economics* 96 (2010): 18–32.
23. K. C. Diwas, Bradley R. Staats, and Francesca Gino, "Learning from My Success and from Others' Failure: Evidence from Minimally Invasive Cardiac Surgery," *Management Science* 59, no. 11 (June 14, 2013): 2413–2634, https://pubsonline.informs.org/doi/abs/10.1287/mnsc.2013.1720.
24. Steve Squyres, *Roving Mars: Spirit, Opportunity, and the Exploration of the Red Planet* (New York: W.W. Norton, 2005), 10.
25. University of California Television, "Roving Mars with Steve Squyres: Conversations with History," video, YouTube, uploaded August 18, 2011, www.youtube.com/watch?v=NI6KEzsb26U&feature=youtu.be（動画、2011年8月18日YouTubeにアップロード）; Dian Schaffhauser, "Steven Squyres Doesn't Mind Failure: An Interview with the Scientist Behind the Mars Rovers," MPUG [Microsoft Project User Group], February 9, 2016, www.mpug.com/articles/steven-squyres-interview.
26. Squyres, *Roving Mars*, 138.
27. Squyres, *Roving Mars*, 156–163.
28. Squyres, *Roving Mars*, 203–217.
29. Stephen Jay Gould, *The Panda's Thumb: More Reflections in Natural History* (New York: W. W. Norton & Company, 1980; reissued paperback, 1992), 244.（スティーヴン・J・グールド、『パンダの親指――進化論再考』（下）、桜町翠軒訳、早川書房、1986年、105ページ）
30. B. C. Forbes, "Why Do So Many Men Never Amount to Anything?," *American Magazine*,

50. ハッブル宇宙望遠鏡についての記述は以下を参照。Arthur Fisher, "The Trouble with Hubble," *Popular Science*, October 1990; Lew Allen et al., " The Hubble Space Telescope Optical Systems Failure Report," NASA, November 1990, https://ntrs.nasa.gov/archive/nasa/casi.ntrs.nasa.gov/19910003124.pdf; NASA, "About the Hubble Space Telescope," updated December 19, 2018, www.nasa.gov/mission_pages/hubble/story/index.html; Nola Taylor Redd, "Hubble Space Telescope: Pictures, Facts & History," *Space.com*, April 20, 2020, www.space.com/15892-hubble-space-telescope.html; NASA, "Hubble's Mirror Flaw," www.nasa.gov/content/hubbles-mirror-flaw.
51. Ozan Varol, "Julie Zhuo on Becoming a Facebook Manager at 25, Overcoming the Impostor Syndrome, and Staying in the Discomfort Zone," Famous Failures (podcast), March 26, 2019, https://ozanvarol.com/julie-zhuo.

第8章　失敗は成功のもと

1. Suzanne Deffree, "1st US Satellite Attempt Fails, December 6, 1957," EDN Network, December 6, 2019, www.edn.com/electronics-blogs/edn-moments/4402889/1st-US-satellite-attempt-fails--December-6-1957.
2. Richard Hollingham, "The World's Oldest Scientific Satellite Is Still in Orbit," BBC, October 7, 2017, www.bbc.com/future/story/20171005-the-worlds-oldest-scientific-satellite-is-still-in-orbit.
3. Loyd S. Swenson Jr, James M. Grimwood, and Charles C. Alexander, "Little Joe Series," in *This New Ocean: A History of Project Mercury* (Washington, DC: NASA, 1989), https://history.nasa.gov/SP-4201/ch7-7.htm.
4. NASA, "MR-1: The Four-Inch Flight," in *This New Ocean: A History of Project Mercury* (Washington, DC: NASA, 1989), https://history.nasa.gov/SP-4201/ch9-7.htm.
5. Jeffrey Kluger, "On TIME's Podcast 'Countdown:' The Flight That Nearly Took Neil Armstrong's Life," *Time*, July 31, 2017, http://time.com/4880012/neil-armstrong-apollo-gemini-nasa.
6. FailCon, "About FailCon," http://thefailcon.com/about.html; FuckUp Nights, https://fuckupnights.com.
7. Shane Snow, *Smartcuts: The Breakthrough Power of Lateral Thinking* (New York: HarperBusiness, 2014), Kindle.（シェーン・スノウ、『時間をかけずに成功する人 コツコツやっても伸びない人 SMARTCUTS』、斎藤栄一郎訳、講談社、2016年、90ページ）
8. Gene Kranz, *Failure Is Not an Option: Mission Control From Mercury to Apollo 13 and Beyond* (New York: Simon & Schuster, 2009), 12.
9. Jennifer Reingold, "Hondas in Space," *Fast Company*, February 1, 2005, www.fastcompany.com/52065/hondas-space.
10. Chuck Salter, "Failure Doesn't Suck," *Fast Company*, May 1, 2007, www.fastcompany.com/59549/failure-doesnt-suck.
11. Hans C. Ohanian, *Einstein's Mistakes: The Human Failings of Genius* (New York: W.W. Norton & Company, 2009).
12. Jillian D'Onfro, "Jeff Bezos: Why It Won't Matter If the Fire Phone Flops," *Business Insider*, December 3, 2014, www.businessinsider.com/jeff-bezos-on-big-bets-risks-fire-phone-2014-12.
13. D'Onfro, "If the Fire Phone Flops."

35. Tough Mudder, "World's Toughest Mudder: Laughtlin," https://toughmudder.com/events/2019-worlds-toughest-mudder; Simon Donato, " Ten Tips on How to Beat the World's Toughest Mudder," *Huff Post*, December 6, 2017, www.huffpost.com/entry/ten-tips-on-how-to-beat-t_b_8143862
36. Roberto, Bohmer, and Edmondson, "Facing Ambiguous Threats."
37. iPhoneについての記述は以下を参照。Derek Thompson, *Hit Makers: The Science of Popularity in an Age of Distraction* (New York: Penguin, 2017), 232–233.（デレク・トンプソン、『ヒットの設計図——ポケモンGOからトランプ現象まで』、高橋由紀子訳、早川書房、2018年、289〜291ページ）
38. ジョージ・ギャラップについての記述は以下を参照。Thompson, *Hit Makers*.（デレク・トンプソン、『ヒットの設計図——ポケモンGOからトランプ現象まで』、高橋由紀子訳、早川書房、2018年、321〜326ページ）
39. Amy Kaufman, "Chris Rock Tries Out His Oscar Material at the Comedy Store," *Los Angeles Times*, February 26, 2016, www.latimes.com/entertainment/la-et-mn-chris-rock-oscars-monologue-comedy-store-20160226-story.html.
40. Jess Zafarris, "Jerry Seinfeld's 5-Step Comedy Writing Process," *Writer's Digest*, May 13, 2019, www.writersdigest.com/writing-articles/by-writing-genre/humor/jerry-seinfelds-5-step-comedy-writing-process; Daniel Auld, "What Does UX and Stand-Up Comedy Have in Common? More Than You Realize," UX Collective, August 1, 2018, https://uxdesign.cc/what-does-ux-and-stand-up-comedy-have-in-common-more-than-you-realise-d18066aeaecf.
41. Entrepreneurship.org, "Field Observations with Fresh Eyes: Tom Kelley (IDEO)," video, YouTube, uploaded June 24, 2011, www.youtube.com/watch?v=tvkivmyKgEA.（動画、2011年6月24日YouTubeにアップロード）
42. Paul Bennett, "Design Is in the Details," TED talk, July 2005, www.ted.com/talks/paul_bennett_finds_design_in_the_details.
43. Art Kleiner, "The Thought Leader Interview: Tim Brown," *Strategy + Business*, August 27, 2009, www.strategy-business.com/article/09309?gko=84f90.
44. Kleiner, " Tim Brown."
45. "Ideo on *60 Minutes and CBS This Morning*," video, IDEO, April 2013, www.ideo.com/post/ideo-on-60-minutes-and-cbs-this-morning.
46. Joe Rogan, "Neil deGrasse Tyson," episode 919, video, Joe Rogan Experience Podcast, February 21, 2017, http://podcasts.joerogan.net/podcasts/neil-degrasse-tyson.
47. 『となりのサインフェルド』に関する記述は以下を参照。Thompson, *Hit Makers*.（デレク・トンプソン、『ヒットの設計図——ポケモンGOからトランプ現象まで』、高橋由紀子訳、早川書房、2018年、300〜303ページ）
48. 賢馬ハンスについての記述は以下を参照。Stuart Firestein, *Ignorance: How It Drives Science* (New York: Oxford University Press, 2012), 94–95.（ステュアート・ファイアスタイン、『イグノランス：無知こそ科学の原動力』、佐倉統、小田文子訳、東京化学同人、2014年）
49. Tim Ferriss, "Cal Fussman Corners Tim Ferriss," episode 324 (transcript), *The Tim Ferriss Show*, https://tim.blog/2018/07/05/the-tim-ferriss-show-transcripts-cal-fussman-corners-tim-ferriss; 著者によるティモシー・フェリスのインタビュー（2019年5月）

21. NASA, "Selection and Training of Astronauts."
22. Eric Berger, "Why Is NASA Renting Out Its Huge Astronaut Pool? To Keep the Lights Turned On," *Ars Technica*, February 8, 2017, https://arstechnica.com/science/2017/02/as-it-seeks-to-pare-costs-nasa-opens-its-historic-facilities-to-private-companies.
23. Chris Hadfield, *An Astronaut's Guide to Life on Earth: What Going to Space Taught Me About Ingenuity, Determination, and Being Prepared for Anything* (New York: Little, Brown and Company, 2013).（クリス・ハドフィールド、『宇宙飛行士が教える地球の歩き方』、千葉敏生訳、早川書房、2015年、63ページ）
24. Roach, *Packing for Mars.*（メアリー・ローチ、『わたしを宇宙に連れてって――無重力生活への挑戦』、池田真紀子訳、NHK出版、2011年、207ページ）
25. Robert Kurson, *Rocket Men: The Daring Odyssey of Apollo 8 and the Astronauts Who Made Man's First Journey to the Moon* (New York: Random House, 2018).
26. NASA, "Selection and Training of Astronauts."
27. Kurson, *Rocket Men*.
28. Craig Nelson, *Rocket Men: The Epic Story of the First Men on the Moon* (New York: Viking, 2009).
29. Hadfield, *An Astronaut's Guide.*（クリス・ハドフィールド、『宇宙飛行士が教える地球の歩き方』、千葉敏生訳、早川書房、2015年、244ページ）
30. *In the Shadow of the Moon*, directed by David Sington (Velocity/ Think Film, 2007), DVD.（『ザ・ムーン』、デイヴィッド・シントン監督、角川書店、2011年、DVD）
31. Michael Roberto, Richard M. J. Bohmer, and Amy C. Edmondson, "Facing Ambiguous Threats," *Harvard Business Review*, November 2006, https://hbr.org/2006/11/facing-ambiguous-threats; Rebecca Wright et al., *Johnson Space Center Oral History Project* (Washington, DC: NASA, January 8, 1999), https://history.nasa.gov/SP-4223/ch6.htm.
32. Neel V. Patel, "The Greatest Space Hack Ever," *Popular Science*, October 8, 2014, www.popsci.com/article/technology/greatest-space-hack-ever#page-2.
33. The discussion on Chief Justice John Roberts's preparation strategy is based on the following sources: Roger Parloff, "On History's Stage: Chief Justice John Roberts Jr.," *Fortune*, June 4, 2011, http://fortune.com/2011/01/03/on-historys-stage-chief-justice-john-roberts-jr; Bryan A. Garner, "Interviews with United States Supreme Court Justices," in *Scribes Journal of Legal Writing* (Lansing, MI, 2010), 7, https://legaltimes.typepad.com/files/garner-transcripts-1.pdf; Charles Lane, "Nominee Excelled as an Advocate Before Court," *Washington Post*, July 24, 2005, www.washingtonpost.com/wp-dyn/content/article/2005/07/23/AR2005072300881_2.html.
34. アメリア・ブーンについての記述は以下を参照。Tom Bilyeu, "How to Cultivate Toughness: Amelia Boone on Impact Theory," video, YouTube, uploaded March 7, 2017, www.youtube.com/watch?v=_J49oG5MnN4（動画、2017年3月7日YouTubeにアップロード）; Marissa Stephenson, "Amelia Boone Is Stronger than Ever," *Runner's World*, June 19, 2018, www.runnersworld.com/runners-stories/a20652405/amelia-boone-is-stronger-than-ever; "Altra Signs Amelia Boone—World Champion Obstacle Course Racer and Ultrarunner," *Endurance Sportswire*, January 18, 2019, www.endurancesportswire.com/altra-signs-amelia-boone-world-champion-obstacle-course-racer-and-ultrarunner; Melanie Mitchell, "Interview with OCR World Champion Amelia Boone," *JackRabbit*, December 12, 2017, www.jackrabbit.com/info/blog/interview-with-ocr-world-champion-amelia-boone.html

6. NASA, "Space Power Facility," www1.grc.nasa.gov/facilities/sec.
7. The discussion on the airbag tests for the Mars Exploration Rovers is based on the following sources: Steve Squyres, *Roving Mars: Spirit, Opportunity, and the Exploration of the Red Planet* (New York: Hyperion, 2005); Adam Steltzner and William Patrick, *The Right Kind of Crazy: A True Story of Teamwork, Leadership, and High-Stakes Innovation* (New York: Portfolio/Penguin, 2016).
8. NASA, "Calibration Targets," https://mars.nasa.gov/mer/mission/instruments/calibration-targets.
9. "Interview with Bill Nye: The Sundial Guy," *Astrobiology Magazine*, October 8, 2003, https://www.astrobio.net/mars/interview-with-bill-nye-the-sundial-guy/
10. Donella Meadows, *Thinking in Systems: A Primer* (White River Junction, VT: Chelsea Green Pub., 2008), 12.（ドネラ・H・メドウズ、『世界はシステムで動く——いま起きていることの本質をつかむ考え方』、枝廣淳子訳、英治出版、2015年、34ページ）
11. Kim Lane Scheppele, "The Rule of Law and the Frankenstate: Why Governance Checklists Do Not Work," *Governance: An International Journal of Policy, Administration, and Institutions* 26, no. 4 (October 2013): 559–562, https://onlinelibrary.wiley.com/doi/pdf/10.1111/gove.12049.
12. Lorraine Boissoneault, "The True Story of the Reichstag Fire and the Nazi Rise to Power," *Smithsonian Magazine*, February 21, 2017, www.smithsonianmag.com/history/true-story-reichstag-fire-and-nazis-rise-power-180962240; John Mage and Michael E. Tigar, " The Reichstag Fire Trial, 1933–2008: The Production of Law and History," *Monthly Review*, March 1, 2009, http://monthlyreview.org/2009/03/01/the-reichstag-fire-trial-1933-2008-the-production-of-law-and-history.
13. The discussion on the design flaw of the Mars Polar Lander is based on Squyres, *Roving Mars*, 63–64.
14. US Department of Health and Human Services, Office of Inspector General, "An Overview of 60 Contracts That Contributed to the Development and Operation of the Federal Marketplace," August 2014, https://oig.hhs.gov/oei/reports/oei-03-14-00231.pdf.
15. NASAの模擬訓練に参加した空軍兵士に関する記述は以下を参照。Mary Roach, *Packing for Mars: The Curious Science of Life in the Void* (New York: W.W. Norton, 2010).（メアリー・ローチ、『わたしを宇宙に連れてって——無重力生活への挑戦』、池田真紀子訳、NHK出版、2011年）
16. Aerotime Extra, "G-Force Process on Human Body," *Aerotime Hub*, March 23, 2017, www.aviationcv.com/aviation-blog/2016/2721.
17. チンパンジーのハムに関する記述は以下を参照。Roach, *Packing for Mars*.（メアリー・ローチ、『わたしを宇宙に連れてって——無重力生活への挑戦』、池田真紀子訳、NHK出版、2011年）
18. Roach, *Packing for Mars*.（メアリー・ローチ、『わたしを宇宙に連れてって——無重力生活への挑戦』、池田真紀子訳、NHK出版、2011年、207ページ）
19. NASA, "Selection and Training of Astronauts," https://science.ksc.nasa.gov/mirrors/msfc/crew/training.html
20. NASA, "Zero-Gravity Plane on Final Flight," October 29, 2004, www.nasa.gov/vision/space/preparingtravel/kc135onfinal.html

れは水です』、阿部重夫訳、田畑書店、2018年）
57. Errol Morris, "The Anosognosic's Dilemma: Something's Wrong but You'll Never Know What It Is," Opinionator, *New York Times*, June 24, 2010, https://opinionator.blogs.nytimes.com/2010/06/24/the-anosognosics-dilemma-somethings-wrong-but-youll-never-know-what-it-is-part-5/
58. Stanford Graduate School of Business, "Marc Andreessen on Change, Constraints, and Curiosity," video, YouTube, uploaded November 14, 2016, www.youtube.com/watch?v=P-T2VAcHRoE&feature=youtu.be.（動画、2016年11月14日YouTubeにアップロード）
59. Chip Heath and Dan Heath, *Decisive: How to Make Better Choices in Life and Work* (New York: Crown Business, 2013).（チップ・ハース、ダン・ハース、『決定力！：正解を導く4つのプロセス』、千葉敏生訳、早川書房、2013年、23〜28ページ）
60. Shane Parrish, "The Work Required to Have an Opinion," Farnam Street (blog), April 2013, https://fs.blog/2013/04/the-work-required-to-have-an-opinion.
61. Rovelli, *Seven Brief Lessons on Physics*, 21.（カルロ・ロヴェッリ、『世の中ががらりと変わって見える物理の本』、竹内薫、関口英子訳、河出書房新社、2015年、37ページ）

第7章　飛ぶようにテストし、テストした通りに飛ばせ

1. 冒頭のhealthcare.govに関する記述は以下を参照。Sharon LaFraniere and Eric Lipton, "Officials Were Warned About Health Site Woes," *New York Times*, November 18, 2013, www.nytimes.com/2013/11/19/us/politics/administration-open-to-direct-insurance-company-signups.html; Frank Thorp, "'Stress Tests' Show Healthcare.gov Was Overloaded," NBC News, November 7, 2013, www.nbcnews.com/politics/politics-news/stress-tests-show-healthcare-gov-was-overloaded-flna8C11548230; Amy Goldstein, "HHS Failed to Heed Many Warnings That HealthCare.gov Was in Trouble," *Washington Post*, February 23, 2016, www.washingtonpost.com/national/health-science/hhs-failed-to-heed-many-warnings-that-healthcaregov-was-in-trouble/2016/02/22/dd344e7c-d67e-11e5-9823-02b905009f99_story.html; Wyatt Andrews and Anna Werner, "Healthcare.gov Plagued by Crashes on 1st Day," *CBS News*, October 1, 2013, www.cbsnews.com/news/healthcaregov-plagued-by-crashes-on-1st-day; Adrianne Jeffries, "Why Obama's Healthcare.gov Launch Was Doomed to Fail," *Verge*, October 8, 2013, www.theverge.com/2013/10/8/4814098/why-did-the-tech-savvy-obama-administration-launch-a-busted-healthcare-website; "The Number 6 Says It All About the HealthCare.gov Rollout," NPR, December 27, 2013, www.npr.org/sections/health-shots/2013/12/27/257398910/the-number-6-says-it-all-about-the-healthcare-gov-rollout; Kate Pickert, "Report: Cost of HealthCare.Gov Approaching $1 Billion," *Time*, July 30, 2014, http://time.com/3060276/obamacare-affordable-care-act-cost.
2. Marshall Fisher, Ananth Raman, and Anna Sheen McClelland, "Are You Ready?," *Harvard Business Review*, July-August 2000) https://hbr.org/2000/07/are-you-ready.
3. Fisher, Raman, and McClelland, "Are You Ready?"
4. Richard Feynman, Messenger Lectures, Cornell University, BBC, 1964, www.cornell.edu/video/playlist/richard-feynman-messenger-lectures/player.
5. NASA Jet Propulsion Laboratory, "The FIDO Rover," NASA, https://www-robotics.jpl.nasa.gov/systems/system.cfm?System=1.

September 16, 2007, www.nytimes.com/2007/09/16/magazine/16epidemiology-t.html.

39. Carl Sagan, *The Demon-Haunted World: Science as a Candle in the Dark* (New York: Random House, 1995; reprint Ballantine, 1997), 211.（カール・セーガン、『悪霊にさいなまれる世界：「知の闇を照らす灯」としての科学』（上）、青木薫訳、早川書房、2009年、384ページ）
40. Vox, "Why Elon Musk Says We're Living in a Simulation," video, You Tube, uploaded August 15, 2016, www.youtube.com/watch?v=J0KHiiTtt4w.（動画、2016年8月15日YouTubeにアップロード）
41. Hal Gregersen, "Bursting the CEO Bubble," *Harvard Business Review*, March-April 2017, https://hbr.org/2017/03/bursting-the-ceo-bubble.
42. Shane Parrish, "How Darwin Thought: The Golden Rule of Thinking," Farnam Street (blog), January 2016, https://fs.blog/2016/01/charles-darwin-thinker.
43. Michael Lewis, "The King of Human Error," *Vanity Fair*, November 8, 2011, www.vanityfair.com/news/2011/12/michael-lewis-201112.
44. Lewis, "King of Human Error."
45. Charles Thompson, "Harlan's Great Dissent," *Kentucky Humanities* 1 (1996), https://louisville.edu/law/library/special-collections/the-john-marshall-harlan-collection/harlans-great-dissent.
46. Thompson, "Harlan's Great Dissent."
47. Walter Isaacson, *Leonardo da Vinci* (New York: Simon & Schuster, 2017), 435.（ウォルター・アイザックソン、『レオナルド・ダ・ヴィンチ』（下）、土方奈美訳、文藝春秋、2019年、201ページ）
48. Gregersen, "Bursting the CEO Bubble."
49. Emmanuel Trouche et al., "The Selective Laziness of Reasoning," *Cognitive Science* 40, no. 8 (November 2016): 2122–2136, www.ncbi.nlm.nih.gov/pubmed/26452437.
50. Elizabeth Kolbert, "Why Facts Don't Change Our Minds," *New Yorker*, February 20, 2017, www.newyorker.com/magazine/2017/02/27/why-facts-dont-change-our-minds.
51. "Peter Wason,"（追悼文）
52. James Robert Brown, *The Laboratory of the Mind: Thought Experiments in the Natural Sciences* (New York: Routledge, 1991), 20.
53. Manjit Kumar, *Quantum: Einstein, Bohr, and the Great Debate About the Nature of Reality* (New York: W.W. Norton, 2009)（マンジット・クマール、『量子革命——アインシュタインとボーア、偉大なる頭脳の激突』、青木薫訳、新潮社、2013年）; Carlo Rovelli, *Seven Brief Lessons on Physics*, trans. Simon Carnell and Erica Segre (New York: Riverhead Books, 2016).（カルロ・ロヴェッリ、『世の中ががらりと変わって見える物理の本』、竹内薫、関口英子訳、河出書房新社、2015年、33〜37ページ）
54. Thomas Schelling, "The Role of War Games and Exercises," in *Managing Nuclear Operations*, ed. A. Carter, J. Steinbruner, and C. Zraket (Washington, DC: Brookings Institution, 1987), 426–444.
55. John D. Barrow, Paul C. W. Davies, and Charles L. Harper Jr., eds., *Science and Ultimate Reality: Quantum Theory, Cosmology, and Complexity* (New York: Cambridge University Press, 2004), 3.
56. デヴィッド・フォスター・ウォレスによるケニオン大学（2005年5月21日、オハイオ州ギャンビア）卒業式でのスピーチ（デヴィッド・フォスター・ウォレス、『こ

18. Francis Bacon, *Novum Organum* (1902), 24.（フランシス・ベーコン、『ノヴム・オルガヌム――新機関』、桂寿一訳、岩波文庫、1978年、88ページ）
19. Levy, "Scientists Keep Searching."
20. Kenneth L. Corum and James F. Corum, "Nikola Tesla and the Planetary Radio Signals," 2003, www.teslasociety.com/mars.pdf.
21. Chamberlin, "Multiple Working Hypotheses."
22. Robertson Davies, *Tempest-Tost* (New York: Rinehart, 1951).
23. Chamberlin, "Multiple Working Hypotheses."
24. F. Scott Fitzgerald, " The Crack-Up," *Esquire*, February, March, and April 1936 and reprinted March 7, 2017, www.esquire.com/lifestyle/a4310/the-crack-up/#ixzz1Fvs5lu8w.
25. Sarah Charley, "What's Really Happening During an LHC Collision?," *Symmetry*, June 30, 2017, www.symmetrymagazine.org/article/whats-really-happening-during-an-lhc-collision.
26. Charley, "LHC Collision?"
27. Charley, "LHC Collision?"
28. Bill Demain, "How Malfunctioning Sharks Transformed the Movie Business," *Mental Floss*, June 20, 2015, https://mentalfloss.com/article/31105/how-steven-spielbergs-malfunctioning-sharks-transformed-movie-business.
29. Robert Cialdini, *Pre-Suasion: A Revolutionary Way to Influence and Persuade* (New York: Simon & Schuster, 2016), 22.（ロバート・チャルディーニ、『PRE－SUASION：影響力と説得のための革命的瞬間』、安藤清志、曽根寛樹訳、誠信書房、2017年、32ページ）
30. Christopher Chabris and Daniel Simons, "Selective Attention Test," video, YouTube, uploaded March 10, 2010, https://www.youtube.com/watch?v=vJG698U2Mvo.（動画、2010年3月10日YouTubeにアップロード）
31. Christopher Chabris and Daniel Simons, "Gorilla Experiment," Invisible Gorilla website, 2010, www.theinvisiblegorilla.com/gorilla_experiment.html; Christopher Chabris and Daniel Simons, *The Invisible Gorilla: And Other Ways Our Intuitions Deceive Us* (New York: Crown, 2010).（クリストファー・チャブリス、ダニエル・シモンズ、『錯覚の科学』、木村博江訳、文藝春秋、2011年、16～20ページ）
32. Euler, Jolly, and, Curtis, "Failures of the Mars Climate Orbiter."
33. Sir Arthur Conan Doyle, "Adventure 1: Silver Blaze," in *The Memoirs of Sherlock Holmes* (New York, 1894).（アーサー・コナン・ドイル、「名馬シルヴァー・ブレイズ」、『シャーロック・ホームズの回想 新訳シャーロック・ホームズ全集』、日暮雅通訳、光文社文庫、2006年、43ページ）
34. P. C. Wason, "On the Failure to Eliminate Hypotheses in a Conceptual Task," *Quarterly Journal of Experimental Psychology* 12, no. 3 (July 1, 1960): 129–140, https://pdfs.semanticscholar.org/86db/64c600fe59acfc48fd22bc8484485d5e7337.pdf.
35. "Peter Wason," obituary, *(London) Telegraph*, April 22, 2003, www.telegraph.co.uk/news/obituaries/1428079/Peter-Wason.html.
36. Alan Lightman, Searching for Stars on an *Island in Maine* (New York: Pantheon Books, 2018).
37. Chris Kresser, "Dr. Chris Shade on Mercury Toxicity," *Revolution Health Radio*, May 21, 2019, https://chriskresser.com/dr-chris-shade-on-mercury-toxicity.
38. Gary Taubes, "Do We Really Know What Makes Us Healthy?," *New York Times Magazin*,

September 23, 1999, www.jpl.nasa.gov/news/news.php?feature=5000.

4. Robert M. Pirsig, *Zen and the Art of Motorcycle Maintenance: An Inquiry into Values* (New York: Morrow, 1984), 6.（ロバート・M・パーシグ、『禅とオートバイ修理技術』、五十嵐美克訳、早川書房、2008年）
5. Jeremy A. Frimer, Linda J. Skitka, and Matt Motyl, "Liberals and Conservatives Are Similarly Motivated to Avoid Exposure to One Another's Opinions," *Journal of Experimental Social Psychology* 72 (September 2017): 1–12, www.sciencedirect.com/science/article/pii/S0022103116304024.
6. Crystal D. Oberle et al., "The Galileo Bias: A Naive Conceptual Belief That Influences People's Perceptions and Performance in a Ball-Dropping Task," *Journal of Experimental Psychology, Learning, Memory, and Cognition* 31, no. 4 (2005): 643–653.
7. Brendan Nyhan et al., "Effective Messages in Vaccine Promotion: A Randomized Trial," *Pediatrics* 133, no. 4 (April 2014), http://pediatrics.aappublications.org/content/133/4/e835.long.
8. マーズ・クライメート・オービターの衝突事故に関する記述は以下を参照。Squyres, *Roving Mars*; Oberg, "Mars Probe Went off Course"; Euler, Jolly, and Curtis, "Failures of the Mars Climate Orbiter"; Mars Climate Orbiter Mishap Investigation Board Phase I Report, November 10, 1999, https://llis.nasa.gov/llis_lib/pdf/1009464main1_0641-mr.pdf; House Committee on Science, Space, and Technology, "Testimony of Thomas Young";著者によるマーク・アドラーのインタビュー（2018年8月）
9. Oberg, "Mars Probe Went off Course."
10. Oberg, "Mars Probe Went off Course."
11. Richard P. Feynman, as told to Ralph Leighton and edited by Edward Hutchings, *"Surely You're Joking, Mr. Feynman!" Adventures of a Curious Character* (New York: W. W. Norton & Company, 1985), 343.（リチャード・P・ファインマン、『ご冗談でしょう、ファインマンさん』（下）、大貫昌子訳、岩波現代文庫、2000年、298ページ）
12. John Noble Wilford, "In 'Contact,' Science and Fiction Nudge Close Together," *New York Times*, July 20, 1997, www.nytimes.com/1997/07/20/movies/in-contact-science-and-fiction-nudge-close-together.html?mtrref=www.google.com.
13. T. C. Chamberlin, " The Method of Multiple Working Hypotheses," *Science* (old series) 15, no. 92 (1890), reprinted in *Science*, May 7, 1965, available at http://arti.vub.ac.be/cursus/2005-2006/mwo/chamberlin1890science.pdf.
14. マーズ・ポーラー・ランダーに関する記述は以下を参照。NASA, "What is the Deep Space Network?," https://deepspace.jpl.nasa.gov/about; Dawn Levy, "Scientists Keep Searching for a Signal from Mars Polar Lander," NASA, February 1, 2000, https://mars.jpl.nasa.gov/msp98/news/mpl000201.html; Squyres, *Roving Mars*; NASA, "Listening for Mars Polar Lander," *NASA Science*, January 31, 2000, https://science.nasa.gov/science-news/science-at-nasa/2000/ast01feb_1; Natasha Mitchell, "Sweet Whispers from Mars Could Be Polar Lander," *ABC Science*, January 28, 2000, www.abc.net.au/science/articles/2000/01/28/96225.htm.
15. Levy, "Scientists Keep Searching."
16. Squyres, *Roving Mars*, 68.
17. Squyres, *Roving Mars*, 70.

Ideas of Others (New York: Gotham Books, 2009).（デイビッド・コード・マレイ、『ブレーン・ハッカー 巨人の「肩」に乗れ！——「新しいこと」を次々に考える“脳”！』、本田直之訳、イースト・プレス、2010年、306〜308ページ）
49. Murray, *Borrowing Brilliance.*（デイビッド・コード・マレイ、『ブレーン・ハッカー 巨人の「肩」に乗れ！——「新しいこと」を次々に考える“脳”！』、本田直之訳、イースト・プレス、2010年）
50. Warren Berger, *A More Beautiful Question: The Power of Inquiry to Spark Breakthrough Ideas* (New York: Bloomsbury USA, 2014)（ウォーレン・バーガー、『Q思考——シンプルな問いで本質をつかむ思考法』、鈴木立哉訳、ダイヤモンド社、2016年）; Patagonia, “Don’t Buy This Jacket, Black Friday and the *New York Times*,” November 25, 2011, www.patagonia.com/blog/2011/11/dont-buy-this-jacket-black-friday-and-the-new-york-times.
51. Patagonia, “Don’t Buy This Jacket.”
52. ディック・フォスベリーについての記述は以下を参照。Richard Hoffer, *Something in the Air: American Passion and Defiance in the 1968 Mexico City Olympics* (New York: Free Press, 2009); James Clear, “Olympic Medalist Dick Fosbury and the Power of Being Unconventional,” James Clear (blog), https://jamesclear.com/dick-fosbury; Tom Goldman, “Dick Fosbury Turned His Back on the Bar and Made a Flop a Success,” NPR, October 20, 2018, www.npr.org/2018/10/20/659025445/dick-fosbury-turned-his-back-on-the-bar-and-made-a-flop-a-success.
53. Kerry Eggers, “From Flop to Smashing High Jump Success,” *Portland Tribune*, July 22, 2008, https://pamplinmedia.com/component/content/article?id=71447.
54. Rod Drury, “Why Pitching a Really Bad Idea Isn’t the End of the World,” *Fortune*, March 23, 2016, http://fortune.com/2016/03/22/how-to-motivate-team.
55. Gregersen, “Bursting the CEO Bubble.”

第6章　方針転換の力

1. マーズ・クライメート・オービターに関する記述は以下を参照。Steve Squyres, *Roving Mars: Spirit, Opportunity, and the Exploration of the Red Planet* (New York: Hyperion, 2005); James Oberg, “Why the Mars Probe Went off Course,” IEEE Spectrum, December 1, 1999, https://spectrum.ieee.org/aerospace/robotic-exploration/why-the-mars-probe-went-off-course; Edward Euler, Steven Jolly, and H. H. “Lad” Curtis, “The Failures of the Mars Climate Orbiter and Mars Polar Lander: A Perspective from the People Involved,” *American Astronautical Society*, February 2001, http://web.mit.edu/16.070/www/readings/Failures_MCO_MPL.pdf; “Mars Climate Orbiter Mishap Investigation Board Phase I Report,” NASA, November 10, 1999, https://llis.nasa.gov/llis_lib/pdf/1009464main1_0641-mr.pdf; House Committee on Science, Space, and Technology, “Testimony of Thomas Young, Chairman of the Mars Program Independent Assessment Team Before the House Science Committee,” press release, SpaceRef, April 12, 2000, www.spaceref.com/news/viewpr.html?pid=1444.
2. NASA, “Mars Facts,” https://mars.nasa.gov/allaboutmars/facts/#?c=in space&s=distance; Kathryn Mersmann, “The Fact and Fiction of Martian Dust Storms,” NASA, September 18, 2015, www.nasa.gov/feature/goddard/the-fact-and-fiction-of-martian-dust-storms.
3. NASA Jet Propulsion Laboratory, “NASA’s Mars Climate Orbiter Believed to Be Lost,” NASA,

34. 著者によるピーター・アッティアのインタビュー（2018年8月）。
35. Tina Seelig, " The $5 Challenge," *Psychology Today*, August 5, 2009, www.psychologytoday.com/us/blog/creativityrulz/200908/the-5-challenge.
36. Alexander Calandra, "Angels on a Pin," *Saturday Review*, December 21, 1968. The story also appeared in *Quick Takes: Short Model Essays for Basic Composition*, ed. Elizabeth Penfield and Theodora Hill (New York: HarperCollins College Publishers, 1995), and can be found at https://kaushikghose.files.wordpress.com/2015/07/angels-on-a-pin.pdf.
37. Robert E. Adamson, "Functional Fixedness as Related to Problem Solving: A Repetition of Three Experiments," *Journal of Experimental Psychology* 44, no. 4 (October 1952): 288–291, www.dtic.mil/dtic/tr/fulltext/u2/006119.pdf.
38. Will Yakowicz, "This Space-Age Blanket Startup Has Helped Save 200,000 Babies (and Counting)," *Inc.*, May 2016, www.inc.com/magazine/201605/will-yakowicz/embrace-premature-baby-blanket.html.
39. Patrick J. Gallagher, "Velcro," International Trademark Association, April 1, 2004, www.inta.org/INTABulletin/Pages/VELCRO.aspx.
40. Tony McCaffrey, "Innovation Relies on the Obscure: A Key to Overcoming the Classic Problem of Functional Fixedness," *Psychological Science* 23, no. 3 (February 7, 2012): 215–218, https://journals.sagepub.com/doi/abs/10.1177/0956797611429580.
41. Ron Miller, "How AWS Came to Be," *TechCrunch*, July 3, 2016, https://techcrunch.com/2016/07/02/andy-jassys-brief-history-of-the-genesis-of-aws.
42. Larry Dignan, "All of Amazon's 2017 Operating Income Comes from AWS," *ZDNet*, February 1, 2018, www.zdnet.com/article/all-of-amazons-2017-operating-income-comes-from-aws.
43. Randy Hofbauer, "Amazon-Whole Foods, 1 Year Later: 4 Grocery Experts Share Their Insights," *Progressive Grocer*, June 18, 2018, https://progressivegrocer.com/amazon-whole-foods-1-year-later-4-grocery-experts-share-their-insights.
44. NASA, "Sputnik and the Dawn of the Space Age," NASA, October 10, 2007, https://history.nasa.gov/sputnik/.
45. 全地球測位システム（GPS）の起源についての記述は以下を参照。Steven Johnson, *Where Good Ideas Come From: The Natural History of Innovation* (New York: Riverhead Books, 2011)（スティーブン・ジョンソン、『イノベーションのアイデアを生み出す七つの法則』、松浦俊輔訳、日経BP、2013年）; Robert Kurson, *Rocket Men: The Daring Odyssey of Apollo 8 and the Astronauts Who Made Man's First Journey to the Moon* (New York: Random House, 2018); William H. Guier and George C. Weiffenbach, "Genesis of Satellite Navigation," *Johns Hopkins APL Technical Digest*, 18, no. 2 (1997): 178–181, www.jhuapl.edu/Content/techdigest/pdf/V18-N02/18-02-Guier.pdf.; Alan Boyle, "Sputnik Started Space Race, Anxiety," NBC News, June 4, 2003, www.nbcnews.com/id/3077890/ns/technology_and_science-space/t/sputnik-started-space-race-anxiety/#.XOtOsi2ZPBI.
46.『シカゴ・デイリー・ニュース』紙の社説は以下から引用。Kurson, Rocket Men.
47. Shane Parrish, "Inversion and the Power of Avoiding Stupidity," Farnam Street (blog), October 2013, https://fs.blog/2013/10/inversion; Ray Galkowski, "Invert, Always Invert, Margin of Safety," January 9, 2011, http://amarginofsafety.com/2011/01/09/456.
48. David Kord Murray, *Borrowing Brilliance: The Six Steps to Business Innovation by Building on the*

Problem Finding in Art (New York: Wiley, 1976).
16. NASA, "Mariner Space Probes," https://history.nasa.gov/mariner.html.
17. NASA, "Viking 1 and 2," https://mars.nasa.gov/programmissions/missions/past/viking.
18. NASA, "Viking Mission Overview," www.nasa.gov/redplanet/viking.html.
19. Squyres, *Roving Mars*.
20. Squyres, *Roving Mars*, 90.
21. NASA, Girl with Dreams Names Mars Rovers "Spirit" and "Opportunity," (June 8, 2003) www.nasa.gov/missions/highlights/mars_rover_names.html.
22. Squyres, *Roving Mars*, 145.
23. Squyres, *Roving Mars*, 122.
24. The description of *Spirit* and *Opportunity's* landing on Mars is based largely on Squyres, *Roving Mars*; University of California Television, "Roving Mars with Steve Squyres: Conversations with History,"（動画、2011年8月18日 YouTubeにアップロード）www.youtube.com/watch?v=NI6KEzsb26U&feature=youtu.be.
25. John Callas, "A Heartfelt Goodbye to a Spirited Mars Rover," NASA, May 25, 2011, https://mars.nasa.gov/news/1129/a-heartfelt-goodbye-to-a-spirited-mars-rover.
26. NASA, "NASA's Record-Setting Opportunity Rover Mission on Mars Comes to End," press release, February 14, 2019, www.nasa.gov/press-release/nasas-record-setting-opportunity-rover-mission-on-mars-comes-to-end.
27. World Health Organization, "Preterm Birth," February 19, 2018, www.who.int/en/news-room/fact-sheets/detail/preterm-birth.
28. Cheryl Bird, "How an Incubator Works in the NICU," *Verywell Family*, February 11, 2020, www.verywellfamily.com/what-is-an-incubator-for-premature-infants-2748445.
29. "Neonatal ICU"; Kelsey Andeway, "Why Are Incubators Important for Babies in the NICU?," *Health eNews*, July 23, 2018, www.ahchealthenews.com/2018/07/23/incubators-important-babies-nicu.
30. Elizabeth A. Reedy, "Care of Premature Infants," University of Pennsylvania School of Nursing, www.nursing.upenn.edu/nhhc/nurses-institutions-caring/care-of-premature-infants; Vinnie DeFrancesco, "Neonatal Incubator— Perinatology," *ScienceDirect*, 2004, www.sciencedirect.com/topics/nursing-and-health-professions/neonatal-incubator.
31. 新生児保温器に関する記述は、以下を参照。Snow, *Smartcuts*（シェーン・スノウ、『時間をかけずに成功する人 コツコツやっても伸びない人 SMARTCUTS』、斎藤栄一郎訳、講談社、2016年、202〜205ページ）; Adam Morgan and Mark Barden, *A Beautiful Constraint: How to Transform Your Limitations into Advantages, and Why It's Everyone's Business* (Hoboken, NJ: Wiley, 2015)（アダム・モーガン、マーク・バーデン、『逆転の生み出し方』、文響社編集部訳、文響社、2018年）; Embrace home page, www.embraceinnovations.com.
32. Stanford University, "Design for Extreme Affordability—About," https://extreme.stanford.edu/about-extreme.
33. Neil Gaiman, The Sandman, vol. 2, *The Doll's House*, 30th anniv. ed., issues 9–16 (Burbank, CA: DC Comics, 2018).（ニール・ゲイマン、『サンドマン（2）』、海法紀光訳、インターブックス、1998年）

Patrick, *Right Kind of Crazy: A True Story of Teamwork, Leadership, and High-Stakes Innovation* (New York: Portfolio/Penguin, 2016); Jet Propulsion Laboratory, California Institute of Technology, "Spacecraft: Aeroshell," NASA, https://mars.nasa.gov/mer/mission/spacecraft_edl_aeroshell.html; NASA Jet Propulsion Laboratory, California Institute of Technology, "Spacecraft: Aeroshell—What are the RAD Rockets?," https://mars.nasa.gov/mer/mission/spacecraft_edl_radrockets.html; Integrated Teaching and Learning Program, College of Engineering, University of Colorado Boulder, "Lesson: Six Minutes of Terror," Teach Engineering, July 31, 2017, www.teachengineering.org/lessons/view/cub_mars_lesson05.

2. Amar Toor, "NASA Details Curiosity's Mars Landing in 'Seven Minutes of Terror' Video," *Verge*, June 26, 2012, www.theverge.com/2012/6/26/3117662/nasa-mars-rover-curiosity-seven-minutes-terror-video.
3. 距離については以下を参照。NASA, "Mars Close Approach to Earth: July 31, 2018," NASA, https://mars.nasa.gov/allaboutmars/nightsky/mars-close-approach; Tim Sharp, "How Far Away Is Mars?," *Space.com*, December 15, 2017, www.space.com/16875-how-far-away-is-mars.html. 火星の公転速度は以下を参照。NASA, "Mars Facts," NASA, https://mars.nasa.gov/allaboutmars/facts/.
4. John Maynard Keynes, *The General Theory of Employment, Interest, and Money* (New York: Harcourt, Brace, 1936).（ジョン・メイナード・ケインズ、ジョン・リチャード・ヒックス、ポール・クルーグマン、『雇用、利子、お金の一般理論』、山形浩生訳、講談社学術文庫、2012年、45ページ）
5. Dan Meyer, "Rough-Draft Thinking & Bucky the Badger," dy/dan (blog), May 21, 2018, https://blog.mrmeyer.com/2018/rough-draft-thinking-bucky-the-badger.
6. Thomas Wedell-Wedellsborg, "Are You Solving the Right Problems?," *Harvard Business Review*, February 2017, https://hbr.org/2017/01/are-you-solving-the-right-problems.
7. Paul C. Nutt, "Surprising but True: Half the Decisions in Organizations Fail," *Academy of Management Executive* 13, no. 4 (November 1999): 75–90.
8. Nutt, "Surprising but True."
9. Merim Bilalić, Peter McLeod, and Fernand Gobet, "Why Good Thoughts Block Better Ones: The Mechanism of the Pernicious Einstellung (Set) Effect," *Cognition* 108, no. 3 (September 2008): 652–661, https://bura.brunel.ac.uk/bitstream/2438/2276/1/Einstellung-Cognition.pdf.
10. NASA, Step-by-Step Guide to Entry, Descent, and Landing https://mars.nasa.gov/mer/mission/tl_entry1.html.
11. Hal Gregersen, "Bursting the CEO Bubble," *Harvard Business Review*, April 2017, https://hbr.org/2017/03/bursting-the-ceo-bubble.
12. Charles Darwin, *The Correspondence of Charles Darwin: 1858–1859*, ed. Frederick Burkhardt and Sydney Smith (New York: Cambridge University Press, 1985).
13. Werner Heisenberg, *Physics and Philosophy: The Revolution in Modern Science* (New York: Harper, 1958).
14. Ahmed M. Abdulla et al., "Problem Finding and Creativity: A Meta- Analytic Review," *Psychology of Aesthetics, Creativity, and the Arts* (August 9, 2018), https://psycnet.apa.org/record/2018-38514-001.
15. Jacob W. Getzels and Mihaly Csikszentmihalyi, *The Creative Vision: Longitudinal Study of*

"FAQ," www.boringcompany.com/faq; Elon Musk, " The Future We're Building—and Boring," TED talk, April 2017, www.ted.com/talks/elon_musk_the_future_we_re_building_and_boring.

78. 『バック・トゥ・ザ・フューチャー』、脚本ロバート・ゼメキス、ボブ・ゲイル　監督ロバート・ゼメキス、(ユニバーサル・ピクチャーズ、1985年)。引用はエメット・ブラウン("ドク")が友人と新たなタイムトラベルの冒険に飛び立つときの台詞。
79. Laura Bliss, "Dig Your Crazy Tunnel, Elon Musk!," *City Lab*, December 20, 2018, www.citylab.com/transportation/2018/12/elon-musk-tunnel-ride-tesla-boring-company-los-angeles/578536.
80. The Boring Company, "The Chicago Express Loop," www.boringcompany.com/chicago.
81. The Boring Company, "VEGAS LOOP," www.boringcompany.com/lvcc.
82. Antoine de Saint-Exupéry, *The Wisdom of the Sands* (New York: Harcourt, Brace and Company, 1950), 155.
83. "Alan Kay, Educator and Computing Pioneer," TED speaker personal profile, March 2008, www.ted.com/speakers/alan_kay.
84. アマゾンによるバックキャスティングの活用についての記述は、以下を参照。Jeff Dyer and Hal Gregersen, "How Does Amazon Stay at Day One?," *Forbes*, August 8, 2017, www.forbes.com/sites/innovatorsdna/2017/08/08/how-does-amazon-stay-at-day-one/#62a21bb67e4d; Ian McAllister, answer to submitted question: "What Is Amazon's Approach to Product Development and Product Management?," *Quora*, May 18, 2012, www.quora.com/What-is-Amazons-approach-to-product-development-and-product-management; Natalie Berg and Miya Knights, *Amazon: How the World's Most Relentless Retailer Will Continue to Revolutionize Commerce* (New York: Kogan Page, 2019), 10.(ナタリー・バーグ、ミヤ・ナイツ、『amazon「帝国」との共存』、成毛眞訳、フォレスト出版、2019年、36、37ページ)
85. Derek Sivers, "Detailed Dreams Blind You to New Means," Derek Sivers website, March 18, 2018, https://sivers.org/details.
86. Astro Teller, " Tackle the Monkey First," X, the Moonshot Factory, December 8, 2016, https://blog.x.company/tackle-the-monkey-first-90fd6223e04d.
87. Thompson, "Radical Creativity."
88. Kathy Hannun, " Three Things I Learned from Turning Seawater into Fuel," X, the Moonshot Factory, December 8, 2016, https://blog.x.company/three-things-i-learned-from-turning-seawater-into-fuel-66aeec36cfaa.
89. The discussion on Project Foghorn is based on the following sources: Hannun, "Turning Seawater into Fuel"; Teller, " Tackle the Monkey First"; Thompson, "Radical Creativity."
90. George Bernard Shaw, Maxims for Revolutionists: Reason, Man and Superman, Dodd, Mead & Co, New York (1939), (Westminster 1903)
91. Burt Rutan, quoted in Peter Diamandis, "True Breakthroughs = Crazy Ideas + Passion," *Tech Blog*, May 2017, www.diamandis.com/blog/true-breakthroughs-crazy-ideas-passion.

第5章　質問を変えろ！

1. 火星着陸の説明は以下を参照。Steve Squyres, *Roving Mars: Spirit, Opportunity, and the Exploration of the Red Planet* (New York: Hyperion, 2005), 79–80; Adam Steltzner and William

60. Thompson, "Radical Creativity."
61. Jessica Guynn, "Google's Larry Page Will Try to Recapture Original Energy as CEO," *Los Angeles Times*, January 22, 2011, www.latimes.com/business/la-xpm-2011-jan-22-la-fi-google-20110122-story.html.
62. Leah Binkovitz, "Tesla at the Smithsonian: The Story Behind His Genius," *Smithsonian Magazine*, June 27, 2013, www.smithsonianmag.com/smithsonian-institution/tesla-at-the-smithsonian-the-story-behind-his-genius-3329176; Jill Jonnes, *Empires of Light: Edison, Tesla, Westinghouse, and the Race to Electrify the World* (New York: Random House, 2003).
63. Obi Felten, "Watching Loon and Wing Grow Up," LinkedIn, August 1, 2018, www.linkedin.com/pulse/watching-loon-wing-grow-up-obi-felten.
64. 著者によるオビ・フェルテンのインタビュー（2019年7月）。
65. Obi Felten, "Living in Modern Times: Why We Worry About New Technology and What We Can Do About It," LinkedIn, January 13, 2018, www.linkedin.com/pulse/living-modern-times-why-we-worry-new-technology-what-can-obi-felten.
66. Astro Teller, "The Secret to Moonshots? Killing Our Projects," *Wired*, February 16, 2016, www.wired.com/2016/02/the-secret-to-moonshots-killing-our-projects/#.euwa8vwaq.
67. Astro Teller, "The Head of 'X' Explains How to Make Audacity the Path of Least Resistance," *Wired*, April 15, 2016, www.wired.com/2016/04/the-head-of-x-explains-how-to-make-audacity-the-path-of-least-resistance/#.2vy7nkes6.
68. Davies, "Inside X, the Moonshot Factory."
69. Thompson, "Radical Creativity"; Obi Felten, "How to Kill Good Things to Make Room for Truly Great Ones," X (blog), March 9, 2016, https://blog.x.company/how-to-kill-good-things-to-make-room-for-truly-great-ones-867fb6ef026; Davies, "Inside X, the Moonshot Factory."
70. Thompson, "Radical Creativity."
71. Felten, "How to Kill Good Things."
72. Steven Levy, "The Untold Story of Google's Quest to Bring the Internet Everywhere—By Balloon," *Wired*, August 13, 2013, www.wired.com/2013/08/googlex-project-loon.
73. Chautauqua Institution, "Obi Felten: Head of Getting Moonshots Ready for Contact with the Real World, X," video, YouTube, uploaded June 30, 2017, www.youtube.com/watch?v=PotKc56xYyg&feature=youtu.be.
74. Mark Holmes, "It All Started with a Suit: The Story Behind Shotwell's Rise to SpaceX, *Via Satellite*, April 21, 2014, www.satellitetoday.com/business/2014/04/21/it-all-started-with-a-suit-the-story-behind-shotwells-rise-to-spacex.
75. Max Chafkin and Dana Hull, "SpaceX's Secret Weapon Is Gwynne Shotwell," *Bloomberg Businessweek*, July 26, 2018, www.bloomberg.com/news/features/2018-07-26/she-launches-spaceships-sells-rockets-and-deals-with-elon-musk.
76. Eric Ralph, "SpaceX to Leverage Boring Co. Tunneling Tech to Help Humans Settle Mars," Teslarati, May 23, 2018, www.teslarati.com/spacex-use-boring-company-tunneling-technology-mars; CNBC, "SpaceX President Gwynne Shotwell on Elon Musk and the Future of Space Launches," 動画、2018年5月22日YouTubeにアップロード、https://youtu.be/clhXVdjvOyk.
77. The discussion on the Boring Company is based on the following sources: Boring Company,

41. Norman Doidge, *The Brain's Way of Healing: Remarkable Discoveries and Recoveries from the Frontiers of Neuroplasticity* (New York: Penguin Books, 2015).
42. Paul J. Steinhardt, "What Impossible Meant to Feynman," *Nautilus*, January 31, 2019, http://m.nautil.us/issue/68/context/what-impossible-meant-to-feynman.
43. Alok Jha, "Science Weekly with Michio Kaku: Impossibility Is Relative," *Guardian* (International edition), June 15, 2009, www.theguardian.com/science/audio/2009/jun/11/michio-kaku-physics-impossible.
44. Andrea Estrada, "Reading Kafka Improves Learning, Suggests UCSB Psychology Study," *UC Santa Barbara Current*, September 15, 2009, www.news.ucsb.edu/2009/012685/reading-kafka-improves-learning-suggests-ucsb-psychology-study.
45. Adam Morgan and Mark Barden, *A Beautiful Constraint: How to Transform Your Limitations into Advantages, and Why It's Everyone's Business* (Hoboken, NJ: Wiley, 2015).（アダム・モーガン、マーク・バーデン、『逆転の生み出し方』、文響社編集部訳、文響社、2018年）
46. Travis Proulx and Steven J. Heine, "Connections from Kafka: Exposure to Meaning Threats Improves Implicit Learning of an Artificial Grammar," *Psychological Science* 20, no. 9 (2009): 1125–1131.
47. Bill Ryan, "What Verne Imagined, Sikorsky Made Fly," *New York Times*, May 7, 1995, www.nytimes.com/1995/05/07/nyregion/what-verne-imagined-sikorsky-made-fly.html.
48. Mark Strauss, "Ten Inventions Inspired by Science Fiction," *Smithsonian Magazine*, March 15, 2012, www.smithsonianmag.com/science-nature/ten-inventions-inspired-by-science-fiction-128080674.
49. Tim Fernholz, *Rocket Billionaires: Elon Musk, Jeff Bezos, and the New Space Race* (Boston: Houghton Mifflin Harcourt, 2018), 69.
50. Dylan Minor, Paul Brook, and Josh Bernoff, "Data From 3.5 Million Employees Shows How Innovation Really Works," *Harvard Business Review*, October 9, 2017, https://hbr.org/2017/10/data-from-3-5-million-employees-shows-how-innovation-really-works.
51. Neil Strauss, "Elon Musk: The Architect of Tomorrow," *Rolling Stone*, November 15, 2017, www.rollingstone.com/culture/culture-features/elon-musk-the-architect-of-tomorrow-120850.
52. Snow, *Smartcuts*.（シェーン・スノウ、『時間をかけずに成功する人 コツコツやっても伸びない人 SMARTCUTS』、斎藤栄一郎訳、講談社、2016年）
53. Tom Junod, "Elon Musk: Triumph of His Will," *Esquire*, November 15, 2012, www.esquire.com/news-politics/a16681/elon-musk-interview-1212.
54. Michael Belfiore, "Behind the Scenes with the World's Most Ambitious Rocket Makers," *Popular Mechanics*, September 1, 2009, www.popularmechanics.com/space/rockets/a5073/4328638.
55. Junod, "Musk: Triumph of His Will."
56. Andrew Chaikin, "Is SpaceX Changing the Rocket Equation?," Air & Space, January 2012, www.airspacemag.com/space/is-spacex-changing-the-rocket-equation-132285884/?no-ist=&page=2.
57. Sam Altman, "How to Be Successful," Sam Altman (blog), January 25, 2019, http://blog.samaltman.com/how-to-be-successful.
58. X, "Obi Felten, Head of Getting Moonshots Ready for Contact with the Real World," https://x.company/team/obifelten/.
59. Davies, "Inside X, the Moonshot Factory."

27. Richard W. Woodman, John E. Sawyer, and Ricky W. Griffin, " Toward a Theory of Organizational Creativity," *Academy of Management Review* 18, no. 2 (April 1993): 293; Scott Williams, "Personality, Attitude, and Leader Influences on Divergent Thinking and Creativity in Organizations," *European Journal of Innovation Management* 7, no. 3 (September 1, 2004): 187–204; J. P. Guilford, "Cognitive Psychology's Ambiguities: Some Suggested Remedies," *Psychological Review* 89, no. 1 (1982): 48–59, https://psycnet.apa.org/record/1982-07070-001.
28. Ting Zhang, Francesca Gino, and Joshua D. Margolis, "Does 'Could' Lead to Good? On the Road to Moral Insight," *Academy of Management Journal* 61, no. 3 (June 22, 2018), https://journals.aom.org/doi/abs/10.5465/amj.2014.0839.
29. E. J. Langer and A. I. Piper, "The Prevention of Mindlessness," *Journal of Personality and Social Psychology* 53, no. 2 (1987): 280–287.
30. Louise Lee, "Managers Are Not Always the Best Judge of Creative Ideas," *Stanford Business*, January 26, 2016, www.gsb.stanford.edu/insights/managers-are-not-best-judge-creative-ideas.
31. Justin M. Berg, "Balancing on the Creative Highwire: Forecasting the Success of Novel Ideas in Organizations," *Administrative Science Quarterly*, July 2016, www.gsb.stanford.edu/faculty-research/publications/balancing-creative-high-wire-forecasting-success-novel-ideas.
32. "Everything You Know About Genius May Be Wrong," *Heleo*, September 6, 2017, https://heleo.com/conversation-everything-know-genius-may-wrong/15062/
33. Alex Soojung-Kim Pang, *Rest: Why You Get More Done When You Work Less* (New York: Basic Books, 2016), 44.（アレックス・スジョン－キム・パン、『シリコンバレー式 よい休息』、野中香方子訳、日経BP、2017年、52〜53ページ）
34. Naama Mayseless, Judith Aharon-Perez, and Simone Shamay-Tsoory, "Unleashing Creativity: The Role of Left Temporoparietal Regions in Evaluation and Inhibiting the Generation of Creative Ideas," *Neuropsychologia* 64 (November 2014): 157–168.
35. I. Bernard Cohen, "Faraday and Franklin's 'Newborn Baby,' " *Proceedings of the American Philosophical Society* 131, no. 2 (June 1987): 77–182, www.jstor.org/stable/986790?read-now=1&seq=6#page_scan_tab_contents.
36. 2003年マーズ・エクスプロレーション・ローバー・プロジェクトについては、以下を参照。Jet Propulsion Laboratory, California Institute of Technology, "Spacecraft: Airbags," NASA, https://mars.nasa.gov/mer/mission/spacecraft_edl_airbags.html. 2008年フェニックス・ミッションについては、以下を参照。NASA, "NASA Phoenix Mission Ready for Mars Landing," May 13, 2008, press release, https://www.nasa.gov/mission_pages/phoenix/news/phoenix-2008050813.html.
37. Adam Steltzner and William Patrick, *The Right Kind of Crazy: A True Story of Teamwork, Leadership, and High-Stakes Innovation* (New York: Portfolio/Penguin, 2016), 137.
38. Arnold Schwarzenegger, with Peter Petre, *Total Recall: My Unbelievably True Life Story* (New York: Simon & Schuster, 2012), 53.
39. Arnold Schwarzenegger, "Shock Me," Arnold Schwarzenegger website, July 30, 2012, www.schwarzenegger.com/fitness/post/shock-me.
40. Bernard D. Beitman, "Brains Seek Patterns in Coincidences," *Psychiatric Annals* 39, no. 5 (May 2009): 255–264, https://drjudithorloff.com/main/wp-content/uploads/2017/09/Psychiatric-Annals-Brains-Seek-Patterns.pdf.

Winning Secrets from the War Room (New York: Simon & Schuster, 2003), 89–90.
13. Abraham Maslow, quoted in Jim Whitt, *Road Signs for Success* (Stillwater, OK: Lariat Press, 1993), 61.
14. Seth Godin, *The Icarus Deception: How High Will You Fly?* (New York: Portfolio/Penguin, 2012).
15. Shane Snow, *Smartcuts: The Breakthrough Power of Lateral Thinking* (New York: HarperBusiness, 2014), 180, Kindle.（シェーン・スノウ、『時間をかけずに成功する人 コツコツやっても伸びない人 SMARTCUTS』、斎藤栄一郎訳、講談社、2016年、230ページ）
16. Pascal-Emmanuel Gobry, "Facebook Investor Wants Flying Cars, Not 140 Characters," *Business Insider*, July 301, 2011, www.businessinsider.com/founders-fund-the-future-2011-7.
17. Jennifer Reingold, "Hondas in Space," *Fast Company*, October 5, 2005, www.fastcompany.com/74516/hondas-space-2.
18. Astro Teller, "The Head of 'X' Explains How to Make Audacity the Path of Least Resistance," *Wired*, April 15, 2016, www.wired.com/2016/04/the-head-of-x-explains-how-to-make-audacity-the-path-of-least-resistance/#.2vy7nkes6.
19. Lisa Bodell, *Kill the Company: End the Status Quo, Start an Innovation Revolution* (Brookline, MA: Bibliomotion, 2016), 128–129.（リサ・ボデル、『会社をつぶせ「ゾンビ組織」を「考える組織」に変えるイノベーション革命』、穂坂かほり訳、日本経済新聞出版、2013年、181ページ）
20. David J. Schwartz, *The Magic of Thinking Big*, Touchstone hardcover edition (New York: Touchstone, 2015), 9.（ダビッド・J・シュワルツ、『大きく考えることの魔術――あなたには無限の可能性がある』、桑名一央訳、実務教育出版、2004年）
21. Dana Goodyear, "Man of Extremes: The Return of James Cameron," *New Yorker*, October 19, 2009, www.newyorker.com/magazine/2009/10/26/man-of-extremes.
22. Chantal Da Silva, "Michelle Obama Tells A Secret: 'I Have Been at Every Powerful Table You Can Think Of . . . They Are Not That Smart,' " *Newsweek*, December 4, 2018, www.newsweek.com/michelle-obama-tells-secret-i-have-been-every-powerful-table-you-can-think-1242695.
23. ハチの学習能力は次を参照。Hamida Mirwan and Peter Kevan, "Problem Solving by Worker Bumblebees Bombus impatiens (Hymenoptera: Apoidea)," *Animal Cognition* 17 (February 2014): 1053–1061.情報を仲間に教えるハチの能力は、以下を参照。Kristin Hugo, "Intelligence Test Shows Bees Can Learn to Solve Tasks from Other Bees," *News Hour*, PBS, February 23, 2017, www.pbs.org/newshour/science/intelligence-test-shows-bees-can-learn-to-solve-tasks-from-other-bees.
24. Maurice Maeterlinck, *The Life of the Bee*, trans. Alfred Sutro (New York: Dodd, Mead and Company, 1915), 145–146.（モーリス・メーテルリンク、『蜜蜂の生活』、山下知夫、橋本綱訳、工作舎、2000年、101ページ）
25. David Deutsch, *The Beginning of Infinity: Explanations That Transform the World* (London: Allen Lane, 2011).（デイヴィッド・ドイッチュ、『無限の始まり：ひとはなぜ限りない可能性をもつのか』、熊谷玲美、田沢恭子、松井信彦訳、インターシフト、2013年、第9章）
26. John D. Norton, "How Einstein Did Not Discover," *Physics in Perspective*, 258 (2016) www.pitt.edu/~jdnorton/papers/Einstein_Discover_final.pdf.

Successs," *Guardian*, March 24, 2015, www.theguardian.com/books/2015/mar/24/jk-rowling-tells-fans-twitter-loads-rejections-before-harry-potter-success.

90. "Revealed: The Eight-Year-Old Girl Who Saved Harry Potter," *(London) Independent*, July 3, 2005, www.independent.co.uk/arts-entertainment/books/news/revealed-the-eight-year-old-girl-who-saved-harry-potter-296456.html.

第4章　ムーンショット思考

1. プロジェクト・ルーンについてのセクションは、以下を参照。"Google Launches Project Loon," *New Zealand Herald*, June 15, 2013, www.nzherald.co.nz/internet/news/article.cfm?c_id=137&objectid=10890750; "Google Tests Out Internet-Beaming Balloons in Skies Over New Zealand," *(San Francisco) SFist*, June 16, 2013, http://sfist.com/2013/06/16/google_tests_out_internet-beaming_b.php; Derek Thompson, "Google X and the Science of Radical Creativity," *Atlantic*, November 2017, www.theatlantic.com/magazine/archive/2017/11/x-google-moonshot-factory/540648/; Loon.com, "Loon: The Technology," 動画、2013年6月14日YouTubeにアップロード、www.youtube.com/watch?v=mcw6j-QWGMo&feature=youtu.be; Alex Davies, "Inside X, the Moonshot Factory Racing to Build the Next Google," *Wired*, July 11, 2018, www.wired.com/story/alphabet-google-x-innovation-loon-wing-graduation; Steven Levy, " The Untold Story of Google's Quest to Bring the Internet Everywhere—by Balloon," *Wired*, August 13, 2013, www.wired.com/2013/08/googlex-project-loon.
2. Chris Anderson, "Mystery Object in Sky Captivates Locals," *Appalachian News-Express*, October 19, 2012, www.news-expressky.com/news/article_f257128c-1979-11e2-a94e-0019bb2963f4.html.
3. Thompson, "Radical Creativity."
4. Telefónica, " Telefónica and Project Loon Collaborate to Provide Emergency Mobile Connectivity to Flooded Areas of Peru," Telefónica, May 17, 2017, www.telefonica.com/en/web/press-office/-/telefonica-and-project-loon-collaborate-to-provide-emergency-mobile-connectivity-to-flooded-areas-of-peru.
5. Alastair Westgarth, " Turning on Project Loon in Puerto Rico," *Medium*, October 21, 2017, https://medium.com/loon-for-all/turning-on-project-loon-in-puerto-rico-f3aa41ad2d7f.
6. Robert Kurson, *Rocket Men: The Daring Odyssey of Apollo 8 and the Astronauts Who Made Man's First Journey to the Moon* (New York: Random House, 2018), 17.
7. *In the Shadow of the Moon*, directed by David Sington (Velocity/ Think Film, 2007), DVD.（『ザ・ムーン』、デイヴィッド・シントン監督、角川書店、2011年、DVD）
8. Jade Boyd, "JFK's 1962 Moon Speech Still Appeals 50 Years Later," Rice University News and Media Relations, August 30, 2012, http://news.rice.edu/2012/08/30/jfks-1962-moon-speech-still-appeals-50-years-later.
9. Gene Kranz, *Failure Is Not an Option: Mission Control from Mercury to Apollo 13 and Beyond* (New York: Simon & Schuster, 2009), 56.
10. Kranz, *Failure Is Not an Option*.
11. Mo Gawdat, *Solve for Happy: Engineer Your Path to Joy* (New York: North Star Way, 2017).
12. James Carville and Paul Begala, *Buck Up, Suck Up . . . and Come Back When You Foul Up: 12*

74. William C. Taylor and Polly Labarre, "How Pixar Adds a New School of Thought to Disney," *New York Times*, January 29, 2006, www.nytimes.com/2006/01/29/business/yourmoney/how-pixar-adds-a-new-school-of-thought-to-disney.html; Ed Catmull and Amy Wallace, *Creativity, Inc.: Overcoming the Unseen Forces That Stand in the Way of True Inspiration* (Toronto: Random House Canada, 2014).（エド・キャットムル、エイミー・ワラス、『ピクサー流 創造するちから――小さな可能性から、大きな価値を生み出す方法』、石原薫訳、ダイヤモンド社、2014年、288～291ページ）
75. Frans Johansson, *The Medici Effect: What Elephants and Epidemics Can Teach Us About Innovation* (Boston: Harvard Business School Press, 2006).（フランス・ヨハンソン、『アイデアは交差点から生まれる イノベーションを量産する「メディチ・エフェクト」の起こし方』、幾島幸子訳、CCCメディアハウス、2014年、12～14ページ）
76. Steve Squyres, *Roving Mars: Spirit, Opportunity, and the Exploration of the Red Planet* (New York: Hyperion, 2005); University of California Television, "Roving Mars with Steve Squyres: Conversations with History,"（動画、2011年8月18日YouTubeにアップロード）、www.youtube.com/watch?v=NI6KEzsb26U&feature=youtu.be.
77. Squyres, *Roving Mars*.
78. Ethan Bernstein, Jesse Shoreb, and David Lazer, "How Intermittent Breaks in Interaction Improve Collective Intelligence," *Proceedings of the National Academy of Sciences* 115, no. 35 (August 28, 2018): 8734–8739, www.pnas.org/content/pnas/115/35/8734.full.pdf; HBS [Harvard Business School] Communications, "Problem-Solving Techniques Take On New Twist," *Harvard Gazette*, August 15, 2018, https://news.harvard.edu/gazette/story/2018/08/collaborate-on-complex-problems-but-only-intermittently.
79. Bernstein, Shoreb, and Lazer, "Intermittent Breaks."
80. Bernstein, Shoreb, and Lazer, "Intermittent Breaks."
81. Isaac Asimov, "On Creativity," 1959, first published in *MIT Technology Review*, October 20, 2014.
82. Dean Keith Simonton, *Origins of Genius: Darwinian Perspectives on Creativity* (New York: Oxford University Press, 1999), 125.
83. *Encyclopaedia Britannica*, s.v. "Alfred Wegener," 2019年4月5日更新、www.britannica.com/biography/Alfred-Wegener.
84. Joseph Sant, "Alfred Wegener's Continental Drift Theory," *Scientus*, 2018, www.scientus.org/Wegener-Continental-Drift.html.
85. Mario Livio, *Brilliant Blunders: From Darwin to Einstein—Colossal Mistakes by Great Scientists That Changed Our Understanding of Life and the Universe* (New York: Simon & Schuster, 2013), 265.（マリオ・リヴィオ、『偉大なる失敗――天才科学者たちはどう間違えたか』、千葉敏生訳、ハヤカワ・ノンフィクション文庫、2017年、399ページ）
86. Albert Einstein, "Zur Elektrodynamik bewegter Körper" [On the electrodynamics of moving bodies], *Annalen der Physik* 17, no. 10 (June 30, 1905).
87. Shunryu Suzuki and Richard Baker, *Zen Mind, Beginner's Mind* (Boston: Shambhala, 2006), 1.
88. Suzuki and Baker, *Zen Mind, Beginner's Mind*.（鈴木俊隆、『禅マインド ビギナーズ・マインド』、松永太郎訳、サンガ、2012年、23ページ）
89. Alison Flood, "JK Rowling Says She Received 'Loads' of Rejections Before Harry Potter

59. François Jacob, "Evolution and Tinkering," *Science*, June 10, 1977.
60. Gary Wolf, "Steve Jobs: The Next Insanely Great Thing," *Wired*, February 1, 1996, www.wired.com/1996/02/jobs-2.
61. Albert Einstein, *Ideas and Opinions: Based on Mein Weltbild* (New York: Crown, 1954).
62. P. W. Anderson, "More Is Different," *Science*, August 4, 1972, available at www.tkm.kit.edu/downloads/TKM1_2011_more_is_different_PWA.pdf.
63. D. K. Simonton, "Foresight, Insight, Oversight, and Hindsight in Scientific Discovery: How Sighted Were Galileo's Telescopic Sightings?," *Psychology of Aesthetics, Creativity, and the Arts* (2012); Robert Kurson, *Rocket Men: The Daring Odyssey of Apollo 8 and the Astronauts Who Made Man's First Journey to the Moon* (New York: Random House, 2018).
64. Isaacson, *Leonardo Da Vinci*.（ウォルター・アイザックソン、『レオナルド・ダ・ヴィンチ』（下）、土方奈美訳、文藝春秋、2019年、302、303ページ）
65. Sarah Knapton, "Albert Einstein's Theory of Relativity Was Inspired by Scottish Philosopher," *(London) Telegraph*, February 19, 2019, https://www.telegraph.co.uk/science/2019/02/19/albert-einsteins-theory-relativity-inspired-scottish-philosopher/
66. Sir Charles Lyell, *Principles of Geology: Or, the Modern Changes of the Earth and Its Inhabitants, Considered as Illustrative of Geology* (New York: D. Appleton and Co., 1889).
67. Murray, *Borrowing Brilliance*.（デイビッド・コード・マレイ、『ブレーン・ハッカー 巨人の「肩」に乗れ！――「新しいこと」を次々に考える"脳"！』、本田直之訳、イースト・プレス、2010年）
68. Murray, *Borrowing Brilliance*.（デイビッド・コード・マレイ、『ブレーン・ハッカー 巨人の「肩」に乗れ！――「新しいこと」を次々に考える"脳"！』、本田直之訳、イースト・プレス、2010年）
69. Ryan Holiday, *Perennial Seller: The Art of Making and Marketing Work That Lasts* (New York: Portfolio/Penguin, 2017), 35（ライアン・ホリデイ、『ペレニアルセラー――稼げる定番商品の作り方』、金井啓太訳、ダイレクト出版、2019年）; Tim Ferriss, "Rick Rubin on Cultivating World-Class Artists (Jay Z, Johnny Cash, etc.), Losing 100+ Pounds, and Breaking Down the Complex," episode 76 (podcast), *The Tim Ferriss Show*, https://tim.blog/2015/05/15/rick-rubin.
70. Matthew Braga, "The Verbasizer Was David Bowie's 1995 Lyric-Writing Mac App," *Motherboard*, January 12, 2016, https://motherboard.vice.com/en_us/article/xygxpn/the-verbasizer-was-david-bowies-1995-lyric-writing-mac-app.
71. Amy Zipkin, "Out of Africa, Onto the Web," *New York Times*, December 17, 2006, www.nytimes.com/2006/12/17/jobs/17boss.html.
72. ナイキのワッフルトレイナーについては次の情報に基づいている：Knight, *Shoe Dog*; Chris Danforth, "A Brief History of Nike's Revolutionary Waffle Trainer," *Highsnobiety*, March 30, 2017, www.highsnobiety.com/2017/03/30/nike-waffle-trainer-history; Matt Blitz, "How a Dirty Old Waffle Iron Became Nike's Holy Grail," Popular Mechanics, July 15, 2016, www.popularmechanics.com/technology/gadgets/a21841/nike-waffle-iron.
73. Riley Black, "Thomas Henry Huxley and the Dinobirds," *Smithsonian Magazine*, December 7, 2010, www.smithsonianmag.com/science-nature/thomas-henry-huxley-and-the-dinobirds-88519294.

40. Denise J. Cai et al., "REM, Not Incubation, Improves Creativity by Priming Associative Networks," *Proceedings of the National Academy of Sciences* 106, no. 25 (June 23, 2009): 10,130–10,134, www.pnas.org/content/106/25/10130.full.
41. Ben Orlin, "The State of Being Stuck," Math With Bad Drawings (blog), September 20, 2017, https://mathwithbaddrawings.com/2017/09/20/the-state-of-being-stuck.
42. NOVA, "Andrew Wiles on Solving Fermat," interview with Andrew Wiles, PBS, November 1, 2000, www.pbs.org/wgbh/nova/article/andrew-wiles-fermat.
43. Olivia Fox Cabane and Judah Pollack, *The Net and the Butterfly: The Art and Practice of Breakthrough Thinking* (New York: Portfolio/Penguin, 2017), 44–45.
44. Cameron Prince, "Nikola Tesla Timeline," Tesla Universe, https://teslauniverse.com/nikola-tesla/timeline/1882-tesla-has-ac-epiphany.
45. Damon Young, "Charles Darwin's Daily Walks," *Psychology Today*, January 12, 2015, www.psychologytoday.com/us/blog/how-think-about-exercise/201501/charles-darwins-daily-walks.
46. Pang, *Rest*, 100.
47. Melissa A. Schilling, *Quirky: The Remarkable Story of the Traits, Foibles, and Genius of Breakthrough Innovators Who Changed the World* (New York: Public Affairs, 2018).（メリッサ・A・シリング、『世界を動かすイノベーターの条件』、染田屋茂訳、日経BP、2018年、127ページ）
48. Cal Newport, "Neil Gaiman's Advice to Writers: Get Bored," Cal Newport website, November 11, 2016, www.calnewport.com/blog/2016/11/11/neil-gaimans-advice-to-writers-get-bored.
49. Stephen King, *On Writing: A Memoir of the Craft* (New York: Scribner, 2000).（スティーヴン・キング、『小説作法』、池央耿訳、アーティストハウス、2001年、239ページ）
50. Mo Gawdat, *Solve for Happy: Engineer Your Path to Joy* (New York: North Star Way, 2017), 118.
51. Rebecca Muller, "Bill Gates Spends Two Weeks Alone in the Forest Each Year. Here's Why," *Thrive Global*, July 23, 2018, https://thriveglobal.com/stories/bill-gates-think-week.
52. Phil Knight, *Shoe Dog: A Memoir by the Creator of Nike* (New York: Scribner, 2016).（フィル・ナイト、『SHOE DOG　靴にすべてを』、大田黒奉之訳、東洋経済新報社、2017年）
53. Rainer Maria Rilke, *Letters to a Young Poet* (New York: Penguin, 2012), 21.（ライナー・マリア・リルケ、『若き詩人への手紙・若き女性への手紙』、高安国世訳、新潮文庫、1953年、31ページ）
54. Scott A. Sandford, "Apples and Oranges: A Comparison," *Improbable Research* (1995), www.improbable.com/airchives/paperair/volume1/v1i3/air-1-3-apples.php.
55. Waqas Ahmed, *The Polymath: Unlocking the Power of Human Versatility* (West Sussex, UK: John Wiley & Sons, 2019).
56. Andrew Hill, " The Hidden Benefits of Hiring Jacks and Jills of All Trades," *Financial Times*, February 10, 2019, www.ft.com/content/e7487264-2ac0-11e9-88a4-c32129756dd8.
57. Jaclyn Gurwin et al., "A Randomized Controlled Study of Art Observation Training to Improve Medical Student Ophthalmology Skills," *Ophthalmology* 125, no. 1 (January 2018): 8–14, www.ncbi.nlm.nih.gov/pubmed/28781219.
58. John Murphy, "Medical School Won't Teach You to Observe—But Art Class Will, Study Finds," *MDLinx*, September 8, 2017, www.mdlinx.com/internal-medicine/article/1101 (emphasis in original).（強調は原著者による）

27. Timothy D. Wilson et al., "Just Think: The Challenges of the Disengaged Mind," *Science*, February 17, 2015, www.ncbi.nlm.nih.gov/pmc/articles/PMC4330241.
28. Edward O. Wilson, *Consilience: The Unity of Knowledge* (New York: Alfred A. Knopf, 1998), 294.（エドワード・オズボーン・ウィルソン、『知の挑戦——科学的知性と文化的知性の統合』、山下篤子訳、角川書店、2002年、329ページ）
29. 2009年10月のニューヨーク州ウェストポイントの陸軍士官学校でのウィリアム・デレズウィッツの講演。のちにエッセイとして出版された。William Deresiewicz, "Solitude and Leadership," *American Scholar*, March 1, 2010.
30. Teresa Belton and Esther Priyadharshini, "Boredom and Schooling: A Cross-Disciplinary Exploration," *Cambridge Journal of Education*, December 1, 2007, www.ingentaconnect.com/content/routledg/ccje/2007/00000037/00000004/art00008.
31. Hikaru Takeuchi et al., "The Association Between Resting Functional Connectivity and Creativity," *Cerebral Cortex* 22 (2012): 2921–2929; Simone Kühn et al. "The Importance of the Default Mode Network in Creativity-A Structural MRI Study," *The Journal of Creative Behavior* 48 (2014): 152–163, www.researchgate.net/publication/259539395_The_Importance_of_the_Default_Mode_Network_in_Creativity-A_Structural_MRI_Study; James Danckert and Colleen Merrifield, "Boredom, Sustained Attention and the Default Mode Network," *Experimental Brain Research* 236, no. 9 (2018), www.researchgate.net/publication/298739805_Boredom_sustained_attention_and_the_default_mode_network.
32. David Kord Murray, *Borrowing Brilliance: The Six Steps to Business Innovation by Building on the Ideas of Others* (New York: Gotham Books, 2009).（デイビッド・コード・マレイ、『ブレーン・ハッカー巨人の「肩」に乗れ！——「新しいこと」を次々に考える"脳"！』、本田直之訳、イースト・プレス、2010年、190ページ）
33. Benedict Carey, "You're Bored, but Your Brain Is Tuned In," *New York Times*, August 5, 2008, www.nytimes.com/2008/08/05/health/research/05mind.html.
34. Alex Soojung-Kim Pang, *Rest: Why You Get More Done When You Work Less* (New York: Basic Books, 2016),（アレックス・スジョン－キム・パン、『シリコンバレー式 よい休息』、野中香方子訳、日経BP、2017年、44ページ）
35. David Eagleman, *The Brain: The Story of You* (Edinburgh, UK: Canongate Books, 2015).（デイヴィッド・イーグルマン、『あなたの脳のはなし：神経科学者が解き明かす意識の謎』、大田直子訳、ハヤカワ・ノンフィクション文庫、2019年）
36. Edwina Portocarrero, David Cranor, and V. Michael Bove, Jr., "Pillow-Talk: Seamless Interface for Dream Priming Recalling and Playback," Massachusetts Institute of Technology, 2011, https://www.media.mit.edu/publications/pillow-talk-seamless-interface-for-dream-priming-recalling-and-playback
37. David Biello, "Fact or Fiction?: Archimedes Coined the Term 'Eureka!' in the Bath," *Scientific American*, December 8, 2006, www.scientificamerican.com/article/fact-or-fiction-archimede/?redirect=1.
38. "Ken952," "Office Shower," video, YouTube, uploaded August 23, 2008,（動画、2008年8月23日YouTubeにアップロード）、www.youtube.com/watch?v=dHGbjGschs.
39. "Idea For Hubble Repair Device Born in the Shower," *Baltimore Sun*, November 30, 1993, www.baltimoresun.com/news/bs-xpm-1993-11-30-1993334170-story.html.

Universe (blog), December 1, 2014, https://russianuniverse.org/2014/01/12/russian-saying-2/#more-1830.

13. Brian Grazer and Charles Fishman, *A Curious Mind: The Secret to a Bigger Life* (New York: Simon & Shuster, 2015; reprinted 2016), 11.（ブライアン・グレイザー、チャールズ・フィッシュマン、『好奇心のチカラ 大ヒット映画・ドラマの製作者に学ぶ成功の秘訣』、府川由美恵訳、KADOKAWA、2017年）
14. Todd B. Kashdan, "Companies Value Curiosity but Stifle It Anyway," *Harvard Business Review*, October 21, 2015, https://hbr.org/2015/10/companies-value-curiosity-but-stifle-it-anyway.
15. George Bernard Shaw, Quotable Quotes, *Reader's Digest*, May 1933, 16.
16. インスタント・カメラについての説明は、以下を参照。Christopher Bonanos, *Instant: The Story of Polaroid* (New York: Princeton Architectural Press, 2012), 32（クリストファー・ボナノス、『ポラロイド伝説 無謀なほどの独創性で世界を魅了する』、千葉敏生訳、実務教育出版、2013年、42ページ）; Warren Berger, *A More Beautiful Question: The Power of Inquiry to Spark Breakthrough Ideas* (New York: Bloomsbury USA, 2014), 72–73（ウォーレン・バーガー、『Q思考——シンプルな問いで本質をつかむ思考法』、鈴木立哉訳、ダイヤモンド社、2016年、127、128ページ）; American Chemical Society, "Invention of Polaroid Instant Photography," www.acs.org/content/acs/en/education/whatischemistry/landmarks/land-instant-photography.html#invention_of_instant_photography.
17. Jennifer Ludden, "The Appeal of 'Harold and the Purple Crayon,' " NPR, May 29, 2005, www.npr.org/templates/story/story.php?storyId=4671937.
18. Peter Galison, *Einstein's Clocks, Poincaré's Maps: Empires of Time* (New York: W.W. Norton, 2003).
19. Isaacson, *Leonardo Da Vinci*, 520.（ウォルター・アイザックソン、『レオナルド・ダ・ヴィンチ』（下）、土方奈美訳、文藝春秋、2019年、303ページ）
20. David Brewster, *Memoirs of the Life, Writings, and Discoveries of Sir Isaac Newton* (Edinburgh: Thomas Constable and Co., 1855), 407.
21. James G. March, "The Technology of Foolishness," first published in Civiløkonomen (Copenhagen, 1971), https://canvas.tufts.edu/files/1314603/download?download_frd=1
22. この研究は以下に概要が記載されている。Darya L. Zabelina and Michael D. Robinson, "Child's Play: Facilitating the Originality of Creative Output by a Priming Manipulation," *Psychology of Aesthetics, Creativity, and the Arts* 4, no. 1 (2010): 57–65, www.psychologytoday.com/files/attachments/34246/zabelina-robinson-2010a.pdf.
23. Zabelina and Robinson, "Child's Play."
24. Massachusetts Institute of Technology, "The MIT Press and the MIT Media Lab Launch the Knowledge Futures Group," press News, September 25, 2018, https://mitpress.mit.edu/press-news/Knowledge-Futures-Group-launch; MIT Media Lab, "Lifelong Kindergarten: Engaging People in Creative Learning Experiences," press release, www.media.mit.edu/groups/lifelong-kindergarten/overview.
25. Isaacson, *Leonardo da Vinci*, 353–354.（ウォルター・アイザックソン、『レオナルド・ダ・ヴィンチ』（下）、土方奈美訳、文藝春秋、2019年、102ページ）
26. U. S. Bureau of Labor Statistics, "American Time Use Survey," 2017, www.bls.gov/tus/a1_2017.pdf.

(Cambridge: University Press, 1920), 163.

第3章　思考実験で解決する

1. 冒頭のアルベルト・アインシュタインの思考実験についてのセクションは、以下を参照。Walter Isaacson, "The Light-Beam Rider," *New York Times*, October 30, 2015; Albert Einstein, "Albert Einstein: Notes for an Autobiography," *Saturday Review*, November 26, 1949, https://archive.org/details/EinsteinAutobiography; Walter Isaacson, *Einstein: His Life and Universe* (New York: Simon & Schuster, 2007)（ウォルター・アイザックソン、『アインシュタイン　その生涯と宇宙』（上）、二間瀬敏史監訳、関宗蔵、松田卓也、松浦俊輔訳、武田ランダムハウスジャパン、2011年）; Albert Einstein, *The Collected Papers of Albert Einstein*, vol. 7, *The Berlin Years: Writings, 1918–1921* (English translation supplement), trans. Alfred Engel (Princeton, NJ: Princeton University, 2002), https://einsteinpapers.press.princeton.edu/vol7-trans/152; Kent A. Peacock, "Happiest Thoughts: Great Thought Experiments in Modern Physics," in *The Routledge Companion to Thought Experiments*, ed. Michael T. Stuart, Yiftach Fehige, and James Robert Brown, Routledge Philosophy Companions (London and New York: Routledge/Taylor & Francis Group, 2018).
2. Isaacson, *Einstein: His Life and Universe*, 27.（ウォルター・アイザックソン、『アインシュタイン　その生涯と宇宙』（上）、二間瀬敏史監訳、関宗蔵、松田卓也、松浦俊輔訳、武田ランダムハウスジャパン、2011年）
3. Letitia Meynell, "Images and Imagination in Thought Experiments," in *The Routledge Companion to Thought Experiments*, ed. Michael T. Stuart, Yiftach Fehige, and James Robert Brown, Routledge Philosophy Companions (London and New York: Routledge/Taylor & Francis Group, 2017) (internal quotation marks omitted).
4. James Robert Brown, *The Laboratory of the Mind: Thought Experiments in the Natural Sciences* (New York: Routledge, 1991; reprint 2005).
5. John J. O'Neill, *Prodigal Genius: The Life of Nikola Tesla* (New York: Cosimo, 2006), 257.
6. Nikola Tesla, *My Inventions: The Autobiography of Nikola Tesla* (New York: Penguin, 2011).（ニコラ・テスラ、『ニコラ・テスラ 秘密の告白 世界システム＝私の履歴書 フリーエネルギー＝真空中の宇宙』、成甲書房、宮本寿代訳、2013年、27〜28ページ）
7. Walter Isaacson, *Leonardo da Vinci* (New York: Simon & Schuster, 2017),（ウォルター・アイザックソン、『レオナルド・ダ・ヴィンチ』（上）、土方奈美訳、文藝春秋、2019年、第5章）
8. Albert Einstein, *Ideas and Opinions* (New York: Bonanza Books, 1954), 274.
9. Shane Parrish, "Thought Experiment: How Einstein Solved Difficult Problems," Farnam Street (blog), June 2017, https://fs.blog/2017/06/thought-experiment-how-einstein-solved-difficult-problems.
10. NASA, "The Apollo 15 Hammer-Feather Drop," February 11, 2016, https://nssdc.gsfc.nasa.gov/planetary/lunar/apollo_15_feather_drop.html.
11. Rachel Feltman, "Schrödinger's Cat Just Got Even Weirder (and Even More Confusing)," *Washington Post*, May 27, 2016, https://www.washingtonpost.com/news/speaking-of-science/wp/2016/05/27/schrodingers-cat-just-got-even-weirder-and-even-more-confusing/
12. Sergey Armeyskov, "Decoding #RussianProverbs: Proverbs With the Word 'Nos[e],' " Russian

界：「知の闇を照らす灯」としての科学』（上）、青木薫訳、早川書房、2009年、383ページ）
38. TVTropes, "Occam's Razor," https://tvtropes.org/pmwiki/pmwiki.php/Main/OccamsRazor.
39. David Kord Murray, *Borrowing Brilliance: The Six Steps to Business Innovation by Building on the Ideas of Others* (New York: Gotham Books, 2009).（デイビッド・コード・マレイ、『ブレーン・ハッカー巨人の「肩」に乗れ！――「新しいこと」を次々に考える"脳"！』、本田直之訳、イースト・プレス、2010年、70ページ）
40. 著者によるピーター・アッティアのインタビュー（2018年8月）。
41. Mary Roach, *Packing for Mars: The Curious Science of Life in the Void* (New York: W.W. Norton, 2010), 189.（メアリー・ローチ、『わたしを宇宙に連れてって――無重力生活への挑戦』、池田真紀子訳、NHK出版、2011年、206ページ）
42. Chaikin, "Changing the Rocket Equation?"
43. Fernholz, *Rocket Billionaires*, 83.
44. Fernholz, *Rocket Billionaires*, 83.
45. Chris Hadfield, *An Astronaut's Guide to Life on Earth: What Going to Space Taught Me About Ingenuity, Determination, and Being Prepared for Anything* (New York: Little, Brown and Company, 2013).（クリス・ハドフィールド、『宇宙飛行士が教える地球の歩き方』、千葉敏生訳、早川書房、2015年、207ページ）
46. Richard Hollingham, "Soyuz: The Soviet Space Survivor," *BBC Future*, December 2, 2014, www.bbc.com/future/story/20141202-the-greatest-spacecraft-ever.
47. E. F. Schumacher, *Small Is Beautiful: Economics As If People Mattered* (New York: Harper Perennial, 2010).（E・F・シューマッハー、『スモール イズ ビューティフル』、小島慶三、酒井懋訳、講談社学術文庫、1986年）
48. Kyle Stock, "The Little Ion Engine That Could," *Bloomberg Businessweek*, July 26, 2018, www.bloomberg.com/news/features/2018-07-26/ion-engine-startup-wants-to-change-the-economics-of-earth-orbit.
49. Stock, "Little Ion Engine."
50. Tracy Staedter, "Dime-Size Thrusters Could Propel Satellites, Spacecraft," *Space.com*, March 23, 2017, www.space.com/36180-dime-size-accion-thrusters-propel-spacecraft.html.
51. Keith Tidman, "Occam's Razor: On the Virtue of Simplicity," *Philosophical Investigations*, May 28, 2018, www.philosophical-investigations.org/2018/05/occams-razor-on-virtue-of-simplicity.html.
52. Sarah Freeman, "Alinea 2.0: Reinventing One of the World's Best Restaurants: Why Grant Achatz and Nick Kokonas Hit the Reset Button," *Chicago Eater*, May 19, 2016, https://chicago.eater.com/2016/5/19/11695724/alinea-chicago-grant-achatz-nick-kokonas.
53. Richard Duppa et al., *The Lives and Works of Michael Angelo and Raphael* (London: Bell & Daldy 1872), 151.
54. Jeffrey H. Dyer, Hal Gregersen, and Clayton M. Christensen, "The Innovator's DNA," *Harvard Business Review*, December 2009, https://hbr.org/2009/12/the-innovators-dna.
55. H. L. Mencken, *Prejudices: Second Series* (London: Jonathan Cape, 1921), 158, https://archive.org/details/prejudicessecond00mencuoft/page/158.
56. Alfred North Whitehead, *The Concept of Nature: Tarner Lectures Delivered in Trinity College*

https://digitalcommons.conncoll.edu/commence/7.

22. Nassim Nicholas Taleb, *Antifragile: Things That Gain from Disorder* (New York: Random House, 2012), 308.（ナシーム・ニコラス・タレブ、『反脆弱性――不確実な世界を生き延びる唯一の考え方』（下）、望月衛、千葉敏生訳、ダイヤモンド社、2017年、117ページ）
23. スティーブ・マーティンに関するセクションは、以下を参照。Steve Martin, *Born Standing Up: A Comic's Life* (New York: Scribner, 2007), 111–113.
24. Dawna Markova, *I Will Not Die an Unlived Life: Reclaiming Purpose and Passion* (Berkeley, CA: Conari Press, 2000).
25. Anaïs Nin, *The Diary of Anaïs Nin*, ed. Gunther Stuhlmann, vol. 4, 1944– 1947 (New York: Swallow Press, 1971).
26. Shellie Karabell, "Steve Jobs: The Incredible Lightness of Beginning Again," Forbes, December 10, 2014, www.forbes.com/sites/shelliekarabell/2014/12/10/steve-jobs-the-incredible-lightness-of-beginning-again/#35ddf596294a.
27. Henry Miller, *Henry Miller on Writing* (New York: New Directions, 1964), 20.
28. アリニアに関する記述は以下を参照。Sarah Freeman, "Alinea 2.0: Reinventing One of the World's Best Restaurants: Why Grant Achatz and Nick Kokonas Hit the Reset Button," *chicago eater.com*, May 19, 2016, https://chicago.eater.com/2016/5/19/11695724/alinea-chicago-grant-achatz-nick-kokonas; Noah Kagan, "Lessons From the World's Best Restaurant," OkDork (blog), March 15, 2019, https://okdork.com/lessons-worlds-best-restaurant; "No. 1: Alinea," The 50 Best Restaurants in Chicago, *Chicago Magazine*, July 2018, www.chicagomag.com/dining-drinking/July-2018/The-50-Best-Restaurants-in-Chicago/Alinea.
29. "No. 1: Alinea."
30. Robert M. Pirsig, *Zen and the Art of Motorcycle Maintenance: An Inquiry into Values* (New York: William Morrow, 1974), 88.（ロバート・M・パーシグ、『禅とオートバイ修理技術』、五十嵐美克訳、早川書房、2008年）
31. Emma Court, "Who Is Merck CEO Kenneth Frazier," *Business Insider*, April 17, 2019, www.businessinsider.com/who-is-merck-ceo-kenneth-frazier-2019-4.
32. Adam Grant, *Originals: How Non-Conformists Move the World* (New York: Viking, 2016).（アダム・グラント、『ORIGINALS 誰もが「人と違うこと」ができる時代』、楠木建訳、三笠書房、2016年）
33. Lisa Bodell, *Kill the Company: End the Status Quo, Start an Innovation Revolution* (Brookline, MA: Bibliomotion, 2016).（リサ・ボデル、『会社をつぶせ「ゾンビ組織」を「考える組織」に変えるイノベーション革命』、穂坂かほり訳、日本経済新聞出版、2013年、15ページ）
34. Al Pittampalli, "How Changing Your Mind Makes You a Better Leader," *Quartz*, January 26, 2016, https://qz.com/598998/how-changing-your-mind-makes-you-a-better-leader.
35. David Mikkelson, "NASA's 'Astronaut Pen,' " *Snopes*, August 22, 2000, www.snopes.com/fact-check/the-write-stuff.
36. Albert Einstein, *On the Method of Theoretical Physics* (New York, Oxford University Press, 1933).
37. Carl Sagan, *The Demon-Haunted World: Science as a Candle in the Dark* (New York: Random House, 1995; repr., Ballantine, 1997), 211.（カール・セーガン、『悪霊にさいなまれる世

9. Micah Edelson et al., "Following the Crowd: Brain Substrates of Long-Term Memory Conformity," Science, July 2011, www.ncbi.nlm.nih.gov/pmc/articles/PMC3284232; Tali Sharot, *The Influential Mind: What the Brain Reveals About Our Power to Change Others* (New York: Henry Holt and Co., 2017), 162–163.（ターリ・シャーロット、『事実はなぜ人の意見を変えられないのか-説得力と影響力の科学』、上原直子訳、白揚社、2019年、197、198ページ）
10. Gregory S. Berns et al., "Neurobiological Correlates of Social Conformity and Independence During Mental Rotation," *Biological Psychiatry* 58, no. 3 (2005): 245–253.
11. Astro Teller, "The Secret to Moonshots? Killing Our Projects," *Wired*, February 16, 2016, www.wired.com/2016/02/the-secret-to-moonshots-killing-our-projects.
12. Terence Irwin, *Aristotle's First Principles* (New York: Oxford University Press, 1989), 3.
13. *New World Encyclopedia*, s.v. "methodic doubt," updated September 19, 2018, www.newworldencyclopedia.org/entry/Methodic_doubt.
14. スペースXの第一原理思考の活用方法については、以下を参照。Junod, "Elon Musk: Triumph of His Will"; Anderson, "Elon Musk's Mission to Mars"; Andrew Chaikin, "Is SpaceX Changing the Rocket Equation?," *Air & Space Magazine*, January 2012, www.airspacemag.com/space/is-spacex-changing-the-rocket-equation-132285884/?no-ist=&page=2; Johnson Space Center Oral History Project, https://historycollection.jsc.nasa.gov/JSCHistoryPortal/history/oral_histories/oral_histories.htm; Reingold, "Hondas in Space"; Fernholz, "Disrupt Boeing, Leapfrog NASA"; Fernholz, *Rocket Billionaires*.
15. Tom Junod, "Elon Musk: Triumph of His Will," *Esquire*, November 15, 2012, www.esquire.com/news-politics/a16681/elon-musk-interview-1212.
16. Johnson Space Center Oral History Project, "Michael J. Horkachuck," interviewed by Rebecca Wright, NASA, November 6, 2012, https://historycollection.jsc.nasa.gov/JSCHistoryPortal/history/oral_histories/C3PO/HorkachuckMJ/HorkachuckMJ_1-16-13.pdf.
17. ロケット科学における再利用に関するセクションは、以下を参照。Fernholz, *Rocket Billionaires*; Tim Sharp, "Space Shuttle: The First Reusable Spacecraft," *Space.com*, December 11, 2017, www.space.com/16726-space-shuttle.html; Chaikin, "Changing the Rocket Equation?"; "Elon Musk Answers Your Questions!"; Loren Grush, "Watch SpaceX Relaunch Its Falcon 9 Rocket in World First," *Verge*, March 31, 2017, www.theverge.com/2017/3/31/15135304/spacex-launch-video-used-falcon-9-rocket-watch; SpaceX, "X Marks the Spot: Falcon 9 Attempts Ocean Platform Landing," December 16, 2014, www.spacex.com/news/2014/12/16/x-marks-spot-falcon-9-attempts-ocean-platform-landing; Loren Grush, "SpaceX Successfully Landed Its Falcon 9 Rocket After Launching It to Space," *Verge*, December 21, 2015, www.theverge.com/2015/12/21/10640306/spacex-elon-musk-rocket-landing-success.
18. Fernholz, *Rocket Billionaires*, 24.
19. SpaceX, "X Marks the Spot."
20. Elizabeth Gilbert, *Eat Pray Love: One Woman's Search for Everything* (New York: Viking, 2006).（エリザベス・ギルバート、『食べて、祈って、恋をして 女が直面するあらゆること探究の書』、那波かおり訳、武田ランダムハウスジャパン、2010年、349〜350ページ）
21. Alan Alda, "62nd Commencement Address," Connecticut College, New London, June 1, 1980,

Spaceflight Now, June 5, 2018, https://spaceflightnow.com/2018/06/05/scientists-resume-use-of-curiosity-rovers-drill-and-internal-lab-instruments.

83. Neel V. Patel, "The Greatest Space Hack Ever: How Duct Tape and Tube Socks Saved Three Astronauts," *Popular Science*, October 8, 2014, www.popsci.com/article/technology/greatest-space-hack-ever.

第2章　第一原理から判断する

1. 冒頭のイーロン・マスクに関するセクションは、以下を参照。Tim Fernholz, *Rocket Billionaires: Elon Musk, Jeff Bezos, and the New Space Race* (Boston: Houghton Mifflin Harcourt, 2018); Ashlee Vance, *Elon Musk: Tesla, SpaceX, and the Quest for a Fantastic Future* (New York: Ecco, 2015)（アシュリー・バンス、『イーロン・マスク：未来を創る男』、斎藤栄一郎訳、講談社、2015年）; Chris Anderson, "Elon Musk's Mission to Mars," *Wired*, October 21, 2012, www.wired.com/2012/10/ff-elon-musk-qa/; Tim Fernholz, "What It Took for Elon Musk's SpaceX to Disrupt Boeing, Leapfrog NASA, and Become a Serious Space Company," *Quartz*, October 21, 2014, https://qz.com/281619/what-it-took-for-elon-musks-spacex-to-disrupt-boeing-leapfrog-nasa-and-become-a-serious-space-company; Tom Junod, "Elon Musk: Triumph of His Will," *Esquire*, November 15, 2012, www.esquire.com/news-politics/a16681/elon-musk-interview-1212; Jennifer Reingold, "Hondas in Space," *Fast Company*, February 1, 2005, www.fastcompany.com/52065/hondas-space; "Elon Musk Answers Your Questions! SXSW, March 11, 2018,"（動画、2018年3月11日YouTubeにアップロード）、www.youtube.com/watch?v=OoQARBYbkck; Tom Huddleston Jr., "Elon Musk: Starting SpaceX and Tesla Were 'the Dumbest Things to Do,' " CNBC, March 23, 2018, www.cnbc.com/2018/03/23/elon-musk-spacex-and-tesla-were-two-of-the-dumbest-business-ideas.html.
2. Reingold, "Hondas in Space."
3. Adam Morgan and Mark Barden, *Beautiful Constraint: How to Transform Your Limitations into Advantages, and Why It's Everyone's Business* (Hoboken, NJ: Wiley, 2015), 36–37.（アダム・モーガン、マーク・バーデン、『逆転の生み出し方』、文響社編集部訳、文響社、2018年）
4. Darya L. Zabelina and Michael D. Robinson, "Child's Play: Facilitating the Originality of Creative Output by a Priming Manipulation," *Psychology of Aesthetics, Creativity, and the Arts* 4, no. 1 (2010): 57–65, www.psychologytoday.com/files/attachments/34246/zabelina-robinson-2010a.pdf.
5. Robert Louis Stevenson, *Robert Louis Stevenson: His Best Pacific Writings* (Honolulu: Bess Press, 2003), 150.
6. Yves Morieux, "Smart Rules: Six Ways to Get People to Solve Problems Without You," *Harvard Business Review*, September 2011, https://hbr.org/2011/09/smart-rules-six-ways-to-get-people-to-solve-problems-without-you.
7. Jeff Bezos, Letter to Amazon Shareholders, 2016, Ex-99.1, SEC.gov, www.sec.gov/Archives/edgar/data/1018724/000119312517120198/d373368dex991.htm.
8. Andrew Wiles, quoted in Ben Orlin, "The State of Being Stuck," Math with Bad Drawings (blog), September 20, 2017, https://mathwithbaddrawings.com/2017/09/20/the-state-of-being-stuck.

68. Caroline Webb, *How to Have a Good Day: Harness the Power of Behavioral Science to Transform Your Working Life* (New York: Crown Business, 2016), 258.（キャロライン・ウェッブ、『最高の自分を引き出す 脳が喜ぶ仕事術』、月沢李歌子訳、草思社、2016年、320～321ページ）
69. Anne Fernald and Daniela K. O'Neill, "Peekaboo Across Cultures: How Mothers and Infants Play with Voices, Faces, and Expectations," in *Parent-Child Play: Descriptions and Implications*, ed. Kevin MacDonald (Albany: State University of New York Press, 1993).
70. Fernald and Daniela K.O'Neill, "Peekaboo Across Cultures."
71. W. Gerrod Parrott and Henry Gleitman, "Infants' Expectations in Play: The Joy of Peek-a-boo," *Cognition and Emotion* 3, no. 4 (January 7, 2008), www.tandfonline.com/doi/abs/10.1080/02699938908412710.
72. James Luceno and Matthew Stover, *Labyrinth of Evil, Revenge of the Sith, and Dark Lord: The Rise of Darth Vader*, The Dark Lord Trilogy: Star Wars Legends (New York: DelRey Books, 2011), 562–563.（ジェームズ・ルシーノ、『スター・ウォーズ：悪の迷宮』、富永和子訳、ソニー・マガジンズ文庫、2005年）
73. 冗長性の詳細は、以下を参照。Shane Parrish, "An Introduction to the Mental Model of Redundancy (with Examples)," Farnam Street（ブログ）、2011年7月、https://fs.blog/2011/07/mental-model-redundancy.
74. SpaceX, "Falcon 9," www.spacex.com/falcon9; Andrew Chaikin, "Is SpaceX Changing the Rocket Equation?," *Air & Space Magazine*, January 2012, www.airspacemag.com/space/is-spacex-changing-the-rocket-equation-132285884/?no-ist=&page=2.
75. Tim Fernholz, *Rocket Billionaires: Elon Musk, Jeff Bezos, and the New Space Race* (Boston: Houghton Mifflin Harcourt, 2018); Dan Leone, "SpaceX Discovers Cause of October Falcon 9 Engine Failure," *SpaceNews*, December 12, 2012, https://spacenews.com/32775spacex-discovers-cause-of-october-falcon-9-engine-failure.
76. Hadfield, *Astronaut's Guide*.（クリス・ハドフィールド、『宇宙飛行士が教える地球の歩き方』、千葉敏生訳、早川書房、2015年、206ページ）
77. James E. Tomayko, "Computers in the Space Shuttle Avionics System," in *Computers in Spaceflight: The NASA Experience* (Washington, DC: NASA, March 3, 1988), https://history.nasa.gov/computers/Ch4-4.html; United Space Alliance, LLC, "Shuttle Crew Operations Manual," December 15, 2008, www.nasa.gov/centers/johnson/pdf/390651main_shuttle_crew_operations_manual.pdf.
78. Scott D. Sagan, "The Problem of Redundancy Problem: Why More Nuclear Security Forces May Produce Less Nuclear Security," *Risk Analysis* 24, no. 4 (2004): 938, http://citeseerx.ist.psu.edu/viewdoc/download?doi=10.1.1.128.3515&rep=rep1&type=pdf.
79. NASA, "NASA Will Send Two Robotic Geologists to Roam on Mars," NASA press release, June 4, 2003, https://mars.nasa.gov/mer/newsroom/pressreleases/20030604a.html.
80. University of California Television, "Roving Mars with Steve Squyres."
81. A. J. S. Rayl, "Mars Exploration Rovers Update: Spirit Mission Declared Over, Opportunity Roves Closer to Endeavour," *Planetary Society*, May 31, 2011, https://www.planetary.org/articles/05-31-mer-update-5
82. Stephen Clark, "Scientists Resume Use of Curiosity Rover's Drill and Internal Lab Instruments,"

監訳、関宗蔵、松田卓也、松浦俊輔訳、武田ランダムハウスジャパン、2011年、294ページ）

53. 冥王星の発見についてのセクションは以下を参照。Croswell, *Planet Quest*; Mike Brown, *How I Killed Pluto and Why It Had It Coming* (New York: Spiegel & Grau, 2010)（マイク・ブラウン、『冥王星を殺したのは私です』、梶山あゆみ訳、飛鳥新社、2012年）; Kansas Historical Society, "Clyde Tombaugh," modified January 2016, www.kshs.org/kansapedia/clyde-tombaugh/12222; Alok Jha, "More Bad News for Downgraded Pluto," *Guardian*, June 15, 2007, www.theguardian.com/science/2007/jun/15/spaceexploration.starsgalaxiesandplanets; David A. Weintraub, *Is Pluto a Planet? A Historical Journey through the Solar System* (Princeton, N.J.: Princeton University Press, 2014), 144.
54. NASA, "Eris," NASA Science, https://solarsystem.nasa.gov/planets/dwarf-planets/eris/in-depth
55. Paul Rincon, "Pluto Vote 'Hijacked' in Revolt," BBC, August 25, 2006, http://news.bbc.co.uk/2/hi/science/nature/5283956.stm.
56. Robert Roy Britt, "Pluto Demoted: No Longer a Planet in Highly Controversial Definition," *Space.com*, August 24, 2006, https://www.space.com/2791-pluto-demoted-longer-planet-highly-controversial-definition.html.
57. A. Pawlowski, "What's a Planet? Debate over Pluto Rages On," CNN, August 24, 2009, www.cnn.com/2009/TECH/space/08/24/pluto.dwarf.planet/index.html.
58. American Dialect Society, "'Plutoed' Voted 2006 Word of the Year," January 5, 2007, www.americandialect.org/plutoed_voted_2006_word_of_the_year.
59. "My Very Educated Readers, Please Write Us a New Planet Mnemonic," *New York Times*, January 20, 2015, www.nytimes.com/2015/01/20/science/a-new-planet-mnemonic-pluto-dwarf-planets.html.
60. ABC7, "Pluto Is a Planet Again—At Least in Illinois," ABC7 Eyewitness News, March 7, 2009, https://abc7chicago.com/archive/6695131.
61. Laurence A. Marschall and Stephen P. Maran, *Pluto Confidential: An Insider Account of the Ongoing Battles Over the Status of Pluto* (Dallas: Benbella Books, 2009), 4.
62. Smithsonian National Air and Space Museum, "Exploring the Planets," https://airandspace.si.edu/exhibitions/exploring-the-planets/online/discovery/greeks.cfm.
63. Ralph Waldo Emerson, *The Essential Writings of Ralph Waldo Emerson* (New York: Modern Library, 2000), 261.
64. *In the Shadow of the Moon*, directed by David Sington (Velocity/Think Film, 2007), DVD.（『ザ・ムーン』、デイヴィッド・シントン監督、角川書店、2011年、DVD）
65. Virginia P. Dawson and Mark D. Bowles, eds., *Realizing the Dream of Flight* (Washington, DC: NASA History Division, 2005), 237.
66. Mary Roach, *Packing for Mars: The Curious Science of Life in the Void* (New York: W.W. Norton, 2010).（メアリー・ローチ、『わたしを宇宙に連れてって――無重力生活への挑戦』、池田真紀子訳、NHK出版、2011年、163ページ）
67. Chris Hadfield, *An Astronaut's Guide to Life on Earth: What Going to Space Taught Me About Ingenuity, Determination, and Being Prepared for Anything* (New York: Little, Brown and Company, 2013).（クリス・ハドフィールド、『宇宙飛行士が教える地球の歩き方』、千葉敏生訳、早川書房、2015年、69、70ページ）

J. Conselice, *Galactic Encounters: Our Majestic and Evolving Star-System, From the Big Bang to Time's End* (New York: Springer, 2014), 30–32.
41. William Herschel, *The Scientific Papers of Sir William Herschel*, vol. 1 (London: Royal Society and the Royal Astronomical Society, 1912), xxix–xxx.
42. Ethan Siegel, "When Did Isaac Newton Finally Fail?," *Forbes*, May 20, 2016, www.forbes.com/sites/startswithabang/2016/05/20/when-did-isaac-newton-finally-fail/#8c0137648e7e; Michael W. Begun, "Einstein's Masterpiece," *New Atlantis*, fall 2015, www.thenewatlantis.com/publications/einsteins-masterpiece.
43. Ethan Siegel, "Happy Birthday to Urbain Le Verrier, Who Discovered Neptune with Math Alone," *Forbes*, March 11, 2019, www.forbes.com/sites/startswithabang/2019/03/11/happy-birthday-to-urbain-le-verrier-who-discovered-neptune-with-math-alone/#6674bcd7586d.
44. Clegg, *Gravitational Waves*, 29.
45. Clegg, *Gravitational Waves*, 29.
46. Isaacson, *Einstein: His Life and Universe*.（ウォルター・アイザックソン、『アインシュタイン　その生涯と宇宙』（上）、二間瀬敏史監訳、関宗蔵、松田卓也、松浦俊輔訳、武田ランダムハウスジャパン、2011年、17ページ）
47. T. C. Chamberlin, "The Method of Multiple Working Hypotheses,"*Science*, May 1965, http://arti.vub.ac.be/cursus/2005-2006/mwo/chamberlin1890science.pdf.
48. Isaac Asimov, "The Relativity of Wrong," *Skeptical Inquirer* 14 (fall 1989):35–44.
（アイザック・アシモフ、『誤りの相対性：元素の「発見」から「反物質」星間旅行までアシモフの科学エッセイ』、山越幸江訳、地人書館、1989年、275ページ）
49. Thomas S. Kuhn, *The Structure of Scientific Revolutions* (Chicago: University of Chicago Press, 1962), xxvi.（トーマス・クーン、『科学革命の構造』、中山茂訳、みすず書房、1971年）
50. Howard Wainer and Shaun Lysen, " That's Funny . . . A Window on Data Can Be a Window on Discovery," *American Scientist*, July 2009, www.americanscientist.org/article/thats-funny.
51. 量子のしくみの発見については以下を参照。John D. Norton, "Origins of Quantum Theory," online chapter in Einstein for Everyone course, University of Pittsburgh, fall, www.pitt.edu/~jdnorton/teaching/HPS_0410/chapters/quantum_theory_origins. レントゲンについては以下を参照。Alan Chodos, ed., "November 8, 1895: Roentgen's Discovery of X-Rays," This Month in Physics History series, *American Physical Society News* 10, no. 10 (November 2001), www.aps.org/publications/apsnews/200111/history.cfm. DNAについては以下を参照。Leslie A. Pray, "Discovery of DNA Structure and Function: Watson and Crick," *Nature Education* 1, no. 1 (2008): 100, www.nature.com/scitable/topicpage/discovery-of-dna-structure-and-function-watson-397. 酸素については以下を参照。Julia Davis, "Discovering Oxygen: a Brief History," *Mental Floss*, August 1, 2012, http://mentalfloss.com/article/31358/discovering-oxygen-brief-history. ペニシリンについては以下を参照。Theodore C. Eickhoff, "Penicillin: An Accidental Discovery Changed the Course of Medicine," *Endocrine Today*, August 2008, www.healio.com/endocrinology/news/print/endocrine-today/%7B15afd2a1-2084-4ca6-a4e6-7185f5c4cfb0%7D/penicillin-an-accidental-discovery-changed-the-course-of-medicine.
52. Walter Isaacson, Einstein: His Life and Universe (New York: Simon & Schuster, 2007).（ウォルター・アイザックソン、『アインシュタイン　その生涯と宇宙　（上）』、二間瀬敏史

29. スティーブ・スクワイヤーズについての参考資料は以下の通り。Squyres, *Roving Mars;* University of California Television, "Roving Mars with Steve Squyres: Conversations with History,"（動画、2011年8月18日YouTubeにアップロード）www.youtube.com/watch?v=NI6KEzsb26U&feature=youtu.be; Terri Cook, "Down to Earth With: Planetary Scientist Steven Squyres," *Earth Magazine*, June 28, 2016, www.earthmagazine.org/article/down-earth-planetary-scientist-steven-squyres.
30. ドキュメンタリー映画『スピルバーグ！』中のスティーブン・スピルバーグのことば（HBO、2017年）。
31. Richard Branson, "Two-Way Door Decisions," Virgin, February 26, 2018, www.virgin.com/richard-branson/two-way-door-decisions.
32. Ernie Tretkoff, "Einstein's Quest for a Unified Theory," *American Physical Society News*, December 2005, www.aps.org/publications/apsnews/200512/history.cfm; Walter Isaacson, *Einstein: His Life and Universe* (New York: Simon & Schuster, 2007).（ウォルター・アイザックソン、『アインシュタイン　その生涯と宇宙』（上）、二間瀬敏史監訳、関宗蔵、松田卓也、松浦俊輔訳、武田ランダムハウスジャパン、2011年）
33. Jim Baggott, "What Einstein Meant by 'God Does Not Play Dice,' " *Aeon*, November 21, 2018, https://aeon.co/ideas/what-einstein-meant-by-god-does-not-play-dice.
34. Tretkoff, "Einstein's Quest."
35. Kent A. Peacock, "Happiest Thoughts: Great Thought Experiments of Modern Physics," in *The Routledge Companion to Thought Experiments*, ed. Michael T. Stuart, Yiftach Fehige, and James Robert Brown, Routledge Philosophy Companions (London and New York: Routledge/Taylor & Francis Group, 2018).
36. A. B. Arons and M. B. Peppard, "Einstein's Proposal of the Photon Concept: A Translation of the Annalen der Physik Paper of 1905," *American Journal of Physics* 33 (May 1965): 367, www.informationphilosopher.com/solutions/scientists/einstein/AJP_1905_photon.pdf.
37. Charles Darwin, *On the Origin of Species by Means of Natural Selection* (New York: D. Appleton and Company, 1861), 14.（チャールズ・ダーウィン、『種の起源』（上）、渡辺政隆訳、光文社古典新訳文庫、2009年）
38. John Gribbin, *The Scientists: A History of Science Told Through the Lives of Its Greatest Inventors* (New York: Random House, 2004).
39. Richard P. Feynman, *The Pleasure of Finding Things Out: The Best Short Works of Richard P. Feynman* (New York: Basic Books, 2005).（リチャード・P・ファインマン、『聞かせてよ、ファインマンさん』、大貫昌子、江沢洋訳、岩波現代文庫、2009年、159ページ）（強調は原著者による）
40. ウィリアム・ハーシェルによる天王星の発見についての考察は、以下の資料を参考にした。Emily Winterburn, "Philomaths, Herschel, and the Myth of the Self-Taught Man," *Notes and Records of the Royal Society of London* 68, no. 3 (September 20, 2014): 207–225, www.ncbi.nlm.nih.gov/pmc/articles/PMC4123665; Martin Griffiths, "Music(ian) of the Spheres: William Herschel and the Astronomical Revolution," LabLit, October 18, 2009, www.lablit.com/article/550; Ken Croswell, *Planet Quest: The Epic Discovery of Alien Solar Systems* (New York: Free Press, 1997), 34–41; Clifford J. Cunningham, *The Scientific Legacy of William Herschel* (New York: Springer Science+Business Media, 2017), 13–17; William Sheehan and Christopher

NPR, March 17, 2016, www.npr.org/sections/thetwo-way/2016/03/17/470786922/professor-who-solved-fermat-s-last-theorem-wins-math-s-abel-prize.

13. Kolata, "At Last, Shout of 'Eureka!' "
14. "Origins of the General Relativity Theory," *Nature*, July 1, 1933, www.nature.com/articles/132021d0.pdf.
15. David J. Gross, "The Discovery of Asymptotic Freedom and the Emergence of QCD," Nobel Lecture, December 8, 2004, www.nobelprize.org/uploads/2018/06/gross-lecture.pdf.
16. US Department of Defense, "DoD News Briefing: Secretary Rumsfeld and Gen. Myers," news transcript, February 12, 2002, https://archive.defense.gov/Transcripts/Transcript.aspx?TranscriptID=2636; CNN, "Rumsfeld / Knowns," 2002年2月12日のラムズフェルド国防長官の記者会見の動画、2016年3月31日YouTubeにアップロード、www.youtube.com/watch?v=REWeBzGuzCc.
17. Donald Rumsfeld, *Known and Unknown: A Memoir* (New York: Sentinel, 2010)（ドナルド・ラムズフェルド、『真珠湾からバグダッドへ』、江口泰子、月沢李歌子、島田楓子訳、幻冬舎、2012年、10〜11ページ）rumsfeld.com/about/page/authors-noteで閲覧可能。
18. Errol Morris, "The Anosognosic's Dilemma: Something's Wrong but You'll Never Know What It Is (Part 1)," *New York Times*, June 20, 2010, https://opinionator.blogs.nytimes.com/2010/06/20/the-anosognosics-dilemma-1.
19. Daniel J. Boorstin, *The Discoverers: A History of Man's Search to Know His World and Himself* (New York: Random House, 1983).（ダニエル・J・ブアスティン、『大発見　未知に挑んだ人間の歴史』、鈴木主税、野中邦子訳、集英社、1988年、109ページ）
20. Mario Livio, *Brilliant Blunders: From Darwin to Einstein—Colossal Mistakes by Great Scientists That Changed Our Understanding of Life and the Universe* (New York: Simon & Schuster, 2013), 140.（マリオ・リヴィオ、『偉大なる失敗——天才科学者たちはどう間違えたか』、千葉敏生訳、ハヤカワ・ノンフィクション文庫、2017年、218ページ）
21. Derek Thompson, *Hit Makers: The Science of Popularity in an Age of Distraction* (New York: Penguin, 2017).（デレク・トンプソン、『ヒットの設計図——ポケモンGOからトランプ現象まで』、高橋由紀子訳、早川書房、2018年、153、154ページ）
22. Sir A. S. Eddington, *The Nature of the Physical World* (Cambridge: Cambridge University Press, 1948), http://henry.pha.jhu.edu/Eddington.2008.pdfで入手可能。
23. Brian Clegg, *Gravitational Waves: How Einstein's Spacetime Ripples Reveal the Secrets of the Universe* (Icon Books, 2018), 150–152; Nola Taylor Redd, "What Is Dark Energy?," *Space.com*, May 1, 2013, www.space.com/20929-dark-energy.html.
24. NASA, "Dark Energy, Dark Matter," NASA Science, 2019年7月21日更新、https://science.nasa.gov/astrophysics/focus-areas/what-is-dark-energy.
25. James Clerk Maxwell, *The Scientific Letters and Papers of James Clerk Maxwell*, vol. 3, 1874–1879 (New York: Cambridge University Press 2002), 485.
26. ジョージ・バーナード・ショーからアルバート・アインシュタインへのお祝いのスピーチ、1930年10月28日
27. Albert Einstein, *Ideas and Opinions: Based on Mein Weltbild* (New York: Crown, 1954), 11.
28. Alan Lightman, *A Sense of the Mysterious: Science and the Human Spirit* (New York: Pantheon Books, 2005).

Random House, 1994), 6.（カール・セーガン、『惑星へ』（上）、森暁雄監訳、朝日新聞社、1998年、27ページ）

第1章　不確実でも飛び立つ

1. Lunar and Planetary Institute, "What is ALH 84001?," Universities Space Research Association, 2019, www.lpi.usra.edu/lpi/meteorites/The_Meteorite.shtml.
2. Vincent Kiernan, "The Mars Meteorite: A Case Study in Controls on Dissemination of Science news," *Public Understanding of Science* 9, no. 1 (2000): 15–41.
3. "Ancient Meteorite May Point to Life on Mars," CNN, August 7, 1996, www.cnn.com/TECH/9608/06/mars.life.
4. "Pres. Clinton's Remarks on the Possible Discovery of Life on Mars (1996)," （動画、2015年7月2日 YouTubeにアップロード） www.youtube.com/watch?v=pHhZQWAtWyQ.
5. David S. McKay et al., "Search for Past Life on Mars: Possible Relic Biogenic Activity in Martian Meteorite ALH84001," *Science*, August 16, 1996, https://science.sciencemag.org/content/273/5277/924.
6. Michael Schirber, "The Continuing Controversy of the Mars Meteorite," *Astrobiology Magazine*, October 21, 2010, www.astrobio.net/mars/the-continuing-controversy-of-the-mars-meteorite; Jason Daley, "Scientists Strengthen Their Case That a Martian Meteorite Contains Signs of Life," *Popular Science*, June 25, 2010, www.popsci.com/science/article/2010-06/life-mars-reborn.
7. Peter Ray Allison, "Will We Ever . . . Speak Faster Than Light Speed?," BBC Future, March 19, 2015, www.bbc.com/future/story/20150318-will-we-ever-speak-across-galaxies.
8. Jet Propulsion Laboratory, "Past Missions: Ranger 1–9," NASA, www2.jpl.nasa.gov/missions/past/ranger.html.
9. R. Cargill Hall, "The Ranger Legacy," in *Lunar Impact: A History of Project Ranger*, NASA History Series (Washington, DC: NASA, 1977; 2006年ウェブサイト更新), https://history.nasa.gov/SP-4210/pages/Ch_19.htm.
10. Steve Squyres, *Roving Mars: Spirit, Opportunity, and the Exploration of the Red Planet* (New York: Hyperion, 2005), 239–243, 289.
11. Yuval Noah Harari, *21 Lessons for the 21st Century* (New York: Spiegel & Grau, 2018).
12. The section on Fermat's Last Theorem draws on the following sources: Stuart Firestein, *Ignorance: How It Drives Science* (New York: Oxford University Press, 2012)（ステュアート・ファイアスタイン、『イグノランス：無知こそ科学の原動力』、佐倉統、小田文子訳、東京化学同人、2014年）; Simon Singh, *Fermat's Last Theorem: The Story of a Riddle That Confounded the World's Greatest Minds for 358 Years* (London: Fourth Estate, 1997); NOVA, "Solving Fermat: Andrew Wiles," アンドリュー・ワイルズとのインタビュー、PBS、2000年10月31日、www.pbs.org/wgbh/nova/proof/wiles.html; Gina Kolata, "At Last, Shout of 'Eureka!' in Age-Old Math Mystery," *New York Times*, June 24, 1993, www.nytimes.com/1993/06/24/us/at-last-shout-of-eureka-in-age-old-math-mystery.html; Gina Kolata, "A Year Later, Snag Persists in Math Proof," *New York Times*, June 28, 1994, www.nytimes.com/1994/06/28/science/a-year-later-snag-persists-in-math-proof.html; John J. Watkins, *Number Theory: A Historical Approach* (Princeton, NJ: Princeton University Press, 2014), 95 (2013); Bill Chappell, "Professor Who Solved Fermat's Last Theorem Wins Math's Abel Prize,"

参考文献

はじめに

1. NASA, "First American Spacewalk," National Aeronautics and Space Administration (hereafter cited as NASA), June 3, 2008, www.nasa.gov/multimedia/imagegallery/image_feature_1098.html.
2. Bob Granath, "Gemini's First Docking Turns to Wild Ride in Orbit," NASA, March 3, 2016, www.nasa.gov/feature/geminis-first-docking-turns-to-wild-ride-in-orbit.
3. Rod Pyle, "Fifty Years of Moon Dust: Surveyor 1 was a Pathfinder for Apollo," NASA Jet Propulsion Laboratory, California Institute of Technology, June 2, 2016, www.jpl.nasa.gov/news/news.php?feature=6523; David Kushner, "One Giant Screwup for Mankind," *WIRED*, January 1, 2007, www.wired.com/2007/01/nasa.
4. Stanley McChrystal et al., *Team of Teams: New Rules of Engagement for a Complex World* (New York: Portfolio, 2015), 146.（スタンリー・マクリスタル、タントゥム・コリンズ、デビッド・シルバーマン、クリス・ファッセル、『TEAM OF TEAMS（チーム・オブ・チームズ）』、吉川南、尼丁千津子、高取芳彦訳、日経BP、2016年）
5. Robert Kurson, *Rocket Men: The Daring Odyssey of Apollo 8 and the Astronauts Who Made Man's First Journey to the Moon* (New York: Random House, 2018), 48, 51.
6. Kurson, *Rocket Men*, 48, 51.
7. ジョン・F・ケネディ大統領のライス大学（ヒューストン）での演説。1962年9月12日
8. Andrew Chaikin, "Is SpaceX Changing the Rocket Equation?," *Air & Space Magazine*, January 2012, www.airspacemag.com/space/is-spacex-changing-the-rocket-equation-132285884/?page=2.
9. Kim Dismukes, curator, "The Amazing Space Shuttle," NASA, January 20, 2010, https://spaceflight.nasa.gov/shuttle/upgrades/upgrades5.html.
10. エルトン・ジョン「ロケット・マン」の歌詞（英語）は以下のウェブサイトに掲載されている。https://genius.com/Elton-john-rocket-man-i-think-its-going-to-be-a-long-long-time-lyrics.
11. Stuart Firestein, *Ignorance: How It Drives Science* (New York: Oxford University Press, 2012), 83.（ステュアート・ファイアスタイン、『イグノランス：無知こそ科学の原動力』、佐倉統、小田文子訳、東京化学同人、2014年）
12. Carl Sagan, *Broca's Brain: Reflections on the Romance of Science* (New York: Random House, 1979), 15.（カール・セーガン、『サイエンス・アドベンチャー』（上）、中村保男訳、新潮社、1986年、36ページ）
13. Ben Zimmer, "Quants," *New York Times Magazine*, May 13, 2010, www.nytimes.com/2010/05/16/magazine/16FOB-OnLanguage-t.html.
14. Marshall Fisher, Ananth Raman, and Anna Sheen McClelland, "Are You Ready?," *Harvard Business Review*, July-August 2000, https://hbr.org/2000/07/are-you-ready.
15. Bill Nye, *Everything All at Once: How to Unleash Your Inner Nerd, Tap into Radical Curiosity, and Solve Any Problem* (Emmaus, PA: Rodale Books, 2017), 319.
16. Carl Sagan and Ann Druyan, *Pale Blue Dot: A Vision of the Human Future in Space* (New York:

✣ 著者紹介

オザン・ヴァロル（Ozan Varol）

ロケット科学者としてNASA火星探査車プロジェクトのオペレーション・チームに参加、その後、ルイス・アンド・クラーク・カレッジ法学教授となり受賞歴もある。また、作家、ポッドキャスト・ホストとしても活躍している。

イスタンブールに生まれ、アメリカに渡りコーネル大学で天体物理学を専攻、2003年前述のNASAのマーズ・エクスプロレーション・ローバー・プロジェクトで活躍した。

『ウォール・ストリート・ジャーナル』紙、『ニューズウィーク』誌、BBC、『タイム』誌、CNN、『ワシントン・ポスト』紙、『スレート』誌、『フォーリン・ポリシー』誌などに記事を執筆。著書に『The Democratic Coup d'État（民主的クーデター）』（オックスフォード大学出版局）がある。ウェブサイトozanvarol.comに毎週ブログを投稿している。講演家としても人気で、ラジオ、テレビのインタビュー経験も豊富。大企業、非営利団体、政府機関のさまざまな規模の聴講者を対象に基調講演を行なっている。

✣ 訳者紹介

安藤貴子（あんどう・たかこ）

英日翻訳者。早稲田大学教育学部英語英文学科卒。主な訳書に『世界のトップ企業50はAIをどのように活用しているか？』（ディスカヴァー・トゥエンティワン）、『つきあいが苦手な人のためのネットワーク術』（CCCメディアハウス）などがある。

ロケット科学者の思考法

2021年2月20日　初版印刷
2021年3月 1 日　初版発行

著　者　オザン・ヴァロル
訳　者　安藤貴子
発行人　植木宣隆
発行所　株式会社 サンマーク出版
　　　　東京都新宿区高田馬場2-16-11
　　　　(電)03-5272-3166
印　刷　中央精版印刷株式会社
製　本　株式会社村上製本所

定価はカバー、帯に表示してあります。落丁、乱丁本はお取り替えいたします。

ISBN978-4-7631-3744-9　C0030
ホームページ　https://www.sunmark.co.jp